भीमराव आंबेडकर

एक जीवनी

जाति-उन्मूलन का संघर्ष एवं विश्लेषण

क्रिस्तोफ़ जाफ़्रलो

अनुवाद

योगेन्द्र दत्त

राजकमल पेपरबैक्स

मूल कृति *Dr. Ambedkar and Untouchability : Analysing and Fighting Caste* का अनुवाद

राजकमल पेपरबैक्स में
पहला संस्करण : 2019
आठवाँ संस्करण : 2023

राजकमल पेपरबैक्स : उत्कृष्ट साहित्य के जनसुलभ संस्करण

राजकमल प्रकाशन प्रा.लि.
1-बी, नेताजी सुभाष मार्ग, दरियागंज
नई दिल्ली-110 002
द्वारा प्रकाशित

शाखाएँ : अशोक राजपथ, साइंस कॉलेज के सामने, पटना-800 006
पहली मंजिल, दरबारी बिल्डिंग, महात्मा गांधी मार्ग, प्रयागराज-211 001
1, अनमोल सोराबजी संतुक लेन, धोबी तलाव, मरीन लाइंस, मुम्बई-400 002
वेबसाइट : www.rajkamalprakashan.com
ई-मेल : info@rajkamalprakashan.com

बी.के. ऑफसेट
नवीन शाहदरा, दिल्ली-110 032
द्वारा मुद्रित

मूल्य : ₹299

BHIMRAO AMBEDKAR : EK JEEVANI
by Christophe Jaffrelot
Translated by Yogendra Dutt

ISBN : 978-93-88753-91-3

क्रिस्तोफ़ जाफ़्रलो

क्रिस्तोफ़ जाफ़्रलो सेरी–साइंसेज़ पीओ/सीएनआरएस में सीनियर रिसर्च फ़ैलो एवं किंग्स इंडिया इंस्टिट्यूट (लंदन) में भारतीय राजनीति एवं समाजशास्त्र के प्रोफ़ेसर हैं। उनकी महत्त्वपूर्ण पुस्तकों में *दि हिन्दू नैशनलिस्ट मूवमेंट ऐंड इंडियन पॉलिटिक्स–1925–1990, इंडियाज़ साइलेंट रेवल्यूशन : दि राइज़ ऑफ़ लोवर कास्ट्स इन नॉर्थ इंडिया* तथा *दि पाकिस्तान पैराडॉक्स* प्रमुख हैं। वह कई उल्लेखनीय पुस्तकों के सह–सम्पादक भी रहे हैं जिनमें से कुछ ये हैं : एल. गेयर के साथ *आर्म्ड मिलिशियाज़ ऑफ़ साउथ एशिया : फंडामेंटलिस्ट्स, माओइस्ट्स ऐंड सेपरेटिस्ट्स* तथा *मुस्लिम्स इन इंडियन सिटीज़*; एल नूवेर के साथ *पैन इस्लामिक कनेक्शंस : ट्रांसनैशनल कनेक्शंस बिटवीन साउथ एशिया ऐंड गल्फ़*; ए. कोहली एवं के. मुरली के साथ *बिज़नेस ऐंड पॉलिटिक्स इन इंडिया* और ए. चैटर्जी एवं टी. ब्लॉम हेनसन के साथ *मैजोरिटेरियन स्टेट : हाउ हिन्दू नैशनलिज़्म इज़ चेंजिंग इंडिया*। साल 2014 में उन्हें स्वतंत्र एवं व्याख्यात्मक लेखन श्रेणी में 'रामनाथ गोयनका अवॉर्ड फ़ॉर ऐक्सीलेंस इन जर्नलिज़्म' से सम्मानित किया गया था।

सम्पर्क : jaffrelot12@gmail.com

अनुवादक : योगेन्द्र दत्त

योगेन्द्र दत्त पिछले दो दशक से अनुवाद के क्षेत्र में सक्रिय हैं। असीम श्रीवास्तव एवं अशीष कोठारी लिखित *पृथ्वी मंथन : वैश्विक भारत बनने की कहानी*, वसुधा डालमिया की *हिन्दू परम्पराओं का राष्ट्रीयकरण : भारतेन्दु हरिश्चन्द्र और उन्नीसवीं सदी का बनारस* (संजीव कुमार के साथ), वुल्फ़गैंग शिवेलबुश की *बेतिलिस्म रात : रोशनी का आधुनिक सफ़र* तथा मधु किश्वर की *राष्ट्रवाद की चाकरी में धर्म एवं अन्य लेख* आदि पुस्तकें उनके प्रमुख अनुवाद हैं।

सम्पर्क : yogender.dutt@gmail.com

आभार

जीवनी लेखन अब समाज विज्ञान में अपने तौर पर एक महत्त्वपूर्ण विधा बन चुका है। कुछ विद्वान, जिनमें से ज़्यादातर इतिहासकार हैं, अपना पूरा शोध कार्य जीवनी लेखन को ही समर्पित कर देते हैं। मेरे लिए यह एक स्वाभाविक परियोजना कतई नहीं थी हालाँकि मैं हिंदू राष्ट्रवादी विचारों और निचली जातियों के नेताओं पर अपने पिछले शोधों में काफ़ी काम कर चुका था। मैंने यह किताब काफ़ी स्पष्ट उद्देश्य से और जीवनी लेखकों के मुक़ाबले एक बिलकुल अलग दृष्टिकोण से लिखी है। मैंने डॉ. आंबेडकर के जीवन और चिन्तन का अध्ययन 1990 के दशक में नान्तेर विश्वविद्यालय (पेरिस) में मानवशास्त्र के प्रोफ़ेसर ऑलिव्ये हैरेनष्मिड्ट की प्रेरणा से शुरू किया था जिन्होंने मुझे आंबेडकर के लेखन से परिचित कराया। जैसे-जैसे मैं आगे बढ़ता गया, मुझे एहसास हुआ कि आंबेडकर ने भारत के समाजशास्त्र की दुनिया में एक बहुत पथप्रदर्शक भूमिका निभाई है। उस समय तक भी यह बात प्रायः लोगों के लिए अनजानी थी क्योंकि डॉ. आंबेडकर आधुनिक भारत की सबसे उपेक्षित सार्वजनिक शख़्सियतों में से रहे हैं। लिहाज़ा, सबसे पहले तो मैंने यह किताब लिखने का फ़ैसला इसलिए लिया क्योंकि मैं भारतीय इतिहास के उस समय तक के एक बेहद हाशियाई मगर अत्यन्त महत्त्वपूर्ण व्यक्तित्व को इतिहास में उसके न्यायसंगत स्थान पर देखना चाहता था।

मेरी पहली दिलचस्पी डॉ. आंबेडकर के समाजशास्त्रीय चिन्तन में थी। जातिगत उत्पीड़न से लड़ने के लिए उन्होंने मुक्ति की जो रणनीतियाँ विकसित कीं वे मेरी वरीयता में दूसरे स्थान पर थीं। यह किताब इन्हीं मुद्दों पर रोशनी डालती है। यह किताब आंबेडकर के जीवन का क्रमवार ब्योरा नहीं देती और इस लिहाज़ से यह किताब कालक्रम के अनुसार नहीं बल्कि रणनीतियों के क्रम में व्यवस्थित की गई है।

ऑलिव्ये हैरेनष्मिड्ट के अलावा मैं इलिएनर ज़ीलियट का भी आभार व्यक्त करना चाहता हूँ जो आज डॉ. आंबेडकर के बारे में सबसे प्रख्यात विशेषज्ञ हैं। उन्होंने इस किताब के शुरुआती मसविदे पर टिप्पणियाँ दीं जिसके लिए मैं उनका बेहद आभारी हूँ। मुझे आंबेडकर के बारे में उनके विशद ज्ञान से भारी लाभ हुआ है और

उन्हीं की मदद से मुझे अमेरिका और यूरोप में कई दलित वर्कशॉप्स में हिस्सा लेने का मौक़ा भी मिला। मैं ओवेन लिंच का भी आभारी हूँ जिन्होंने उत्तर भारत के दलितों और आंबेडकरवाद के बारे में मुझे बहुमूल्य जानकारियाँ दीं। हेमंत देवस्थली, गाई पॉइटेविन और एम्मा रायरकर समकालीन भारत में डॉ. आंबेडकर की प्रासंगिकता को समझने में बहुत मददगार रहे। उनके साथ ही मैं पूरी गम्भीरता से नान्तेर के अपने विद्यार्थियों का आभार व्यक्त करना चाहता हूँ, जिन्होंने मुझे कई ऐसे बिन्दुओं को और साफ़ करने में मदद दी जिन्हें मैं इस किताब में उठाना चाहता था। मैं उनके बहुधा सुचिन्तित और गहरे प्रश्नों के लिए उनका आभार व्यक्त करता हूँ।

आख़िर में मगर पूरी संजीदगी से मैं अपने अभिन्न मित्र अक्षय बक़ाया का शुक्रिया अदा करना चाहता हूँ। वह न केवल मेरे हिन्दी के अध्यापक रहे हैं जिससे मुझे भारत सम्बन्धी शोधों और लेखन में एक स्थायी लाभ हुआ है बल्कि इस किताब में भी वह अनुवाद में छूट गई समाजशास्त्रीय चूकों, विभिन्न नामों के हिज्जे और वाक्य विन्यास तक हर पहलू को दुरुस्त करने के लिए लगातार अपना समय और श्रम देते रहे हैं। उनके साथ ही यात्रा बुक्स की नीता गुप्ता और राजकमल प्रकाशन के संपादकीय निदेशक सत्यानन्द निरुपम का भी विशेष आभार। इन दोनों मित्रों ने अपनी सारी व्यस्तताओं के बावजूद इस किताब को समय पर और अच्छी तरह प्रकाशित करने में गहरी व्यक्तिगत दिलचस्पी ली।

यह किताब तारा और हमारे बेटे मिलन के धैर्य व स्नेह के बिना पूरी नहीं हो सकती थी। यह किताब मिलन को समर्पित करते हुए मैं आशा करता हूँ कि डॉ. आंबेडकर के जीवन को निरपेक्ष दृष्टि से देखने पर भी हमारे भीतर जो उदात्त भावनाएँ पैदा होती हैं उनको एक दिन मिलन भी आत्मसात करेगा।

—क्रिस्तोफ़ जाफ़्रलो

अनुक्रम

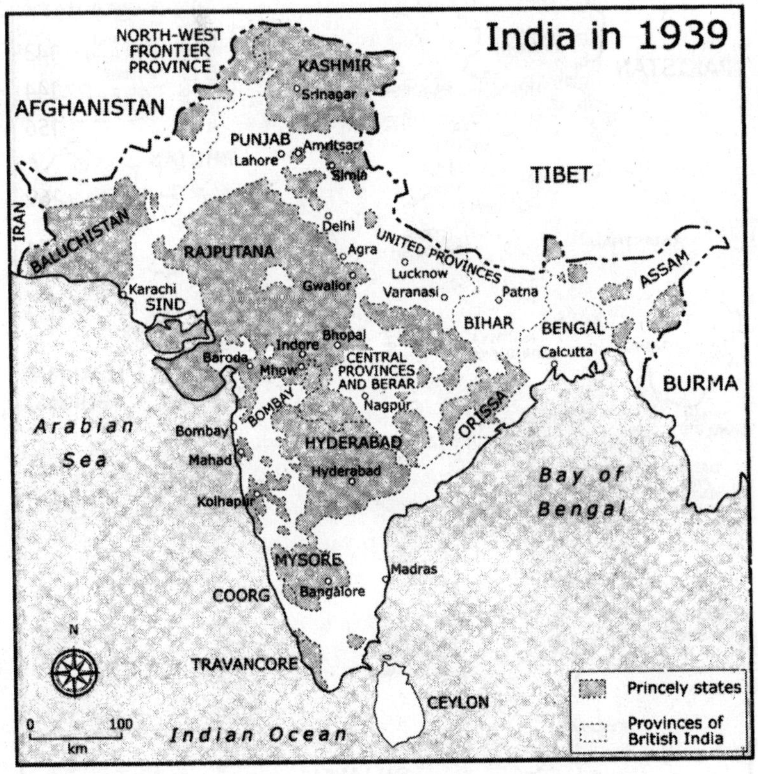
India in 1939
NORTH-WEST
FRONTIER
PROVINCE
KASHMIR
Srinagar
AFGHANISTAN
PUNJAB
Lahore
Amritsar
Simla
TIBET
IRAN
BALUCHISTAN
Delhi
RAJPUTANA
Agra
UNITED PROVINCES
Lucknow
Gwalior
Varanasi
Patna
ASSAM
Karachi
SIND
BIHAR
BENGAL
Bhopal
Indore
CENTRAL
PROVINCES
AND BERAR
Calcutta
Baroda
Mhow
BURMA
Nagpur
BOMBAY
ORISSA
Arabian
Sea
Bombay
HYDERABAD
Mahad
Hyderabad
Bay of
Bengal
Kolhapur
MYSORE
Madras
Bangalore
COORG
N
TRAVANCORE
CEYLON
Princely states
Provinces of
British India
0
100
km
Indian Ocean

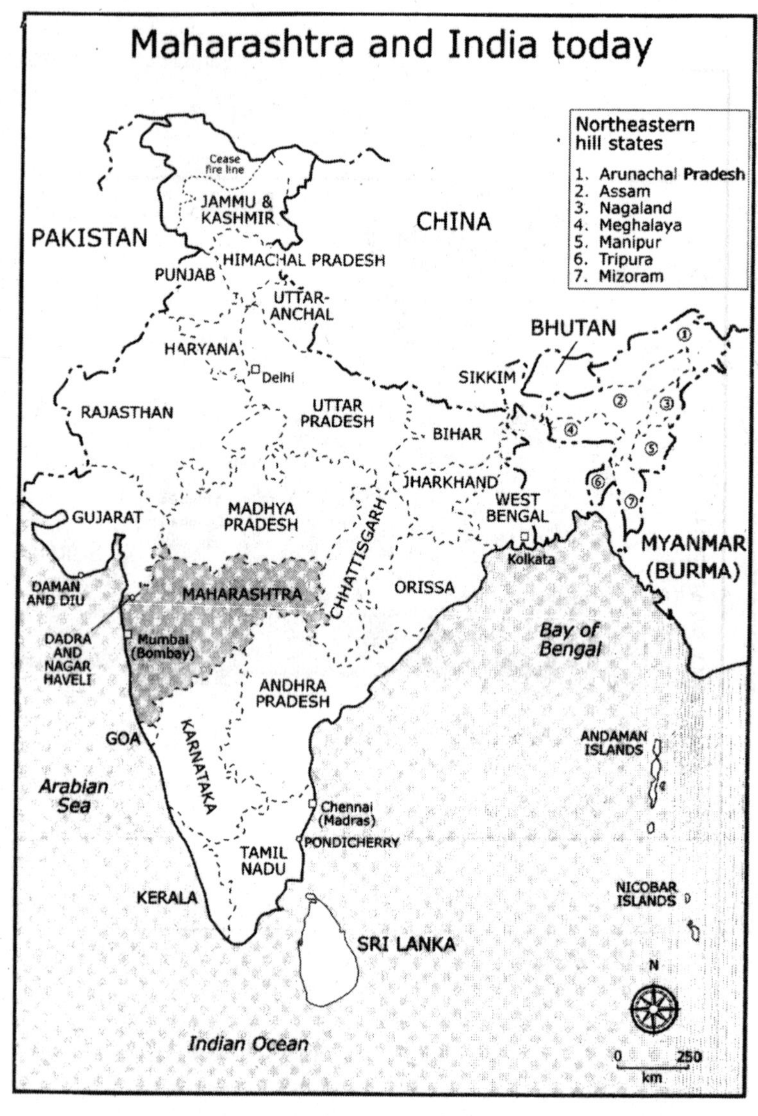
Maharashtra and India today
Northeastern hill states
1. Arunachal Pradesh
2. Assam
3. Nagaland
4. Meghalaya
5. Manipur
6. Tripura
7. Mizoram
Cease fire line
JAMMU & KASHMIR
CHINA
PAKISTAN
HIMACHAL PRADESH
PUNJAB
UTTAR-ANCHAL
BHUTAN
HARYANA
Delhi
SIKKIM
RAJASTHAN
UTTAR PRADESH
BIHAR
JHARKHAND
WEST BENGAL
GUJARAT
MADHYA PRADESH
CHHATTISGARH
Kolkata
MYANMAR (BURMA)
DAMAN AND DIU
MAHARASHTRA
ORISSA
DADRA AND NAGAR HAVELI
Mumbai (Bombay)
Bay of Bengal
ANDHRA PRADESH
GOA
KARNATAKA
ANDAMAN ISLANDS
Arabian Sea
Chennai (Madras)
PONDICHERRY
TAMIL NADU
KERALA
NICOBAR ISLANDS
SRI LANKA
N
Indian Ocean
0
250
km

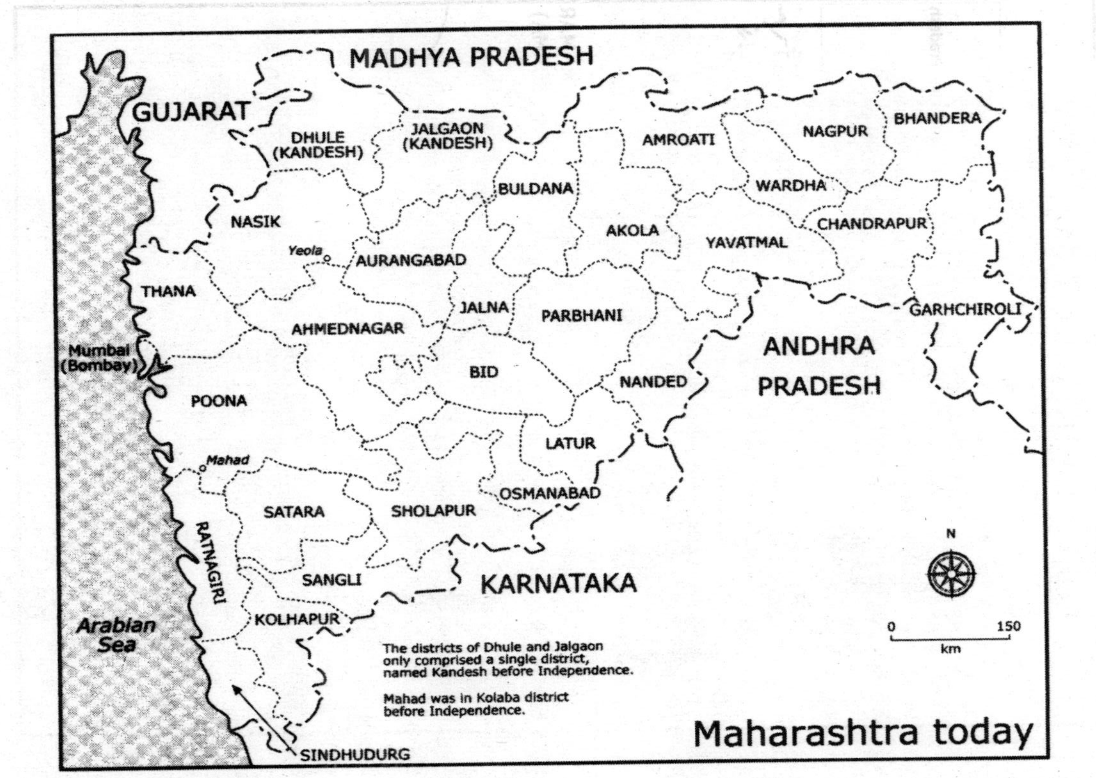

Maharashtra today

प्रस्तावना

भारत का पहला दलित नेता

बाबासाहब के फिर अन्तिम दर्शन हुए उनके अन्त समय में ही। सुबह मैं हमेशा की तरह अपने काम पर निकला। अख़बारों के पहले पेज पर ही ख़बर छपी थी। धरती फटने-सा एहसास हुआ। इतना शोकाकुल हो गया, जैसे घर के किसी सदस्य की मृत्यु हुई हो। घर की चौखट पकड़कर रोने लगा। माँ को, पत्नी को कुछ समझ में नहीं आ रहा था कि मैं इस तरह पेपर पढ़ते ही क्यों रोने लगा? घर के लोगों को बताते ही सब रोने लगे। बाहर निकलकर देखता हूँ कि लोग जत्थों में बातें कर रहे हैं। बाबासाहब का निधन दिल्ली में हुआ था। शाम तक विमान से उनका शव आनेवाला था। नौकरी लगे दो-तीन महीने ही हुए होंगे। छुट्टी मंजूर करवाने वेटरनरी कॉलेज गया। अर्ज़ी का कारण देखते ही साहब झल्लाए। बोले, ''अरे, छुट्टी की अर्ज़ी में यह कारण क्यों लिखता है? आंबेडकर राजनीतिक नेता थे और तू एक सरकारी नौकर हैं। कुछ प्राइवेट कारण लिख।'' वैसे मैं स्वभाव से बड़ा शान्त। परन्तु उस दिन अर्ज़ी का कारण नहीं बदला। उलटे साहब को कहा, ''साहब, वे हमारे घर के एक सदस्य ही थे। कितनी अँधेरी गुफ़ाओं से उन्होंने हमें बाहर निकाला, यह आपको क्यों मालूम होने लगा?'' मेरी नौकरी का क्या होगा, छुट्टी मंजूर होगी या नहीं, इसकी चिन्ता किए बिना मैं राजगृह की ओर भागता हूँ। ज्यों बाढ़ आई हो, ठीक उसी तरह लोग राजगृह के मैदान में जमा हो रहे थे। इस दुर्घटना ने सारे महाराष्ट्र में खलबली मचा दी।

(दया पवार, अछूत, राधाकृष्ण प्रकाशन, पृष्ठ संख्या 168-169)

महाराष्ट्र के प्रसिद्ध दलित लेखक दया पवार के इस मर्मस्पर्शी संस्मरण से आंबेडकर के किसी निकट सहयोगी के जुड़ाव का एहसास हमें नहीं मिलता। पवार आंबेडकर के राजनीतिक आन्दोलन में तो सक्रिय थे मगर व्यक्तिगत रूप से उन्हें जानते नहीं थे। न ही उनका यह संस्मरण बम्बई के उस मुट्ठी भर सम्पन्न अस्पृश्य तबक़े की भावनाओं को दर्शाता है जिसके बीच आंबेडकर का ज़्यादातर जीवन गुज़रा था।[1] आंबेडकर के अन्तिम संस्कार में न केवल विशाल जनसमूह ने हिस्सा लिया—जैसा कि पवार इशारा कर रहे हैं—बल्कि उनके अन्तिम संस्कार के साथ पूरे भारत में शोक और सहानुभूति की एक लहर दौड़ गई थी। आंबेडकर का प्रभाव अब सिर्फ़ महाराष्ट्र

की सीमाओं तक महदूद नहीं था। यह बात उत्तरी भारत में भी उनके द्वारा स्थापित राजनीतिक पार्टियों की चुनावी सफलताओं से स्पष्ट हो जाती थी। मराठी के अलावा कई भारतीय भाषाओं में भी उनकी ज़्यादातर रचनाओं के असंख्य संस्करण छप चुके थे। आंबेडकर सही मायनों में एक अखिल भारतीय शख़्सियत बन चुके थे। वह निर्विवाद रूप से समूचे भारत में प्रभाव रखने वाले पहले अस्पृश्य[2] नेता थे। ख्याति व प्रतिष्ठा के मामले में उनके निकटतम सहयोगी भी उनके आसपास नहीं पहुँचते थे।

ऐसे हालात में यह सोचने की बात है कि उनके जीवन, काम और उनके चिन्तन पर इतने कम अध्ययन क्यों हुए हैं? साल 2000 में भी उपेन्द्र बख्शी को लिखना पड़ा कि 'आंबेडकर सिरे से विस्मृत व्यक्तित्व हैं।'[3] इस उपेक्षा का सबसे स्पष्ट संकेत यह है कि 1990 के दशक तक भी उन पर केन्द्रित किताबें गिनती भर की थीं।[4] और तो और, सारे क्षेत्रीय कांग्रेसी नेताओं की भी एकाधिक जीवनियाँ लिखी जा चुकी हैं जबकि गांधी और नेहरू पर लिखी गई किताबों की तो गिनती ही छोड़ दीजिए। मगर, अंग्रेज़ी में आंबेडकर के बारे में लिखी गई स्तरीय किताबें बहुत कम रही हैं।[5] आंबेडकर की संकलित रचनाओं का प्रकाशन भी सत्तर के दशक में जाकर शुरू हुआ जबकि गांधी, नेहरू और पंत की संकलित रचनाएँ इससे बहुत पहले प्रकाशित होने लगी थीं।[6]

इस विसंगति के लिए आंशिक रूप से तो भारतीय समाज विज्ञान के दायरे में जीवनी लेखन के सीमित प्रचलन को ज़िम्मेदार ठहराया जा सकता है[7] और आंशिक रूप से इसका कारण ये रहा है कि आज भी भारतीय सत्ता प्रतिष्ठान के भीतर आंबेडकर एक अस्वीकार्य—यहाँ तक कि भयजनक—प्रतीक हैं। इसके पीछे बहिष्कार या तिरस्कार का भाव भी रहा है जिसे इस आरोप से ख़ुराक मिलती रही है कि आंबेडकर तो अंग्रेज़ों के हामी और साथी थे। सारा श्रेय आज भी स्वतंत्रता आन्दोलन के नेताओं को ही मिलता है। आंबेडकर का संघर्ष इससे अलग था मगर इससे कम महत्त्वपूर्ण नहीं था।

दूर से देखने पर आंबेडकर का जीवन साधारण साधनों के सहारे अपने दम पर तरक़्क़ी के शिखरों को छूने वाले नायकों की परिकथा जैसा लगता है। भीम राव आंबेडकर का जन्म 14 अप्रैल, 1891 को इन्दौर के पास स्थित महू नामक छावनी क़स्बे में हुआ था। यह क़स्बा इसी नाम की रियासत की राजधानी हुआ करता था जिसको आज़ादी के बाद मध्य भारत (वर्तमान मध्य प्रदेश प्रान्त) में शामिल कर लिया गया था। इन्दौर रियासत के बहुत सारे बाशिन्दों की तरह उनका परिवार भी महाराष्ट्र से यहाँ आया था। ग़ौरतलब है कि इस रियासत का राजवंश भी निचली जाति से ही था।[8] उनका गाँव अम्बावाड़े मराठा रियासत की कोंकण तटीय पट्टी में पड़ता था। लिहाज़ा आंबेडकर का मूल नाम अंबावाड़ेकर भी इसी आधार पर पड़ा था (वर्ष 1900 में उनके एक ब्राह्मण अध्यापक ने उनकी कुशाग्र

बुद्धि और व्यक्तिगत गुणों को देखकर उन्हें अपना नाम दे दिया था और इस तरह वह आंबेडकर कहलाने लगे)।

आंबेडकर सालों तक अस्पृश्यों के साथ होने वाले दैनिक भेदभाव से बचे रहे क्योंकि उनके पिता एक छावनी में काम करते थे जहाँ इस तरह का भेदभाव नहीं था। उनके पिता ब्रिटिश भारतीय सेना में सिपाही थे।[9] ख़ैर, धीरे-धीरे उन्हें भी एक अस्पृश्य व्यक्ति के रूप में जीवन की धूप-छाँव का सामना तो करना ही था। चुनांचे, बचपन में ही उन्हें इस सवाल से जूझना पड़ा कि कोई नाई उनके बाल क्यों नहीं काटना चाहता?[10] सबसे बढ़कर, उन्हें एक ऐसे अपमानजनक अनुभव से गुज़रना पड़ा जिसने उनकी ज़िंदगी की दिशा बदल दी और जिसे वे कभी भी भुला नहीं पाए। यह घटना यों थी : एक दिन वह अपने भाई और बहन के साथ रेल में सवार होकर पिता से मिलने के लिए रवाना हुए। वे वहाँ जा रहे थे जहाँ उनके पिता काम करते थे। जब वे मंज़िल पर पहुँचे तो स्टेशन मास्टर ने उनको पास बुलाकर कुछ पूछताछ की। जैसे ही स्टेशन मास्टर को उनकी जाति का पता चला, वह 'पाँच क़दम पीछे हट गया!'[11] ताँगे वाले भी उन्हें उनके पिता के गाँव तक ले जाने को तैयार नहीं होते थे। एक ताँगेवाला तैयार तो हुआ मगर उसने शर्त रखी की ताँगा बच्चों को ख़ुद ही हाँकना होगा। कुछ दूर जाने पर ताँगेवाला नाश्ता करने के लिए एक ढाबे के सामने रुक गया। वह तो भीतर जाकर नाश्ता करने लगा मगर बच्चों को बाहर ही इन्तज़ार करना पड़ा। उन्हें पास में बह रही एक धारा के रेतीले पानी से ही अपनी प्यास बुझानी पड़ी। आंबेडकर के दिलो-ज़हन में अपने हालात का यह भीषण एहसास शायद इसलिए भी तीखा रहा होगा क्योंकि उनके पास बहुत संवेदनशील और पैना दिमाग़ था।

वर्ष 1907 में इन्हीं बौद्धिक गुणों की बदौलत उन्हें बम्बई स्थित एल्फ़िन्स्टन हाईस्कूल से मेट्रिकुलेशन का सर्टिफ़िकेट मिला। कुछ साल पहले उनके पिता यहीं आकर बस गए थे। इसके बाद उन्होंने वज़ीफ़ा हासिल किया, विख्यात एल्फ़िन्स्टन कॉलेज में दाख़िला लिया और 1912 में यहीं से बी.ए. की डिग्री ली। इसके बाद उन्हें अमेरिका जाकर आगे पढ़ाई के लिए एक और छात्रवृत्ति मिली। उनसे पहले उनकी जैसी पृष्ठभूमि के किसी व्यक्ति को ऐसा अवसर नहीं मिला था। उन्होंने न्यूयॉर्क स्थिति कोलम्बिया यूनिवर्सिटी से एम.ए. की डिग्री हासिल की और फिर 1916 में वे लन्दन के लिए रवाना हो गए जहाँ उन्हें क़ानून की पढ़ाई के लिए ग्रेज़ इन में दाख़िला मिल गया था। बाद में वह लन्दन स्कूल ऑफ़ इकोनॉमिक्स में अपनी पढ़ाई जारी रखते रहे मगर यहाँ वे ज़्यादा समय तक नहीं रह पाए। जल्दी ही उन्हें भारत लौटना पड़ा क्योंकि उनकी छात्रवृत्ति ख़त्म हो चुकी थी।

इस तरह, 1917 में वे लन्दन से भारत आ गए। उनकी इन अकादमिक उपलब्धियों के फलस्वरूप अंग्रेज़ों का ध्यान भी उनकी ओर गया। उन्हें आंबेडकर में अस्पृश्यों

का एक भावी प्रतिनिधि दिखाई पड़ रहा था। 1919 में मताधिकार प्रदान करने के लिए योग्यता कसौटी में संशोधन करने के लिए साउथबॅरो कमेटी बनाई गई थी ताकि और ज़्यादा भारतीयों को विभिन्न प्रान्तों की असेम्बली में चुनाव के लिए मतदान का अधिकार मिल सके। इस कमेटी ने जिन लोगों से सलाह माँगी उनमें आंबेडकर भी एक थे। यह एक बहुत महत्त्वपूर्ण क्षण था क्योंकि 1919 में ही ब्रिटिश भारत की प्रान्तीय असेम्बलियों और सरकारों को पहले से ज़्यादा अधिकार व सत्ता देने वाले सुधार शुरू किए गए थे। इसके बाद ही भारतीय मंत्रियों (लेजिस्लेटिव काउंसिल के प्रति उत्तरदायी) को भी सरकार में शामिल किया जाने लगा था। आंबेडकर ने अस्पृश्यों के लिए पृथक निर्वाचक मंडल और आरक्षित सीटों की व्यवस्था की माँग उठाई थी।

साल 1920 में उन्होंने शिवाजी के वंशज, कोल्हापुर के महाराजा शाहू महाराज की आर्थिक सहायता से *मूक नायक* नामक एक नया जरनल शुरू किया। मगर, जब शाहू महाराज ने आंबेडकर को एक बार फिर इंग्लैंड जाने और पढ़ाई जारी रखने के लिए वज़ीफ़े की पेशकश की तो उन्होंने फ़ौरन यह प्रस्ताव मंजूर कर लिया। क्रमशः, 1921 में उन्होंने मास्टर ऑफ़ साइंस की डिग्री हासिल की और अगले साल *'दि प्रॉब्लम ऑफ़ दि रुपी'* (रुपये की समस्या) शीर्षक के तहत अपना शोध पत्र प्रस्तुत किया।

इसके बाद वह भारत लौटे और उन्होंने बम्बई में वकालत की दुनिया में अपने पैर जमाने की कोशिश की। अछूत होने के कारण उनके लिए ग्राहक जुटाना बहुत मुश्किल था। दिल में गहरी कड़वाहट के साथ उन्होंने संकल्प लिया कि वह अपना जीवन जाति व्यवस्था के उन्मूलन के अभियान में समर्पित कर देंगे। तत्पश्चात, जुलाई 1924 में उन्होंने बहिष्कृत हितकारिणी सभा का गठन किया और 1928 तक इसका नेतृत्व भी सँभाला। इससे पिछले साल उन्हें अंग्रेज़ सरकार ने बॉम्बे प्रेज़िडेंसी की लेजिस्लेटिव काउंसिल में मनोनीत किया था। काउंसिल में रहते हुए आंबेडकर ने अस्पृश्यों को कुंओं से पानी निकालने (यही आगे चलकर 1927 में कोंकण तट पर महाड़ में होने वाली उनकी पहली विशाल गोलबन्दी का लक्ष्य बनने वाला था) और मन्दिरों में प्रवेश का क़ानूनी अधिकार दिलाने के लिए हर सम्भव प्रयास किया। मन्दिर प्रवेश के सवाल पर आंबेडकर ने जो आन्दोलन शुरू किया वह 1935 तक रह-रह कर चलता रहा।

तीस का दशक आंबेडकर के लिए दलगत राजनीति में नए प्रयोगों का दौर रहा। उन्होंने अंग्रेज़ों से माँग की कि अस्पृश्यों को पृथक निर्वाचक मंडल का अधिकार दिया जाए। अगर उनकी यह माँग मान ली जाती तो अस्पृश्य निश्चित रूप से एक मज़बूत राजनीतिक शक्ति में रूपान्तरित हो सकते थे। अंग्रेज़ सरकार ने भी कम्युनल अवॉर्ड के सिलसिले में हुई चर्चाओं के दौरान उनके तर्कों पर आंशिक सहमति दे

दी थी जिसकी घोषणा भी सरकार की ओर से 24 अगस्त, 1932 को की गई थी। मगर, चूँकि गांधीजी को भय था कि अस्पृश्यों के लिए पृथक निर्वाचन मंडल की व्यवस्था हिन्दू एकता को क्षीण कर देगी इसलिए वे तत्काल ही पूना स्थित यरवदा जेल में अनशन पर बैठ गए थे। फलस्वरूप, आंबेडकर को पृथक निर्वाचन मंडल की अपनी माँग छोड़नी पड़ी और 24 सितम्बर, 1932 को पूना पैक्ट पर दस्तख़त भी करने पड़े। इस घटनाक्रम से आंबेडकर को गहरा धक्का लगा था। हालाँकि बाद में सदाशयता का भाव दिखाते हुए गांधी ने इस बात को माना था कि अस्पृश्यों को बड़ी संख्या में आरक्षित सीटें मिलनी चाहिए।

1936 में आंबेडकर ने अपनी पहली राजनीतिक पार्टी—इंडिपेंडेट लेबर पाटी (आईपीएल)—का गठन किया। यह फ़ैसला 1937 में होने वाले चुनावों के मद्देनजर लिया गया था। 1937 के चुनाव गवर्नमेंट ऑफ़ इंडिया ऐक्ट, 1935 के प्रावधानों के तहत कराए गए थे। यह क़ानून प्रान्तीय सरकारों और असेम्बलियों को 1919 के सुधारों से कहीं ज़्यादा शक्तियाँ व अधिकार देता था। आईएलपी ने केवल बॉम्बे प्रेज़िडेंसी और मध्य प्रान्त में ही अपने उम्मीदवार मैदान में उतारे और यहाँ पार्टी को कुछ सफलता भी मिली। पार्टी के 9 अन्य सदस्यों के साथ-साथ आंबेडकर भी निर्वाचित घोषित हुए।

दूसरे विश्व युद्ध ने भारतीय राजनीति में बदलावों की गति और तेज कर दी थी। ब्रिटेन ने कांग्रेस की सलाह और सहमति के बिना भारत को भी विश्व युद्ध में घसीट लिया था। लिहाज़ा, कांग्रेस के प्रतिनिधियों ने उन आठों प्रान्तीय सरकारों से इस्तीफ़ा दे दिया जिनका नेतृत्व उनके हाथ में था। बाक़ी भारतीयों को युद्ध प्रयासों के पक्ष में करने के लिए अंग्रेज़ों ने मुस्लिम लीग, हिन्दू महासभा और आईएलपी जैसी छोटी राजनीतिक पार्टियों के नेताओं को अपनी और खींचना शुरू किया। इस क्रम में आंबेडकर 1941 में डिफ़ेंस एडवाइज़री कमेटी के सदस्य बने और 1942 में उन्हें श्रम मंत्री नियुक्त किया गया।

मंत्री के रूप में अपनी गतिविधियों के साथ-साथ वह अपनी पार्टी की रणनीति को भी तराशते रहे और 1942 में उन्होंने शेड्यूल्ड कास्ट्स फ़ेडरेशन (एससीएफ) के नाम से एक नए संगठन का गठन किया। 'शेड्यूल्ड कास्ट्स' (अनुसूचित जतियाँ) उन अस्पृश्य जातियों का समूह था जिनको सरकार द्वारा अनुसूचित जातियों की सूची में शामिल किया गया था। शिक्षा व्यवस्था और सरकारी नौकरियों में इन जातियों को आरक्षण देने के लिए सरकार ने यह सूची तैयार की थी। सभी मजदूरों में अपना राजनीतिक जनाधार फैलाने का प्रयास करने के बाद आंबेडकर अपनी कोशिशों को सिर्फ़ अस्पृश्यों के बीच ही सीमित करते गए। कांग्रेस की विराट राजनीतिक ताक़त के सामने एससीएफ का कोई मेल नहीं बैठता था। लिहाज़ा मार्च 1946 में एससीएफ को प्रांतीय असेम्बलियों के चुनावों में भारी पराजय का सामना करना पड़ा। और तो और, ख़ुद आंबेडकर भी अपनी सीट नहीं जीत पाए।

बहरहाल, इस नाकामयाबी के बावजूद अस्पृश्यों के सबसे महत्त्वपूर्ण प्रतिनिधि के रूप में उनका राजनीतिक उभार जारी रहा। 3 अगस्त, 1947 को जवाहरलाल नेहरू ने उन्हें अपनी सरकार में विधि मंत्री नियुक्त किया और तीन सप्ताह बाद 29 अगस्त को उन्हें संविधान का प्रारूप तैयार करने के लिए बनाई गई ड्राफ़्टिंग कमेटी (मसविदा समिति) का अध्यक्ष बना दिया गया। 1947–50 के बीच यही उनकी सारी सरगर्मियों का केन्द्र रहा।

संविधान में समाज सुधारों के लिए एक अनुकूल रूपरेखा तय की गई थी। ख़ासतौर से अस्पृश्यता को समाप्त घोषित करने और जाति, नस्ल व लिंग के आधार पर होने वाले भेदभावों को निषिद्ध घोषित करके संविधान में समाज सुधार के लिए एक अनुकूल रूपरेखा तय की गई थी। आंबेडकर भारतीय समाज की तमाम विकृतियों को मुकम्मल तौर पर ख़त्म करने के लिए कृतसंकल्प थे। इसीलिए जनवरी 1950 में उन्होंने विवाह व तलाक़, उत्तराधिकार और दत्तकता आदि के बारे में प्रावधान तय करने के लिए तैयार किए गए हिन्दू कोड बिल में संशोधन का अभियान शुरू किया। उनका कहना था कि यह क़ानून हिन्दू समाज में दीर्घकालिक सुधारों का साधन बनना चाहिए। मगर नेहरू इस बात से चिन्तित थे कि कांग्रेस के रूढ़िवादी नेता रेडिकल सुधारों की वजह से दूर छिटक सकते हैं। लिहाजा, नेहरू ने आंबेडकर के प्रस्तावों पर एक ख़ामोशी बनाए रखी और फलस्वरूप सितम्बर 1952 में आंबेडकर ने सरकार से इस्तीफ़ा दे दिया। एक बार फिर वह विपक्ष में बैठे और सोशलिस्टों के साथ अपने पुराने ताल्लुक़ात को फिर से खंगालना शुरू किया। 1951–52 के चुनावों में इस गठजोड़ को भी भारी झटका झेलना पड़ा।

इसके बाद वह बौद्ध धर्म की तरफ़ मुड़े। उनकी अन्तिम मुख्य रचना, *दि बुद्ध ऐण्ड हिज़ धम्मा* उनके इसी बदलाव पर केन्द्रित है। यह किताब मरणोपरान्त 1957 में प्रकाशित हुई। इस किताब के प्रकाशन से एक साल पहले उन्होंने 14 अक्टूबर को दशहरा के महत्त्वपूर्ण हिन्दू पर्व के दिन नागपुर में एक विशाल जनसमूह के सामने बौद्ध धर्म अंगीकार किया। इस अवसर पर हज़ारों दूसरे अस्पृश्यों ने भी उनका अनुसरण करते हुए बौद्ध धर्म क़ुबूल किया। अगले माह 30 नवम्बर को वह दिल्ली लौटे और 6 दिसम्बर, 1956 को उनका देहान्त हो गया।

इस किताब का मक़सद आंबेडकर के जीवन की घटनाओं को गिनवाना नहीं है जिसकी कुछ महत्त्वपूर्ण कड़ियों का मैंने अभी ज़िक्र किया है। इस किताब का मक़सद इस बात पर रोशनी डालना है कि अस्पृश्यों की मुक्ति में और सामान्य रूप से भारत के सामाजिक एवं राजनीतिक रूपान्तरण में आंबेडकर का क्या योगदान रहा है।

आंबेडकर ने जातिगत उत्पीड़न का विश्लेषण कैसे किया और मुक्ति की अपनी रणनीति कैसे गढ़ी? आंबेडकर के बारे में एक रूमानी नज़रिया अपनाने की बजाय मैं इस सवाल पर एक रणनीति-केन्द्रित पद्धति से विचार करने का प्रयास करूँगा। उनके कॅरिअर का विश्लेषण करने के लिए यह पद्धति ही ज़्यादा उपयुक्त है। 31 जनवरी, 1920 के *मूक नायक* के पहले ही अंक में, जब वे सार्वजनिक पटल पर प्रवेश ही कर रहे थे, उन्होंने एक ऐसे मंच की ज़रूरत पर ज़ोर दिया था 'जहाँ हम अपने ऊपर और दूसरे दबे-कुचले लोगों के साथ हो रहे बेतहाशा अन्याय या संभावित अन्याय पर विचार कर सकें और उनके भावी विकास के लिए उचित रणनीतियों पर विवेचनात्मक ढंग से चिन्तन किया जा सके।'[12] मगर, इससे पहले कि मैं उनकी रणनीतियों पर चर्चा करूँ, मैं यह समझने की कोशिश करूँगा कि आंबेडकर 'आंबेडकर' कैसे बने। इसके लिए सबसे पहले मैं उनको महाराष्ट्र और उनके पारिवारिक व सामाजिक परिवेश के सन्दर्भ में देखने का प्रयास करूँगा। तत्पश्चात मैं इस बात का विश्लेषण करूँगा कि जाति व्यवस्था को ख़त्म करने के लिए शुरू से ही वह उसके बारे में किस तरह सोचने लगे थे। राजनेता आंबेडकर और कार्यकर्ता आंबेडकर की छवियों के पीछे एक चिन्तक आंबेडकर की छवि प्रायः छिपी रह जाती है और यह एक अफ़सोस की बात है क्योंकि उनकी बहुत सारी रचनाएँ बहुत अव्वल दर्जे की बौद्धिक कृतियाँ हैं। फिर भी, दूसरे चिन्तकों के विपरीत उनका अपना लालन-पालन और हालात ऐसे रहे कि वह समाजशास्त्री के रूप में अपनी प्रतिभा का प्रयोग अपने सामाजिक परिवर्तन के उद्‌देश्य के लिए कर पाए : उन्होंने जाति की संरचना की चीर-फाड़ इसलिए की ताकि वह ऊँच-नीच पर आधारित इस सामाजिक व्यवस्था को जड़ से ख़त्म कर सकें और इस मिश्रित पद्धति की वजह से ही उन्हें एक विशुद्ध समाज वैज्ञानिक के रूप में मान्यता नहीं मिल पाई।

एक पथप्रदर्शक के रूप में आंबेडकर एक उद्‌देश्य से दूसरे उद्‌देश्य की ओर बड़ी एहतियात से क़दम बढ़ाते हुए दिखाई पड़ते हैं। सबसे पहले उन्होंने अस्पृश्यों को सुधारने का प्रयास किया ताकि उन्हें वृहत्तर हिन्दू समाज के भीतर तरक़्क़ी के मार्ग पर ले जा सकें (मुख्य रूप से शिक्षा के माध्यम से)। बाद में, तीस के दशक में वे राजनीति में दाख़िल हो गए। उन्होंने जिन पार्टियों की स्थापना की वे कभी अस्पृश्यों के संगठन दिखाई पड़ती थीं तो कभी उत्पीड़ितों की गोलबन्दी का आधार दिखाई देती थीं। मगर उन्होंने अपनी राजनीतिक कार्रवाइयों को सिर्फ़ दलगत राजनीति तक सीमित नहीं रखा। उन्होंने सरकारों के साथ दोस्ती बनाने और तोड़ने में भी कभी गुरेज़ नहीं किया। चाहे अंग्रेज़ हों या कांग्रेस की सरकारें हों, सत्ता में बैठे लोगों पर भीतर से अपने उद्‌देश्य के हित में दबाव पैदा करने के लिए वह सरकारों में जाते रहे और उनको छोड़ते भी रहे। अपनी इसी पद्धति की बदौलत वह

भारतीय संविधान की ड्राफ़्टिंग कमेटी के अध्यक्ष के रूप में अस्पृश्यों के हित में आवाज़ उठा पाए और गांधी के कुछ विचारों को हाशिए पर रखने में कामयाब हुए। मगर आंबेडकर इस तरह की राजनीतिक सक्रियता से सन्तुष्ट नहीं थे। अन्ततः वह इसे निरर्थक मानने लगे थे। नियमित अन्तराल पर वह रह-रह कर एक ज़्यादा रेडिकल रास्ता अपनाते रहे, एक ऐसा रास्ता जो आख़िकार एक अन्य धर्म को अपनाने तक जा पहुँचा। यह परिणति जाति व्यवस्था के उनके विश्लेषण और इस निष्कर्ष की स्वाभविक उत्पत्ति थी कि जाति व्यवस्था हिन्दू धर्म के मूलाधार का अंग है। वह 1920 के दशक से ही इस निष्कर्ष पर पहुँचने लगे थे मगर अपने जीवन के अन्तिम साल तक धर्मांतरण के इस साहसिक फ़ैसले को लागू करने से बचते रहे।

इस तरह, आंबेडकर दो छोरों के बीच झूलते दिखाई देते हैं। एक तरफ़ तो वह हिन्दू समाज या समूचे भारतीय राष्ट्र में अस्पृश्यों की उन्नति चाहते हैं और दूसरी तरफ़ वे एक पृथक निर्वाचक मंडल या पृथक दलित पार्टी या हिन्दू धर्म को छोड़ कर कोई अन्य धर्म अपनाने जैसी विच्छेद की रणनीतियों पर भी काम करते रहे। उन्होंने समाधानों की तलाश की, नई-नई रणनीतियाँ आजमाईं और ऐसा करते हुए दलितों को मुक्ति के एक कठिन मार्ग पर ले चले।

1

समाज सुधार और ब्राह्मण-विरोधी गोलबन्दी के दरम्यान महाराष्ट्र के हालात

आंबेडकर भारत के पहले अस्पृश्य नेता थे। इस हैसियत से वह लगभग एक पहेली की तरह सामने आते हैं : अपनी सामाजिक पृष्ठभूमि से निकलकर किस तरह वह इस आला हैसियत तक पहुँचे और सही मायनों में एक राजनेता बने ? यहाँ हम उनके व्यक्तित्व के बेमिसाल गुणों के सहारे उनकी मनोवैज्ञानिक व्याख्या करके सन्तोष नहीं कर सकते। बेशक, उनके पास एक विलक्षण मस्तिष्क और चट्टानी आत्मबल था। वह अपनी सारी ऊर्जा को एक व्यापक परियोजना पर केन्द्रित कर सकते थे और उनकी संकल्प शक्ति कभी कम नहीं पड़ी। मगर, यह विशिष्टता भी उनके कॅरिअर के उठान को समझने के लिए काफ़ी नहीं है। जैसा इस तरह के मामलों में हमेशा होता है—यहाँ भी हमें संयोग के पहलू को ज़रूर ध्यान में रखना होगा। मगर सारी बात अब भी स्पष्ट नहीं होती। और यहाँ तो कुछ ऐसे तथ्य हैं भी जिनमें ये संयोग प्रतिबिम्बित होते हैं। जैसे कि मराठा महाराजाओं से मिली सहायता। मगर ऐसे तथ्य उस व्यापक क्षेत्रीय सन्दर्भ का हिस्सा भी हैं जिसमें आंबेडकर का कॅरिअर एक निश्चित शक्ल ले रहा था। इस बेमिसाल शख़्सियत को मुकम्मल तौर पर समझने के लिए हमें उस समूचे भौगोलिक, ऐतिहासिक और सामाजिक सन्दर्भ को समझना होगा जहाँ से उसका उदय हुआ। आंबेडकर एक क्षेत्रीय परम्परा के वंशज थे। उनके संघर्ष की आहट हमें उन्नीसवीं शताब्दी के मध्य से पश्चिमी महाराष्ट्र में शुरू हुए ब्राह्मण-विरोधी आन्दोलनों में ही सुनाई पड़ने लगती है। इस मामले में केवल द्रविड़ियन दक्षिण भारतीय स्पन्दन—जो ब्राह्मण-विरोधी गोलबन्दी का एक और मुख्य केन्द्र था—ही उनके संघर्ष की बराबरी कर सकता था।[1]

महाराष्ट्र और उसकी सामाजिक-राजनीतिक व्यवस्था

महाराष्ट्र सबसे पहले अपनी भाषा से परिभाषित होता है। इस राज्य की सीमाएँ भी वही हैं जो मराठी भाषी इलाक़ों की सीमाएँ हैं। इस तथ्य को 1960 में महाराष्ट्र राज्य के गठन के साथ एक संस्थागत रूपरेखा प्रदान कर दी गई थी। (देखें मानचित्र 1

एवं 3, पृष्ठ viii एवं x)। अंग्रेज़ी राज के दौरान इस भाषाई इलाक़े में पड़ने वाले ज़िलों को चार समूहों में रखा जाता था (देखें मानचित्र 2, पृष्ठ ix) : तटीय पट्टी (कोंकण) और घाट (समुद्र की ओर उतरती पहाड़ियों की शृंखला) बॉम्बे प्रेज़िडेंसी का हिस्सा थे। प्रान्त के भीतरी भाग (देश) एक अन्य ब्रिटिश प्रशासकीय क्षेत्र (मध्य प्रान्त एवं बेरार) तथा हैदराबाद रियासत के बीच बँटे हुए थे। प्रान्त के पश्चिमी भाग में कई छोटी-छोटी रियासतें थीं (जैसे कोल्हापुर रियासत)।

जहाँ एक तरफ़ देशी रियासतों में अंग्रेज़ी राज के ख़त्म होने तक कोई राजनीतिक क्रियाकलाप नहीं बचे थे, वहीं दूसरी तरफ़ ब्रिटिश शासन के तहत आने वाले प्रान्तों में 1882 के लोकल सेल्फ गवर्नमेंट ऐक्ट की बदौलत राजनीतिक प्रतिस्पर्द्धा का एक अच्छा-ख़ासा मैदान भी तैयार हो गया था। इसी क़ानून के तहत नगर परिषदों का गठन किया गया था। 1909 में हुए संवैधानिक सुधारों के फलस्वरूप ब्रिटिश शासन के अन्तर्गत आने वाले सभी प्रान्तों में लेजिस्लेटिव काउंसिलों की स्थापना की गई। 1919 और 1935 के सुधारों से इन काउंसिलों के महत्त्व में और इज़ाफ़ा हुआ जब प्रान्तीय सरकारों को इन असेम्बलियों के प्रति आंशिक रूप से जवाबदेह बनाया गया और मताधिकार को विस्तार दिया गया।

इस संस्थागत रूपरेखा में समाज किस तरह बदल रहा था? जो ज़िले 30 साल बाद महाराष्ट्र में शामिल किए गए उनकी 1931 की जनगणना—जिसमें आख़िरी बार मुकम्मल तौर पर जातियों की भी गिनती की गई—से पता चलता था कि उनकी कुल आबादी में ब्राह्मण 3.9 प्रतिशत, वैश्य 1.6 प्रतिशत और क्षत्रिय 1 प्रतिशत थे। शूद्रों की श्रेणी में मराठा-कुनबी जातियों का दबदबा था और इस समूह की जातियों का आबादी में हिस्सा 31.19 प्रतिशत बैठता था। इस वर्ण की और कोई जाति महाराष्ट्र की आबादी में 5 प्रतिशत भी नहीं थी। अस्पृश्यों की संख्या कुल आबादी में 16.74 प्रतिशत थी। इनमें सबसे ज़्यादा संख्या महार जाति की थी। आंबेडकर इसी जाति से आते थे। क्षेत्रीय आबादी में अकेले इसी जाति की आबादी 11 प्रतिशत बैठती थी।[2] इन आंकड़ों के बाद इस बात पर ध्यान देना भी ज़रूरी है कि इन जातियों की सामूहिक पहचानें कैसे सामने आईं और स्थानीय स्तर पर उनके आपसी सम्बन्ध कैसे थे।

उत्तर भारत में विभिन्न जातियों के बीच बनने वाले आर्थिक और अनुष्ठानिक सम्बन्धों की व्यवस्था को आमतौर पर 'जजमानी' व्यवस्था के नाम से जाना जाता है। यह व्यवस्था एक मुखिया या जजमान के नाम से चलती है। यह व्यवस्था जातियों के बीच वस्तुओं और सेवाओं के विनिमय के एक प्राचीन बन्दोबस्त से निकली है जो गाँव के स्तर पर चला करती थी। जजमान 'मुखिया' होता था। उसे दूसरों से मिलने वाली सेवाओं का लाभ मिलता था और बदले में वह खलिहान में ही कटाई का एक हिस्सा उन लोगों को दे देता था। जजमान आमतौर पर किसी ऐसी प्रभुत्वशाली जाति का भूस्वामी होता था जो संख्या और भूस्वामित्व, दोनों लिहाज

से दूसरी जातियों से ताक़तवर होती थी। इस प्रकार, वह बहुल जाति का और स्थानीय स्तर पर सबसे ज़्यादा ज़मीन वाला व्यक्ति होता था। महाराष्ट्र में जजमान की अवधारणा नहीं थी। यहाँ गाँव के मुखिया को पाटिल कहा जाता था। वह जजमान नहीं बल्कि गाँव का नियुक्त किया गया मुखिया होता था। उसकी यह पदवी वंशानुगत होती थी मगर यदि वह किसी दूसरे गाँव में या शहर में जाकर बस जाए तो उसकी यह पदवी छिन भी जाती थी। यह पदवी आमतौर पर कई परिवारों में घूमती रहती थी। ज़्यादातर मामलों में पाटिल मराठा समुदाय से होता था हालाँकि स्थानीय कृषि सम्बन्धों में ब्राह्मणों की उपस्थिति भी अच्छी-ख़ासी थी क्योंकि वे महाजनी का धंधा भी करने लगे थे।[3] गाँव के जातिक्रम में पाटिल के बाद ब्राह्मणों का स्थान आता था जो कुलकर्णी यानी गाँव के मुनीम की भूमिका निभाते थे।[4]

इस प्रकार, महाराष्ट्र के आर्थिक और सामाजिक सम्बन्ध जजमानी व्यवस्था से मिलती-जुलती बलूतेदारी व्यवस्था[5] के हिसाब से विकसित हुए। इस व्यवस्था को 'बारा (बारह) बलूतेदार की व्यवस्था' भी कहा जाता था क्योंकि इस बन्दोबस्त में 12 मुख्य जातियाँ होती थीं।[6] बलूतेदार कहलाने वाली जातियाँ किसी जजमान को नहीं बल्कि गाँव को पीढ़ी-दर-पीढ़ी अपनी सेवाएँ देती थीं। ये बलूतेदार जातियाँ एक जैसी सेवाएँ प्रदान नहीं करती थीं और लिहाज़ा उन सभी को एक ही पायदान पर रखकर देखना ठीक नहीं होगा। पाटिल और कुलकर्णी भी इन्हीं बारह जातियों में से थे जिनका ऊपर ज़िक्र किया गया है। ज़ाहिर है कि उनके पास सबसे प्रभुत्वशाली भूमिकाएँ थीं। बाक़ी बलूतेदारों में से ज्योतिषी (ये भी ब्राह्मण होते थे) को छोड़ कर बाक़ी सारी जातियाँ निचली जातियाँ होती थीं—सोना (चाँदी का काम करने वाले), लुहार, सुतार (बढ़ई), खुम्हार (कुम्हार), न्हावी (नाई), पारिट (धोबी), गुरव (मन्दिर के चौकीदार, जो निचली जातियों के अनुष्ठानों में पुजारी की भूमिका भी निभाते थे), माँग (अस्पृश्य, रस्सियाँ बनाने वाले), चमार (चांभार) (अस्पृश्य, जूते बनाने वाले) और महार।[7]

बलूतेदारी व्यवस्था प्राक्औपनिवेशिक राज्य की मूलभूत संरचना थी। यह बात इस तथ्य से ज़ाहिर हो जाती है कि ग्रामीण स्तर पर पाटिल और कुलकर्णी की पदवियों के समकक्ष क्षेत्रीय स्तर पर भी देशमुख और देशपांडे (जिनमें देशपांडे ब्राह्मण होते थे और देशमुख मराठा या ब्राह्मणों में से हो सकते थे) की पदवियाँ होती थीं। समय के साथ यह प्रशासकीय बन्दोबस्त पुख़्ता होता गया। धीरे-धीरे यह इतना मज़बूत हो चुका था कि सत्रहवीं शताब्दी में यही शिवाजी के साम्राज्य की आधारशिला बन गया। बीजापुर सल्तनत के एक मनसबदार के बेटे शिवाजी भी पाटिलों के एक मराठा वंश से ही सम्बन्धित थे। बाद में उन्हें देशमुख की और अन्ततः सर्वोच्च स्तर के क्षत्रिय की मान्यता मिली (जो कुछ स्वार्थी ब्राह्मणों की मिलीभगत से हुआ जिन्होंने उनकी वंशावली को ही नए सिरे से लिख डाला था)।

इस राजनीतिक संरचना पर सवाल तब उठा जब शिवाजी की मौत के बाद पेशवा—जिसका मतलब होता है 'सरकार का मुखिया', मगर बाद में यह मराठा राज्य को चलाने वाले चितपावन ब्राह्मण वंश का नाम बन गया—ने गद्दी पर क़ब्ज़ा कर लिया। पेशवाओं के इस वर्चस्व से मराठों में भारी असन्तोष पैदा हुआ। शिवाजी के वंशजों में यह असन्तोष सबसे गहरा था जो अभी भी कोल्हापुर की छोटी सी रियासत के राजा थे। इस तरह, महाराष्ट्र के सामाजिक और राजनीतिक इतिहास में हमें ब्राह्मणों और ग़ैर-ब्राह्मणों, मुख्यतः मराठों के बीच तनाव की महत्त्वपूर्ण जड़ें दिखाई देती हैं।

उन्नीसवीं शताब्दी में सामाजिक व्यवस्था पर उठे प्रश्न

महाराष्ट्र की जाति व्यवस्था कुछ हद तक उन्नीसवीं शताब्दी में ब्रिटिश उपनिवेशवाद के असर में कमज़ोर होने लगी थी। युद्ध में पराजय और विश्वासघात के फलस्वरूप 1818 में अन्तिम पेशवा को भी गद्दी छोड़नी पड़ी। कोल्हापुर जैसी केवल कुछ रियासतों को ही थोड़ी-बहुत स्वायत्तता मिल पाई हालाँकि उनकी सत्ता भी पहले से बहुत कमज़ोर हो चुकी थी। सामाजिक स्तर पर औपनिवेशिक विजय के दो परस्पर विरोधी नतीजे सामने आए : एक तरफ़ तो ब्राह्मण ब्रिटिश औपनिवेशिक नौकरशाही और व्यवसायों (जैसे वकील, पत्रकार आदि) में दाख़िल होकर अपने दबदबे को फिर से क़ायम करने लगे। उनकी पढ़ाई-लिखाई की परम्परा के कारण उनके लिए यह काम आसान भी था। दूसरी तरफ़ अंग्रेज़ों ने अपने स्कूलों और धार्मिक मिशनों के माध्यम से जाति व्यवस्था की एक रेडिकल समालोचना पेश की। इन दो प्रवृत्तियों की बदौलत अन्ततः समानान्तर सामाजिक-धार्मिक आन्दोलन पैदा हुए जिन पर सवर्ण जातियों और ब्राह्मण-विरोधी संगठनों का दबदबा था।

पश्चिमी प्रभाव। शिक्षा-दीक्षा की परम्परा से आने के कारण ब्राह्मण और कायस्थ (मुंशी, जिनको ऐसी ऊँची जाति से माना जाता था जो कि किसी द्विज वर्ण से सम्बन्धित नहीं थी और अकसर उनको शूद्रों के समान भी माना जाता था)[8] अंग्रेज़ों द्वारा देशी कर्मचारी तैयार करने के लिए शुरू की गई शिक्षा व्यवस्था में तेज़ी से दाख़िल हुए। इस प्रसंग में अस्पृश्य कहीं दिखाई पड़ने वाले नहीं थे। अंग्रेज़ों द्वारा चलाए जाने वाले स्कूल यों तो सबके लिए खुले थे मगर अस्पृश्यों के लिए वे भी पहुँच से बाहर ही साबित हुए क्योंकि ऊँची जातियों के विद्यार्थियों के माता-पिता अस्पृश्यों के बच्चों के दाख़िले का खुलकर विरोध करते थे। अस्पृश्य बच्चे अगर चाहते तो हद से हद स्कूल के बरामदे में ही बैठकर पढ़ाई कर सकते थे।[9] यद्यपि सरकार ने अस्पृश्यों के लिए आरक्षित पाठशालाएँ भी खोली थीं मगर उनमें आने वाले बच्चों की संख्या बहुत कम थी : 1882 में भी बॉम्बे प्रेज़िडेंसी में ऐसे कुल सोलह स्कूल थे जिनमें 564 विद्यार्थी थे और मध्य प्रान्त में केवल चार ऐसे स्कूल

थे जिनमें 111 विद्यार्थी आते थे।[10] इस तरह की कोशिशों से अस्पृश्यों को बड़ी संख्या में शिक्षा के लाभ नहीं मिल सकते थे। नतीजा, 1911 में भी केवल 0.5 प्रतिशत अस्पृश्य—महारों में 1 प्रतिशत, जो राष्ट्रीय औसत से भी ऊपर था[11]—ही पढ़ना-लिखना जानते थे और यह संख्या 1921 में भी 1.5 प्रतिशत और 1931 में 2.9 प्रतिशत ही हो पाई थी।

टेबल 1.1 : बॉम्बे प्रेज़िडेंसी में जातिवार वयस्क साक्षरता की प्रगति, 1911

	अनुपात (प्रतिशत)	
	साक्षर	अंग्रेज़ी में
ब्राह्मण		
चितपावन	63	19.3
देशस्थ	61.5	10.22
सारस्वत	54	10.77
मझौली जातियाँ		
मराठा	4.6	0.22
कुन्बी	9.4	0.27
लिंगायत	13.6	0.3
अस्पृश्य		
महार	1	0.01

स्रोत : भारतीय जनगणना 1911, खंड 8, पृ. 148.

सन् 1886-87 में बॉम्बे प्रेज़िडेंसी की बिना कॉवेनेंट वाली नौकरियों[12] के 424 कर्मचारियों में से 328 हिन्दू थे। उनमें से 211 ब्राह्मण, 26 क्षत्रिय, 37 प्रभु (कायस्थ), 38 वैश्य, 1 शूद्र और 15 अन्य थे।[13] ब्राह्मणों में चितपावन ब्राह्मणों को सबसे तेज़तर्रार माना जाता था। अपनी इसी क्षमता के दम पर वे पेशवा राजवंश के अपदस्थ कर दिए जाने के बाद आए सामाजिक पतन की तेज़ी से भरपाई करने में सफल हुए थे। चूँकि वे सबसे शिक्षित समुदाय से थे इसलिए ऐसे व्यवसायों में उनका तेज़ी से दबदबा बनता गया जिनमें अंग्रेज़ी पर महारत की ज़रूरत थी। 1887 में बॉम्बे प्रेज़िडेंसी में कुल 104 सबॉर्डिनेट जज हुआ करते थे जिनमें से 70 ब्राह्मण थे। उन 70 में से भी 33 चितपावन ब्राह्मण थे।[14]

आधुनिक शिक्षा में पैठ बनाने और फलस्वरूप शासकीय महत्त्व के पदों पर अपना एकाधिकार स्थापित करने के ब्राह्मणों के कौशल व सफलता से निचली जातियों में शुरू से ही एक ईर्ष्या और असन्तोष का भाव पैदा होने लगा था। इसके पीछे अंग्रेज़ों, ख़ासतौर से ईसाई मिशनरियों द्वारा फैलाए गए समतामूलक विचारों का भी हाथ था।

सन 1813 में चार्टर ऑफ़ दि ईस्ट इंडिया कम्पनी में संशोधन किया गया और ईसाई मिशनों को भारत में बसने की छूट दी गई। फलस्वरूप, स्कॉटिश फ्री चर्च और अमेरिकन मिशन पश्चिमी भारत में अपने पैर जमाने वाले सबसे पहले ईसाई मिशन रहे। शुरुआत में स्कॉटिश मिशनरियों ने अपना ध्यान शिक्षा पर केन्द्रित किया मगर 1829 में बम्बई में जॉन विल्सन के आने के बाद वे ज़्यादा तेज़ी से धर्मांतरण में सक्रिय हो गए। ईसाई धर्म को फैलाने के लिए वे पंडितों के साथ सार्वजनिक बहस यानी शास्त्रार्थ तक आयोजित करने लगे थे। बम्बई और पूना के बाद अहमदनगर तीसरा ऐसा शहर था जो 1831 में मिशनरियों की गतिविधियों का एक केन्द्र बना। यहाँ स्थित अमेरिकन मराठी मिशन सबसे बढ़कर अस्पृश्यों, ख़ासतौर से महारों की शिक्षा और धर्मांतरण में सक्रिय था।[15] मिशनरियों ने सभी जगह परचों, किताबों या प्रेस (*ज्ञानोदय*, एक मराठी अख़बार जो 1882 में इसी दृष्टि से शुरू किया गया था) के माध्यम से अपने विचारों को फैलाने के लिए मुद्रित सामग्री का ख़ूब इस्तेमाल किया।[16] मिशनरी प्रोपेगंडा में सबसे पहले एक-एक करके हिन्दू धर्म की कमज़ोरियाँ गिनाई जाती थीं : नाना देवी-देवताओं की उपासना के चलन को बहुईश्वरवाद के रूप में निन्दनीय बताया गया, पुनर्जन्म जैसे विश्वासों को अन्धविश्वास बताया गया और सबसे बढ़कर जाति व्यवस्था को मानव प्रतिष्ठा के लिए एक कलंक बताया गया। इस चौतरफ़ा हमले के जवाब में कुछ ब्राह्मण समाज सुधारों में भी सक्रिय हुए ताकि मिशनरियों के प्रभाव और प्रोपेगंडा का सकारात्मक उत्तर दे सकें।

सामाजिक-धार्मिक सुधार और उसकी सीमाएँ। प्रार्थना समाज पहला सुधारवादी संगठन था। इसके संस्थापक मूर्ति पूजा के स्थान पर एक अमूर्त एकेश्वरवाद को स्थापित करना चाहते थे। उनकी इस चाह में ईसाई प्रभाव साफ़ दिखाई दे रहा था। एम.जी. रानाडे (एक चितपावन ब्राह्मण जो 1860 के दशक के आख़िर तक सबऑर्डिनेट जज बन गए थे) प्रार्थना समाज के सबसे प्रतिष्ठित सदस्यों में से थे। वह एक 'हिन्दू प्रोटेस्टेंटवाद' की शुरुआत करना चाहते थे जिसमें महाराष्ट्र की धार्मिक परम्पराओं—मुख्य रूप से भक्ति परम्परा जो सत्रहवीं शताब्दी में काफ़ी फली-फूली थी—और पश्चिमी रिफ़ॉर्मेशन, दोनों धाराओं की उपलब्धियों का समावेश किया जा सके। जिस तरह रिफ़ॉर्मेशन ने कैथॅलिक पन्थ में ईश्वर और मनुष्य के बीच पादरियों को मिली मध्यस्थता की हैसियत को ख़त्म किया था उसी तरह रानाडे भी हिन्दू धर्म को ब्राह्मणों से मुक्त कराना चाहते थे। उनकी नज़र में ब्राह्मण ऐसे पुरातनपन्थी थे जो सामाजिक वर्चस्व की व्यवस्था को सींचना चाहते थे। वह भारत के पतन को ब्राह्मणों के विकृत प्रभावों का ही परिणाम मानते थे।

बम्बई स्थित एल्फ़िन्स्टन कॉलेज में रानाडे को ऐडम स्मिथ, एडमंड बर्के, जेरेमी बेंथम, जेम्स मिल, जॉन स्टुअर्ट मिल और सबसे ख़ासतौर से हरबर्ट स्पेंसर

जैसे विचारकों को पढ़ने का मौक़ा मिला था। स्पेंसर को रानाडे सबसे ज़्यादा पसन्द करते थे। ख़ैर, रानाडे का सुधारवाद काफ़ी सतही रहा।[17] उन्होंने जाति व्यवस्था की खुलकर आलोचना तो की मगर उन्होंने इसके नियमों का उल्लंघन भी नहीं किया।[18] वह जाति व्यवस्था में निहित 'सामाजिक सामंजस्य' की विशेषता पर प्रश्न उठाने की कोई इच्छा नहीं रखते थे : इंग्लिश उदारवादियों की तरह व्यक्तिवाद को अपनाने की बजाय रानाडे इन सिद्धान्तों को केवल राजनीतिक दायरे तक ही सीमित रखना चाहते थे। जहाँ तक सामाजिक व्यवस्था का प्रश्न था तो वह परम्परा के सम्मान के मामले में बर्के को ज़्यादा महत्त्व देते थे।[19]

सुधारकों में इस प्रकार के एहतियात का भाव एक स्थायी पहलू था। यह बात 1870 में स्थापित किए गए संगठन—सार्वजनिक सभा—में भी दिखाई पड़ती थी। रानाडे सार्वजनिक सभा के नेताओं में भी शामिल थे। अपने राजनीतिक दायरे की बदौलत सभा का जनाधार प्रार्थना समाज से कहीं ज़्यादा व्यापक था (इसने संयमित मगर दृढ़ स्वर में माँग की कि भारतीयों को प्रशासकीय पदों में और ज़्यादा जगह मिले)।[20] बम्बई में स्वामी दयानन्द सरस्वती ने 1875 में आर्य समाज की स्थापना की। यह भी काफ़ी उभयनिष्ठ क़िस्म की संस्था साबित हुई। दयानन्द भी मूर्ति पूजा और जाति की पश्चिमी समालोचना के मुख्य तत्त्वों को तो स्वीकार करते थे मगर उनका कहना था कि ये दोनों तत्त्व असल में मूल वैदिक मॉडल में बाद में आई विकृतियाँ हैं। उनका कहना था कि मूल वैदिक मॉडल में बहुईश्वरवाद और जाति, दोनों नहीं थे और समाज केवल ग़ैर-सौपानिक वर्णों पर आधारित होता था। दयानन्द का मानना था कि वर्ण मूल रूप से व्यक्तिगत गुणों पर आधारित होते थे क्योंकि गुरु ही बच्चों को उनके व्यक्तिगत गुणों के आधार पर अलग-अलग वर्णों में बाँट देते थे।[21] लिहाज़ा, दयानन्द इस व्यवस्था का विखंडन नहीं चाहते थे। उनका मक़सद इसमें बहुत सीमित सुधार लाना भर था। वह ब्राह्मणों के परजीवी चरित्र की निन्दा तो करते थे और इसे हिन्दुओं के पतन का कारण भी मानते थे, फिर भी, वह जाति व्यवस्था से युक्त वैदिक स्वर्ण युग को ही बहाल करना चाहते थे। वह सिर्फ़ इतना चाहते थे कि पश्चिमी आलोचना के कारण जो जाति व्यवस्था बेतुकी दिखाई देने लगी है, उसके स्थान पर एक गुण-आधारित वर्ण-व्यवस्था को स्थापित कर दिया जाए। जाति व्यवस्था की नैतिक आर्थिकी पर सवाल उठाने की स्वामी दयानन्द की कोई इच्छा नहीं थी। इसका एक उदाहरण यह है कि उन्होंने अपने अनुयायियों को हिदायत दी थी कि वे अपने-अपने वर्ण के भीतर ही विवाह सम्बन्ध बनाएँ।

उन्नीसवीं शताब्दी के भारत में चले सामाजिक-धार्मिक सुधार आन्दोलनों में पश्चिमी प्रभाव तो बिलकुल साफ़ दिखाई पड़ रहे थे मगर वे हिन्दू धर्म को बहुत सख़्त आलोचना से बचाने के लिए भी बेचैन थे। उनका उद्देश्य ये ज़्यादा था कि हिन्दू तौर-तरीक़ों को एक निश्चित वैधता मिले और ख़ासतौर से जाति

व्यवस्था को दुरुस्त किया जाए। यह सोच एक तरफ़ तो आभिजात्य वर्ग की हिन्दू सोपानक्रम के शिखर पर रहने की इच्छा से प्रेरित थी[22] और दूसरी तरफ़ जाति के अलावा किसी और आधार पर संगठित दुनिया की कल्पना न कर पाने का भी परिणाम थी।

पश्चिम के व्यक्तिवादी और समतावादी मूल्यों को निचली जातियों में ज़्यादा समर्थन मिला। इन्हीं जातियों के प्रमुख लोगों ने उन्नीसवीं शताब्दी के मध्य से एक ब्राह्मण-विरोधी आन्दोलन की जड़ें सींचना शुरू कर दिया था।

महाराष्ट्र में ब्राह्मण-विरोधी आन्दोलन का जन्म। महाराष्ट्र के ब्राह्मण-विरोधी आन्दोलन का उदय और इतिहास जोतिराव फुले (1827-90)[23] की शख़्सियत के साथ अविभाज्य रूप से जुड़ा हुआ है। आंबेडकर—जो फुले की मृत्यु के एक वर्ष बाद पैदा हुए थे—ने अपनी एक किताब भी फुले को समर्पित की थी। फुले माली जाति से थे। उन्हें पहले अपने गाँव की पाठशाला और बाद में पूना स्कॉटिश मिशन में पढ़ने का अवसर मिला। मिशन में उन्होंने अंग्रेज़ी सीखी और अमेरिका के संस्थापक विचारकों के दर्शन को जाना। इस पढ़ाई के फलस्वरूप मिले पश्चिमी मूल्यों ने उन्हें जाति व्यवस्था के ख़िलाफ़ खड़े होने में मदद दी। उनका विश्वास था कि संयुक्त राज्य अमेरिका में समानता और मुक्ति के विचार अपने शिखर पर पहुँच चुके हैं। इसी क्रम में आगे चल कर वह निम्न जातियों और अमेरिका के अश्वेतों के हालात में एक समानता भी ढूँढ़ने लगे थे। फुले का कहना था कि श्वेतों को अमेरिकी समाज ने ही मुक्ति दी है। यह तुलना ही उनकी किताब *स्लेवरी* (1873, हिन्दी में *ग़ुलामगीरी*) का मुख्य तर्क है जिसके समर्पण में उन्होंने लिखा है : 'नीग्रो जन की मुक्ति के लिए अप्रतिम बलिदान देने और उत्कृष्ट व नि:स्वार्थ समर्पण भाव के साथ प्रयास करने वाले अमेरिका के लोगों के लिए, तथा इस उत्कट कामना के साथ कि मेरे देशवासी भी ब्राह्मणवादी दासता के शिकंजे से अपने शूद्र भाइयों को मुक्त कराने के लिए इस भव्य उदाहरण का अनुसरण करेंगे।'[24]

फुले टॉमस पेन के विचारों से ख़ासतौर से प्रभावित थे। *दि एज ऑफ़ रीज़न* में पेन द्वारा पेश की गई कैथॅलिक पादरियों की आलोचना की तर्ज़ पर आगे चलकर फुले ने भी ब्राह्मणों की आलोचना की। इस किताब में उन्हें धार्मिक पाठों से मुक्त आध्यात्मिकता और निजी स्वतंत्रता व समानता यानी मानवाधिकारों का प्रोत्साहन भी दिखाई दिया (ग़ौरतलब है कि पेन की एक और किताब का नाम ही था *ह्यूमन राइट्स*)।

फुले व्यक्तित्व और चिन्तन पर पश्चिम के प्रभाव के कारण ईसा मसीह की छवि से भी अभिभूत थे। उन्हें ईसा मसीह में मनुष्यों के बीच समानता और भाईचारे के मूल्य दिखाई पड़ते थे, वह ग़रीबों और उत्पीड़ितों के लिए एक ध्वजवाहक थे।[25] महारों में ईसाई मूल्यों के प्रति ऐसा आकर्षण बीसवीं शताब्दी के प्रारम्भिक वर्षों तक

काफ़ी ज़्यादा रहा और उनमें से कुछ तो मिशनरियों के प्रभाव में ईसाई धर्म अपनाने के लिए भी तैयार हो गए थे।[26]

प्राच्यवादी सैद्धान्तिकी की तर्ज़ पर फुले ने भी कहा कि आर्यों द्वारा भारत का अतिक्रमण यहाँ की शुद्ध देशी सभ्यता के विनाश का क्षण था। उनका कहना था कि भारत की वर्तमान निचली जातियाँ उसी शुद्ध देशी सभ्यता की वंशज हैं। फुले की राय में ये घुसपैठिए ब्राह्मण ही थे जिन्होंने मूल निवासियों को ग़ुलाम बनाया और फिर उन्हें निचली जातियों की श्रेणी में क़ैद कर दिया।[27] इस तर्क के आधार पर उन्होंने मराठों से लेकर अस्पृश्यों तक सभी ग़ैर-ब्राह्मण जातियों को ग़ैर-आर्य, ब्राह्मणों से पुरानी और श्रेष्ठतर संस्कृति का प्रतिनिधि घोषित कर दिया और राजा बलि को उस संस्कृति का प्रतीक घोषित किया।[28]

फुले का मानना था कि आगे बढ़ने के लिए निचली जातियों को उसी स्तर की शिक्षा मिलनी चाहिए जैसी मिशनरियों द्वारा दी जा रही है। मिशनरी भी अस्पृश्यों को अपने स्कूलों में भर्ती करने पर ख़ास ध्यान देते थे। 1853 में फुले ने मुख्य रूप से महार और माँग जाति के बच्चों के लिए एक स्कूल खोला। इस बीच फुले ने शिक्षा के बारे में बहुत सारे दस्तावेज़ और पर्चे भी प्रकाशित किए जिनमें उन्होंने ब्राह्मणों को लालची सूदखोर या लोगों की अज्ञानता व अन्धविश्वासों का लाभ उठाने वाले पुजारियों के उत्पीड़क वर्ग के रूप में पेश किया।[29]

फुले ने निचली जातियों को संगठित करने में भी एक पथप्रदर्शक भूमिका अदा की। हालाँकि शुरू में वे आर्य समाज की ओर आकर्षित हुए थे[30] मगर जल्दी ही वह उसके विरुद्ध और तत्पश्चात सार्वजनिक सभा के भी विरुद्ध हो गए। फुले को ऊँची जातियों द्वारा निचली जातियों की मुक्ति के लिए किए जा रहे प्रयासों पर ज़्यादा विश्वास नहीं था।[31] उनका मानना था कि इन अभियानों के नेता पाखंडी हैं जो वास्तव में जाति के सारे नियमों का पालन करते हैं मगर जनता के सामने जाति के विरोध का दावा करते हैं।[32] बाद में फुले ने 1885 में बम्बई में स्थापित की गई और ख़ुद को भारतीय राष्ट्र का ध्वजवाहक मानने वाली भारतीय राष्ट्रीय कांग्रेस से भी अपने आप को दूर कर लिया। उनका मानना था कि कांग्रेस असल में ब्राह्मणों का एक दबाव समूह है और फलस्वरूप यह सत्ता के लालचियों का गुट भर है।[33] इसकी बजाय उन्होंने शासन में ब्राह्मणों के प्रभाव पर अंकुश लगाने के लिए औपनिवेशिक शासन से गुहार लगाई।[34] कांग्रेस के संस्थापक जिस तरह के राष्ट्रवाद की कल्पना कर रहे थे उसका, भारतीय समाज के आन्तरिक विभाजनों को देखते हुए, फुले के लिए कोई ख़ास मतलब नहीं था।

'जब तक सारे लोग...जैसे शूद्र, अतिशूद्र (अस्पृश्य), भील (आदिवासी) और मछुआरे वग़ैरह सच्चे अर्थों में शिक्षित नहीं होते, स्वतंत्र रूप से सोचने में सक्षम नहीं होते और समान रूप से एकबद्ध तथा भावनात्मक रूप से एकीकृत नहीं होते तब तक 'राष्ट्र' जैसी कोई चीज़ नहीं हो सकती। यदि अहंकारी आर्य ब्राह्मणों जैसी

छोटी सी आबादी 'नैशनल कांग्रेस' की स्थापना कर लेगी तो भला कौन उस पर ध्यान देने वाला है?'[35]

इस उद्धरण में एक गम्भीर समाजशास्त्रीय अन्तर्दृष्टि दिखाई देती है जो राष्ट्र की मार्सेल मॉस द्वारा दी गई परिभाषा से मेल खाती है।[36] कोई भी राष्ट्र जाति जैसी मध्यस्थ संस्थाओं के उन्मूलन के बिना, व्यक्तिवाद के विकास के बिना और लिहाज़ा एक न्यूनतम समानता के बिना अस्तित्व में नहीं आ सकता। इसीलिए फुले ने सामाजिक-धार्मिक सुधार आन्दोलनों और कांग्रेस, दोनों से ख़ुद को दूर कर लिया और वह भारत का पहला निम्नजातीय संगठन बनाने में जुट गए।

अन्ततः, निम्न जातियों और अस्पृश्यों को एक मंच पर संगठित करने के लिए उन्होंने 1873 में सत्यशोधक समाज की स्थापना की।[37] उन्होंने महारों और शूद्रों[38] के बीच एक प्राचीन एकजुटता को सिद्ध करने और ब्राह्मणों द्वारा निम्न जातियों को विभाजित करने के लिए किए जा रहे छल-कपट का जवाब देने के लिए अर्द्धऐतिहासिक क़िस्म की घटनाओं का हवाला भी दिया।[39]

समय के साथ सत्यशोधक समाज एक कमोबेश मराठा बहुल संगठन बनता चला गया। फुले ने भी शिवाजी को सारी निचली जातियों के लिए एक प्रेरक व्यक्तित्व के रूप में स्थापित करने में कोई कसर नहीं छोड़ी और यह दलील दी कि अस्पृश्यों सहित ये सभी जातियाँ उन मूल निवासियों की वंशज हैं जो आर्यों के अतिक्रमण से पहले महाराष्ट्र में निवास करते थे।[40] इस विमर्श और फुले द्वारा किसानों (मुख्य रूप से मराठों) का पक्ष लेने का नतीजा ये हुआ कि संगठन में मराठों की संख्या बढ़ने लगी। सत्यशोधक समाज निचली जातियों के संगठन से शुरू होकर ब्राह्मणों का विरोध करने वाले मराठों का संगठन बनता चला गया और एक सामाजिक व्यवस्था के रूप में ब्राह्मणवाद के ख़िलाफ़ उसका स्वर मन्द पड़ गया। संस्कृतिकरण[41] या ऊँची जातियों की नक़ल की प्रवृत्तियों से जाति की गहरी जड़ें भी सामने आ गईं। संस्कृतिकरण की प्रक्रिया मराठों में ख़ासतौर से दिखाई पड़ती थी जो क्षत्रिय के रूप में मान्यता पाने को बेचैन थे।

तीस के दशक तक सत्यशोधक समाज ने मुख्य रूप से ब्राह्मणों के प्रभुत्व वाली कांग्रेस से एक फ़ासला बनाए रखा मगर 1930 के दशक में सत्यशोधक समाज ने अपने हितों की रक्षा के लिए कांग्रेस में ही विलय का फ़ैसला लिया। उस समय कांग्रेस एक आकर्षक संगठन थी क्योंकि बॉम्बे प्रेज़िडेंसी और मध्य प्रान्त की लेजिस्लेटिव काउंसिल में उसका बहुमत आने की पूरी उम्मीद थी। 1937 के चुनावों में ये उम्मीदें सच साबित हुईं।

सत्यशोधक समाज की यह नियति इस बात को दिखाती है कि संरचनात्मक दृष्टि से अस्पृश्यों को किस-किस तरह के भार को वहन करना था। निचली जातियों की एकता—ख़ासतौर से अस्पृश्यों और शूद्रों का राजनीतिक सुदृढ़ीकरण—बहुत

मुश्किल काम साबित हुआ क्योंकि कुछ निचली जातियाँ प्राय: व्यवस्था के विरुद्ध नहीं बल्कि उसके भीतर होती थीं और संस्कृतिकरण या अन्य माध्यमों से व्यवस्था के भीतर ही ऊपर उठने का सपना देख रही थीं।

जब आंबेडकर महाराष्ट्र के सार्वजनिक पटल पर उभरे तो स्थायी समानता के प्रोत्साहन के लिए भले ही न सही मगर कुछ निचली जातियों में सामाजिक एवं राजनीतिक चेतना के उदय की ज़मीन ज़रूर तैयार हो चुकी थी। महाराष्ट्र की ख़ासियत ये थी कि यहाँ सत्ता का सन्तुलन दूसरे क्षेत्रों से अलग था। यहाँ द्विजों की संख्या बहुत कम थी और ब्राह्मणों व ग़ैर-ब्राह्मणों, ख़ासतौर से मराठों के बीच तनाव औपनिवेशिक सन्दर्भ में फिर से जीवित हो उठा था। नए व्यवसायों व नौकरियों पर ब्राह्मणों के एकाधिकार से निचली जातियों का असन्तोष और मज़बूत हुआ। इस असन्तोष को पश्चिमी स्कूलों में पढ़ाए गए समानता और मुक्ति के विचारों से भी बल मिल रहा था। इधर ब्राह्मण सुधारकों ने भी उनके विद्रोह को शान्त करने के लिए कोई प्रयास नहीं किया। पश्चिमी स्कूलों में पढ़ाए जा रहे समानता और मुक्ति के ये विचार सदी के आख़िर तक भी महाराष्ट्र के अलावा—सिवाय सम्भवत: तमिलभाषी दक्षिण भारत के—और कहीं अस्तित्व में नहीं थे। इसी सामाजिक मन्थन और कोलाहल के बीच आंबेडकर को एक अस्पृश्य नेता के रूप में अपने आपको स्थापित करना था। उनके कॅरिअर को समझने के लिए उनकी अनूठी सामाजिक पृष्ठभूमि एक और महत्त्वपूर्ण कारक थी।

2

आंबेडकर : एक महार सिपाही का बेटा

'महार सर्व जातिचा बाहा' यानी ''महार सारी जातियों से बाहर होता है'', लोग ऐसा कहते हैं। वे बदनाम तो हैं ही, उन्हें नाहक ही बद भी मान लिया जाता है। और *महार जातिच* पद एक ऐसे व्यक्ति के लिए इस्तेमाल होता है जिसके पास कोई नैतिक भावना या जज़्बात नहीं होते।' (आर.वी. रसेल एवं हीरा लाल, *द ट्राइब्स ऐण्ड द कास्ट्स ऑफ़ दि सेंट्रल प्रोविंसेज़ ऑफ़ इंडिया,* खंड 4, पीछे उद्धृत, पृष्ठ 142)।

'जेथें गाँव तेथें महारवाड़ा' (मराठी की एक लोकप्रिय कहावत जिसका मतलब है : जहाँ गाँव होगा वहाँ महारवाड़ा होगा—यानी, 'हर घर का एक गोदाम।')

आंबेडकर जिस महार जाति में पैदा हुए वह माँग (रस्सी बनाने वालों) और चमार (चांभार) (चमड़े का काम करने वालों) के बीच पड़ने वाली एक अछूत जाति थी। इस जाति को जो काम करने को दिए जाते थे उनके कारण उन्हें छिटपुट व्यावसायिक कामों की छूट भी मिल जाती थी। ख़ैर, इन सब बातों का फ़ायदा उठाते हुए महार अस्पृश्यों का नेतृत्व धीरे-धीरे अपने हाथों में लेते गए। इसके पीछे आंशिक रूप से उनकी संख्या का भी हाथ था। 1931 में बॉम्बे प्रेज़िडेंसी में अस्पृश्यों की कुल आबादी में से 68.9 प्रतिशत महार ही थे जबकि चांभारों की आबादी 16.2 प्रतिशत और माँगों की आबादी 14.9 प्रतिशत थी। पूरी आबादी में उनकी संख्या मराठों (20.2 प्रतिशत) से कम मगर ब्राह्मणों (4.4 प्रतिशत) से बहुत ज़्यादा थी। बलूतेदारी व्यवस्था में प्रचलित श्रम विभाजन के तहत उनकी भूमिका ख़ालिस घाटे की भी नहीं थी : महार ऐसे काम भी करते थे जिनकी वजह से उन्हें ऊँची जातियों के सम्पर्क में आने और इस तरह कुछ अलग तरह की ज़िम्मेदारियाँ निभाने का मौक़ा मिल जाता था। इससे भी अहम बात ये रही कि पेशवा की सेना में अपनी पुरानी मौजूदगी का फ़ायदा उठाते हुए महार ब्रिटिश सेना में भी बड़ी संख्या में भर्ती हुए। फलस्वरूप, बहुत सारे महारों के लिए छावनियों में रहना भी सामाजिक गतिशीलता का एक बढ़िया साधन साबित हुआ। किसी ख़ास पेशे में दक्षता या विशेषज्ञता न होने के चलते महार गाँव छोड़ने वालों में भी सबसे आगे रहे। फलस्वरूप, शहरों में और आधुनिकता के सम्पर्क में भी सबसे पहले वही आए।

महार भक्ति आन्दोलन के ऐतिहासिक महत्त्व से भी बहुत गहरे तौर पर प्रभावित थे। महाराष्ट्र में यह आन्दोलन महान कवि तुकाराम के नेतृत्व में सत्रहवीं शताब्दी में अपने शिखर पर पहुँच गया था। भक्ति परम्परा ने न केवल ब्राह्मणों द्वारा तय किए गए अनुष्ठानों बल्कि स्वयं ब्राह्मणों से भी दूर रहते हुए केवल ईश्वर भक्ति के माध्यम से मोक्ष का सन्देश दिया। भक्ति परम्परा के अनुयायी ईश्वर के समक्ष मनुष्यों की समानता का सन्देश देते रहे हैं। वे जातिगत ऊँच-नीच को चुनौती देते हैं, भक्ति सम्प्रदायों और फलस्वरूप, समतापरक मूल्यों को अपनाने वाले पन्थों व सम्प्रदायों के विकास को बढ़ावा देते हैं।[1]

महाराष्ट्र में बहुत सारे महार तेरहवीं शताब्दी में शुरू हुए *महानुभव* पन्थ से भी जुड़े रहे हैं। हिन्दू धर्म के कर्ताधर्ताओं ने इस पन्थ का बहिष्कार कर दिया था क्योंकि यह पन्थ जातिगत भेदों को नहीं मानता था। इस पन्थ से जुड़ाव की बदौलत कुछ महार अपने अलग अनुष्ठान और विश्वास क़ायम करने में कामयाब हुए।[2] मगर, भक्ति आन्दोलन महारों को जाति व्यवस्था के ख़िलाफ़ बग़ावत के लिए प्रेरित करने की बजाय उन्हें अस्तित्व की सामाजिक परिस्थितियों को समाप्त करके जाति व्यवस्था को स्वीकार करने के लिए प्रेरित करता था : ब्राह्मण उत्पीड़न की इतनी हाय-तौबा ही क्यों जबकि अस्तित्व का मुख्य उद्‌देश्य ही है इस जगत के परे मिलने वाले जीवन में मोक्ष प्राप्त करना। महार जाति में जन्मे कवि *चोखामेला* भी तेरहवीं शताब्दी के एक मुख्य व्यक्ति थे जिन्होंने अपने शानदार दोहों में इस तर्क के बेहतरीन उदाहरण दिए हैं।[3] आंबेडकर को न केवल यह समृद्ध विरासत मिली थी बल्कि वह अपना मुक्तिकामी सन्देश रचने में भी कामयाब रहे।

महार, अन्तिमों में पहला

महाराष्ट्र के समाज में महारों की एक ख़ास, बिलकुल अनूठी हैसियत रही है। जैसा कि ऊपर ज़िक्र किया गया था, उनके पास बलूत का ज़िम्मा होता था, और वे गाँव के सबसे महत्त्वपूर्ण बलूतेदारों में भी गिने जाते थे। यह बात उन्हें मिलने वाले भुगतानों से समझी जा सकती है। फ़सलों की कटाई के समय प्रत्येक काश्तकार बलूतेदारों को भुगतान के लिए अपने खलिहान में पेंढी/अनाज की पूलियाँ क़तार में रख देता था। पेंढियों को तीन क़तारों में रखा जाता था। हैसियत के हिसाब से प्रत्येक क़तार एक बलूतेदार के लिए होती थी। महारों को हमेशा पहली क़तार में से पेंढी उठाने का मौक़ा मिलता था। न केवल महारों को कटाई में एक अहम हिस्सा मिलता था बल्कि उनके *वतन* (बिना राजस्व वाली ज़मीन का टुकड़ा) अधिकार को भी पाटिलों और कुलकर्णियों की तरह मान्यता मिली थी। यह सुविधा बाक़ी बलूतेदारों के लिए नहीं थी।

जैसा कि त्राउदे पिल्लई-वेट्शरा ने बताया है, 'महार *वतन* या *हडोला* प्राय: बढ़िया गुणवत्ता का होता था' मगर पेशवाओं ने व्यवस्था दी थी कि इस ज़मीन को न तो बेचा जा सकता है और न ही यह *वतनदार* से छीनी जा सकती है।[4] अपनी *वतनदारी* हैसियत के बावजूद महार कई तरह की दूसरी भूमिकाएँ भी निभाते थे। उनमें से कुछ काम ख़ासतौर से दूषित श्रेणी के होते थे। पिल्लई-वेट्शरा ने महारों द्वारा किए जाने वाले कामों की एक सूची दी है जो सबसे बढ़कर अपनी विविधता के लिहाज़ से महत्त्वपूर्ण दिखाई पड़ती है। इस सूची के अनुसार, महार न केवल चौकीदार और पहरेदार हुआ करते थे बल्कि चोरी-चकारी होने पर पुलिस के सहायक की भूमिका निभाते थे, कुली का काम करते थे, एक गाँव से दूसरे गाँव तक लोगों को ले जाने वाले गाइड होते थे, गाँव की सीमा तय करने वाले रेफ़री होते थे, लगान वसूलते थे और भूस्वामियों को लगान का सम्मन भेजते थे, सरकारी ख़ज़ाने के साथ पहरे पर चलते थे, सड़कों को साफ़ करते थे, मौत की ख़बर पहुँचाते थे, दूसरे गाँवों में ख़बर पहुँचाते थे, श्मशान में लकड़ी लाने और मरे हुए मवेशियों को उठाने के काम करते थे।[5]

इन सारे कामों में से अन्तिम काम स्वाभाविक रूप से सबसे दूषित दिखाई पड़ता है।[6] ख़ासतौर से इसलिए भी क्योंकि इसके साथ मरे हुए मवेशियों का मांस खाने की महार परम्परा भी जुड़ी हुई थी।[7] महार जाति के लोग अस्पृश्यता के जिस कलंक से जूझ रहे थे उसकी सघनता का अन्दाज़ा इस बात से लगाया जा सकता है कि कई जगह तो उन्हें अपने गले में घड़ा लटकाकर भी चलना पड़ता था ताकि उनका थूक उस ज़मीन को दूषित न कर दे जिस पर ब्राह्मणों के पैर पड़े हैं। अपने पाँवों के निशानों क़ो मिटाने के लिए उन्हें अपने पीछे की ज़मीन को भी बुहारते हुए चलना पड़ता था। कम से कम उन्हें ब्राह्मणों से अच्छा-ख़ासा फ़ासला तो रखना ही पड़ता था ताकि अपनी परछाईं से भी वे उनको दूषित न कर दें।[8] पिल्लई-वेट्शरा के मुताबिक़, महारों पर इस तरह की पाबन्दियाँ पेशवाओं के ज़माने में थोपी गई थीं।[9] महार गाँव के बाहर, महारवाड़े में रहते थे। यह एक अलग मोहल्ला होता था। अगर महारों को वतन (ज़मीन के टुकड़े पर मिलने वाला पैतृक अधिकार) और बलूत (गाँव की सेवा के बदले वस्तु के रूप में मिलने वाला भुगतान) की सुविधा मिली हुई थी तो उन्हें अपनी मज़दूरी के लिए भीख भी माँगनी पड़ती थी। बेबी कांबले ने अपने संस्मरणों में घर-घर जाकर भाखरी (जूठन) इकट्ठा करने के अनुभवों को भी दर्ज किया है :

> पूरे परिवार द्वारा किए जाने वाले इस दैनिक श्रम के भुगतान के लिए पूरे परिवार को भाखरी के लिए भीख माँगनी होती थी। परिवार के महार मुखिया के पास छड़ी पर लटकी छोटी-छोटी गोल घंटियाँ होती थीं जिनको सुनकर गाँव के लोग दूर हट जाते थे। जो महार भीख माँगने निकलता था

वह महारवाड़े से निकलते समय अपनी छाती फुलाता था, मूछों को ताव देता था और एक मर्द की तरह अपना गला खंखारते हुए इतरा कर चलता था। वह अपनी छड़ी और उस पर बंधी छोटी-छोटी घंटियों की तरफ़ ऐसे देखता था मानो किसी सम्राट का राजदंड हो! वकील के लबादे की तरह कन्धे पर काला ऊनी कम्बल डालकर चलता था। मगर, जैसे ही वह गाँव में दाख़िल होता, उसकी कद-काठी सिकुड़ जाती, वह कुबड़े की तरह झुक जाता और घोंघे की तरह घिसटकर चलने लगता। किसी के दरवाज़े पर पहुँच कर वह अपना मुँह खोले बिना बस तीन बार अपनी घंटियों को टनटनाता था। तब सड़े-बुसे खाने के कुछ टुकड़े उसके कम्बल में फेंक दिए जाते थे। गाँव का चक्कर पूरा होते-होते उसके कम्बल की झोली आधी से ज़्यादा भर जाती थी। महार अपने कन्धे पर भाखरी लादे ख़ुशी-ख़ुशी घर लौट आता था। फिर पूरा परिवार पेट भर कर यही भाखरी खाता था।[10]

महारों द्वारा किए जाने वाले कुछ परम्परागत कामों को सम्मानजनक भी माना जाता था क्योंकि उनकी वजह से वे ऊँची जातियों के सम्पर्क में आते थे। गाँव के पहरेदार की हैसियत से उन्हें मेहमानों की पहचान दर्ज करनी होती थी और उनके आने का कारण दर्ज करना होता था। मगर, उन्हें सबसे ज़्यादा प्रतिष्ठा जिस काम से मिलती थी उसका ब्योरा रॉबर्टसन ने बहुत सटीक ढंग से दिया है। बीसवीं शताब्दी के पहले तीन दशकों के दौरान महाराष्ट्र में मिशनरी के तौर पर काम करने वाले रॉबर्टसन बताते हैं :

महार के लिए सबसे ज़्यादा फ़ख्र का काम है सरकारी हरकारे (सन्देशवाहक) का काम करना। इस काम में अकसर उसे बहुत सारा धन भी ज़िला कोषागार तक पहुँचाना होता है। ऐसी ज़िम्मेदारियों के निर्वहन के लिए उसे अपने पुरखों से वफ़ादारी की एक रिवायत मिली है। जब हूकूमत के अफ़सरों को गाँवों की सीमाओं के बारे में सटीक जानकारियों की ज़रूरत होती है तो महार से ही वह जानकारी मिलती है। बड़ी संजीदगी से खेत की सीमा पर चलते हुए वह सीमा तय करता है। बँटाई और बक़ाया लगान की वसूली के लिए आए राजस्व अधिकारी के सामने हाज़िरी के लिए किसानों को बुलाने का ज़िम्मा भी महारों को ही सौंपा जाता है।[11]

इससे पता चलता है कि कुछ कामों को करते हुए महार होने में एक गर्व का भाव महसूस किया जा सकता था। इस बात की बहुत सारे लोगों ने तस्दीक़ की है। पिल्लई-वेट्शरा का कहना है कि 'अपनी निम्न जाति के बावजूद महार एक बहुत सम्मानजनक हैसियत रखते थे'[12] जबकि जयश्री गोखले ने बताया है कि 'गाँव की सीमाओं को निर्धारित करने और गाँवों के बीच सीमाओं से सम्बन्धित विवादों के

समाधान में महारों की भूमिका से उनको 'एक ऐसा क़द मिल जाता था जो और किसी जाति के पास नहीं था।'[13]

कुछ महारों में एक निश्चित क़िस्म का आत्मविश्वास भी दिखाई पड़ता था। दया पवार बताते हैं कि वह जिन महारों को जानते थे, 'उनको देखकर ऐसा नहीं लगता था कि वे भीख माँगते हैं। अपने भुगतान (बलूत) को वे एक अधिकार की तरह देखते थे। पीढ़ियों से उनको ये मालूम था कि उनके पुरखों को 52 अधिकारों की फ़ेहरिस्त दी गई थी (प्रत्येक महार इस परम्परा में गौरव महसूस करता था)।'[14] महार अन्तिमों में सबसे पहले जो प्रतीत होते थे, यह तथ्य काश्तकारों के रूप में उनकी भूमिका का नतीजा थी। और यह भूमिका वतनदार की उनकी हैसियत का परिणाम थी जिससे उन्हें ज़मीन रखने और उसको जोतने का अधिकार मिल जाता था।

सेना में महारों की बड़ी संख्या में भर्ती से भी उन्हें बहुत फ़ायदा हुआ। महारों के सैन्य गुणों को देखते हुए अंग्रेज़ों ने अपनी नियमित सेना में बहुत सारे महारों को भी भर्ती किया था। उन्हें हथियारों के कारख़ानों में भी नौकरी दी गई थी। बल्कि इन कारख़ानों में उनकी अच्छी-ख़ासी संख्या होती थी। एक समय तो इन्फेंटरी की 20 रेजिमेंटों और महार नेवल रेजिमेंट में लगभग 70 ग़ैर-कमीशन महार अधिकारी थे[15] जोकि महारों में एक छोटे-मोटे आभिजात्य तबक़े के निर्माण के लिए बड़ी अनुकूल स्थिति थी। 1857 के ग़दर के वक़्त बम्बई कमान के अन्तर्गत ईस्ट इंडिया कम्पनी की रेजिमेंटों में से छठा हिस्सा महारों का ही था।[16] इलिएनर ज़ीलियट के मुताबिक़, 'एकदम शुरुआती दौर में फ़ौजी नौकरियाँ मिलने से उन्हें (महारों को) चारों ओर पश्चिमी संस्कृति के प्रसार से बहुत पहले ही ब्रिटिश संस्थानों में आने का मौक़ा मिल गया था। इस तरह के एक्सपोज़र की बदौलत वे नई राजनीतिक व्यवस्था के साथ तेज़ी से परिचित हुए, फलस्वरूप जैसे ही नए अवसर और विकल्प सामने आए, वे उन अवसरों का लाभ उठाने के लिए दूसरे समूहों के मुक़ाबले ज़्यादा तैयार स्थिति में थे।'[17]

इसी बीच महार दूसरे व्यवसायों में भी हाथ-पाँव मार रहे थे। इनमें से कई व्यवसायों में वे मजबूरन गए थे। दरअसल अंग्रेज़ों के तहत राज्य और उसकी संचार व्यवस्था के आधुनिकीकरण का एक नतीजा ये हुआ था कि कई ऐसी नौकरियाँ और कारोबार भी ख़त्म हो गए थे जिन पर महार काफ़ी आश्रित थे। मसलन, नई डाक सेवाओं के आने से हरकारे की नौकरी जाती रही। दूसरी तरफ़, आधुनिक राजकोषीय व्यवस्था स्थापित होने से गाँव के ख़ज़ाने की पहरेदारी भी ख़त्म हो गई थी। नए चमड़ा उद्योगों की आमद के कारण वे मरे हुए जानवरों की खाल के मालिक भी नहीं रहे। नए कारख़ाने पशुपालकों के साथ सीधे अनुबन्ध करने लगे थे। गाँव की सीमाओं के निर्धारक के रूप में भी उनकी भूमिका जाती रही क्योंकि अब एक भूमि पंजिका यानी लैंड रजिस्टर की व्यवस्था लागू कर दी गई थी।[18] संक्षेप में, महारों

को बड़ी तादाद में गाँवों से निकलने के लिए मजबूर कर दिया गया क्योंकि उनके पास कोई भी ऐसी विशेष क्षमता या हुनर नहीं था जिसके बल पर वे औपनिवेशिक शासन द्वारा लागू किए गए आर्थिक और शासकीय बदलावों का मुक़ाबला कर सकते। 1921 में केवल 13 प्रतिशत कामकाजी महारों के पास कोई परम्परागत व्यवसाय बचा था जबकि चांभारों और माँगों में ऐसे लोगों की संख्या क्रमश: 55 और 33.2 प्रतिशत थी। इस तरह गाँवों से निकले बहुत सारे महार बम्बई चले आए जहाँ उन्हें पुलिस महकमे, कारख़ानों या गोदी के कोयला ढलान इलाक़ों में नौकरी मिल जाती थी।[19] साल 1918 में बम्बई के कपड़ा मज़दूरों में से 10 प्रतिशत महार थे।[20] 1921 की जनगणना के अनुसार बम्बई और उसके फैक्ट्री कामगारों की आबादी में 12 प्रतिशत अस्पृश्य जातियों से थे जबकि 1864 में बम्बई की आबादी में उनकी संख्या मात्र 4 प्रतिशत थी और 1872 में फैक्ट्री मज़दूरों में उनकी संख्या सिर्फ़ 1 प्रतिशत थी।[21] इस 12 प्रतिशत आबादी में से ज़्यादातर महार थे। उनमें से बहुत सारे लोग—जैसे दया पवार के पिता—बीस और तीस के दशकों में गोदी में हम्माली करते थे।[22] इससे पहले रेलवे में भी महारों को बड़ी संख्या में काम मिला था।[23] इस गतिशीलता ने बहुत सारे महारों को वतन व्यवस्था से तो वंचित किया मगर इसका फ़ायदा यह हुआ कि अब वे माँग जैसे अन्य समुदायों के मुक़ाबले ज़्यादा राजनीतिक जोड़-तोड़ कर सकते थे। ख़ैर, इस गतिशीलता का हमें ज़्यादा गौरवगान भी नहीं करना चाहिए क्योंकि ज़्यादातर महार अभी भी गाँव में ही टिके रहना चाहते थे। दूसरी तरफ़, इससे माँगों के गाँवों से निकलने की प्रक्रिया और धीमी भी हो गई क्योंकि महारों के जाने से जो काम पैदा हुए थे वे माँगों के हाथ आ गए थे।

शहरी आबादी में इस शुरुआती सामाजिक पैठ के साथ ही महारों ने शिक्षा के क्षेत्र में भी काफ़ी ज़ोर लगाया। कोल्हापुर के महाराजा (जिन्होंने 1909 में महार बोर्डिंग स्कूल के लिए आर्थिक सहायता दी थी) जैसे 'संरक्षकों' की मदद से महारों ने नागपुर, पूना, अहमदनगर और अमरावती जैसे स्थानों पर अपने समुदाय के लिए कई स्कूल और छात्रावास खोले। इस का नतीजा यह हुआ कि 1921 तक आते-आते बॉम्बे प्रेसिडेंसी के मराठी भाषी इलाक़ों में महारों की साक्षरता का स्तर 2.3 प्रतिशत पहुँच गया था, जबकि 1901 में यह केवल 0.1 प्रतिशत था। इस 2.3 प्रतिशत आबादी में से 5,000 पुरुष और 3,000 महिलाएँ थीं। इनमें से 288 को अंग्रेज़ी भी आती थी मगर यूनिवर्सिटी ग्रेजुएट सिर्फ़ एक ही था—भीमराव आंबेडकर।[24] ज़ीलियट के शब्दों में, महारों के भीतर 'एक ऐसा समूह गोलबन्द होने के लिए प्रतीक्षारत था जो आंबडेकर की आधुनिक ज़बान को समझ सकता था।'[25]

वर्ष 1935 में 'महाराष्ट्र में अस्पृश्यता' शीर्षक के तहत स्नातकोत्तर का शोधपत्र लिखने वाले एम.जी. भगत ने कोबला, थाना, नासिक, सतारा, अहमद नगर और खानदेश पूर्व, इन छह ज़िलों में महारों की स्थिति की एक सटीक नृजातीय तसवीर

पेश की है। 542 परिवारों के विस्तृत विश्लेषण के आधार पर वह दिखाते हैं कि हालांकि महार दूसरे अस्पृश्य समुदायों के मुक़ाबले ज़्यादा साधनहीन थे मगर वे सामाजिक रूप से ज़्यादा गतिशील थे और उनमें एक ज़्यादा बड़ा आभिजात्य वर्ग भी पैदा हो गया था। भगत ने अपने नमूने में जिन परिवारों को लिया है, उनमें महार परिवारों की औसत आय प्रति परिवार 138 रुपये सालाना थी जोकि माँग समुदाय के परिवारों (133 रुपये) से कुछ ज़्यादा मगर चांभारों और भंगियों (क्रमश: 234 और 338 रुपये प्रतिवर्ष) से काफ़ी कम थी।[26] परिणामस्वरूप, जिन 233 परिवारों को अपनी बेटी का विवाह करना था उनमें से 199 या यानी 85 प्रतिशत परिवार दहेज का बन्दोबस्त करने के चक्कर में क़र्ज़ में डूब गए थे। भगत बताते हैं कि 'उन्हें बहुत सारे ऐसे परिवार मिले जहाँ क़र्ज़दार को ही नहीं पता था कि उस पर कितना क़र्ज़ा बक़ाया है। ऐसे लोग स्वाभाविक रूप से महाजनों के रहमोकरम पर आश्रित हो जाते थे।'[27]

वह महारों की इस चरम विपन्नता के लिए बलूत और वतन व्यवस्थाओं से मिलने वाली बहुत मामूली आमदनी को ज़िम्मेदार ठहराते हैं : गाँव की सेवा के बदले उन्हें जो भुगतान किया जाता था वह बहुत कम होता था और अगर उनके पास पैतृक ज़मीन है तो 'वह भी बँटते-बँटते इतनी छोटी हो जाती थी कि उससे कुछ भी हाथ नहीं आ पाता था।'[28]

जहाँ भगत का अध्ययन केन्द्रित था, उस इलाक़े में भी महारों को अपनी इसी लाचारी की वजह से दूसरे रोज़गार ढूँढ़ने पड़े। भगत के मुताबिक़, उनमें से केवल 6.5 प्रतिशत अपने परम्परागत व्यवसायों में रुके रह सके जबकि चांभारों में 54 प्रतिशत, ढोरों (चमड़ा निकालने वाले) में 62 प्रतिशत, माँगों में 79 प्रतिशत और भंगियों में 100 प्रतिशत अपने परम्परागत व्यवसायों में जुड़े हुए थे। महारों की आबादी में से लगभग एक चौथाई लोग खेती करते थे जबकि 58 प्रतिशत ने उसे कभी-कभार की गतिविधि बताया था। ऐसे ज़्यादातर लोग दिहाड़ी मज़दूर थे। कटाई के सीज़न के अलावा उन्हें बाक़ी साल के दौरान महीने में तक़रीबन दस दिन के आसपास ही काम मिल पाता था।[29] इससे भी पता चल जाता है कि नासिक ज़िले से गुज़रने वाली रेलवे लाइन के निर्माण में महार और माँग मज़दूरों की संख्या इतनी ज़्यादा क्यों थी।[30] यह ग्रामीण जनसंख्या ह्रास (डिपॉपुलेशन) की दिशा में एक क़दम था जिसने अन्तत: बहुत सारे महारों को बम्बई की गोदियों और बन्दरगाहों में पहुँचा दिया था। उन्हीं में से कई लोगों ने ज़्यादा प्रतिष्ठित रास्ते भी अपनाए। भगत ने बताया है कि 1935 में 17 अस्पृश्य सिविल सर्वेंट थे, जिनमें से 15 महार और केवल 2 चांभार थे। यह महारों में गहन ध्रुवीकरण का संकेत है जिसमें एक बहुत विपन्न तबक़ा भी था और दूसरी अस्पृश्य जातियों के मुक़ाबले कहीं ज़्यादा उल्लेखनीय और प्रभावशाली आभिजात्य तबक़ा भी पैदा हो रहा था।

शिक्षा के मामले में भी यही ढर्रा दिखाई देता है। 1931 की जनगणना के मुताबिक़ बॉम्बे प्रेज़िडेंसी में 12 प्रतिशत से भी कम महार और माँग साक्षर थे जबकि चांभारों में 16 प्रतिशत और ढोरों में 13 प्रतिशत साक्षर थे। मगर, भगत ने जिन 6 ज़िलों का अध्ययन किया वहाँ अंग्रेज़ी जानने वाले अस्पृश्यों की आबादी में महारों की संख्या 67 प्रतिशत (75 में से 51) थी जबकि चांभारों में ऐसे लोगों की संख्या केवल 16 प्रतिशत थी।[31] नासिक में इसकी वजह यह रही होगी कि रेलवे कर्मचारियों में महार बहुत ज़्यादा थे लिहाज़ा वे अंग्रेज़ी सीख सकते थे और अपने बच्चों को रेलवे स्कूलों में दाख़िल करा सकते थे। अहमदनगर में महारों—और आमतौर पर सभी अस्पृश्यों—की शिक्षा ईसाई मिशनरियों द्वारा चलाए जा रहे स्कूलों में हो रही थी। उन्नीसवीं शताब्दी के आख़िर से सरकार ने सामाजिक भेदभाव को चुनौती देने के लिए अस्पृश्यों के लिए अलग स्कूल खोलने का भरसक प्रयास किया। इस बीच बहुत सारे स्थानों पर उनके हालात में सुधार भी आया जो मुख्य रूप से शहरीकरण और औद्योगीकरण के कारण आए सामाजिक-आर्थिक बदलावों का नतीजा था। भगत ने जिन 217 गाँवों का दौरा किया उनमें से 134 में अस्पृश्य बच्चों को दूसरी जातियों के बच्चों के साथ खेलने-कूदने की छूट थी, 39 गाँवों में इस पर पाबन्दी थी और 44 गाँवों में कोई प्राथमिक पाठशाला नहीं थी।

शिक्षा के माध्यम से आगे बढ़ने वाले महार गाय तथा दूसरे प्रकार के मांस का उपभोग छोड़कर ख़ुद को अशुद्धता से मुक्त भी करना चाहते थे।[32] बलूता और वतन व्यवस्था के लगातार नकार से भी महारों में एक बहुत पैनी राजनीतिक चेतना की आहट सुनाई दे रही थी : अब महार इन व्यवस्थाओं को अपनी कमतर हैसियत का कारण मानने लगे थे और किसी भी क़ीमत पर ख़ुद को इनसे आज़ाद कराना चाहते थे।[33] भगत ने महारों में बग़ावत की आहट भी दर्ज की है : वे मृत पशुओं की लाश उठाने को तैयार नहीं थे जबकि ऐसी स्थिति में ऊँची जातियों के लोग उनका सामाजिक बहिष्कार करके उन्हें प्रताड़ित करते थे।[34]

कुल मिलाकर, भगत के शोध में महाराष्ट्र की अस्पृश्य जातियों में सामाजिक-आर्थिक स्तर पर भारी फ़र्क़ दिखाई पड़ते हैं। ये भिन्नताएँ उनकी अलग-अलग हैसियतों से पैदा होने वाले भेद को और पुष्ट कर देती थीं। असल में, हैसियत पर आधारित सोपानिक तर्क के पुनरुत्पादन में इन जातियों की हिस्सेदारी का हाल ये था कि 'महार माँग से दूध लेने को तैयार नहीं था और चमार (चांभार) भंगी से दूध नहीं लेता था।'[35] भगत ने सोलापुर ज़िले में ऐसी कई घटनाएँ गिनाई हैं जहाँ माँग और महार एक-दूसरे के ख़िलाफ़ थे। उदाहरण के लिए, महारों ने माँगों को ये कहकर एक कुएँ का इस्तेमाल करने से रोक दिया था कि महार 'हीन जाति' के होते हैं।[36] इस तरह की ऊँच-नीच को असरदार ढंग से चुनौती देने के लिए आंबेडकर को भी भिन्नता के प्रति इस लगाव के बारे में बहुत सोच-विचार करना पड़ा।

भगत के अन्वेषण का दूसरा मुख्य सबक़ महारों के ध्रुवीकरण से सम्बन्धित है। एक तरफ़ तो उनकी जाति महाराष्ट्र की सबसे निर्धन अस्पृश्य जाति थी; और दूसरी तरफ़ अस्पृश्यों में उसी के पास सबसे ज़्यादा पढ़ा-लिखा आभिजात्य तबक़ा और सबसे गतिशील आबादी थी। इस जाति में दिखाई पड़ने वाले उग्र तेवरों को समझने के लिए इस मिश्रण पर ध्यान दिया जाना चाहिए। यह जाति ख़ासतौर से साधनहीन थी मगर उसके नेताओं में औसत से कहीं ज़्यादा व्यावहारिक चेतना भी थी। इसीलिए, हमें इस बात पर ज़्यादा हैरानी नहीं होनी चाहिए कि अखिल भारतीय हैसियत का पहला अस्पृश्य नेता महारों में से ही पैदा हुआ।

घर का माहौल : सेना और राजसी संरक्षण में पश्चिमी तालीम

आंबेडकर का जन्म 14 अप्रैल 1891 को हुआ था। आंबेडकर को महू (मिलिट्री हेडक्वाटर ऑफ़ वॉर—MHOW) छावनी में पैदा होने का अपरिमित लाभ मिला। उनके पिता रामजी सकपाल और उससे भी पहले आंबेडकर के दादा सेना में मुलाज़िम थे। सकपाल 1866 में सेना में भर्ती हुए और तरक़्क़ी पाते हुए सूबेदार के पद तक पहुँचे। बाद में उन्हें एक सैनिक नॉर्मल स्कूल का हेडमास्टर भी नियुक्त किया गया। आंबेडकर की माँ भी एक बेमिसाल सैनिक विरासत वाले महार परिवार से सम्बन्धित थीं। आंबेडकर के नाना और उनके छह भाई सूबेदार मेजर रह चुके थे।[37] चूँकि मिलिट्री के बच्चों के लिए शिक्षा अनिवार्य थी इसलिए न केवल आंबेडकर के पिता बल्कि उनके परिवार की महिलाएँ भी साक्षर थीं।

रामजी सकपाल जोतिराव फुले के दोस्त और प्रशंसक थे। वह एक रोबदार व्यक्ति थे। उन्होंने 1890 के दशक में सेना में महारों की ओर से चलाए गए अभियान में सक्रिय हिस्सेदारी की थी।[38] 1892-93 में ब्रिटिश सरकार ने फ़ैसला लिया था कि अब महारों को सेना में बड़ी संख्या में भर्ती नहीं किया जाएगा क्योंकि दूसरी 'अशुद्ध' जातियों, ख़ासतौर से मराठा जातियों के लोग बैरकों में महारों के साथ ज़्यादा मेलजोल नहीं रखना चाहते। इस तरह, आंबेडकर के पिता महारों की उस आख़िरी पीढ़ी के सदस्य थे जिसे ब्रिटिश सेना में पक्की नौकरी मिली थी।[39]

रामजी सकपाल एक धर्मपरायण व्यक्ति थे। वह अपने बच्चों को हिन्दू ग्रन्थ पढ़कर सुनाते थे और तुकाराम जैसे सन्तों के दोहे सुनाते थे। उन्होंने अपने परिवार में आध्यात्मिकता के साथ-साथ सामाजिक चेतना के बीज भी बो दिए थे। इसका एक कारण यह था कि वे कबीर के अनुयायी थे जिन्होंने जातिगत ऊँच-नीच का डटकर मुक़ाबला किया था। पन्द्रहवीं शताब्दी के उत्तरार्द्ध में कबीर ने भी समतावाद को बढ़ावा दिया था जिसकी एक वजह तो यही थी कि एक सन्त होने के नाते उनके लिए समानता की बात करना स्वाभाविक था और दूसरी वजह ये थी कि वह ख़ुद

भी बहुत निचले तबक़े—जुलाहा जाति—से आए थे।[40] मगर, आंबेडकर के कॅरिअर को एक निश्चित शक्ल देने में आधुनिक शिक्षा और उसके लिए मराठा महाराजाओं से मिली सहायता सबसे निर्णायक पहलू रहे।

आंबेडकर पाँच साल की उम्र से छावनी के प्राइमरी स्कूल में जाने लगे थे और उनके कई साल सतारा के हाई स्कूल में गुज़रे। बाद में उनके पिता सेना के साथ बम्बई आ गए[41] जहाँ उन्होंने अपने भाई के साथ एलिफ़न्स्टन स्कूल में दाख़िला लिया। एलिफ़न्स्टन स्कूल से वे एलिफ़न्स्टन कॉलेज में पहुँचे जहाँ उन्होंने अंग्रेज़ी और फ़ारसी में बी.ए. की डिग्री ली। वह संस्कृत भी पढ़ना चाहते थे मगर अपनी जाति के कारण वह संस्कृत नहीं पढ़ पाए। अगले साल 1913 में वह बड़ौदा रियासत की सेना में लेफ़्टिनेंट के पद पर भर्ती हो गए। भर्ती के महज़ एक पखवाड़े के बाद उनके पिता का देहान्त हो गया। इसके बाद आंबेडकर ने नौकरी छोड़कर और बड़ौदा महाराज की आर्थिक सहायता से एक बार फिर अपनी पढ़ाई शुरू करने का फ़ैसला लिया।

कृष्ण अर्जुन (उर्फ़ दादा) केलुस्कर आंबेडकर के अध्यापकों में से एक थे और उनकी तीक्ष्ण बुद्धि व क्षमताओं से बेहद प्रभावित थे। उन्होंने ही एलिफ़न्स्टन कॉलेज में आंबेडकर की पढ़ाई के ख़र्चे का बन्दोबस्त करने के लिए बड़ौदा महाराज से सहायता का निवेदन किया था। बड़ौदा के महाराजा भी गायकवाड़ राजवंश से थे जिनकी मराठा जड़ों के आधार पर ग़ैर-ब्राह्मणों के प्रति उनकी उदारता का कारण एक हद तक समझा जा सकता है। महाराजा पहले भी अस्पृश्यों के लिए स्कूलों की स्थापना कर चुके थे[42] और निम्न जातियों के सम्भावनाशील युवाओं को पढ़ाई के लिए उदारतापूर्वक आर्थिक सहायता देते थे।[43] इसी नीति के फलस्वरूप उनके राज्य के संचालन हेतु एक ग़ैर-ब्राह्मण बुद्धिजीवी वर्ग भी तैयार हो रहा था।[44] केलुस्कर ने आंबेडकर को महाराजा के सामने पेश किया जिन्होंने फ़ौरन उन्हें 50 रुपये महावार की छात्रवृत्ति का आश्वासन दिया। साथ ही उन्होंने यह भी वादा किया कि अगर वह पढ़ाई में अच्छा प्रदर्शन करते हैं तो उन्हें और पैसा मिल जाएगा।[45] महाराजा ने उन्हें स्नातक की पढ़ाई पूरी होने पर नौकरी देने का औपचारिक प्रस्ताव भी रखा : महाराजा अमेरिका में उनकी पढ़ाई का पूरा ख़र्चा वहन करेंगे (महाराजा का बेटा भी हार्वर्ड में पढ़ चुका था) बशर्ते वह लौटने पर 10 साल तक रियासत की नौकरी करने के लिए अपनी मंज़ूरी दें। आंबेडकर के सामने यह एक अभूतपूर्व अवसर था। निश्चय ही यह अवसर उन्हें अपनी बुद्धि और कठोर परिश्रम की क्षमता से मिला था मगर उनके भाग्य का सितारा मराठा रियासत के कुलीन वर्ग की उदारता से भी चमक रहा था : ग़ैर-ब्राह्मण एकजुटता का यह तत्त्व उनके कॅरिअर में एक निर्णायक पहलू रहा है।

1913 में आंबेडकर न्यूयॉर्क स्थित कोलम्बिया विश्वविद्यालय गए। वहाँ उन्होंने 1915 में अर्थशास्त्र में स्नातकोत्तर की डिग्री हासिल की। इस डिग्री के लिए उन्होंने

प्राचीन भारत में व्यापार पर शोधपत्र लिखा था। 1916 में जाति के विश्लेषण की उनकी पहली कोशिश शुरू हुई और उन्होंने मानवशास्त्र की एक सेमिनार में *कास्ट्स इन इंडिया : देयर मेकेनिज़्म, जेनेसिस ऐण्ड डेवलपमेंट* शीर्षक से पर्चा प्रस्तुत किया। अपने इस पर्चे में, जिस पर हम आगे फिर चर्चा करेंगे, आंबेडकर ने पहली बार पश्चिमी समाज विज्ञान से निकली अवधारणाओं को भारत के सन्दर्भ पर लागू किया था। कोलम्बिया में वह अपने दो प्रोफ़ेसरों : जॉन ड्यूवी (आनुभविक दर्शन के प्रणेता) और आर.ए. सेलिग्मान से ख़ासतौर से प्रभावित हुए थे। इसके अलावा उन्हें टस्केजी इंस्टिट्यूट के संस्थापक बुकर टी. वॉशिंगटन से भी भारी प्रेरणा मिली जो अफ्रीकी अमेरिकियों की मुक्ति के लिए शिक्षा को एक माध्यम के रूप में देखते थे। इस तरह, आंबेडकर भी चिन्तन की नई धाराओं, और सबसे बढ़ कर टॉमस पेन के समतामूलक व्यक्तिवाद की गहराइयों में उतरते चले गए जो इससे पहले फुले को भी प्रभावित कर चुके थे।[46] ज़ीलियट बताती हैं कि अमेरिका में आंबेडकर ने 'सामाजिक समानता लाने के लिए लोकतांत्रिक संस्थानों की सत्ता में एक दृढ़, अविचल आस्था'[47] हासिल कर ली थी और ये विचार उन्हें मोटे तौर पर ड्यूवी से प्राप्त हुए थे।[48]

वर्ष 1916 में आंबेडकर लन्दन स्कूल ऑफ़ इकोनॉमिक्स (एलएसई) में पढ़ने के लिए अमेरिका से इंग्लैंड चले गए। जुलाई 1917 में बड़ौदा महाराजा ने उन्हें भारत लौटने का निर्देश दिया। भारत लौटने पर आंबेडकर को महाराजा के सैन्य सचिव के रूप में नौकरी मिली। इस बार भी सेना उनके लिए सामाजिक गतिशीलता का बेहतरीन साधन साबित हुई।[49]

बड़ौदा में आंबेडकर को अपनी वास्तविक पहचान के दम पर रहने की कोई जगह नहीं मिल पाई और अन्ततः उन्हें पारसी समुदाय के किसी व्यक्ति के लॉज में कमरा लेने के लिए पारसी होने का नाटक करना पड़ा। दुर्भाग्यवश, उनकी यह चालाकी पकड़ी गई और उन्हें कमरा छोड़ना पड़ा। इस अनुभव ने उन पर निर्णायक प्रभाव छोड़ा :

> पूरे दिन मैं रहने के लिए एक अदद मकान तलाशता रहता था मगर आख़िरकार मुझे कोई मकान नहीं ही मिला। मैंने अपने दोस्तों से भी बात की मगर सभी ने कोई न कोई बहाना बनाकर मुझे उल्टे पाँव लौटा दिया। वे भी मुझे अपने मकान में रखने के लिए तैयार नहीं थे। मैं पूरी तरह हताश और थक चुका था। अब क्या करूँ, मैं तय नहीं कर पा रहा था। परेशान और व्यथित, मैं एक जगह जाकर बैठ गया। मेरी आंखों से आंसू बहते न रुकते थे। मकान पाने की मुझे कोई उम्मीद दिखाई नहीं दे रही थी। अब मेरे पास अपनी नौकरी और ये शहर छोड़ने के अलावा कोई चारा नहीं था। मैंने इस्तीफ़ा दिया और रात की गाड़ी से बम्बई के लिए रवाना हो गया।[50]

यहाँ से आंबेडकर एक राजनीतिक योद्धा के रूप में नया अवतार ग्रहण करते हैं। अक्तूबर 1920 में वह अपनी पढ़ाई पूरी करने के लिए इंग्लैंड लौटे। जून 1921 में उन्होंने एक और मराठा प्रभु, कोल्हापुर महाराज की आर्थिक सहायता से अपनी स्नातकोत्तर की डिग्री पूरी की।[51] कोल्हापुर महाराज 1901 से ही बहुत सख़्त ब्राह्मण–विरोधी रवैया रखते थे, जब कोल्हापुर के ब्राह्मणों ने मराठों को न केवल क्षत्रिय हैसियत अता करने से इनकार कर दिया था बल्कि उन्हें पारिवारिक कार्यक्रमों में भी वैदिक अनुष्ठानों के लिए अयोग्य घोषित कर दिया था।[52] इसके बाद से कोल्हापुर के महाराजा, शाहू महाराज ने भी आंबेडकर के प्रति वही संरक्षणवादी रवैया अपना लिया जो कभी बड़ौदा के महाराजा ने अपनाया था।[53] उनकी उदारता की सबसे मुखर अभिव्यक्ति उनका वह पत्र था जो उन्होंने लन्दन स्कूल ऑफ़ इकोनॉमिक्स के नाम आंबेडकर के पक्ष में लिखा था। इस पत्र से भी उनकी 'ब्राह्मण–विरोधी' एकजुटता के बारे में काफ़ी कुछ पता चलता है :

> (श्री आंबेडकर) आपको पिछड़ी जातियों और ब्राह्मण नौकरशाही का फ़र्क़ समझाएँगे। साथ ही, वह आपको बताएँगे कि अगर कोई पिछड़ी जातियों से हमदर्दी रखता है तो उन्हीं ब्राह्मण नौकरशाहों के हाथों उसे कैसी पीड़ा का सामना करना पड़ता है जो कहने को तो लोकतांत्रिक विचारों का दावा करते हैं और पिछड़ी जातियों के कल्याण की दुहाई देते हैं मगर वास्तव में वे अपने लिए एक छोटे से अल्पतंत्र के अलावा और कुछ नहीं चाहते। वह (आंबेडकर) आपके, इंग्लैंड की प्रबुद्ध जनता के सामने उन ग़ैर–ब्राह्मण हिन्दुओं का दृष्टिकोण प्रस्तुत करेंगे जो एक मत से ये मानते हैं कि होम रूल की माँग करने वाले ब्राह्मण असल में अपनी उसी सत्ता को बहाल करना चाहते हैं जो बहुत पहले उनसे छीन ली गई थी।[54]

आंबेडकर ने एलएसई में अर्थशास्त्र विभाग में अपना शोधपत्र प्रस्तुत किया। 1922 में प्रस्तुत इस शोधपत्र का शीर्षक था *'द प्रॉब्लम ऑफ़ द रूपी'* (रुपये की समस्या)। चूँकि आंबेडकर ने शोधपत्र पर गम्भीरता से ध्यान नहीं दिया था इसलिए पहले दौर में उसे ख़ारिज कर दिया गया। मार्च 1923 में उन्होंने अपने शोधपत्र को दुरुस्त करके जमा कराया और उसी साल नवम्बर में सफलतापूर्वक उसका बचाव किया। 1927 में उन्हें *'द इवॉल्यूशन ऑफ़ प्रोविंशियल फाइनेंस इन ब्रिटिश इंडिया'* शीर्षक के अपने शोधपत्र के लिए कोलम्बिया विश्वविद्यालय से पीएचडी की डिग्री मिली।[55] इस प्रकार, वह डॉक्टरेट की डिग्री हासिल करने वाले पहले अस्पृश्य व्यक्ति बने।

1923 में आंबेडकर ने बॉम्बे बार में अपना पंजीकरण कराया और अगले साल से ही उच्च न्यायालय में वकालत की प्रैक्टिस करने लगे। उनके अस्पृश्य होने की वजह से उनके बहुत सारे संभावित मुवक्किल छिटक जाते थे। फलस्वरूप, उन्हें

अपना ख़र्चा चलाने के लिए वकालत के साथ-साथ अध्यापन का भी काम करना पड़ा। 1918 में वह ब्रिटेन के सिडेनहेम कॉलेज ऑफ़ कॉमर्स ऐण्ड इकॉनॉमिक्स में राजनीतिक अर्थशास्त्र पढ़ा चुके थे। 1925 में उन्होंने बाटलीबोई एकाउंटेंसी ट्रेनिंग इंस्टिट्यूट में पार्ट टाइम लेक्चरर की नौकरी की। तसल्ली की बात ये रही कि आंबेडकर की वकालत चाहे न चल पाई हो मगर उनके क़ानूनी प्रशिक्षण व ज्ञान ने अदालतों में अस्पृश्यों का पक्ष रखने में, राजनीतिक मोलभाव के अवसरों पर या राजनीतिक वार्ताओं के दौरान उनको बहुत फ़ायदा पहुँचाया।

इस तरह, यह संयोग की बात नहीं थी कि आंबेडकर भारत के पहले अखिल भारतीय अस्पृश्य नेता बने। उनकी नियति को निर्धारित करने में उनकी बुद्धि और ऊर्जा के रूप में उनके निजी गुणों ने तो अहम भूमिका अदा की ही, उनके पारिवारिक, सामाजिक और क्षेत्रीय सन्दर्भ ने भी उन्हें बहुत लाभ पहुँचाया। ख़ासतौर से महाराष्ट्र के ब्राह्मण-विरोधी आन्दोलन का वंशज होने और मराठा महाराजाओं से मिली सहायता से उन्हें बहुत लाभ हुआ। उनकी सामाजिक-राजनीतिक चेतना और उग्र तेवर उनकी जाति और परिवार की पीड़ा का सीधा परिणाम थे। फिर भी, जाति व्यवस्था के ख़िलाफ़ उनकी बग़ावत को एक स्पष्ट दिशा देने वाली सबसे निर्णायक कारक थी उनकी विदेशी शिक्षा जिसने उन्हें समतापरक मूल्यों से परिचित कराया और जाति की संरचना पर शोध करने का मौक़ा दिया। भारत लौटने पर उन्होंने समाजशास्त्र के विश्लेषण के अपने उपकरणों को तराशा ताकि उस समाज व्यवस्था को चुनौती दे सकें जिसमें अस्पृश्य ही प्रथम पीड़ित थे।

3

जाति के प्रभावी उन्मूलन के लिए उसका विश्लेषण और नृजातीयकरण

'लम्बे समय तक मैं यही मानता रहा कि हम हिन्दू समाज को उसकी विकृतियों से मुक्त करा सकते हैं और डिप्रेस्ड क्लासेज़ को बराबरी की शर्तों पर उसमें समाहित कर सकते हैं। महाड़ चवदार तालाब सत्याग्रह और नासिक मन्दिर प्रवेश सत्याग्रह, ये दोनों आन्दोलन इसी उद्देश्य से प्रेरित थे। इसी को मद्देनजर रखते हुए हमने मनुस्मृति दहन किया और सामूहिक जनेऊधारण अनुष्ठानों का आयोजन किया था। ख़ैर, अनुभव की बदौलत अब मेरे पास कहीं बेहतर समझ है। आज मुझे इस बात का मुकम्मल तौर पर यक़ीन हो चुका है कि हिन्दुओं के बीच रहते हुए डिप्रेस्ड क्लासेज़ को बराबरी का दर्जा मिल ही नहीं सकता क्योंकि हिन्दू धर्म खड़ा ही असमानता की बुनियाद पर है। अब हमें हिन्दू समाज का हिस्सा बने रहने की कोई चाह नहीं है। [*दि बॉम्बे सेंटिनल*, 28 अप्रैल, 1942 में उद्धृत आंबेडकर का भाषण (*सोर्स मेटीरियल ऑन बाबासाहेब आंबेडकर ऐण्ड दि मूवमेंट ऑफ़ अनटचेबल्स*, खंड 1, बम्बई, महाराष्ट्र सरकार, 1982, पृष्ठ 250)]

आंबेडकर जितना करने में विश्वास रखते थे, उतने ही वह एक गम्भीर चिन्तक भी थे। जाति व्यवस्था के ख़िलाफ़ अपना संघर्ष शुरू करने से पहले उन्होंने हिन्दू समाज का अच्छी तरह विश्लेषण कर लिया था। उनके बौद्धिक प्रशिक्षण ने स्वाभाविक रूप से उन्हें इस तरह की भूमिका के लिए अच्छी तरह तैयार कर दिया था। उनके भीतर ज्ञान की एक घनी चाह प्रतिबिम्बित होती थी जो ताउम्र उनके साथ रही। वे जहाँ भी जाते, सैकड़ों किताबें लेकर लौटते। इन्हीं किताबों से लिये गए असंख्य उद्धरण उनके लेखन में लगातार दिखाई पड़ते हैं। वह एक लब्धप्रतिष्ठ लेखक थे और प्राय: हमेशा ही एक साथ कई पांडुलिपियों पर काम कर रहे होते थे। इसके अलावा उन्होंने पत्र-पत्रिकाओं में जो सैकड़ों लेख लिखे उनकी तो गिनती ही क्या।

गोविन्द सदाशिव घुर्ये को जाति व्यवस्था की जड़ों पर शोध करने वाला पहला भारतीय मानवशास्त्री माना जाता है। उनकी *कास्ट ऐण्ड रेस इन इंडिया* नामक

पुस्तक 1932 में प्रकाशित हुई थी। मगर, ग़ौर करने की बात है कि आंबेडकर ने घुर्ये से भी एक दशक पहले जाति व्यवस्था की जड़ों पर शोध शुरू कर दिया था। इसके बावजूद, जैसा कि समाजशास्त्र के क्षेत्र में आंबेडकर को उनका उचित स्थान दिलाने के लिए अपना प्रयास शुरू करने से पहले ऑलिव्ये हैरेनष्मिड्ट ने रेखांकित किया है, भारतीय समाजशास्त्र के क्षेत्र में उनके योगदान को बहुत सालों तक नज़रअन्दाज़ किया जाता रहा।[1] भारतीय मानवशास्त्र के संस्थापक, मसलन एम.एन. श्रीनिवास व लुई ड्यूमाँ एवं उनके ज़्यादातर उत्तराधिकारी भी आंबेडकर को नज़रअन्दाज़ करते रहे हैं। हालाँकि सच्चाई यह है कि आंबेडकर के काम में इन लोगों के बहुत सारे तर्कों का पूर्वाभास मिल जाता है।[2] यह बात इस वजह से और भी ज़्यादा हैरतअंगेज़ लगने लगती है कि 1980 और '90 के दशक के प्रारम्भिक वर्षों में आंबेडकर की जन्मशती के मौक़े पर उनकी संकलित रचनाओं के प्रकाशन के ज़रिए पहली बार सामने आई कुछ चुनिन्दा कृतियों[3] के अलावा उनकी ज़्यादातर कृतियाँ उनके जीवनकाल में ही प्रकाशित और पुन:प्रकाशित हो चुकी थीं। उनकी रचनाओं के प्रकाशन का सिलसिला उनके पहले लेख *कास्ट्स इन इंडिया ऐण्ड देअर मैकेनिज़्म, जेनेसिस ऐण्ड डेवलपमेंट* (1917) से शुरू होकर मरणोपरान्त प्रकाशित हुई उनकी अन्तिम रचना *दि बुद्धा ऐण्ड हिज़ धम्मा* (1957) तक फैला है। इन दोनों छोरों के बीच उनकी सम्भवत: सबसे विख्यात कृति *एनाइलेशन ऑफ़ कास्ट* (1936) भी सामने आती है जिसे बहुत विरले ही कहीं उद्‌धृत किया जाता है।

अपनी इन तमाम रचनाओं में आंबेडकर ने समानता के अपने संघर्ष को आगे बढ़ाने के वास्ते जाति व्यवस्था की गतिकी को उजागर किया है और छुआछूत के स्रोतों की शिनाख़्त की है।

समाजशास्त्री आंबेडकर। जाति के समाजशास्त्री के रूप में आंबेडकर का कॅरिअर 25 साल की उम्र में तब शुरू हुआ जब उन्होंने कोलम्बिया में ए.ए. गोल्डेनवाइज़र की एक सेमिनार में हिस्सा लिया था। कुछ समय बाद, मई 1916 में उन्होंने एक लेक्चर दिया जो अगले साल *इंडियन ऐन्टिक्विटी* में *'कास्ट्स इन इंडिया : देयर मेकेनिज़्म, जेनेसिस ऐण्ड डेवलपमेंट'* शीर्षक से प्रकाशित हुआ। इस परचे में उन्होंने 'जाति का एक सिद्धान्त स्थापित करने' का दावा किया था।[4] अभी वह जाति की एक मुकम्मल व्याख्या तक नहीं पहुँचे थे और भले ही उनकी अन्तर्दृष्टि कितनी भी प्रारम्भिक अवस्था में रही हो, उनकी तीक्ष्ण दृष्टि की झलक ज़रूर मिलने लगी थी। अपने प्रारम्भिक दौर से ही आंबेडकर पश्चिमी लेखकों को सीधी चुनौती देने लगे थे जो अभी तक जाति को नस्लभेदी सिद्धान्तों के धरातल पर ही समझने और समझाने में जुटे हुए थे। पश्चिमी चिन्तकों का यही मानना था कि आर्यों ने भारत में 'अतिक्रमण' करके यहाँ के द्रविड़ियन समुदायों को ग़ुलाम बना लिया था और उन्हें निचली जातियों की श्रेणी में ढकेल दिया था। आंबेडकर का

मानना था कि ऐसा सोचने वाले पश्चिमी लेखक 'जाति की समस्या' के मूल कारण के रूप में नस्ल को ही देख पा रहे थे क्योंकि वे 'ख़ुद भी रंगभेदी पूर्वाग्रहों में डूबे हुए थे।'[5] आंबेडकर का कहना था कि ये लोग सिरे से ग़लत हैं क्योंकि जाति कोई नस्ली परिघटना नहीं है बल्कि एक सामाजिक परिघटना है।

आंबेडकर का मानना था कि सगोत्रीय विवाह (मूलतः जाति के भीतर विवाह) की व्यवस्था ही जाति का मुख्य आधार है। जैसे-जैसे ब्राह्मण अन्तःकेन्द्रित होने लगे और उन्होंने अपने समुदाय के बाहर विवाह सम्बन्ध बनाना बन्द कर दिया वैसे-वैसे जति व्यवस्था एक संस्थागत रूप लेती गई। यही कारण है कि आंबेडकर ने जाति को एक 'बन्द वर्ग' (क्लोज़्ड क्लास) का नाम दिया।[6] सती प्रथा के प्रचलन और विधवा विवाह पर लगी पाबन्दियों की व्याख्या के लिए भी उन्होंने इसी परिघटना का सहारा लिया है और कहा कि ये दोनों प्रथाएँ 'आवश्यकता से अधिक' महिलाओं को 'बुहार कर बाहर फेंकने' के लिए बनाई गई हैं क्योंकि अगर ऐसी महिलाओं को विवाह की छूट दे दी जाएगी तो उन्हें अपनी जाति के बाहर ही विवाह करना पड़ेगा। यौवनारम्भ (प्यूबर्टी) से पहले लड़कियों के विवाह की व्यवस्था भी इसी अन्तःजातीय शुद्धता को बनाए रखने का एक साधन थी क्योंकि इससे विधुरों को अपनी ही जाति के भीतर पत्नी ढूँढ़ने का रास्ता मिल जाता था।

इस तरह के तुलनात्मक रूप से अविश्वसनीय तर्कों के साथ-साथ उनकी सघन मेधा और तीक्ष्ण बुद्धि भी दिखाई पड़ रही थी। मिसाल के तौर पर, उन्होंने यह तर्क भी दिया कि जाति व्यवस्था समाज पर ब्राह्मणों ने नहीं थोपी है बल्कि यह इसलिए पैदा हुई है क्योंकि दूसरे सामाजिक समूह भी सगोत्रीय विवाह और दूसरी परम्पराओं के लिए ब्राह्मणों की नक़ल करने लगे थे। यहाँ आंबेडकर गेब्रिएल तार्दे से प्रेरित दिखाई देते हैं जिन्होंने सामाजिक अनुकरण की दो विशेषताएँ बताई थीं : एक तो यह कि सामाजिक अनुकरण में जो नीचे या अधीन हैं वही ऊपर वालों की नक़ल करते हैं, ऊपर वाले कभी नीचे वालों की नक़ल नहीं करते, और दूसरी बात ये कि दो समूहों के बीच सामाजिक फ़ासला जितना ज़्यादा होगा, नक़ल करने की चेष्टा उतनी ही अधिक होगी। आंबेडकर की राय में, जाति का विचार इन दो धारणाओं के माध्यम से ही पूरे समाज में व्याप्त हुआ और ये दोनों सिद्धान्त इसलिए और भी ज़्यादा ताक़तवर साबित हुए क्योंकि ब्राह्मणों के पास तो लगभग नितान्त पावन हैसियत भी थी। अनुकरण या नक़ल करने की इस प्रक्रिया से यह भी समझा जा सकता है कि कैसे दूसरी जातियाँ भी सती, बाल विवाह या विधवा विवाह पर पाबन्दी जैसी प्रथाओं को अपनाने लगी थीं। यह बताते हुए आंबेडकर ने आधुनिक भारतीय अध्ययनों में सबसे प्रचलित अवधारणाओं में से एक अवधारणा—'संस्कृतिकरण'—का आधार पेश किया जिसे एम.एन. श्रीनिवास ने चालीस साल बाद और पुख़्ता तौर पर स्थापित किया।[7] हालाँकि 'संस्कृतिकरण' शब्द तो श्रीनिवास

ने दिया था मगर इस प्रक्रिया का ब्योरा ई.टी. एटकिन्सन की *हिमालयन गज़ेटियर* और एल्फ्रेड लियाल जैसे औपनिवेशिक अधिकारियों के ब्योरों में भी मिलता है जिनको आंबेडकर ने ज़रूर पढ़ा होगा।[8]

इसके आगे जाते हुए आंबेडकर ने एमिल सेनार्ट, जे.सी. नेस्फ़ील्ड और डेंज़िल इबेट्सन से लेकर एच.एच. रिज़ले तक कई दूसरे पश्चिमी लेखकों पर भी निशाना साधा। उनका कहना था कि इन लेखकों ने 'जाति को जातियों की व्यवस्था के भीतर गुँथी एक इकाई के रूप में नहीं बल्कि एक स्वायत्त इकाई के रूप में' परिभाषित किया है।[9] जातियाँ एक व्यवस्था को रचती हैं और इसीलिए आंबेडकर के सिद्धान्त में ब्राह्मण दूसरे समूहों के लिए नक़ल का लक्ष्य थे। आंबेडकर ने ज़ोर देकर कहा कि भारत की बेजोड़ समरूपता ('दुनिया में कोई ऐसा देश नहीं है जो संस्कृति की एकता के मामले में भारतीय प्रायद्वीप का मुक़ाबला कर सके'[10]) जाति व्यवस्था से ही पैदा हुई है क्योंकि ब्राह्मण समूचे उपमहाद्वीप में फैले हुए हैं। जैसा कि पीछे ज़िक्र किया गया है, आंबेडकर यह मानते थे कि ब्राह्मण ख़ुद जाति व्यवस्था नहीं थोप सकते थे।[11] इसके विपरीत, उन्होंने यह तर्क दिया कि इस तरह का सामाजिक संगठन ब्राह्मणों की श्रेष्ठता और अपनी निम्नता के बारे में दूसरी जातियों के विश्वास से ही अस्तित्व में आ सकता था।[12] यह विश्लेषण न केवल श्रीनिवास के विश्लेषण की बल्कि लुई ड्यूमाँ द्वारा दी गई जाति व्यवस्था के 'समग्र' चरित्र की अवधारणा की भी पूर्वापेक्षा है। जातियाँ परस्पर स्वतंत्र रूप से विद्यमान नहीं रहतीं बल्कि वे एक व्यवस्था के रूप में ही जीती हैं। यहाँ मूल बात है निचली जातियों द्वारा ऊँच-नीच को आत्मसात कर लेना जोकि इस मान्यता का परिणाम था कि ब्राह्मणवादी मूल्य व्यवस्था सार्वभौमिक रूप से दूसरे समुदायों से श्रेष्ठ है। संस्कृतिकरण की अवधारणा आंशिक रूप से इसी विचार के साथ आगे बढ़ती है।[13] ड्यूमाँ भी लगभग एक जैविक नज़रिए से इस बन्दोबस्त को देखते हुए इस उपमा का सहारा लेते हैं : 'समग्र के सामने समर्पण के माध्यम से जाति ख़ुद को पृथक कर लेती है जिस तरह भुजा और उदर की कोशिकाएँ एक ही शरीर का हिस्सा होते हुए भी एक-दूसरे से पृथक ही रहती हैं।'[14] उनके विचार में जाति व्यवस्था इसलिए समन्वित है क्योंकि इसके घटक अंग एक-दूसरे के लिए पूरक भूमिकाएँ अदा कर रहे हैं। ड्यूमाँ भी ऊँच-नीच को नज़रअन्दाज़ तो नहीं करते मगर उसमें वर्चस्व और अधीनता की विशेषताओं, यहाँ तक कि सामाजिक उत्पीड़न के आयामों तक को भी नज़रअन्दाज़ ज़रूर कर देते हैं। और आंबेडकर इन्हीं आयामों पर सघन विद्रोह के भाव से ज़ोर देते हैं।

अपनी तुलनात्मक रूप से परिपक्व रचनाओं, ख़ासतौर से *हू वर दि शूद्राज़?* (1947) में आंबेडकर ने जाति व्यवस्था के पीछे मौजूद बुनियादी मान्यताओं का विस्तार से

पुनर्विश्लेषण किया है। उन्होंने वैदिक ग्रन्थों, ख़ासतौर से ऋग्वेद का व्यवस्थित और तर्कशील ढंग से विश्लेषण किया है जिसमें उन्हें *पुरुष सूक्त* के रूप में जाति की उत्पत्ति का मिथक मिलता है। इस मिथक के अनुसार मानव समाज *विराट पुरुष* के अंगों की बलि से पैदा हुआ है। *पुरुष सूक्त* के मुख्य छन्द के अनुसार : 'उसका मुख ब्राह्मण बन गया/योद्धा (क्षत्रिय) उसकी भुजाओं से उत्पन्न हुए/उसकी जंघाएँ वैश्य बनीं/उसके पाँवों से सेवक (शूद्र) पैदा हुए।'[15]

आंबेडकर इस बात पर ज़ोर देते हैं कि 'उत्पत्ति' की *ओल्ड डेस्टामेंट* की धारणा के विपरीत यह ब्रह्मांडिकी मानव समाज की उत्पत्ति के लिए किसी व्यक्ति को नहीं समूह को श्रेय देती है। 'यह एक वर्ग विभाजित समाज के आदर्श का पाठ पढ़ाती है।'[16] सबसे बढ़कर, यह वर्णों को एक-दूसरे का पूरक बनाने लिहाज़ा समाज के 'संचालन' में मददगार साधन मानती है। मूल रूप से टकरावमुक्त ऐसे समाज की कल्पना स्वाभाविक रूप से ब्राह्मणवादी दर्शन से हुई है : सामाजिक सम्बन्धों को सूत्रबद्ध करने वाले तमाम संस्कृत साहित्य की तरह विश्वोत्पत्ति के इस दर्शन के रचयिता भी ब्राह्मण थे। वही वर्ण व्यवस्था को एक धार्मिक वैधता प्रदान करते हैं। आंबेडकर इसी योजना के विरुद्ध विद्रोह कर रहे थे जोकि 'न केवल वर्गीय संरचना को क़ुदरती और आदर्श बना देती है बल्कि इसे पवित्र और दैवी आवरण भी प्रदान कर देती है।'[17] उन्होंने *पुरुष सूक्त* में निहित जैविक तर्क को भी चुनौती दी :

> अलग-अलग वर्गों को शरीर के अलग-अलग हिस्सों के समतुल्य बताना कोई संयोग की बात नहीं है। यह एक सोची-समझी योजना है। इस योजना के पीछे मक़सद यह है कि एक ऐसा फ़ॉर्मूला ढूँढ़ा जाए जो दो समस्याओं को एक साथ हल कर दे। एक, चारों वर्गों के काम तय कर दिए जाएँ और दूसरी तरफ़ एक सुनिश्चित योजना के अनुसार चारों वर्गों का क्रम तय कर दिया जाए। अलग-अलग वर्गों को *रचयिता* की देह के अलग-अलग हिस्सों के बराबर रखने का उद्देश्य यही है। देह का प्रत्येक अंग एक वर्ग की श्रेणी तय कर देता है और यह श्रेणीबद्धता वर्गों की भूमिका तय कर देती है। ब्राह्मण को रचयिता के मुख के बराबर रखा जाता है। चूँकि मुँह पूरे शरीर में सबसे सम्मानित भाग है, इसलिए ब्राह्मण भी चारों वर्गों में सबसे सम्मानित हो जाता है। वह वर्गों के क्रम में सबसे सम्मानित है इसलिए उसे सबसे सम्मानित काम दिया जाता है, उसे ज्ञान एवं शिक्षा के संरक्षक की भूमिका दी जाती है। क्षत्रिय को रचयिता की भुजाओं के समकक्ष रखा जाता है। मनुष्य की भुजाओं और पैरों में से भुजाएँ ही मुँह के सबसे निकट आती हैं। लिहाज़ा क्षत्रिय को ब्राह्मण के ठीक नीचे जगह मिलती है और उसे ज्ञान संरक्षण के बाद दूसरा सबसे सम्मानजनक काम सौंपा जाता है—युद्ध करना। वैश्य को रचयिता की जंघाओं के समकक्ष रखा गया है। हाथ-पाँवों में

> जंघाएँ भुजाओं के ठीक नीचे आती हैं। फलस्वरूप, वैश्य को क्षत्रिय से निचला स्थान मिलता है। उसे उद्यम व व्यवसाय का काम सौंपा जाता है जो प्राचीनकाल में योद्धा के नीचे स्थान पाता था। शूद्र को रचयिता के पाँवों के समकक्ष रखा गया है। मानव शरीर में पैर ही सबसे नीचे और सबसे हेय अंग होते हैं। चुनांचे, शूद्र को सामाजिक व्यवस्था में भी सबसे निचली पायदान दी जाती है; उसे एक सेवक या टहलुआ के रूप में काम करने का सबसे हीन काम मिलता है।[18]

आंबेडकर की नज़र में पुरुष सूक्त एक बिलकुल अनूठी सामाजिक व्यवस्था की स्थापना करता है क्योंकि 'ऐसा और कोई समाज नहीं हैं जहाँ सामाजिक वर्गों को अधिकृत रूप से नियत, निश्चित और स्थायी स्थान दिया गया हो और उन्हें ऊपर की ओर बढ़ते सम्मान और नीचे की ओर बढ़ते अपमान के क्रम में श्रेणीबद्ध किया गया हो।'[19] व्यवस्था की यह विशिष्टता इसी 'परतबद्ध असमानता' (*ग्रेडेड इनिक्वॉलिटी*) के दम पर टिकी है जिसका आंबेडकर अपनी रचनाओं और भाषणों में बार-बार हवाला देते हैं। इस बात पर ऑलिव्ये हेरेनष्मिड्ट ने भी प्रकाश डाला है। आंबेडकर अपनी आख़िरी किताब में बताते हैं कि 'ऊपर की ओर बढ़ती घृणा और नीचे की ओर बढ़ते अपमान की ऐसी व्यवस्था टकराव का एक स्थायी स्रोत हो सकती है।'[20] इस किताब में उन्होंने 'सम्मान/अपमान' के स्थान पर 'घृणा/अपमान' शब्दों का प्रयोग किया है जो उनकी सोच में एक बदलाव को दर्शाता है : वह इस व्यवस्था के एक अनिवार्य तत्त्व—जो ऊपर हैं उनके प्रति सम्मान—को कम महत्त्व देते हुए अपने दिल में पैदा होने वाली ज़्यादा स्वत:स्फूर्त भावना—उत्पीड़क के प्रति घृणा—को जगह देते हैं।

'परतबद्ध असमानता' की धारणा आंबेडकर की मुख्य समाजशास्त्रीय खोजों में से एक रही है।[21] 1997-2002 में के.आर. नारायणन भारतीय गणराज्य के राष्ट्रपति रहे। वह दलित जाति से थे और कांग्रेस पार्टी के सदस्य थे। उन्होंने आंबेडकर को निश्चय ही पढ़ा होगा। उन्होंने जाति व्यवस्था के प्रसंग में आंबेडकर की सम्भवत: इसी उपमा का ज़िक्र करते हुए 'लगातार बढ़ते सम्मान की व्यवस्था और अपमान की परतबद्ध व्यवस्था' कहा था।[22] आंबेडकर का मानना था कि इस व्यवस्था में सामाजिक परिवर्तन से बचने के लिए ज़बर्दस्त लचीलापन है। अगर निचली जातियाँ अपने उत्पीड़क को उखाड़ फेंकने की स्थिति में नहीं हैं तो इसका कारण केवल यह नहीं है कि उन्होंने इस सोपानक्रम को आत्मसात और स्वीकार कर लिया है बल्कि 'परतबद्ध असमानता' की विशिष्टताएँ भी इसका एक मुख्य कारण हैं।

'परतबद्ध असमानता', जाति व्यवस्था का केन्द्रीय तत्त्व। आंबेडकर सामाजिक समानता के एक प्रखर हिमायती और कार्यकर्ता थे। उन्होंने इसकी दार्शनिक जड़ों

का अध्ययन पश्चिम में अपने प्रवास के दौरान किया था जहाँ उन्हें इसके लाभ व्यवहार के धरातल पर दिखाई पड़ रहे थे। उनकी नज़र में रिपब्लिक और फ्रांसीसी क्रान्ति के सारे मूल्य इसी से पैदा होते थे :

> भाईचारा और मुक्ति असल में व्युत्पन्न (डेरिवेटिव) धारणाएँ हैं। इनके मूल में तो समानता और मानव व्यक्तित्व के प्रति सम्मान की धारणाएँ ही हैं। भाईचारा और मुक्ति की कल्पना इन्हीं दो मौलिक धारणाओं से ख़ुराक लेती है। अगर हम और नीचे जाएँ तो पता चलता है कि सबसे मौलिक धारणा समानता ही है। मनुष्य मात्र के प्रति सम्मान उसी का प्रतिबिम्ब है। जहाँ समानता का निषेध होता है वहाँ बाक़ी सारी चीज़ों का भी निषेध स्वाभाविक है।[23]

वह फ्रांसीसी या अमेरिकी समतावाद के साथ एक उत्कट व्यक्तिवाद को भी स्वाभाविक रूप से साथ लेकर चलते थे। व्यक्तिवाद के प्रति यह आस्था उनकी निजी सरगर्मियों में भी देखा जा सकती है। मगर उनकी यह आस्था जाति व्यवस्था, जोकि किसी भी व्यक्ति को व्यक्तिगत पहचान नहीं देती और केवल उसके जन्म के समूह पर ध्यान देती है, की आलोचना में भी परिलक्षित होती है। मगर आंबेडकर व्यक्तिवादी समाजों की तथाकथित समग्र समाजों और समानता की असमानता के साथ विषमता सिद्ध करने पर ही सन्तुष्ट नहीं होते। वह आगे जाकर परम्परागत असमानता और परतबद्ध असमानता में भी फ़र्क़ करते हैं। उनके मुताबिक़, परतबद्ध असमानता परम्परागत असमानता से कम से कम दो गुना ख़तरनाक होती है।[24] असमानता की सामान्य धारणा में हम एक ऐसी सामाजिक स्थिति की कल्पना करते हैं जहाँ प्रभुत्वशाली समूह एक-दूसरे से टकराते हैं। जैसे, औद्योगिक समाजों में मज़दूर वर्ग पूँजीपति वर्ग के विरुद्ध संघर्ष छेड़ सकता है। पुराने निज़ाम (*ऑन्शिए रेझ़ीम*—फ्रांस की क्रान्तिपूर्व व्यवस्था) में थर्ड एस्टेट के लोग कुलीन वर्ग और राजा के ख़िलाफ़ खड़े हो सकते थे। मगर, बक़ौल आंबेडकर, एक जातिग्रस्त समाज जिस प्रकार की असमानता से जूझता है वह बिलकुल अलग तरह की असमानता होती है क्योंकि उसका तर्क अधीनस्थ समूहों को भी विभाजित कर देता है और इस तरह उन्हें एकजुट होकर उत्पीड़क को उखाड़ फेंकने से रोक देता है।

> परतबद्ध असमानता की व्यवस्था में पीड़ित पक्ष किसी समान स्तर पर नहीं होते। ऐसा केवल तभी हो सकता है जब व्यवस्था सिर्फ़ ऊँचे और नीचे लोगों से मिलकर बनी हो। परतबद्ध असमानता की व्यवस्था में ऐसा नहीं होगा—यहाँ कुछ सर्वोच्च होते हैं (ब्राह्मण)। इन सर्वोच्च के नीचे उच्च होते हैं (क्षत्रिय)। उच्च से नीचे कम उच्च होते हैं (वैश्य)। कम उच्च के नीचे निम्न होते हैं (शूद्र) और निम्न के नीचे निम्नतम होते हैं (अछूत)। जो सर्वोच्च है उसके विरुद्ध सबकी शिकायतें हैं। उसको सभी ध्वस्त करना

> चाहते हैं। मगर वे कभी आपस में एकजुट नहीं होते। जो उच्च है वह उच्चतर से छुटकारा पाना चाहता है मगर कम उच्च, निम्न और निम्नतम के साथ हाथ नहीं मिलाना चाहता क्योंकि उसे भय है कि कहीं वे भी उसके स्तर पर आकर उसके समान न हो जाएँ। जो कम उच्च है वह उच्चतर और सर्वोच्च को उखाड़ फेंकना चाहता है मगर निम्न और निम्नतम के साथ हाथ नहीं मिलाना चाहता है क्योंकि उसे भय है कि कहीं वे भी उसकी हैसियत में आकर उसके बराबर न हो जाएँ। जो निम्न है वह सर्वोच्च, उच्चतर और उच्च को गिरा देना चाहता है मगर वह इस डर से निम्नतम के साथ हाथ नहीं मिलाना चाहता कि कहीं वह भी ऊपर आकर उसके समकक्ष न हो जाए। परतबद्ध असमानता की इस व्यवस्था में कोई भी वर्ग पूरी तरह अधिकाररहित वर्ग नहीं होता सिवाय उस वर्ग के जोकि सबसे निचली पायदान पर स्थित है। बाक़ी सारे वर्गों के अधिकार परतबद्ध/श्रेणीबद्ध हैं। यहाँ तक कि जो निम्न है वह भी निम्नतम के मुक़ाबले एक सम्पन्न वर्ग है। चूँकि हर वर्ग के पास कुछ सापेक्ष अधिकार हैं इसलिए हर वर्ग उस व्यवस्था को बनाए रखना चाहता है।[25]

यहाँ आंबेडकर जाति व्यवस्था की सबसे शक्तिशाली यांत्रिकी को बेपर्द करते हैं। मगर वह अपनी व्याख्या को उसकी तार्किक परिणति तक अभी भी नहीं ले जाते। अभी वह केवल वर्णों पर ही ध्यान दे रहे हैं, मानो समाज उन्हीं से बना हो। मगर, यदि ऐसा होता तो शूद्र सबसे ऊँची जातियों को कब के हाशिए पर ढकेल चुके होते क्योंकि, जैसा कि ब्रिटिश जनगणना के आँकड़ों से पता चलता है, उस समय भी हिन्दू आबादी में आधे से ज़्यादा तो शूद्र ही थे। दरअसल यहाँ वह जिस यांत्रिकी का ब्योरा दे रहे हैं वह जातियों के स्तर पर भी पुनरुत्पादित होती है : हर वर्ण भी असंख्य जातियों में बँट जाता है और उनके बीच भी ऊँच-नीच का क्रम हैसियत के स्तरों पर ही आश्रित रहता है। नतीजा, एक सख़्त शाकाहारी ब्राह्मण जाति अंडा या मछली खाने वाले ब्राह्मणों के मुक़ाबले श्रेष्ठ होने का दावा कर सकती है। विभेदीकरण की यह प्रक्रिया जातियों के भीतर भी बख़ूबी दिखाई पड़ जाती है। उदाहरण के लिए, बाल काटने वालों की जाति में एक तबक़ा ऐसा है जिसकी स्त्रियों ने दूसरों के घरों में दाई का काम करना छोड़ दिया है। यह काम गन्दा माना जाता है इसलिए यह समूह ख़ुद को अपनी ही जाति के उन परिवारों से उच्चतर मानता है जिसकी स्त्रियाँ अभी भी दूसरों के घरों में बच्चे पैदा करवाती हैं। इस प्रकार, विधर्मीपन की कसौटी के आधार पर ये दोनों उपजातियाँ एन्डोगेमस उपजाति बनती जा रही हैं।[26] हैरेनष्मिड्ट के अनुसार, यहाँ भारतीय समाज 'छोटे-छोटे भेदों' के जुनून[27] में डूबा हुआ है। सामाजिक श्रेणीक्रम के निचले स्तरों पर यह आग्रह और भी तीखा हो जाता है जहाँ प्रत्येक व्यक्ति को इस बात की और भी गहरी चाह रहती है कि कोई उससे भी कम हैसियत वाला हो, कोई उससे नीचे भी हो।

आंबेडकर इस यथार्थ को चिन्हित करने वाले और अस्पृश्यों के बीच ऐसे भेदों की निन्दा करने वाले पहले व्यक्ति थे। आंबेडकर की राय में अस्पृश्य 'एक विभाजित समूह हैं (...) जो उसी जाति व्यवस्था से संक्रमित हैं जिसमें वे भी उतनी ही आस्था रखते हैं जितनी सवर्ण हिन्दू रखते हैं। अस्पृश्यों के बीच मौजूद जाति व्यवस्था ने परस्पर प्रतिद्वन्द्विता और ईर्ष्या को जन्म दिया है और इसने साझा कार्रवाइयों को असम्भव बना दिया है।'[28]

23 अक्टूबर 1928 को साइमन कमिशन के सामने अपना पक्ष रखते हुए उन्होंने काफ़ी कड़वाहट के साथ कहा था कि 'सवर्ण हिन्दुओं ने अपना जहर शेष (समाज) में भी फैला दिया है।'[29] वह इस बात से ख़ासतौर से व्यथित थे कि महाराष्ट्र में महार और माँग समुदायों के लोग आपस में विवाह तक नहीं करते। इसके अलावा वे ख़ुद को ग़ैर–महार दलितों के प्रतिनिधि के रूप में भी स्थापित नहीं कर पाए। माँग और चांभार उनकी पार्टी में ज़्यादा संख्या में शामिल नहीं हुए। इससे भी जाति व्यवस्था के बारे में आंबेडकर की धारणा और पुष्ट हुई : यथा, इसमें स्वसंरक्षण की यांत्रिकी समाहित और स्थापित है।

सारत:, आंबेडकर ने जाति का एक ऐसा सिद्धान्त प्रस्तुत किया जिसमें मौजूदा मानवशास्त्र (एंथ्रोपॉलॉजी) के बहुत सारे पहलुओं का पूर्वानुमान मिलता है। उनके अनुसार, जातियाँ सिर्फ़ एक व्यवस्था के रूप में विद्यमान रह पाती हैं, ब्राह्मणों के मूल्य ही निर्णायक रूप से यह तय करते हैं कि निचली जातियों के लिए क्या सही है और इस पूर्णतावाद का सबसे व्यापक साक्ष्य संस्कृतिकरण की प्रक्रिया में मिलता है। अन्तिम मगर बेहद महत्त्वपूर्ण बात यह कि जाति का सोपानक्रम परतबद्ध असमानता के एक बहुत स्पष्ट तर्क को इंगित करता है जो पक्षपात के सबसे अधिक पीड़ित लोगों को कुलीन समूहों के विरुद्ध सामाजिक गठजोड़ बनाने से रोक देता है। हैरेनष्मिड्ट के मुताबिक़, यही मुख्य कारण था कि 'यह समाज न केवल क्रान्तियों बल्कि सामान्य सुधारों की ओर क़दम बढ़ने में भी अक्षम सिद्ध हुआ है।'[30] फिर भी, जाति के उद्‌गम और यांत्रिकी के अपने विश्लेषण के माध्यम से आंबेडकर ने निचली जातियों में एक विशिष्ट और सम्मानजनक पहचान का बोध भरते हुए इसी क्रान्ति का मार्ग प्रशस्त करने का प्रयास किया।

निम्न जातियों के स्वर्ण युग का आविष्कार : मूल निवासी होने का गौरव

जाति व्यवस्था की यांत्रिकी का इतनी बारीक़ी से विश्लेषण करना आंबेडकर के लिए सिर्फ़ एक बौद्धिक जिज्ञासा का प्रश्न नहीं था। दरअसल, करोड़ों शूद्रों और अस्पृश्यों के उत्पीड़न का ख़ात्मा करने के लिए पहले वे इस यांत्रिकी को अच्छी तरह समझना चाहते थे। उनका यह विश्लेषण तो उस जवाबी वैचारिक हमले की सिर्फ़

पहली अवस्था था जिसमें उन्होंने अस्पृश्यों में एक वैभवशाली अतीत और एक सम्मानजनक पहचान का भाव भरने का प्रयास किया ताकि वे स्वाभिमान से जीना सीख सकें और अपने आन्तरिक विभेदों को ख़त्म कर सकें।

शूद्र—क्षत्रियों के वंशज या संस्कृतिकरण की गहरी जड़ें। आंबेडकर ने पहले शूद्रों की वंशावली स्थापित करने का प्रयास किया। इस चेष्टा के सबसे प्रख्यात नतीजे 1947 में *हू वर दि शूद्राज़ ?* नामक रचना में प्रकाशित हुए। सबसे पहले उन्होंने अपने चिरपरिचित अन्दाज़ में आर्य अतिक्रमण के पश्चिमी सिद्धान्तों[31] पर हमला किया। उन्होंने धर्मशास्त्रों के अंग्रेज़ी अनुवाद के दम पर तर्क दिया कि शूद्र ही आर्य थे और लिहाज़ा वे तीनों उच्चतर वर्णों से सम्बन्धित थे। इसके कुछ साक्ष्य उन्होंने संस्कृतविद डॉ. जॉर्ज बुह्लर द्वारा किए गए मनुस्मृति के विस्तृत विश्लेषण में भी गिनाए हैं। इस विश्लेषण के अनुसार—वैदिक युग में यह प्रावधान था कि अगर किसी शूद्र के पूर्वजों ने सात जन्मों तक सिर्फ़ ब्राह्मणों से विवाह किया हो तो सातवीं पीढ़ी में वह ब्राह्मण बन सकता था।[32] इसके अलावा, ये शूद्र राजाओं के राज्याभिषेक समारोहों में भी हिस्सा लेते थे[33] और प्राचीन ग्रन्थों के अनुसार अपने तईं काफ़ी सम्पन्न हुआ करते थे।[34]

अब यह साबित करना बाक़ी रह गया था कि शूद्र किस उच्च वर्ग से सम्बन्धित रहे होंगे। आंबेडकर का दावा है कि वे क्षत्रिय वर्ण की एक शक्तिशाली उपजाति से थे जिसमें से प्राचीन युग के कुछ बेहद प्रतिष्ठित और शक्तिशाली राजा भी पैदा हुए।[35] कथित रूप से वे सूर्यवंश के राजा थे।

आंबेडकर ने अपने सिद्धान्त को इस परिकल्पना के सहारे खड़ा किया कि शुरू से ही वर्णों की कुल संख्या तीन थी और लिहाज़ा शूद्र काफ़ी बाद में जाकर पटल पर उभरे हैं। उन्होंने तर्क दिया कि यह वर्ण तब पैदा हुआ जब ब्राह्मणों ने कुछ क्षत्रियों को उनकी श्रेणी से अवनत कर दिया था। फलस्वरूप ब्राह्मणों ने उनका उपनयन संस्कार करने से इनकार कर दिया। उपनयन संस्कार में तीनों उच्चतर वर्णों के पुत्रों को जनेऊ पहनाया जाता है और इस तरह वे 'द्विज' की श्रेणी में आ जाते हैं।[36] ब्राह्मणों ने उनका उपनयन करने से इसलिए इनकार किया क्योंकि वे दूसरे क्षत्रियों द्वारा ब्राह्मणों के साथ की गई हिंसा और अपमान का बदला लेना चाहते थे।

यहाँ आंबेडकर के ज़हन में ब्राह्मणों द्वारा शिवाजी को क्षत्रिय मानने से इनकार करने का उदाहरण रहा होगा।[37] बेहद क्षीण ऐतिहासिक साक्ष्यों पर आधारित उनके इस सिद्धान्त को इस तथ्य से काफ़ी वैधता मिली होगी कि शिवाजी को भी बाह्मणों ने क्षत्रिय का दर्जा देने से इनकार कर दिया था। मराठा कुनबी समुदाय में जन्मे शिवाजी भी दरअसल एक शूद्र थे मगर उन्होंने तलवार के दम पर सत्ता हासिल की और ब्राह्मणों से निवेदन किया कि वे उनकी एक सम्मानजनक वंशावली तैयार

करके उनकी इस नई सामाजिक हैसियत पर पुष्टि की मुहर लगाएँ। यह प्रक्रिया संस्कृतिकरण की याद दिलाती है मगर समाजशास्त्री शूद्रों द्वारा क्षत्रियों के इस तरह अनुकरण को 'क्षत्रियकरण' का नाम देते हैं और इसे संस्कृतिकरण का ही एक रूप मानते हैं। ख़ैर, इससे भी शूद्रों को जाति व्यवस्था और उसकी ऊँच-नीच की संरचना से मुक्ति पाने का विकल्प नहीं मिला। हालाँकि आंबेडकर ने शूद्रों में एक गौरवशाली इतिहास का एहसास पैदा करने की काफ़ी कोशिश की मगर यहाँ आंबेडकर का आशय सीमित ही था—शूद्र ख़ुद को एक सोपानिक समाज के घटक के रूप में देखें और अपने से ऊपर के वर्णों की नक़ल करते हुए अपनी छीन ली गई हैसियत को पाने के लिए कमर कसें। ऐसे हालात में वे जाति व्यवस्था के ख़िलाफ़ बग़ावत के लिए एक अलग पहचान का दावा नहीं कर सकते थे। दिलचस्प बात ये है कि उन्हें अस्पृश्यों की पहचान और इतिहास के अध्ययन में एक बहुत अलग पद्धति ही अपनानी पड़ी।

अस्पृश्य—प्रताड़ित बौद्ध। शूद्रों पर आंबेडकर की किताब आने के अगले साल 1948 में उन्होंने *दी अनटचेबल्स : हू वर दे ऐण्ड वाय दे बिकेम अनटचेबल्स?* शीर्षक की एक और किताब प्रकाशित की। एक बार फिर उन्होंने जाति को नस्ल से जोड़ कर दिखाने वाले पश्चिमी निष्कर्षों को ख़ारिज किया।[38] उन्होंने पेशेवर विशेषज्ञीकरण के अनुसार वर्ण विभाजन की व्याख्याओं को भी ख़ारिज कर दिया क्योंकि 'अस्पृश्य समुदाय जो गन्दे और दूषित कार्य करते हैं वे तो सभी मानव समाजों में पाए जाते हैं (...)। फिर संसार के दूसरे भागों में ऐसे लोगों को अस्पृश्य क्यों नहीं माना जाता है?'[39] यहाँ आंबेडकर की प्रस्थापना बेहद जटिल दिखाई पड़ती है। वह बताते हैं कि सभी आदिम समाज कभी न कभी आक्रमणकारियों से पराजित हो जाते थे। तब विजेता अपने आपको मूल निवासियों से ऊपर स्थापित कर देते थे। इसके बाद सामाजिक विखंडन की प्रकिया चलती थी जिसमें किनारों के समूह, या जिन्हें आंबेडकर ने 'ब्रोकन मैन' यानी केन्द्र से 'टूटे लोग' कहा है, वे केन्द्र से छिटक जाते थे। 'जनजातीय युद्धों में प्रायः ऐसा होता था कि कोई पराजित क़बीला पूरी तरह नष्ट होने की बजाय पराजित व अपदस्थ हो जाता था। ऐसे बहुत सारे मामलों में पराजित क़बीला छोटे-छोटे टुकड़ों में बिखर जाता था। इसके फलस्वरूप आदिम ज़माने में हमेशा ही यहाँ-वहाँ भटकते टूटे क़बायलियों के समूह हुआ करते थे।'[40]

जब विजेता सुस्त हो जाते तो वे घुमन्तू क़बीलों के हमले से अपनी रक्षा के लिए इन्हीं 'टूटे लोगों' पर आश्रित होने लगते थे। आंबेडकर ने इस सिद्धान्त का सहारा लेते हुए अस्पृश्यों को टूटे लोगों (या मराठी भाषा में, 'दलित') का वंशज और इस तरह आर्यों के आक्रमण से पूर्व भारत का 'मूल निवासी' घोषित किया। उनके निष्कर्ष के पीछे अंग्रेज़ों द्वारा फैलाए गए इस प्राच्यवादी (ओरिएंटलिस्ट) विश्वास

का भी हाथ था जिसके मुताबिक़ महार तो निःसन्देह यहाँ के मूल निवासी थे ही— उनके नाम की अनुगूंज तो महाराष्ट्र प्रान्त के नाम में भी साफ़ सुनाई पड़ती है![41] अस्पृश्य ही भारत के आदिकालीन निवासी थे, इस धारणा का गोपालनक विट्ठलनक वालंगकर भी प्रचार करते आ रहे थे। वालंगकर एक भूतपूर्व सैनिक थे जो फुले से प्रभावित थे। उन्होंने 1886 में पहली महार एसोसिएशन[42] का गठन किया था। इस एसोसिएशन का मुख्य उद्देश्य था ब्रिटिश सेना में अपनी जाति के लोगों को ज़्यादा से ज़्यादा संख्या में भर्ती कराना। (नीचे देखें)।

आंबेडकर के अनुसार, जिनकी पहली पत्नी ख़ुद वालंगकर की सम्बन्धी थीं, ने कहा कि जब बुद्ध ने छठी शताब्दी ईसा पूर्व अपने उपदेश देना शुरू किया तो ये टूटे लोग ही बुद्ध के सबसे समर्पित अनुयायी बने थे। जब शेष समाज ब्राह्मणों के दबाव में पुनः हिन्दू धर्म में लौट गया तो भी वे लोग बौद्ध ही बने रहे। इससे आंबेडकर ने दो निष्कर्ष निकाले :

> इससे पता चलता है कि अस्पृश्य ब्राह्मणों को अपवित्र क्यों मानते हैं, उन्हें पूजा-पाठ के लिए क्यों नहीं बुलाते और उन्हें अपने घरों में प्रवेश तक क्यों नहीं करने देते। इससे यह भी पता चलता है कि क्यों टूटे लोगों को भी अस्पृश्य माना जाने लगा। 'टूटे लोग' ब्राह्मणों से इसलिए घृणा करते थे क्योंकि ब्राह्मण बौद्ध धर्म के शत्रु थे और ब्राह्मण टूटे लोगों पर अस्पृश्यता का शाप इसलिए थोप देते थे क्योंकि वे बौद्ध धर्म को छोड़ने के लिए तैयार नहीं होते थे।[43]

आंबेडकर के लिए बौद्ध धर्म के साथ टूटे लोगों का यह सम्बन्ध ही इस बात को स्पष्ट करने के लिए पर्याप्त नहीं था कि ब्राह्मणों ने अस्पृश्यों को पदावनत क्यों कर दिया था। लिहाज़ा, उन्होंने टूटे लोगों के खानपान को इस तर्क का एक पूरक कारण बताया : टूटे लोगों ने शाकाहारी बनने से इनकार कर दिया, वे गाय का मांस खाते रहे जबकि 'ब्राह्मणों ने गाय को एक पवित्र पशु बना दिया था।'[44]

अस्पृश्यता के उद्‌गम के बारे में आंबेडकर की व्याख्या शूद्रों के बारे में दी गई उनकी व्याख्या से भिन्न थी। आंबेडकर ने शूद्रों को भूतपूर्व क्षत्रिय बताया था और कहा था कि वे वर्ण व्यवस्था के भीतर ही अपने अतीत की हैसियत को पुनः प्राप्त कर सकते हैं। यहाँ संस्कृतिकरण का तर्क सजीव हो उठता है। इसके विपरीत, अस्पृश्यों को उन्होंने बौद्धों का वंशज बताया जो ख़ुद को जाति व्यवस्था के बाहर और बौद्ध धर्म के समतामूलक स्वरूप के कारण जाति के तर्क के विरुद्ध एक पृथक पहचान के रूप में देखते थे। अस्पृश्य एक ज़माने में बौद्ध थे, इस प्रस्थापना से अस्पृश्यों की सामाजिक गोलबन्दी की विपुल सम्भावनाएँ पैदा होती थीं। इससे उन्हें एक उचित, समतामूलक जातीय पहचान मिलती थी जो उन्हें उपजातियों में विभाजन और भौगोलिक बिखराव की सीमाओं से परे जाने में मदद देती थी क्योंकि दलित

पूरे भारत में फैले हुए हैं और अलग-अलग क्षेत्रीय परम्पराओं और संस्कृतियों से भी सम्बद्ध हैं।

इस प्रकार, आंबेडकर जाति के सिर्फ़ एक ऐसे सिद्धान्त पर ही नहीं रुके जो परतबद्ध असमानता के विचार पर ख़त्म होती थी बल्कि उन्होंने एक ऐसी अस्पृश्य 'परम्परा' की भी खोज कर दी जो सामाजिक असमानता को ख़त्म करने में भी मददगार साबित हो सकती थी। अगर अस्पृश्य ख़ुद को भूतपूर्व बौद्ध मान लेते तो अपने आन्तरिक विभेदों पर विजय पाने और समूची व्यवस्था के ख़िलाफ़ एक नृजातीय समूह के रूप में मिलकर खड़े होने के लिए बेहतर स्थिति में आ जाते। गेल ऑमवेट ने सही ही कहा है कि इस मामले में आंबेडकर का मत फुले और पेरियार के मत से मेल खाता है। उनका चिन्तन 'ग़ैर-उत्तर भारतीय और निम्नजातीय परिप्रेक्ष्य पर आधारित वैकल्पिक सामुदायिक पहचान रचने की चेष्टा का द्योतक है, एक ऐसी पहचान जो न केवल प्रभुत्वशाली हिन्दू जातीय समाज की उत्पीड़कता के विरुद्ध है बल्कि प्राचीन और एक प्रमुख भारतीय परम्परा होने का दावा भी करती है।'[45] मूल निवासी की धारणा ने आंबेडकर के सिद्धान्त में एक अहम भूमिका अदा की है। उनका कहना था कि अगर मुसलमानों ने हिन्दू भारत का अतिक्रमण किया तो इससे बहुत पहले बाहर से आए ब्राह्मणों ने बौद्ध भारत का अतिक्रमण करके उस पर अपना क़ब्ज़ा जमा लिया था। ऑमवेट मानती हैं कि 'इस सब में एक नस्ली नृजातीय तत्त्व है जिसमें आंबेडकर कुछ हद तक अपने नायकों को ग़ैर-आर्यों के रूप में देखने की कोशिश करते हैं...।'[46]

आंबेडकर द्वारा अस्पृश्यों को एक सम्मानजनक और पृथक पहचान प्रदान करने की चेष्टा से भी पहले, जोकि *दी अनटचेबल्स* में दिखाई पड़ती है, राजनीतिक रूप से वह बीस के दशक से ही विभिन्न माध्यमों से संस्कृतिकरण को चुनौती देने लगे थे।

संस्कृतिकरण का विरोध कैसे करें

जब आंबेडकर ने बॉम्बे प्रेज़िडेंसी के राजनीतिक धरातल पर दस्तक दी तब ब्राह्मण विरोधी आन्दोलन पर सत्यशोधक समाज का वर्चस्व था। उस ज़माने के अस्पृश्य संगठन अभी भी संस्कृतिकरण के तर्क से अभिभूत थे। अनार्य दोष परिहारक मंडल (यानी अस्पृश्यता के कलंक को मिटाने के लिए गठित संगठन) इनमें सबसे पुराना था जिसकी स्थापना 1886 में जी.वी. वालंगकर ने की थी।[47] इसके दो साल बाद उन्होंने भारत का पहला अस्पृश्य समाचारपत्र, *वितालविध्वंसक* (अनुष्ठानिक प्रदूषण का विनाशक) का प्रकाशन शुरू किया था। वालंगकर जाति व्यवस्था को नष्ट तो करना चाहते थे मगर साथ ही वह यह दावा भी कर रहे थे कि महार दरअसल पुराने

ज़माने के क्षत्रिय ही हैं। फुले[48] की भाँति उनका भी यह स्टैंड उस दौर के निम्नजातीय विचारकों में संस्कृतिकरण के दबाव और स्वीकार्यता को दर्शाता है। वालंगकर ने महाराष्ट्र की भक्ति परम्परता की जीवन्तता पर ज़ोर देते हुए ब्राह्मणों को चुनौती भी दी। इसे फ़िलिप कॉन्स्टेबल ने 'भक्ति समतावाद' का नाम दिया है। वालंगकर के अनुयायियों में महार और चांभार, दोनों जातियों के लोग थे इसलिए वह इन दोनों जातियों में 'एकल भक्ति संस्कृति' का प्रसार करना चाहते थे।'[49] संकीर्ण पन्थ केन्द्रित समाधानों का सहारा लेकर अस्पृश्यों की मुक्ति की ऐसी चेष्टाएँ केवल आत्मघाती ही हो सकती थीं क्योंकि वालंगकर असल में हिन्दू संस्कृति का कोई विकल्प पेश नहीं कर रहे थे—वह इसके भीतर ही खड़े थे। फिर भी, आर्य दोष परिहारक मंडल की स्थापना महारों को एक पृथक पहचान प्रदान करने की पहली चेष्टा तो थी ही। यहीं से आने वाले दौर में 'आंबेडकरवाद' का मार्ग प्रशस्त होने लगा था।

बहरहाल, संस्कृतिकरण के ज़्यादा शक्तिशाली भाव से ओतप्रोत महार सभा जैसे अस्पृश्य संगठनों के मुक़ाबले में वालंगकर के आन्दोलन की अपील सीमित ही रही। 1906 में नागपुर में गठित महार सभा शिक्षा के प्रसार पर ज़ोर देती थी और संस्कृतिकरण के सिद्धान्तों के अनुसार महारों के सामाजिक आचार के शुद्धिकरण का प्रयास कर रही थी।[50] किसन फागोजी बंसोड़े (1879–1946) एक और प्रमुख महार नेता थे जिन्होंने यही पद्धति अपनाई मगर उन्होंने केवल अपनी जाति पर ही ध्यान नहीं दिया। वह भक्ति सम्प्रदाय के मूल्यों से प्रेरित थे (जोकि कवि चोखामेला में उनकी गहरी रुचि से ज़ाहिर होता है)[51] और हिन्दू धर्म के मूल्यों के प्रति आस्था रखते थे। यहाँ तक कि 1910 में बंसोड़े ने प्रार्थना समाज का भी अनुसरण किया। उन्होंने महारों से आह्वान किया कि वे मांस और शराब का सेवन बन्द कर दें, ख़ुद को शिक्षित करें ताकि और ज़्यादा सरकारी नौकरियाँ हासिल कर सकें।[52] अमरावती के एक अन्य महार, गणेश अक्काजी गवई (1888–1974) उनके मुख्य सहयोगी थे जो प्रार्थना समाज के भी सदस्य थे।[53] यही गवई आने वाले समय में इस इलाके में आंबेडकर के मुख्य प्रतिद्वन्द्वी साबित हुए। बंसोड़े और गवई ने 1903 में अस्पृश्यता के विरुद्ध एक सभा बुलाई जिसमें महारों, माँगों और चांभारों को ईसाई धर्मांतरण का विरोध करने के लिए प्रोत्साहित किया गया। उन्हें नसीहत दी गई कि वे मांसाहार या शराब से दूर रहें और ख़ुद को शिक्षित करें। 1919 में उनके आन्दोलन, अंत्यज समाज (अन्त में जन्मों का समाज—अस्पृश्य) ने भी इसी तर्ज़ पर हिदायत दी थी कि :

> हमें गोश्त नहीं खाना चाहिए, शराब नहीं पीनी चाहिए और न ही गायों को कसाइयों के हाथ बेचना चाहिए। हमें दूसरे धर्मों की किताब नहीं पढ़नी चाहिए। हमें एक हिन्दू शिक्षक नियुक्त करके अपने बच्चों को शिक्षा प्रदान करनी चाहिए। हमें सूअर नहीं पालने चाहिए—सवर्ण हिन्दू इसी के कारण

हमें अस्पृश्य मानते हैं। हमारी स्त्रियों को तमाशों (सार्वजनिक उत्सव जिनमें सामान्य सामाजिक बन्धनों से मुक्त स्वच्छन्द नाच-गाना या मूर्च्छा है) में नहीं जाना चाहिए। हमें धार्मिक पर्वों में भाग लेना चाहिए।[54]

जे. गोखले ने कहा है कि बंसोड़े या गवई के क्रियाकलापों का संस्कृतिकरण की अवधारणा के माध्यम से विश्लेषण नहीं किया जा सकता क्योंकि इसमें ऐसा आशय 'बहुत कम दिखाई देता है कि अस्पृश्य किसी उच्चतर अनुष्ठानिक हैसियत की चाह रखते हों। बल्कि, यह हिन्दू सुधारकों की परम्परा के जैसा दिखाई देता है जो आह्वान कर रहे थे कि हिन्दू समाज में सामाजिक सम्बन्धों के लिए जाति का कोई महत्त्व न रहे और साथ ही इस बात को भी नकारते थे कि जाति हिन्दू धर्म का अभिन्न अंग है। उदाहरण के लिए, बंसोड़े ने प्रार्थना समाज के माध्यम से सवर्ण हिन्दुओं के साथ अपने घनिष्ठ सम्बन्ध बनाए रखे और आजीवन वह इस बात पर ज़ोर देते रहे कि अस्पृश्यों की नियति हिन्दू धर्म और हिन्दू समाज के साथ अविभाज्य रूप से जुड़ी हुई है।'[55]

मेरे विचार में अस्पृश्यों की नियति को हिन्दू धर्म और हिन्दू समाज की नियति के साथ इस तरह जोड़कर दिखाना दरअसल इस बात को दर्शाता है कि बंसोड़े अस्पृश्यों को एक पृथक समूह के रूप में देखने और संस्कृतिकरण में अपनी आस्था के चलते उनमें एक नई पहचान का बोध भरने में विफल रहे। उनका मानना था कि उच्च जातीय मूल्यों द्वारा संचालित समाज व्यवस्था के एक समर्पित अंग के रूप में अस्पृश्यों को उनके वाजिब स्थान पर ही रखना चाहिए। अस्पृश्यों को ऊँची जातियों की कसौटियों के अनुसार अपने शुद्धिकरण के लिए प्रेरित करते हुए बंसोड़े और गवई दरअसल संस्कृतिकरण की ही जड़ों को सींच रहे थे। वे ख़ुद को ब्राह्मणवादी मूल्य व्यवस्था से मुक्त करने के स्थान पर उन मूल्यों का और ज़्यादा अनुगमन करते दिखाई दे रहे थे।[56]

राजनीतिक रूप से बंसोड़े और गवई पूना के कांग्रेसी नेता बी.जी. तिलक के समर्थक थे जिनकी समाज सुधारों के बारे में अपनी कथनी और करनी में भारी फ़र्क़ था।[57] इन लोगों ने समाज सुधारों के हिमायती विट्ठल रामजी शिन्दे और नारायण राव चन्दावरकर जैसे सवर्ण हिन्दुओं से भी हाथ मिलाया। विट्ठल रामजी शिन्दे मराठा थे और प्रार्थना समाज व कांग्रेस से जुड़े हुए थे[58] जबकि चन्दावरकर ब्राह्मण थे। 1906 में उन्होंने डिप्रेस्ड क्लासेज़ मिशन की स्थापना की थी जिसकी गतिविधियों में पाठशालाओं का निर्माण और अन्तर्जातीय भोज जैसे कार्यक्रम भी शामिल थे जो कई उच्च जातीय सुधारकों के संरक्षणभाव की याद दिलाते थे।[59]

एक इतिहासकार होने के नाते शिन्दे ने भी अस्पृश्यता की जड़ों पर विस्तार से विचार किया था। वे उन शुरुआती ग़ैर-ब्राह्मण विचारकों में से थे जिन्होंने यह तर्क दिया कि अस्पृश्य दरअसल एक ज़माने के बौद्ध धर्मावलम्बी थे और सवर्ण

आक्रमणकारियों के हाथों पराजय से पहले महाराष्ट्र पर उन्हीं का शासन हुआ करता था।[60] एक दौर में आंबेडकर भी उनसे प्रेरित रहे मगर जल्दी ही वह शिन्दे से फ़ासला रखने लगे और सवर्ण सुधारवाद को उन्होंने ख़ारिज कर दिया।[61]

बंसोड़े और गवई न केवल शिन्दे जैसे सुधारकों के साथ अपने सम्बन्धों की बदौलत बल्कि इसलिए भी आंबेडकर से दूर रहते थे क्योंकि उन दोनों का फ़ोकस केवल महारों तक ही सीमित था। वैसे तो उन्होंने 1915 में डिप्रेस्ड क्लासेज़ एसोसिएशन और 1920 में अखिल भारतीय बहिष्कृत परिषद का गठन भी किया (शिन्दे के साथ अपने सम्बन्ध बनाए रखते हुए) मगर 1924 में उन्होंने एक महार कॉन्फ्रेंस का भी आयोजन किया जिससे पता चलता है कि वे अभी भी इसी जाति पर ज़्यादा ध्यान दे रहे थे।[62]

आंबेडकर ने अखिल भारतीय बहिष्कृत परिषद में हिस्सा लिया और उसके मंच से शिन्दे के प्रयासों की कड़ी आलोचना भी की।[63] जैसा कि गेल ऑमवेट ने रेखांकित किया है, बंसोड़े और गवई 'ऐसे नेताओं की पीढ़ी' का प्रतिनिधित्व कर रहे थे जो 'हिन्दूवादी समेकन के एक ऐसे मॉडल की हिमायती थी जिसमें संस्कृतिवादी सुधार और भक्ति परम्परा की धार्मिक जड़ों का आह्वान भी शामिल था और जिसे राष्ट्रवादियों और हिन्दू सुधारकों, यहाँ तक कि रूढ़िवादियों का समर्थन भी हासिल था।' दूसरी तरफ़, आंबेडकर ने 'अन्तर्विरोध को व्यक्त करने वाली और ब्राह्मणवादी एवं भक्ति धार्मिक परम्पराओं को ख़ारिज करने वाली विचारधारा के साथ 'दलित स्वायत्तता' पर ज़ोर दिया।'[64]

कुल मिलाकर ऑमवेट का विश्लेषण तर्कसंगत प्रतीत होता है मगर यह आंबेडकर के सार्वजनिक जीवन के उस प्रारम्भिक दौर को नज़रअन्दाज़ कर देता है जहाँ वह कई लिहाज़ से भक्ति परम्परा द्वारा प्रेरित आन्दोलनों के वंशज दिखाई देते हैं और इससे भी बढ़कर, जहाँ वह कुछ समय तक खुलकर संस्कृतिकरण के कुछ आयामों को अपनाने की ओर प्रवृत्त दिखाई देते हैं। हिन्दू सामाजिक-धार्मिक व्यवस्था के उग्र नकार की ओर बढ़ना तो वह 1920 के दशक में शुरू करते हैं।

आंबेडकर : संस्कृतिकरण से व्यवस्था के नकार तक। 1924 में यानी इंग्लैंड से हमेशा के लिए लौटने के कुछ ही समय बाद आंबेडकर ने बहिष्कृत हितकारिणी सभा का गठन किया[65] जिसे 'डिप्रेस्ड क्लासेज़ इंस्टिट्यूट' के नाम से भी जाना जाता है। बलूत व्यवस्था का क़ानूनन उन्मूलन भी इसके उद्‌देश्यों में से एक था,[66] साथ ही उसने महारों को वतनदार के रूप में अपने अधिकारों के लिए आवाज़ उठाने में भी मदद दी।[67] आंबेडकर ने *मूक नायक* के स्थान पर 1927 में *बहिष्कृत भारत* नामक नया अख़बार निकालना शुरू किया। *बहिष्कृत भारत* के माध्यम से भी वतन व्यवस्था के उन्मूलन का अभियान चलाया गया। 1920 में बॉम्बे प्रेज़िडेंसी की

लेजिस्लेटिव काउंसिल में नियुक्त किए गए पहले अस्पृश्य सदस्य डी.डी. घोलप ने कुछ साल पहले इसी मक़सद से काउंसिल में एक विधेयक भी पेश किया था।[68]

मुख्य रूप से महारों के जीवन से सम्बन्धित वतन व्यवस्था के मामले में सक्रियता और पदाधिकारियों में महारों की संख्या अनुपात से ज़्यादा[69] होने के बावजूद बहिष्कृत हितकारिणी सभा कोई जातीय संगठन नहीं थी। जैसा कि इसके नाम से संकेत मिलता है, यह सभी अस्पृश्यों के हितों की रक्षा के लिए बनाई गई संस्था थी (इसमें चांभारों और ढोरों को भी प्रतिनिधित्व मिला हुआ था)।[70] 'शिक्षा, एका, संगठन' इसका ध्येय वाक्य था। यहाँ प्राथमिकताओं का क्रम भी महत्त्वपूर्ण है क्योंकि इससे शिक्षा के माध्यम से समाज सुधारकों की आकांक्षाओं का पता चलता है। फुले की सारी चेष्टाओं और अंग्रेज़ों द्वारा खोली गई विशेष शालाओं के बावजूद अस्पृश्यों के लिए उपलब्ध शिक्षा की हालत बहुत ख़स्ता थी। इसी के चलते सुधारकों को अस्पृश्यों की शिक्षा पर अपने प्रयास केन्द्रित करने की प्रेरणा मिलती थी। इन्हीं हालात में शिन्दे ने बम्बई में अस्पृश्यों के लिए आरक्षित पाठशालाओं का नेटवर्क तैयार किया, जिनमें 1916 तक लगभग 500 विद्यार्थी पढ़ रहे थे।[71] अपनी बिरादरी के लोगों में शिक्षा के अभाव से आंबेडकर भी चिन्तित थे लिहाज़ा बहिष्कृत हितकारिणी सभा के संविधान में शिक्षा को समाज सुधारों से भी ऊपर जगह दी गई थी। यह बात सभा के उद्‌देश्यों की औपचारिक सूची में भी देखी जा सकती है :

(1) छात्रावासों की स्थापना या अन्य अनिवार्य अथवा वांछनीय दिखाई पड़ने वाले साधनों की मदद से डिप्रेस्ड क्लासेज़ के बीच शिक्षा के प्रसार को बढ़ावा देना।

(2) पुस्तकालयों, सामाजिक केन्द्रों और कक्षाओं अथवा अध्ययन चक्रों की स्थापना के माध्यम से डिप्रेस्ड क्लासेज़ के बीच संस्कृति के प्रसार को प्रोत्साहन देना।

(3) औद्योगिक एवं कृषि शालाओं की स्थापना करके डिप्रेस्ड क्लासेज़ की आर्थिक स्थितियों में सुधार लाना।

(4) डिप्रेस्ड क्लासेज़ की समस्याओं को प्रतिनिधित्व देना।[72]

बेहतर शिक्षा की चाह के साथ-साथ उस समय आंबेडकर की सोच में संस्कृतिकरण के मूल्यों की जड़ें भी बहुत गहरी थीं। इसके अलावा, एसोसिएशन ने जिन सांस्कृतिक मूल्यों को प्रोत्साहन दिया वे दरअसल सवर्णों के ही मूल्य थे। महार हॉकी क्लब, जिसकी डिप्रेस्ड क्लासेज़ इंस्टिट्यूट द्वारा स्थापना की गई थी, के रूप में हमें इन हालात का एक बड़ा सकते में डाल देने का उदाहरण दिखाई देता है क्योंकि यह क्लब अस्पृश्यों को 'जुआख़ोरी, शराबख़ोरी और दूसरी विकृतियों व मनोरंजन के अस्वास्थ्यकर तरीक़ों' से दूर रखने के उद्‌देश्य से शुरू किया गया

था।[73] ऐसा लगता था मानो अस्पृश्यों के लिए समानता का मार्ग तभी खुल सकता है जब पहले उन्हें संयम के ब्राह्मणवादी गुणों का पाठ अच्छी तरह पढ़ा दिया जाए। डिप्रेस्ड क्लासेज़ इंस्टिट्यूट के संविधान में यह मत भी व्यक्त किया गया था कि '(उच्च वर्गों) के सहयोग और सहानुभूति कि बिना डिप्रेस्ड क्लासेज़ के लिए अपनी मुक्ति का मार्ग ढूँढ़ना सम्भव नहीं होगा।'[74] लिहाज़ा संगठन ने अस्पृश्यों को हिन्दू जगत में समेकित करने के लिए दो मुख्य माँगों पर ज़ोर दिया : उन्हें मन्दिरों में प्रवेश और कुओं के प्रयोग की अनुमति दी जाए जिनसे उन्हें अभी तक दूर रखा गया था।[75]

दूसरा मुद्दा 1927 के महाड़ सम्मेलन के केन्द्र में था जो 4 अगस्त, 1923 को बम्बई की लेजिस्लेटिव काउंसिल में एस.के. बोले द्वारा प्रस्तुत किए गए प्रस्ताव के पारित होने के बाद आयोजित किया गया था।[76] समाज सुधारक से राजनेता बने एस.के. बोले द्वारा पेश किए गए प्रस्ताव में ये प्रावधान किया गया था कि अस्पृश्यों को कुओं, धर्मशालाओं, स्कूलों, न्यायालयों, शासकीय कार्यालयों एवं सरकारी दवाख़ानों में जाने और उनका प्रयोग करने का अधिकार दिया जाए।[77]

इस प्रस्ताव के पारित होने के बावजूद व्यवहार के धरातल पर अस्पृश्यों को कोई लाभ नहीं मिला। लिहाज़ा, तीन साल बाद, अगस्त 1926 में बोले ने एक नया प्रस्ताव पेश किया और सरकार से माँग की कि उन नगरपालिकाओं व स्थानीय निकायों को मिलने वाली सब्सिडी रोक दी जाए जो उन प्रावधानों को लागू करने को तैयार नहीं हैं। इस प्रस्ताव के भय से बहुत सारी नगरपालिकाएँ तो रास्ते पर आ गईं मगर सवर्णों के विरोध की वजह से उनके आदेशों का पालन विरले ही हो पाता था। कोलाबा ज़िले में स्थित महाड़ क़स्बा इसका एक अच्छा उदाहरण था जहाँ अस्पृश्यों को कुछ ख़ास कुओं के इस्तेमाल की बिलकुल छूट नहीं थी।

मार्च 1927 में यहीं आंबेडकर ने एक सम्मेलन का आयोजन किया। इस सम्मेलन में कई ग़ैर-दलित नेताओं का भी समर्थन शामिल था। इन नेताओं में कायस्थ जाति से एस. टिपनीस और मराठा नेता के.एम. जेढ़े भी शामिल थे। जेढ़े उस समय पूना में ग़ैर-ब्राह्मण आन्दोलन के शिखर पर थे। हाल ही में आंबेडकर उनकी ओर से एक मुक़दमा भी लड़ चुके थे। महाड़ सम्मेलन में आंबेडकर ने जो भाषण दिया वह संस्कृतिकरण के सिद्धान्तों के अनुरूप था :

> 'कोई स्थायी तरक़्क़ी तब तक सम्भव नहीं है जब तक हम ख़ुद शुद्धिकरण की त्रिस्तरीय प्रक्रिया से नहीं गुज़रेंगे। हमें अपने आचरण का सामान्य स्वर सुधारना होगा, अपने उच्चारण को साधना होगा और अपने विचारों को पुनर्जीवित करना होगा। लिहाज़ा, इस अवसर पर मैं आपसे यह शपथ लेने की अपील करता हूँ कि आइन्दा आप मरे हुए जानवरों का मांस नहीं खाएँगे।'[78]

इसके कुछ ही समय बाद आंबेडकर ने जुलूस का नेतृत्व किया। मंच से शुरू होकर यह जुलूस चवदार तालाब तक गया। कहने को तो अस्पृश्यों को इस तालाब के इस्तेमाल की छूट मिली हुई थी मगर असल में उन्हें इस तालाब से पानी लेने नहीं दिया जाता था। प्रतीकात्मक मगर गम्भीरतापूर्वक आंबेडकर ने बैठकर तालाब का पानी पिया। यह डांडी मार्च के बाद गांधी द्वारा नमक तैयार करने से मिलती-जुलती क्रिया थी।[79] यह उल्लंघन स्थानीय सवर्ण हिन्दुओं के लिए एक उकसावा था। उन्होंने सभा स्थल की तरफ़ लौटते प्रदर्शनकारियों पर हमला कर दिया। अगले कई दिनों और हफ़्तों के दौरान महाड़ के सवर्णों ने अस्पृश्यों का खुलेआम बहिष्कार किया। कई जगह उनको नौकरी से हटा दिया गया, या बँटाई पर दी गई उनकी ज़मीनें वापस छीन ली गईं। सबसे बढ़कर, 4 अगस्त, 1927 को महाड़ नगरपालिका ने 1924 में लिए गए अपने उस फ़ैसले को रद्द कर दिया जिसमें अस्पृश्यों को चवदार तालाब के इस्तेमाल की इजाज़त दी गई थी। तब आंबेडकर ने दूसरी सभा आयोजित की जहाँ एक नये विमर्श का सूत्रपात होता दिखाई दिया। यह दूसरा महाड़ सम्मेलन दिसम्बर 1927 में बुलाया गया। यहाँ आंबेडकर ने जो भाषण दिया उसमें उन्होंने जाति व्यवस्था के समूल नाश का आह्वान किया। उन्होंने फ्रांसीसी क्रान्ति के मूल्यों का हवाला दिया और महाड़ सम्मेलन की तुलना वर्साय में आयोजित एस्टेट्स जेनरल से भी की जहाँ पहली बार थर्ड ऐस्टेट के लोगों ने एक सामूहिक और औपचारिक पद्धति से अपने विद्रोह का ऐलान किया था।

> 'सबसे पहले मैं हमारा विरोध कर रहे लोगों को बता देना चाहता हूँ कि इस चवदार तालाब का पानी न पीने से हम मर जाने वाले नहीं हैं। औरों की तरह हम भी मनुष्य हैं, हम तो बस यह साबित करने के लिए तालाब तक जाना चाहते हैं (...)। यह सम्मेलन इस भूमि पर समानता के युग का सूत्रपात करने के लिए बुलाया गया है। अस्पृश्यता के उन्मूलन और अन्तर्जातीय भोज से ही हमारी सारी समस्याएँ ख़त्म नहीं होंगी। न्यायालय, सेना, पुलिस और वाणिज्य जैसे तमाम सरकारी महकमों को हमारे लिए खोला जाना चाहिए (...)। हमें हिन्दू समाज को जातिवाद के उन्मूलन और समानता के दो सिद्धान्तों पर फिर से खड़ा करना होगा।'[80]

इस भाषण के बाद मानवाधिकारों के पक्ष में दिए गए वक्तव्य और मनुष्यों की अविभाज्य समानता के प्रस्ताव पर लोगों ने हाथ उठाकर अपना समर्थन दिया। इसके बाद दो और प्रस्ताव पेश किए गए। पहले प्रस्ताव में हिन्दू समाज के भीतर मौजूद आन्तरिक विभाजनों को ख़त्म करने का आह्वान किया गया ताकि अन्ततः इसमें सिर्फ़ एक श्रेणी के लोग रह जाएँ। दूसरे प्रस्ताव में ये अपील की गई कि सभी को पुजारी का व्यवसाय अपनाने का अधिकार दिया जाए। कई वक्ताओं ने मनु के क़ानूनों यानी *मनुस्मृति* की निन्दा भी की। मंच के सामने ही एक चबूतरे पर *मनुस्मृति* की एक प्रति भी रखी गई थी जिसे बाद में एक दलित संन्यासी ने जलाया था।

अगले दिन आंबेडकर ने चवदार तालाब तक निर्बाध पहुँच का अधिकार हासिल करने के लिए एक सत्याग्रह[81] शुरू किया जिसमें लगभग 4,000 लोगों ने हिस्सा लिया। ज़िला मजिस्ट्रेट ने सत्याग्रहियों से आह्वान किया कि वे शांति बनाए रखें क्योंकि सवर्ण हिन्दू इस मामले पर यह दावा करते हुए अदालत में वाद दायर कर चुके हैं कि यह निजी सम्पत्ति का मामला है; लिहाज़ा इस मामले में अदालत के फ़ैसले का इन्तज़ार करना बेहतर होगा।

मजिस्ट्रेट के इस आग्रह पर आंबेडकर ने सत्याग्रह स्थगित कर दिया और तालाब के चारों तरफ़ एक जुलूस निकाला। उनके तरीक़ों में यह लचीलापन बार-बार दिखाई दिया। विवादों को हाथोहाथ हल करने की बजाय मामले को न्यायालय के विचाराधीन छोड़ देने में भी उन्हें कोई ऐतराज़ नहीं होता था। इस बदलाव में आंबेडकर की वैधानिकता, यहाँ तक कि संवैधानिकता में आंबेडकर की आस्था का संकेत मिलता है। इस ख़ास मामले में अदालतों ने 1937 में उनके फ़ैसले को जायज़ ठहराया था।

हिन्दू धर्म से विच्छेद कैसे हो? 1920 के आख़िर तक आंबेडकर संस्कृतिकरण के तर्क से ख़ुद को दृढ़तापूर्वक मुक्त कर चुके थे और उन्होंने जाति व्यवस्था को पूरी तरह नकार दिया था। इतना ही नहीं, वह इससे भी एक क़दम आगे गए और उन्होंने भक्ति परम्परा द्वारा सुझाए गए मार्ग को भी ख़ारिज कर दिया। 1920 में शुरू किए गए उनके अख़बार *मूक नायक* के शीर्षक के नीचे तुकाराम के एक दोहे को जगह दी गई जिसमें कहा गया था कि किस तरह बेआवाज़ 'सरल' लोगों को ही अवमानना का दोषी ठहरा दिया जाता है। मगर आंबेडकर ने साधु-संन्यासियों की पूजा से उनके अनुयायियों पर पड़ रहे हानिकारक प्रभावों पर निश्चय ही बहुत तेज़ी से कार्रवाई की। प्रमुख त्योहारों के दौरान वह तीर्थ स्थानों पर जाते और अस्पृश्यों से मिलकर उन्हें हिन्दुओं के साथ सहयोग न करने के लिए प्रेरित करते। यहाँ तक कि उन्होंने विठोबा मन्दिर में चोखोबा (एक और दलित संन्यासी) की पूजा के लिए पंढरपुर जाने की अपनी पत्नी की इच्छा को भी ठुकरा दिया था क्योंकि वह जानते थे कि उन्हें मन्दिर में प्रवेश ही नहीं करने दिया जाएगा। उन्होंने अपनी पत्नी से कहा : 'एक सद्जीवन, नि:स्वार्थ सेवा और उत्पीड़ितों के हित में निष्कपट बलिदान के रास्ते पर चलकर हमें एक और पंढरपुर रचना होगा।'[82]

धीरे-धीरे आंबेडकर ऐसे अस्पृश्यों पर और तेज़ हमले करने लगे जो अभी भी तीर्थ यात्राओं पर जाते थे। खंडोबा के बड़े त्योहार के दौरान उन्होंने ऐलान किया :

> 'हमारी कितनी पीढ़ियों ने भगवान की ड्योढ़ी पर माथा रगड़-रगड़कर ख़ुद को ख़त्म कर लिया है? कभी भगवान को तुम पर दया आई? उसने तुम्हारे लिए कौन-सा बड़ा काम कर किया? पीढ़ी-दर-पीढ़ी, तुम गाँव

का कचरा साफ़ करते रहे और भगवान तुम्हें खाने के लिए मरे हुए जानवर देता रहा। फिर भी भगवान ने तुम पर कोई दया नहीं दिखाई। तुम असल में किसी भगवान की पूजा नहीं करते, तुम अपनी अज्ञानता की उपासना कर रहे हो।'[83]

इस प्रकार आंबेडकर ने तमाम तरह के धार्मिक व्यवहारों को ख़ारिज करके हिन्दू धर्म के साथ अपने विच्छेद को एक पूर्णता दे दी थी। जनवरी 1928 में उन्हें नासिक के निकट त्रियम्बक में डिप्रेस्ड क्लासेज़ की मीटिंग की अध्यक्षता के लिए आमंत्रित किया गया था जहाँ पन्द्रहवीं शताब्दी के महान दलित सन्त चोखामेला के मन्दिर के निर्माण पर चर्चा होने वाली थी। आंबेडकर ने इस प्रस्ताव का उग्र विरोध किया। उनका कहना था कि साधु-सन्त और उनकी आधुनिक विरासत एक ब्राह्मण और एक शूद्र के बीच केवल आध्यात्मिक आचरण के स्तर पर ही समानता को बढ़ावा दे सकती है, यह विरासत एक ब्राह्मण और एक शूद्र को एक-दूसरे के बराबर नहीं ला सकती :

'... जाति के उन्मूलन की दृष्टि से देखें तो (...) सन्तों के संघर्ष से समाज पर कोई प्रभाव नहीं पड़ा है। मनुष्य का मूल्य स्वयंसिद्ध है, स्वतःस्पष्ट है; यह मूल्य उसे भक्ति के मार्ग पर चलकर नहीं मिलता। सन्तों ने इस बिन्दु को सिद्ध करने के लिए संघर्ष नहीं किया। इसकी बजाय उनके संघर्ष से डिप्रेस्ड क्लासेज़ पर बहुत अहितकारी प्रभाव पड़ा है। इससे ब्राह्मणों को यह कहकर डिप्रेस्ड क्लासेज़ को चुप कराने का एक बहाना मिल गया है कि उन्हें तभी सम्मान मिलेगा कि जब वे भी चोखामेला जैसा ऊँचा स्थान प्राप्त कर लेंगे।[84]

इस प्रकार, आंबेडकर ने धार्मिक लोगों द्वारा समानता के आन्दोलन को भटकाने के लिए अपनाए जा रहे हथकंडों को तार-तार करके रख दिया। उन्होंने ऐसी समानता को स्वीकार नहीं किया जो केवल आध्यात्मिक धरातल तक ही सीमित हो। इसकी बजाय उन्होंने सामाजिक समानता पर ज़ोर दिया। मन्दिरों में प्रवेश के सवाल पर भी वह यही तर्क लेकर चलते थे।

मूक नायक के पहले सम्पादकीय में आंबेडकर दो सम्भावनाओं के बीच झूल रहे हैं। वह इस दुविधा से जूझ रहे हैं कि एक अस्पृश्य के पास ख़ुद अपने मन्दिर होने चाहिए या उसे हिन्दुओं के मन्दिर में प्रवेश के लिए दबाव बनाना चाहिए।[85] बीस के दशक के मध्य तक वह अभी भी अस्पृश्यों के लिए मन्दिरों के द्वार खोलने पर ज़ोर दे रहे थे। 1924 के वायकम आन्दोलन में उनकी रुचि का कारण भी यही था। त्रावणकोर राज्य (मौजूदा केरल राज्य) में स्थित वायकम शहर के ब्राह्मणों ने मन्दिर में प्रवेश और उसके सामने से गुज़रने वाली सड़क से डिप्रेस्ड क्लासेज़ के लोगों के गुज़रने पर पाबन्दी लगाई हुई थी। इसी के विरुद्ध स्थानीय लोगों द्वारा एक

सत्याग्रह आन्दोलन शुरू किया गया था। यह टकराव उस समय सुर्ख़ियों में आ गया जब गांधी ने वायकम का दौरा करने के बाद सत्याग्रहियों का पक्ष लिया था। 1925 में, जब टकराव चल रहा था उसी समय आंबेडकर ने ऐलान किया कि : 'आज देश भर में हमारे लिए वायकम में चल रहा सत्याग्रह ही सबसे महत्त्वपूर्ण घटना है।'[86] आन्दोलन के फलस्वरूप आख़िरकार अस्पृश्यों के लिए सड़क खोल दी गई मगर मन्दिर में प्रवेश का सवाल 1936 तक हल नहीं हुआ। फिर भी, 1936 में भी अस्पृश्यों को इस मन्दिर में प्रवेश का अधिकार मिलना देश के शेष भागों के मुक़ाबले काफ़ी बड़ी घटना थी।

इस बीच महारों ने एक मन्दिर में प्रवेश का अपना पहला आन्दोलन शुरू किया। जी.ए. गवई के नेतृत्व में यह आन्दोलन 1927 में अमरावती में शुरू किया गया। आंबेडकर ने इस आन्दोलन को समर्थन तो दिया मगर अपने भाई के देहान्त के कारण ख़ुद इसमें शामिल नहीं हो पाए। यह आन्दोलन जल्दी ही मन्द पड़ गया। 1929 में पूना के पार्वती मन्दिर में प्रवेश के सवाल पर हुआ सत्याग्रह एक बिलकुल अलग स्तर का आन्दोलन था। शिवराम जानबा कांबले ने इस कार्रवाई का नेतृत्व किया जिसमें ब्राह्मण सुधारकों ने भी हिस्सा लिया। यहाँ आंबेडकर की भूमिका अमरावती से भी ज़्यादा सीमित रही। इस आन्दोलन की गति भी जल्दी ही क्षीण पड़ गई और अस्पृश्यों को इस मन्दिर में प्रवेश का अधिकार 1947 तक नहीं मिला। इस दिशा में सबसे उल्लेखनीय प्रयास आखिकर 1930 में नासिक में ही किया गया।[87] शुरू से ही आंबेडकर इस आन्दोलन में गहरे तौर पर सक्रिय थे। मगर, वह इसे अपने आप में कोई लक्ष्य नहीं बल्कि समाज परिवर्तन के एक साधन के रूप में देखते थे। इस अवसर पर दिए गए उनके पहले भाषण से इस बात की पुष्टि होती है :

> तुम्हारी समस्याएँ (केवल) मन्दिर में प्रवेश से हल होने वाली नहीं हैं। राजनीति, अर्थशास्त्र, शिक्षा, धर्म—ये सभी इस समस्या के हिस्से हैं। आज का सत्याग्रह हिन्दू मस्तिष्क के लिए एक चुनौती है। हिन्दू हमें मनुष्य मानने को तैयार है या नहीं? यह हमें आज पता चल जाएगा।...हम जानते हैं कि मन्दिर का भगवान पत्थर का है। उसके दर्शन और पूजा से हमारी समस्याएँ हल नहीं होंगी। फिर भी, हम आगे ज़रूर बढ़ेंगे और हिन्दुओं के दिमाग़ों को बदलने की कोशिश करेंगे।[88]

आन्दोलनकारियों और सवर्णों के बीच हिंसा की छिटपुट वारदातें हुईं। थोड़े दिनों बाद सवर्णों ने कुछ महारों को मन्दिर पर होने वाले वार्षिक उत्सव के दौरान रथ खींचने से रोक दिया। यह हाल ही में हुए एक समझौते का उल्लंघन था। इस घटना से आंबेडकर की प्रतिबद्धता को बल मिला मगर अन्ततः उन्होंने

1934 में इस आन्दोलन से ख़ुद को दूर कर लिया। उन्हें डर था कि कहीं उनके समर्थक इस तरह के साधारण महत्त्व वाले धार्मिक मुद्दे को ज़रूरत से ज़्यादा महत्त्व न देने लग जाएँ :

> 'मैंने मन्दिर प्रवेश आन्दोलन यह सोचकर शुरू नहीं किया था कि मैं डिप्रेस्ड क्लासेज़ को उन मूर्तियों का उपासक बनाना चाहता हूँ जिनकी उपासना से उन्हें वंचित रखा गया है। मैं यह मानता हूँ कि मन्दिर में प्रवेश से डिप्रेस्ड क्लासेज़ के लोग हिन्दू समाज के समान और अभिन्न सदस्य बन जाएँगे। जहाँ तक इस पहलू का सवाल है तो मैं डिप्रेस्ड क्लासेज़ को यही सलाह दूँगा कि वे हिन्दू समाज का अभिन्न अंग बनने पर सहमति देने से पहले हिन्दू समाज और हिन्दू धर्मशास्त्र के आमूल पुनर्गठन पर ज़ोर दें। मैंने मन्दिर प्रवेश सत्याग्रह केवल इसलिए शुरू किया क्योंकि मुझे ऐसा लगता था कि यह डिप्रेस्ड क्लास में ऊर्जा भरने और उन्हें अपने हालात के प्रति सचेत बनाने का यही सबसे अच्छा तरीक़ा है। मेरा मानना है कि मैंने यह लक्ष्य हासिल कर लिया है लिहाज़ा मन्दिर प्रवेश के सवाल का अब मेरे लिए कोई उपयोग नहीं है। मैं चाहता हूँ कि डिप्रेस्ड क्लास अपनी ऊर्जा और संसाधन राजनीति और शिक्षा पर केन्द्रित करें और मैं आशा करता हूँ कि वे इन दोनों का महत्त्व समझेंगे।'[89]

भले ही यह अस्पृश्यों को गोलबन्द करने का एक उचित साधन रहा हो मगर आंबेडकर के लिए मन्दिरों में प्रवेश का दावा असल में यह माँग करने का एक तरीक़ा भर था कि उन्हें भी उस हिन्दू धर्म में जगह दी जाए जिसकी जाति व्यवस्था ने उन्हें अधीनस्थ हैसियत में क़ैद किया हुआ है। अन्ततः, आंबेडकर ने मन्दिर में प्रवेश के मुद्दे सहित इस सामाजिक व्यवस्था को पूरी तरह ख़ारिज कर दिया। निस्सन्देह, आंबेडकर यह देखकर भी हताश हुए थे कि असेम्बलियों में बैठे सवर्ण प्रतिनिधि मन्दिरों में अस्पृश्यों के प्रवेश को क़ानूनी मान्यता देने वाले क़ानून पारित करने के लिए तैयार नहीं थे। ग़ौरतलब है कि 1934 में दिल्ली स्थित सेंट्रल असेम्बली के ज़्यादातर सदस्यों ने रंगा अय्यर द्वारा पेश किए गए मन्दिर प्रवेश विधेयक को नामंज़ूर कर दिया था।

एक समाजशास्त्री के तौर पर आंबेडकर ने जाति व्यवस्था का गहन विश्लेषण किया ताकि वह उसके ख़िलाफ़ ज़्यादा अच्छी तरह संघर्ष कर सकें। बीस के दशक के आख़िर तक वह संस्कृतिकरण के उस तर्क को ख़ारिज करने की अवस्था में पहुँच गए थे जो अस्पृश्यों द्वारा ख़ुद को मुक्त कराने के लिए की जा रही सारी चेष्टाओं पर हावी था। इतना ही नहीं, वह पश्चिमी मूल्यों के पक्ष में हिन्दू धर्म को भी ख़ारिज करते जा रहे थे। ख़ासतौर से वह समतामूलक व्यक्तिवाद के हिमायती थे। वह मुक्ति

की नई रणनीतियों की तलाश में थे। इस लिहाज़ से डिप्रेस्ड क्लासेज़ इंस्टिट्यूट का उदय बहुत ग़ौर करने लायक घटना है : बीस के दशक के आख़िर में इसके घोषणापत्र में राजनीतिक अधिकारों की माँग भी की जा रही थी। इसकी संचालन परिषद, जिसकी अध्यक्षता अभी भी आंबेडकर के पास थी, में अब एक भी सवर्ण सदस्य नहीं था जबकि शुरुआत में उसमें कई सवर्ण सदस्य थे।[90]

तीस के दशक से आंबेडकर का कॅरिअर मुक्ति की दो रणनीतियों को लेकर आगे बढ़ता दिखाई देता है। पहली रणनीति भारत के शासक संस्थानों में अस्पृश्यों के लिए निश्चित प्रतिनिधित्व हासिल करने के लिए राजनीतिक दलों के गठन पर केन्द्रित थी। दूसरी रणनीति हिन्दू धर्म को छोड़कर किसी और धर्म में चले जाने पर केन्द्रित थी। पचास के दशक के मध्य तक आंबेडकर सन्दर्भ के अनुसार इस या उस समाधान को अपनाते रहे। यह एक ऐसी पद्धति थी जिसमें लड़ने का अभूतपूर्व साहस भी था और व्यावहारिकता की एक अच्छी-ख़ासी ख़ुराक भी शामिल थी।

4

राजनीतिक पटल पर, गांधी से सामना

> 'अब तुम्हारे पास बदलाव लाने का, अपने जीवन के हालात में सुधार लाने का एक रास्ता है। यह रास्ता है राजनीतिक कार्रवाइयों का, उचित क़ानूनों का (...)। तुम सरकार को उन सारी चीज़ों के लिए विवश कर सकते हो जो तुम्हें आज तक नहीं मिली हैं—भोजन, कपड़ा, आवास, शिक्षा (...)। माला फेरने या प्रार्थना करने की बजाय अब तुम्हें राजनीतिक रास्ते पर चलना चाहिए; वही तुम्हें मुक्ति देगा (...)। यहाँ के बाद टकराव अंग्रेज़ों और भारतीयों के बीच नहीं है बल्कि अब भारत के उन्नत वर्गों और भारत के पिछड़े वर्गों के बीच होगा। उधार या भाड़े पर लिया गया कोई भी ऐसा व्यक्ति जो तुम्हारे वर्ग का नहीं है, वह लेशमात्र भी तुम्हारे हितों को नहीं साध सकता। अब तुम्हें ही ख़ुद को आन्तरिक फूट से आज़ाद करना होगा और अपने आप को मज़बूती से संगठित करना होगा...।' (आंबेडकर द्वारा 1933 में दिया गया भाषण, एम.एस. गोरे, *दि सोशल कॉन्टेक्स्ट ऑफ़ ऐन आइडियोलॉजी*, पीछे उद्धृत, 213)

बीस के दशक से ही आंबेडकर अस्पृश्यों की मुक्ति के लिए राजनीतिक कार्रवाइयों को महत्त्वपूर्ण मानने लगे थे। 1924 के अपने मशहूर बर्शी तकली भाषण में उन्होंने किसी दूसरे देश में जाकर बसने से लेकर धर्मांतरण और अस्पृश्यों द्वारा नाम परिवर्तन तक कई रणनीतियों पर चर्चा की मगर अन्त में वह इसी नतीजे पर पहुँचे कि उनका मुख्य उद्देश्य राजनीतिक अधिकार हासिल करना ही है।[1] फिर भी, तीस के दशक के शुरुआती सालों तक उनके संघर्ष समाज सुधार की दिशा में ही केन्द्रित रहे और उन्होंने राजनीतिक दायरे में प्रवेश नहीं किया सिवाय उन अवसरों के जबकि अंग्रेज़ों की ओर से उन्हें अस्पृश्यों के प्रतिनिधि के रूप में अपनी बात कहने के लिए आमंत्रित किया गया। जैसे-जैसे दशक आगे बढ़ा, वह अपनी अधिकाधिक ऊर्जा अस्पृश्यों को राजनीतिक रूप से संगठित करने में लगाने लगे। उन्हें उम्मीद थी कि इस तरह की सांगठनिकता के माध्यम से वह सरकार पर निर्णायक दबाव डाल पाएँगे।

उनका राजनीतिक जीवन ब्रिटिश राज के संस्थानों से कुछ ज़्यादा ही निर्धारित हो रहा था। संस्थागत राजनीतिक में उनका पहला क़दम 1919 में तब पड़ा जब वायसराय लॉर्ड चेम्सफ़र्ड और सेक्रेटरी ऑफ़ स्टेट फ़ॉर इंडिया एडविन मॉन्टेग्यू पूरे भारत के लिए नए सुधारों की रूपरेखा तैयार कर रहे थे। भारत में उन्होंने बहुत सारे लोगों से सलाह-मशविरा किया जिसके फलस्वरूप अस्पृश्यों के भी बहुत सारे संगठन सामने आए जो विभिन्न प्रकार के आश्वासन चाहते थे। बम्बई में 1916 में नारायण राव चन्दावरकर ने डिप्रेस्ड क्लासेज़ मिशन की स्थापना की। चन्दावरकर ब्राह्मण जाति से और कांग्रेस के निकट थे। मिशन की स्थापना के बाद नवम्बर 1917 में उन्होंने उसकी जो मीटिंग बुलाई उसमें लगभग 2,500 लोगों ने भाग लिया था। चन्दावरकर ने माँग की कि लेजिस्लेटिव काउंसिल में अस्पृश्यों को उनकी जनसंख्या के अनुपात में आरक्षित पद मिलने चाहिए।[2] इसी अवसर पर आंबेडकर ने भी अपने राजनीतिक कार्यक्रम को स्पष्ट किया जिसके चलते आने वाले सालों में उन्हें कांग्रेस और ख़ासतौर से गांधी के साथ टकराव में उलझना पड़ा।

आरक्षित सीटें या पृथक निर्वाचक मंडल

साल 1919 की शुरुआत में साउथबरो कमेटी को संवैधानिक सुधारों के तहत मताधिकार को पुनः परिभाषित करने का ज़िम्मा सौंपा गया था। इन सुधारों को बाद में मॉन्टेग्यू और चेम्सफ़र्ड के नामों को मिलाकर 'मॉन्टफ़र्ड' सुधारों के नाम से जाना गया। इसी साउथबरो कमेटी ने आंबेडकर को भी अपनी राय देने के लिए आमंत्रित किया था। कमेटी द्वारा परामर्श के लिए बुलाए गए दूसरे दलित नेताओं के विपरीत आंबेडकर को इसलिए नहीं बुलाया गया था क्योंकि वह किसी संगठन से जुड़े हुए थे बल्कि उनको इसलिए बुलाया गया था क्योंकि बॉम्बे प्रेज़िडेंसी में वह एकमात्र स्नातक डिग्रीधारी अस्पृश्य व्यक्ति थे।

कमेटी के सामने दिए अपने बयान में आंबेडकर ने बताया कि हिन्दुओं में असली फटाव ब्राह्मणों और ग़ैर-ब्राह्मणों के बीच नहीं है (जैसा कि सत्यशोधक समाज के नेता मानते थे) बल्कि यह झगड़ा 'स्पृश्य' (टचेबल/छूत) और 'अस्पृश्य' (अनटचेबल/अछूत) के बीच का है। इसी आधार पर उन्होंने एक ऐसी निर्वाचन व्यवस्था का प्रस्ताव नामंज़ूर कर दिया जो केवल भौगोलिक क्षेत्रफल की सीमाओं पर आधारित थी। उनका कहना था कि ऐसी स्थिति में ज़्यादातर सीटों में अस्पृश्यों की संख्या बहुत कम होगी और फलस्वरूप उन्हें प्रतिनिधित्व मिल ही नहीं पाएगा। उनको प्रतिनिधित्व देना इसलिए और भी कठिन था क्योंकि मताधिकार तय करने की जो कसौटी निर्धारित की गई थी वह भी उनके अनुकूल नहीं थी। अपनी दलील के पक्ष में उन्होंने स्थानीय शासन द्वारा उपलब्ध कराए गए बॉम्बे प्रेज़िडेंसी के पाँच ज़िलों के आंकड़ों का भी हवाला

दिया। इन आंकड़ों के अनुसार उन ज़िलों में ब्राह्मण मतदाता 9,077, मराठा मतदाता 4,741, मुस्लिम मतदाता 1,830 और महार मतदाता केवल 55 थे।[3]

इस असन्तुलन को ख़त्म करने के लिए आंबेडकर का पहला सुझाव यह था कि अस्पृश्यों के मताधिकार के लिए तय किए गए कर-योग्य रेटिंग स्तर को नीचे लाया जाए। इससे उनके वोट भी बढ़ेंगे और निर्वाचन प्रक्रिया में समावेश के ज़रिए उनकी राजनीतिक जागरूकता में भी इज़ाफ़ा होगा। सबसे बढ़कर उन्होंने यह सुझाव दिया कि 'या फिर ऐसे अल्पसंख्यकों के लिए सीटें आरक्षित की जाएँ (...) जो व्यक्तिगत प्रतिनिधित्व प्राप्त नहीं कर सकते या फिर सामुदायिक निर्वाचन मंडल की व्यवस्था तय की जाए।'[4] उस समय वह इन दोनों विकल्पों को समान महत्त्व दे रहे थे[5] बशर्ते लेजिस्लेटिव काउंसिलों में अस्पृश्यों को उनकी जनसंख्या के अनुपात में जगह मिल सके। आरक्षित सीटों की व्यवस्था ख़ारिज हो जाने पर अस्पृश्यों के लिए एक 'सामुदायिक निर्वाचन मंडल'[6] की ज़रूरत पर उन्होंने सिर्फ़ परिशिष्ट में दिए गए दस्तावेज़ में ही ज़ोर दिया था।

दोनों विकल्पों के बीच फ़र्क़ बहुत महत्त्वपूर्ण था। आरक्षित सीटों की व्यवस्था में कुछ सीटों पर केवल अस्पृश्य उम्मीदवारों को ही चुनाव लड़ने का अधिकार मिलता (और इन सीटों की संख्या अस्पृश्यों की जनसंख्या के अनुसार या उससे भिन्न हो सकती थी)। मगर, चूँकि किसी भी एक चुनाव क्षेत्र में वे बहुसंख्या में नहीं थे इसलिए ऐसी स्थिति में किसी भी चुनाव क्षेत्र में कुछ मझौली जातियों के लोग मिलकर अपनी पसन्द के किसी भी अस्पृश्य व्यक्ति को जिता सकते थे, भले ही ख़ुद अस्पृश्य मतदाता उसको वोट न दे रहे हों। इसके विपरीत, पृथक निर्वाचक मंडल की व्यवस्था में अस्पृश्य उम्मीदवारों के लिए सिर्फ़ अस्पृश्य मतदाता ही वोट दे सकते थे। इस तरह की व्यवस्था में अस्पृश्यों को ख़ुद अपने प्रतिनिधि चुनने की ज़्यादा छूट मिलती और इससे वे एक ताक़तवर राजनीतिक शक्ति में तब्दील हो पाते जबकि आरक्षित सीटों की व्यवस्था में इस बात की काफ़ी सम्भावना थी कि सवर्ण जातियों के वर्चस्व वाली जातियाँ कुछ अस्पृश्यों को अपने साथ जोड़कर चुनावों में उन्हें जितवा दें, भले ही ऐसे उम्मीदवार स्थानीय अस्पृश्य मतदाताओं की इच्छाओं के विपरीत ही क्यों न हों।

वर्ष 1919 में जी.ए. गवई के संगठन डिप्रेस्ड क्लासेज़ मिशन ने अंग्रेज़ों के सामने आंबेडकर के प्रस्ताव के जवाब में एक और परियोजना का सुझाव दिया। मिशन ने अपने प्रस्ताव में सुझाव दिया कि लेजिस्लेटिव काउंसिल के निर्वाचित सदस्य अस्पृश्य प्रतिनिधियों को कोऑप्ट यानी सहयोजित करें। आंबेडकर इसे अस्पृश्यों को उनकी अधीनस्थ हैसियत में क़ैद कर देने वाला प्रस्ताव मानते थे, सो उन्होंने बहुत कठोर शब्दों में इसका विरोध किया।[7] ख़ैर, 1919 के सुधारों के फलस्वरूप अस्पृश्यों को बॉम्बे प्रेज़िडेंसी की लेजिस्लेटिव काउंसिल में सिर्फ़ एक प्रतिनिधि मिला। 1924 में एक और

अस्पृश्य प्रतिनिधि को मनोनीत किया गया और 1927 में इसी पद्धति से आंबेडकर को लेजिस्लेटिव काउंसिल में पहुँचने का मौक़ा मिला।

आंबेडकर और साइमन कमिशन : राष्ट्रीय अखंडता का महत्त्व और उसकी सीमाएँ। भारत के संविधान में हर दस साल में संशोधन की व्यवस्था की गई थी जिसके चलते 1917-19 की भाँति 1928 में एक बार फिर अंग्रेज़ों ने विभिन्न राजनीतिक एवं सामाजिक समूहों के प्रतिनिधियों से सुधारों पर चर्चा शुरू की। इस बार परामर्श वार्ताओं का ज़िम्मा साइमन कमिशन को सौंपा गया जिसमें कोई भारतीय सदस्य नहीं था। भारतीयों की इस उपेक्षा से हतप्रभ कांग्रेस ने कमिशन का बहिष्कार कर दिया। मगर, अल्पसंख्यक संगठनों (मुसलमानों, सिखों एवं अन्य अल्पसंख्यकों के संगठनों) तथा दलित संगठनों ने इन परामर्श वार्ताओं में हिस्सा लिया। आंबेडकर ने बहिष्कृत हितकारिणी सभा की ओर से एक ज्ञापन दिया जिसमें पृथक निर्वाचक मंडल के स्थान पर अस्पृश्यों के लिए सीटों का कोटा तय करने पर ज़ोर दिया गया था।[8] इसमें माँग की गई थी कि बॉम्बे असेम्बली की 140 में से 22 सीटें आरक्षित की जाएँ (जनसंख्या आधारित योजना के अनुसार उन्हें सिर्फ़ 15 सीटें मिलने वाली थीं) और सभी अस्पृश्यों को मतदान का अधिकार दिया जाए।[9] साइमन कमिशन के समक्ष पूना में दिए अपने भाषण में आंबेडकर ने साफ़ कर दिया कि अगर सार्वभौमिक मताधिकार नहीं दिया जाता है तो वह पृथक निर्वाचक मंडल की व्यवस्था के लिए अभियान छेड़ देंगे।[10] उनके तर्कों को देखकर लगता है कि उन्हें अभी भी ऊँची जातियों से भारी उम्मीदें थी और उनका राष्ट्रवादी संकोच उन्हें सामाजिक एवं राजनीतिक मुख्यधारा से अपना सम्बन्ध तोड़ने से रोक रहा था :

> 'किसी भी सूरत में यह तो स्पष्टता से कहना ही होगा कि किसी अल्पसंख्या को पृथक निर्वाचक मंडल की व्यवस्था में जो लाभ मिलते हैं उसको संयुक्त निर्वाचकों की व्यवस्था में उससे भी ज़्यादा लाभ मिलेंगे। पृथक निर्वाचक मंडल की स्थिति में अल्पसंख्या को एक निश्चित प्रतिशत कोटा ही मिलता है और वे उससे आगे नहीं जा सकते। शेष सदन को उन प्रतिनिधियों से कोई सरोकार नहीं होता और लिहाज़ा अल्पसंख्यक समूह की इच्छाओं पर ध्यान देने की किसी को कोई परवाह नहीं होती। इस तरह, अल्पसंख्यकों को अपने सीमित संसाधनों पर छोड़ दिया जाता है और प्रतिनिधित्व की कोई भी व्यवस्था किसी अल्पसंख्या को बहुसंख्या में तब्दील नहीं कर सकती। अल्पसंख्या का बहुसंख्या से दबना अपरिहार्य है। दूसरी तरफ़, संयुक्त निर्वाचक मंडल और आरक्षित सीटों की व्यवस्था में अल्पसंख्यकों को न केवल अपने कोटे का प्रतिनिधित्व मिलता है बल्कि उससे कुछ ज़्यादा ही हासिल हो जाता है।[11]

पृथक निर्वाचक मंडल के बारे में उनकी आपत्ति उनके इस भय से पैदा होती थी कि यह व्यवस्था भारतीय राष्ट्र को विभाजित कर देगी : 'मैं इस पर सोचता हूँ

और मैं एक ऐसे युग की कामना करता हूँ जब भारत एकबद्ध होगा, और मुझे विश्वास है कि वह समय अवश्य आएगा, जब उदाहरण के लिए, इन सारी चीज़ों की कोई ज़रूरत नहीं होगी; परन्तु वह सब कुछ अल्पसंख्यकों के प्रति बहुसंख्यकों के रवैये पर आश्रित नहीं होगा।'[12]

इस तरह, आरक्षित सीटों से युक्त संयुक्त निर्वाचक मंडलों का चयन एक समझौता था जिसका मक़सद था बहुसंख्या के हितों और भारतीय राष्ट्र के सुदृढ़ीकरण को एक-दूसरे के समन्वय में लाना। मगर आंबेडकर की प्राथमिकता इतनी स्पष्ट भी नहीं थी। सुनवाई के दौरान बंगाली मुस्लिम नेता सोहरावर्दी ने उनसे पूछा था कि क्या पृथक निर्वाचक मंडल की व्यवस्था से अस्पृश्यों को ज़्यादा सुरक्षा नहीं मिलेगी, मसलन, मतदान केन्द्रों पर सवर्णों की धौंसबाज़ी से सुरक्षा? आंबेडकर ने उनकी बात पर फ़ौरन सहमति जताई।[13] यानी, 1928 में भी वह पूरी तरह स्पष्ट नहीं थे कि उन्हें कौन सा रास्ता अपनाना चाहिए। हां, उनका यह विश्वास ज़रूर स्पष्ट हो जाता है कि अस्पृश्यता की समस्या का 'एकमात्र समाधान राजनीतिक सत्ता' में ही है[14] और यही वजह है कि वे (मोती लाल) नेहरू समिति के प्रस्तावों के इतना ख़िलाफ़ थे। कांग्रेस तथा अन्य छोटे राजनीतिक संगठनों ने साइमन कमिशन की नियुक्ति के जवाब में इस समिति का गठन किया था। मोतीलाल नेहरू की देखरेख में इस समिति को जवाबी संवैधानिक सुधारों की रिपोर्ट तैयार करने का ज़िम्मा सौंपा गया था। इस समिति ने मुसलमानों, सिखों, ईसाइयों, पारसियों, एंग्लो-इंडियन्स और ग़ैर-ब्राह्मण संगठनों से तो सलाह ली थी मगर दलित आन्दोलन को नज़रअन्दाज़ कर दिया गया था। सबसे बढ़कर, राष्ट्रीय एकता का हवाला देते हुए नेहरू समिति की अन्तिम रिपोर्ट में अस्पृश्यों और मुसलमानों की सुरक्षा के लिए कोई प्रावधान किया ही नहीं गया था। पश्चिमी सुधारवादी मूल्यों से प्रेरित इसके लेखकों ने राष्ट्र को व्यक्तियों के एक समूह के रूप में परिभाषित किया। सिद्धान्ततः तो आंबेडकर भी कुछ इसी ढंग से राष्ट्र को परिभाषित करते थे मगर वह इस बात को मंज़ूर करने के लिए तैयार नहीं थे कि अस्पृश्यों को पृथक निर्वाचक मंडल या आरक्षित सीटों जैसी गारंटियों से महरूम रखा जाए। जैसा कि विधु वर्मा ने भी कहा है, हालाँकि नेहरू द्वय की तरह आंबेडकर भी निःसन्देह एक आधुनिकतावादी थे और वह जाति भेदों से मुक्त एक व्यक्तिवादी समाज की आकांक्षा रखते थे, मगर उनका मानना था कि भारतीय समाज एक ख़ास क़िस्म की ऊँच-नीच पर आधारित समाज है जहाँ समूहों के अस्तित्व को स्वीकार करके ही सामाजिक समानता साकार की जा सकती है। यानी, संक्रमण की एक निश्चित अवधि के दौरान अस्पृश्यों के समूह को सामूहिक रूप से मदद देना ज़रूरी है।[15]

आख़िरकार साइमन कमिशन की रिपोर्ट में डिप्रेस्ड क्लासेज़ के लिए सीटों के आरक्षण को मंज़ूरी दे दी गई। मगर यह शर्त भी रखी गई कि उम्मीदवारों की योग्यता

तय करने का अधिकार प्रान्तीय गवर्नरों के पास होगा। इस शर्त पर आंबेडकर का क्रोध स्वाभाविक था। दुर्भाग्यवश, यह रिपोर्ट बस कागज का पुलिन्दा बनकर रह गई क्योंकि कांग्रेस ने इसकी तैयारी में कोई हिस्सा नहीं लिया था। फलस्वरूप, इस गतिरोध को तोड़ने के लिए लन्दन में एक और परामर्श बैठक बुलाई गई जिसमें आंबेडकर ने भी हिस्सा लिया।

गोल मेज़ सम्मेलनों में उतार-चढ़ाव। पहला गोल मेज़ सम्मेलन 1930 के जाड़ों में बुलाया गया था। कांग्रेस ने इसका भी बहिष्कार किया जबकि मुसलमानों, सिखों, ईसाइयों, अस्पृश्यों के प्रतिनिधियों और हिन्दू महासभा के सदस्यों ने इसमें हिस्सा लिया। ब्रिटिश लिबरल पार्टी के पुराने समर्थकों ने भी इसमें हिस्सा लिया। आंबेडकर मद्रास प्रेज़िडेंसी की लेजिस्लेटिव काउंसिल के दलित सदस्य राव बहादुर रेट्टामल्ले श्रीनिवासन के साथ सम्मेलन में हिस्सा लेने गए थे।

नागपुर में अगस्त 1930 में ऑल इंडिया डिप्रेस्ड क्लासेज़ कांग्रेस ने भी वैसी ही व्यवस्था का समर्थन किया जिसकी रूपरेखा आंबेडकर ने साइमन कमिशन के सामने रखी थी। इसमें आरक्षित सीटों और सार्वभौमिक मताधिकार पर ज़ोर दिया गया था।[16] आंबेडकर ने लन्दन में भी इस माँग को दोहराया मगर कांग्रेस के प्रतिनिधियों की ग़ैरहाजिरी के चलते सम्मेलन किसी नतीजे पर नहीं पहुँच पाया। इसके बाद दूसरा गोल मेज़ सम्मेलन बुलाया गया जिसमें ख़ुद गांधी को आमंत्रित किया गया था। अभी उन्होंने सम्मेलन में हिस्सा लेने या ना लेने के बारे कोई फ़ैसला नहीं किया था कि तभी 14 अगस्त, 1931 को बम्बई में उनकी मुलाक़ात आंबेडकर से हुई जो जल्दी ही लन्दन के लिए रवाना होने वाले थे। यह उन दोनों की पहली मुलाक़ात थी। जब आंबेडकर ने गांधी से पूछा कि पहले गोल मेज़ सम्मेलन की बहसों के बारे में उनका क्या ख़याल है तो महात्मा गांधी ने जवाब दिया कि वह 'हिन्दुओं से अस्पृश्यों की राजनीतिक पृथकता के विरुद्ध' हैं।[17] यह कथन पृथक निर्वाचक मंडल की व्यवस्था की स्पष्ट आलोचना था।

अन्ततः गांधी ने दूसरे गोल मेज़ सम्मेलन में हिस्सा लेने का फ़ैसला लिया। लन्दन में हुए इस सम्मेलन में इन दोनों महानुभावों के बीच टकराव और ज़्यादा तीखा हो गया। दोनों ही अल्पसंख्यक समिति के सदस्य थे जिसे उन नई संस्थाओं में मुसलमानों और अस्पृश्यों के स्थान से सम्बन्धित कँटीले मुद्दे पर चर्चा का ज़िम्मा सौंपा गया था जो अंग्रेज़ आने वाले समय में स्थापित करना चाहते थे। 1 अक्टूबर, 1931 को गांधी ने अपील की कि इस मीटिंग को रद्द कर दिया जाए ताकि वह अल्पसंख्कों के नेताओं के साथ मुख्य मुद्दों पर चर्चा कर सकें। 8 अक्टूबर को मीटिंग दोबारा शुरू हुई जिसमें गांधी ने बताया कि वह विभिन्न पक्षों के बीच कोई समझौता कराने में विफल रहे हैं। उनके मुताबिक़, इसका कारण था

उन नेताओं का व्यवहार जिनके साथ उन्हें बात करनी पड़ी और जिनकी अपने समुदायों की ओर से बोलने की दावेदारी सन्दिग्ध थी। उदाहरण के लिए, गांधी ने अस्पृश्यों के प्रवक्ता के रूप में आंबेडकर के दावे पर भी ऐतराज़ उठाया। गांधी का मानना था कि अस्पृश्यों की ओर से बोलने के लिए स्वतंत्रता आन्दोलन का नेतृत्व कर रही कांग्रेस ही सबसे स्वाभाविक प्रतिनिधि है।[18]

बहरहाल, अल्पसंख्यक समिति में होने से आंबेडकर को मुसलमानों, ऐंग्लो इंडियन्स और यूरोपीय क्रिश्चियन प्रतिनिधियों के साथ नज़दीकी सम्बन्ध विकसित करने का अच्छा मौक़ा मिला। उन्होंने मिलकर एक ज्ञापन भी तैयार किया था। आंबेडकर और श्रीनिवासन ने अस्पृश्यों के लिए आरक्षित सीटों से युक्त पृथक निर्वाचक मंडल की माँग तय कर दी थी। उनका विचार था कि इस योजना पर बीस साल बाद जनमत संग्रह कराया जाएगा या अगर सार्वभौमिक मताधिकार की व्यवस्था लागू कर दी जाती है तो इसको रद्द कर दिया जाएगा। गांधी ने बेबाक अन्दाज़ में इस योजना का विरोध किया :

> यह (योजना) हिन्दू धर्म में एक विभाजन पैदा कर देगी जिसकी मैं किसी भी तरह के सन्तोष के साथ अपेक्षा नहीं कर सकता। मुझे इससे कोई दिक़्क़त नहीं है कि अस्पृश्य लोग इस्लाम या ईसाई धर्म अपना लें। मैं उसे बर्दाश्त कर सकता हूँ मगर मैं यह बर्दाश्त नहीं कर सकता। अगर हर गाँव में ये दो गुट एक-दूसरे से अलग हो जाएँगे तो हिन्दू धर्म का क्या होगा? जो अस्पृश्यों के राजनीतिक अधिकारों की बात करते हैं वे भारत को नहीं जानते। न ही ये जानते हैं कि आज का भारतीय समाज किस तरह बना है। इसीलिए, मैं पूरा ज़ोर देकर ये कहना चाहता हूँ कि अगर इस सम्भावना का प्रतिरोध करने वाला मैं अकेला व्यक्ति भी रह जाऊँगा तो भी मैं अपने प्राण तक इसके लिए होम करने में पीछे नहीं हटूँगा।[19]

दूसरा गोल मेज़ सम्मेलन बिना किसी नतीजे के सम्पन्न हुआ। विभिन्न समुदायों के बीच सत्ता के बँटवारे पर कोई समझौता नहीं हो पाया। अल्पसंख्यक समिति के अध्यक्ष रैम्से मैक्डॉनल्ड ने सदस्यों से निवेदन किया कि वे गतिरोध तोड़ने के लिए कोई समाधान ढूँढ़ने का अधिकार उन्हें सौंप दें। इस तरह, 1931 के आख़िर और 1932 की शुरुआत में जब विभिन्न प्रतिनिधि भारत लौटे तो वे अंग्रेज़ों की तरफ़ से किसी सुलह के रास्ते की उम्मीद कर रहे थे। मगर इस दौरान वे राजनीतिक रूप से निष्क्रिय भी नहीं थे जोकि राजा-मुंजे समझौते से सम्बन्धित सरगर्मियों को देखकर ज़ाहिर हो जाता है।

आंबेडकर के विरुद्ध हिन्दू राष्ट्रवादियों की मोर्चाबंदी। दूसरे गोल मेज़ सम्मेलन के बाद हिन्दू महासभा ने अन्य अस्पृश्य नेताओं को अपने साथ जोड़ने की कोशिश

करते हुए आंबेडकर के ख़िलाफ़ मोर्चाबन्दी शुरू कर दी थी। यह बात मुंजे और जी.ए. गवई के बीच हुए गठजोड़ से ज़ाहिर हो जाती है। गवई को 1920 में बॉम्बे प्रेज़िडेंसी की लेजिस्लेटिव काउंसिल में नियुक्त किया गया था। 1929 में साइमन कमिशन ने भी नागपुर स्थित डिप्रेस्ड क्लासेज़ एसोसिएशन के अध्यक्ष की हैसियत से उनसे चर्चा की थी। गवई ने अस्पृश्यों के लिए पृथक निर्वाचक मंडल के पक्ष में बयान भी दिया था हालाँकि 1932 में उन्होंने अपनी राय बदल ली थी। इस पालाबदल के पीछे गवई का अवसरवाद ही था क्योंकि वह ख़ुद को अपने मुख्य प्रतिद्वन्द्वी आंबेडकर से अलग दिखाना चाहते थे। हालाँकि इसमें वैचारिक मतभेद भी काम कर रहे थे। जैसा कि प्रार्थना समाज और कांग्रेस में गवई की सक्रियता से ज़ाहिर होता है, वह सवर्ण सुधारकों द्वारा परिभाषित हिन्दू एकता की धारणा से बेहद प्रभावित थे। इसीलिए, उनका मुंजे के निकट आना जितना राजनीतिक नफ़े–नुक़सान के हिसाब से प्रेरित हो रहा था, उतना ही उनके वैचारिक रुझान से भी प्रेरित था।

नागपुर निवासी बी.एस. मुंजे ब्राह्मण जाति से थे और उनका राजनीतिक कॅरिअर तिलक के सहायक के रूप में शुरू हुआ था। 1927–33 के बीच वह हिन्दू महासभा के अध्यक्ष बने। तीस के दशक की शुरुआत में उन्होंने गवई को आंबेडकर के ख़िलाफ़ इस्तेमाल करने की कोशिश की क्योंकि आंबेडकर की पृथक अस्पृश्य निर्वाचक मंडल की माँग ने मुंजे को भी उतना ही बेचैन कर दिया था जितना गांधी को किया था। इसका नतीजा यह हुआ कि गवई को हिन्दू महासभा की वर्किंग कमेटी में शामिल किया गया और उन्हें 1934 के चुनावों में पार्टी के टिकट का आश्वासन दिया गया।[20]

दूसरे गोल मेज़ सम्मेलन के बाद मुंजे ने ऑल इंडिया डिप्रेस्ड क्लासेज़ एसोसिएशन को एकजुट करके आंबेडकर की ताक़त को कमज़ोर करने का प्रयास किया। गवई इस एसोसिएशन के महासचिव थे। गवई को मुंजे और आन्दोलन के अध्यक्ष राजा के बीच वार्ताओं के लिए बिचौलिये के रूप में इस्तेमाल किया गया। 1927 से इम्पीरियल लेजिस्लेटिव काउंसिल में अस्पृश्यों का प्रतिनिधित्व कर रहे राव बहादुर एम.सी. राजा[21] ने 1925 में एसोसिएशन की स्थापना की थी।[22] जिस तरह गवई महाराष्ट्र में आंबेडकर के प्रतिद्वन्द्वी थे उसी तरह तमिनाडु में राजा भी श्रीनिवासन के प्रतिद्वन्द्वी थे। राजा ने पृथक निर्वाचन मंडल के सवाल पर कुछ–कुछ वैसा ही रास्ता अपनाया था जिस रास्ते पर गवई चल रहे थे। इसके पीछे भी राजा की निजी प्रतिबद्धताओं और राजनीतिक अवसरवाद को ज़िम्मेदार ठहराया जा सकता है। दूसरे गोल मेज़ सम्मेलन के पहले वह पृथक निर्वाचक मंडल के प्रस्ताव की ओर आकर्षित होने लगे थे मगर बाद में वह भी उसके ख़िलाफ़ हो गए। आंबेडकर का कहना था कि उनका हृदय परिवर्तन असल में इसलिए हुआ है क्योंकि राजा को गोल मेज़ सम्मेलन में अस्पृश्यों का प्रतिनिधित्व करने के लिए आमंत्रित नहीं किया गया था।

बेशक, राजा गोल मेज़ सम्मेलन में आमंत्रित न किए जाने से तो असन्तुष्ट थे मगर वह यह देखकर और भी ज़्यादा क्रुद्ध थे कि आंबेडकर को अस्पृश्यों के एकमात्र प्रतिनिधि के रूप में आमंत्रित किया जा रहा है। ख़ैर, इस बारे में वह पूरी तरह मुतमईन थे कि अस्पृश्यों को हिन्दू समाज के भीतर ही संगठित किया जाना चाहिए। उनका आरोप था कि पृथक निर्वाचक मंडल की व्यवस्था एक ऐसे समुदाय को राजनीतिक रूप से भी अस्पृश्य बना देगी जो 'पहले ही सामाजिक रूप से' बहिष्कृत है।[23] गवई की तरह राजा भी हिन्दू महासभा द्वारा प्रचारित हिन्दू राष्ट्र के ऑर्गेनिसिस्ट मॉडल की एकता की शक्ति से प्रभावित दिखाई पड़ रहे थे।[24]

मार्च 1932 में राजा और मुंजे के बीच एक समझौता हुआ। इस समझौते के लिए मुंजे ने यह मानते हुए ख़ुद को शाबाशी दी कि उन्होंने बिना कोई ख़ास रियायत दिए आंबेडकर को ज़बर्दस्त चोट पहुँचाई है।[25] इस समझौते में अस्पृश्यों की संख्या के अनुपात में आरक्षित सीटों के प्रतिशत के बदले एक संयुक्त निर्वाचक मंडल की व्यवस्था को जारी रखने पर सहमति व्यक्त की गई थी। राजा ने ब्रिटिश प्रधानमंत्री को पत्र लिखकर कहा कि उन्हें आंबेडकर की माँगों को लेकर परेशान होने की ज़रूरत नहीं है क्योंकि इस समस्या को 'डिप्रेस्ड क्लासेज़' के एकमात्र केन्द्रीय संगठन' और 'समग्र हिन्दू समुदाय' के बीच समझौते के माध्यम से हल कर लिया गया है।[26] अंग्रेज़ों ने इस पैग़ाम को नज़रअन्दाज़ कर दिया चुनांचे आंबेडकर यह सोचकर तसल्ली कर सकते थे कि उनके प्रतिद्वन्द्वियों का प्रभाव क्षीण है।

गांधी के साथ खींचतान और पूना पैक्ट

आगामी संविधान में समुदायों की स्थिति पर विचार करने के लिए आयोजित दूसरे गोल मेज़ सम्मेलन के बाद सरकार ने अगस्त 1932 में कम्युनल अवॉर्ड शीर्षक से एक समझौते की रूपरेखा सामने रखी। इस दस्तावेज़ में अस्पृश्यों को पृथक निर्वाचन मंडल का अधिकार दे दिया गया था। प्रावधान ये किया गया था कि आइन्दा अस्पृश्यों को सामान्य निर्वाचन क्षेत्रों में मतदान का अधिकार तो मिलेगा ही, साथ ही 71 पृथक निर्वाचन क्षेत्र भी होंगे जहाँ केवल दलित उम्मीदवार ही चुनाव लड़ेंगे। गांधी उस समय नागरिक अवज्ञा आन्दोलन फिर से शुरू करने के आरोप में पूना की जेल में थे। उन्हें जैसे ही यह ख़बर मिली, वे अनशन पर बैठ गए। उनकी प्रतिक्रिया को समझने के लिए हमें पूरे मामले को उनके सामाजिक चिन्तन की वृहत्तर रूपरेखा में देखना होगा।

गांधी और जाति। अस्पृश्यों को अपमानित करने वाली दलीलों का गांधी ने यह कह कर हमेशा विरोध किया कि वे जो काम करते हैं उनमें कुछ भी अपमानजनक नहीं है बल्कि वे भी अन्य व्यवसायों की तरह ही हैं। एक मिसाल क़ायम करने के

मक़सद से उन्होंने इस बात पर भी ज़ोर दिया कि उनके अहमदाबाद स्थित साबरमती आश्रम का/की प्रत्येक निवासी शौचालय साफ़ करे। उनके मार्गदर्शन में कांग्रेस ने भंगियों के काम को सम्मानजनक घोषित करते हुए एक प्रस्ताव भी पारित किया था।[27]

अस्पृश्यों की नियति के बारे में उनकी बढ़ती चिन्ता 1920–21 में उनकी पत्रिका *यंग इंडिया* में प्रकाशित बहुत सारे लेखों से भी ज़ाहिर होती है।[28] कांग्रेस का 1920 में आयोजित नागपुर अधिवेशन गांधी के पार्टी अध्यक्ष बनने और इस तरह राजनीतिक फलक पर छा जाने का मौक़ा था। इसी अधिवेशन में गांधी ने 'अस्पृश्यता के पाप' की निन्दा का प्रस्ताव पेश किया।[29] इस मुद्दे पर चर्चा के लिए बुलाई गई असंख्य सभाओं में उन्होंने इस बात पर ज़ोर दिया कि बारह साल की उम्र से ही वह अस्पृश्यता को हिन्दू धर्म की एक विकृति मानते आ रहे हैं। उन्होंने यह ऐलान भी किया था कि अगर उन्हें फिर से जन्म लेना हो तो वह अस्पृश्यों में ही जन्म लेना चाहेंगे ताकि उनके दंड, उनके अपमान और उनकी पीड़ा के भागी बन सकें और उनकी मुक्ति का प्रयास कर सकें।[30]

गांधी ने अस्पृश्यता के धार्मिक पहलू, और ख़ासतौर से मन्दिरों में प्रवेश की समस्या पर ज़्यादा ज़ोर दिया। जैसा कि पीछे ज़िक्र किया गया था, जब 1924 में वायकम के अस्पृश्यों ने मन्दिरों में प्रवेश के लिए सत्याग्रह शुरू किया था तो गांधी ने उनकी माँग का समर्थन किया था और उस स्थान का दौरा भी किया था। मगर, स्थानीय ब्राह्मणों के साथ हुई बातचीत ने उन्हें बहुत गहरे तौर पर बेचैन कर दिया था। उनके मध्यस्थों ने समझौते की सारी सम्भावनाओं को ख़ारिज कर दिया और सत्याग्रह के नतीजे भी काफ़ी मामूली ही रहे। सड़क तो अस्पृश्यों के लिए खोल दी गई मगर मन्दिर में प्रवेश का अधिकार उन्हें 1936 तक नहीं मिला।[31] इस बीच गांधी बहुत पहले ही इस आन्दोलन से अपना हाथ खींच चुके थे।

ऐसा लगता है कि वायकम के पुजारियों के साथ उनके टकराव ने गांधी की दृढ़ता को क्षीण कर दिया था। इन ब्राह्मणों का अपनी परम्पराओं में विश्वास बेहद कठोर था और वह मानते थे कि उनकी हैसियत पवित्र ग्रन्थों पर आधारित है।[32] इस घटना के बाद गांधी ने ख़ुद को 'सनातनी' (सनातन धर्म का अनुयायी) घोषित कर दिया। वह मन्दिरों में प्रवेश के लिए चलाए जा रहे अस्पृश्यों के अभियान का समर्थन करते रहे क्योंकि उनकी निगाह में ईश्वर के समक्ष समानता सबसे पहली आवश्यकता है। परन्तु वह इस काम को इस ढंग से करना चाहते थे कि सवर्ण आहत महसूस न करें। शायद इसीलिए वह अस्पृश्यों के लिए सामाजिक समानता की माँग उठाने से कतरा रहे थे।

यह हृदय परिर्तन सम्भवत: कांग्रेस के कुछ नेताओं, ख़ासतौर से ऊँची जातियों के नेताओं के प्रतिरोध को भी प्रतिबिम्बित करता था। 1922 में पार्टी के कार्यकारी बोर्ड (कांग्रेस वर्किंग कमेटी) की बारदोली, गुजरात में एक मीटिंग हुई जिसमें

कांग्रेस कार्यकताओं से अस्पृश्यों की सहायता करने का आह्वान करते हुए प्रस्ताव पारित किया गया था। यह एक सदिच्छा की अभिव्यक्ति थी जो व्यवहार में साकार नहीं हुई : बारदोली में इसके लिए जिस समिति का गठन किया गया उसने कभी प्रभावी ढंग से काम नहीं किया। उसे अपने काम के लिए ज़रूरी धन और साधन भी नहीं दिए गए थे।[33]

अस्पृश्यों के सम्बन्ध में गांधी की प्रतिक्रिया की सीमाओं को मूल रूप से परम्परागत हिन्दू समाज व्यवस्था के साथ उनके लगाव के आधार पर समझा जा सकता है। जब *यंग इंडिया* के बहुत सारे पाठकों ने इस विषय में उनसे प्रश्न पूछे तो गांधी ने दिसम्बर 1920 में जाति व्यवस्था के कुछ आयामों के पक्ष में कहा था :

> मेरा मानना है कि जाति ने हिन्दू धर्म को विखंडन से बचाया हुआ है। (...)
>
> मगर किसी भी दूसरी संस्था की भाँति यह संस्था भी अपवृद्धि की शिकार हो गई है। मेरा मानना है कि केवल चार श्रेणियाँ ही मौलिक, प्राकृतिक और अनिवार्य हैं। असंख्य उपजातियों का होना कई बार एक सुविधा देता है मगर अकसर यह रुकावट का ही काम करता है। ये उपजातियाँ जितनी जल्दी आपस में मिल जाएँगी, उतना ही बेहतर होगा। (...) किन्तु मैं मौलिक विभाजनों को नष्ट करने की किसी भी चेष्टा के निश्चित रूप से विरुद्ध हूँ। जाति व्यवस्था असमानता पर आधारित नहीं है, इसमें कमतरी का कोई सवाल ही नहीं है। जहाँ भी ऐसा कोई सवाल उठता है, जैसे मद्रास में, महाराष्ट्र में या अन्यत्र उठाया गया है, वहाँ ऐसी किसी भी प्रवृत्ति को निश्चित रूप से दबाया जाना चाहिए। (...)
>
> मुझे पत्र भेजने वाले एक सज्जन का सुझाव है कि हमें जाति (व्यवस्था) का उन्मूलन कर देना चाहिए और यूरोप की वर्ग व्यवस्था अपना लेनी चाहिए। इसका मतलब यह है कि जाति में वंशानुगतता का जो विचार निहित है उसको ख़ारिज कर दिया जाए। मुझे ऐसा लगता है कि वंशानुगति का नियम एक चिरन्तन नियम है और इस क़ानून को बदलने की कोई भी चेष्टा सिर्फ़ चौतरफ़ा भ्रम को जन्म देगी जैसा कि पहले हो चुका है। मैं एक ब्राह्मण को उसके पूरे जीवन ब्राह्मण मानने को बहुत उपयोगी मानता हूँ। अगर वह एक ब्राह्मण की तरह आचरण नहीं करता है तो वह वैसे भी सच्चे ब्राह्मण को मिलने वाले सम्मान को गँवा देगा। अगर हमें दंड और पुरस्कार, अपमान और प्रोत्साहन का एक न्यायालय गठित करना पड़े तो कितनी असंख्य कठिनाइयाँ पैदा होंगी इसकी आप सिर्फ़ कल्पना ही कर सकते हैं। यदि हिन्दू पुनर्जन्म में, देहान्तरण (ट्रांसमाइग्रेशन) में विश्वास रखते हैं, जोकि उन्हें अनिवार्यत: रखना चाहिए तो उनको ये भी ज़रूर मालूम होना चाहिए कि अगर कोई ब्राह्मण दोषपूर्ण आचरण करता है तो प्रकृति उसे एक निम्नतर जाति में जन्म देकर हिसाब बराबर कर देगी और अगर कोई व्यक्ति अपने वर्तमान जन्म में ब्राह्मण की भाँति जीवन जीता है

तो उसे अगले जन्म में ब्राह्मणत्व मिलेगा। इसमें किसी चूक की कोई गुंजाइश ही नहीं है।

मेरे ख़याल में साथ पीना, साथ खाना, परस्पर विवाह, ये सब लोकतंत्र की भावना को पुष्ट करने के लिए अनिवार्य नहीं हैं। मैं एक बेहद लोकतांत्रिक संविधान के अन्तर्गत भी भोज, पेय और विवाह सम्बन्धी रीतियों और आचारों की सार्वभौमिकता की उम्मीद नहीं कर सकता। हमें हमेशा ही विविधता में एकता ढूँढ़नी होगी। अगर कोई व्यक्ति किसी दूसरे के साथ खाने या पीने से इनकार करता है तो मैं इसे पाप मानने को तैयार नहीं हूँ।[34]

यह अंश जाति व्यवस्था के कुछ आयामों के प्रति गांधी की सहमति को दर्शाता है और यहाँ तक कि कुछ हद तक व्यवस्था के मूल भाव की भी सराहना करता है : वह पुनर्जन्म में विश्वास व्यक्त करते हैं, वह मानते हैं कि ऊँची जातियों के सभी लोगों को समाज में अपनी हैसियत सुरक्षित रखनी चाहिए जोकि सामाजिक नियमन के लिए एक सकारात्मक तत्त्व है, और यद्यपि वे सख़्त सोपानक्रम के विचार को ख़ारिज करते हैं मगर अलग-अलग जातियों में पुरुषों व महिलाओं के वितरण को सामाजिक समन्वय और आर्थिक स्थिरता के लिए लाभदायक भी मानते हैं। कई मायनों में उनका मॉडल वर्ण व्यवस्था का मॉडल है जिसे वे एक टकरावमुक्त समाज का आदर्श मानते हैं।[35] उनके कथनों में वर्ण व्यवस्था सामाजिक संगठन का एक आदर्श मॉडल दिखाई देती है जो प्रत्येक व्यक्ति को एक निश्चित सामाजिक एवं व्यावसायिक स्थान देती है और इस तरह यह सुनिश्चित करती है कि पूरा समूह समन्वित ढंग से काम करता रहे। गांधी के लिए सामाजिक-आर्थिक समन्वय का यह आग्रह वर्ण व्यवस्था में ऊँच-नीच के नकार के साथ समानान्तर चलता है। इसे हम काफ़ी बाद में, 1934 में लिखे गए उनके एक और लेख में देख सकते हैं :

वेदों में चार वर्णों की तुलना शरीर के चार हिस्सों से की गई है। जाति व्यवस्था के लिए कोई उपमा इससे ज़्यादा सटीक नहीं हो सकती थी। अगर वे एक ही शरीर के अंग हैं तो उनमें से कोई श्रेष्ठतर या कमतर कैसे हो सकता है? अगर शरीर के अलग-अलग हिस्सों के पास अभिव्यक्ति की शक्ति होती और प्रत्येक यह कहता कि वह शेष से उच्चतर और बेहतर है तो शरीर टुकड़े-टुकड़े हो चुका होता (...)। हमारे दौर की सारी व्याधियों की जड़ में यही घुन है, ख़ासतौर से वर्ग युद्ध और सामाजिक तनावों के पीछे इसी का हाथ है। यह समझना मुश्किल नहीं है क्योंकि बहुत साधारण समझ वाला व्यक्ति भी ये देख सकता है कि इन युद्धों और चेष्टाओं को वर्ण के नियमों का पालन किए बिना ख़त्म नहीं किया जा सकता। यह व्यवस्था ही निर्धारित करती है कि प्रत्येक को दायित्व और सेवा के भाव से वह काम करना चाहिए जिसके लिए वह जन्मा है।[36]

कुल मिलाकर, गांधी का मानना ये था कि हिन्दू समाज लगभग एक समन्वित इकाई है बशर्ते इसकी प्राचीन व्यवस्था को बहाल कर लिया जाए। उनकी पूरी सोच शरीर के इसी रूपक पर आश्रित थी जो हिन्दू सामूहिक स्मृति, या चेतना में पहले से फैला हुआ था। यह रूपक ऋग्वेद की *पुरुष सूक्त* नामक ऋचा से लिया गया है जिसका आंबेडकर ने बिलकुल अलग विश्लेषण किया था। उस विश्लेषण का हम पीछे उल्लेख कर चुके हैं। इसमें स्पष्टत: जाति टकराव का प्रतिनिषेध निहित है। जाति के प्रश्न पर गांधी के विचार बीस के दशक से चालीस के दशक तक निश्चित रूप से बदल चुके थे। जैसा कि गुहा का कहना है, अन्ततः उन्होंने अन्तर्जातीय विवाह को स्वीकृति और सहमति देकर सीधे जाति को चुनौती देने का फ़ैसला लिया।[37] मगर, यह 'अन्तिम और सबसे दूरगामी क़दम' न केवल '1946 में जाकर' उठाया गया बल्कि यह भी एक सामाजिक इकाई के रूप में जाति के उन्मूलन की ओर नहीं जाता था। इस तरह की अवधारणा स्वाभाविक रूप से आंबेडकर की उन व्याख्याओं के बिलकुल विपरीत थी जिनमें व्यक्ति ही एक समतामूलक समाज की आधारभूत इकाई था और जातीय समूह समानता की उनकी राजनीति को आगे बढ़ाने का सिर्फ़ एक तात्कालिक साधन भर थे।

आंबेडकर और गांधी। आंबेडकर और गांधी तीस के दशक तक नहीं मिले थे।[38] फिर भी गांधी की गतिविधियों ने आंबेडकर सहित सभी अस्पृश्य नेताओं में एक दिलचस्पी ज़रूर पैदा कर दी थी। गांधी के बारे में आंबेडकर की पहली टिप्पणी 1925 में दिखाई पड़ती है जो वायकम सत्याग्रह के सन्दर्भ में थी। बॉम्बे प्रेज़िडेंसी के डिप्रेस्ड क्लासेज़ कॉन्फ्रेंस के मौक़े पर आंबेडकर ने ऐलान किया था :

> महात्मा गांधी के पहले इस देश के किसी राजनेता ने यह नहीं कहा था कि तनाव और टकराव को ख़त्म करने के लिए सामाजिक अन्याय को ख़त्म करना अनिवार्य है, लिहाज़ा प्रत्येक भारतीय को ऐसा करना अपना पवित्र दायित्व समझना चाहिए...। अगर हम नज़दीक से देखें तो इसमें कुछ अटपटापन दिखाई पड़ता है...। वह जिस तरह खद्दर के प्रचार या हिन्दू-मुस्लिम एकता के पक्ष में ज़ोर देते हैं उसी तरह वह अस्पृश्यता को ख़त्म करने पर ज़ोर नहीं देते। अगर वे ऐसा करते तो अपनी पार्टी में मतदान के लिए अस्पृश्यता की समाप्ति को एक पूर्वशर्त घोषित करते। ख़ैर, जब किसी को सभी ने ठुकरा दिया हो तो महात्मा गांधी की हमदर्दी भी महत्वपूर्ण हो जाती है।'[39]

आंबेडकर गांधी की अहिंसक कार्यपद्धति की ओर भी आकर्षित हुए थे। 1927 के महाड़ आन्दोलन के दौरान पंडाल में महात्मा गांधी की तसवीर भी लगी हुई थी और आंबेडकर ने सत्याग्रह की उनकी पद्धति को सार्वजनिक रूप से अपनाया था।

उन्होंने उसे 'सही की पुष्टि और सत्य के लिए संघर्ष का दायित्व'[40] के रूप में परिभाषित किया था। महाड़ आन्दोलन सत्याग्रह जैसा ही दिखाई देता था। कुछ ऐसी ही स्थिति 1929 में पूना के पार्वती मन्दिर को अस्पृश्यों के वास्ते खुलवाने के लिए चलाए गए अभियान के दौरान दिखाई दी मगर इस बार गांधी का वरदहस्त दिखाई नहीं दे रहा था। कांग्रेस की अस्पृश्यता विरोधी उपसमिति के एक प्रतिनिधि मंडल ने मौक़े पर ही जांच की और यह निष्कर्ष भी दे डाला कि इस सत्याग्रह ने 'कड़वाहट और परस्पर अविश्वास का वातावरण' पैदा कर दिया है।[41] यह सत्याग्रह विफल रहा। पार्वती मन्दिर अस्पृश्यों के लिए 1939 में जाकर खोला गया। इस प्रसंग के बाद आंबेडकर का गांधी तथा कांग्रेस के रवैये पर ग़ुस्सा आना स्वाभाविक था। इसी तरह की घटना अस्पृश्यों के लिए नासिक मन्दिर को खुलवाने के अभियान के दौरान घटी।

गांधी और आंबेडकर का टकराव सबसे उग्र रूप में पृथक निर्वाचक मंडल के प्रश्न पर 1932 में जाकर सामने आया। महात्मा का मानना था कि इस तरह की योजना हिन्दू समाज की एकता को खंडित करने की योजना है। 15 सितम्बर को उन्होंने कम्युनल अवॉर्ड पर अपनी प्रतिक्रिया के रूप में बॉम्बे सरकार को निम्नलिखित बयान भेजा :

> (अस्पृश्य) तो एक अविभाज्य परिवार के सदस्य हैं (...)। हिन्दू धर्म में कुछ सूक्ष्म है, परिभाषा से परे कुछ है जो लोगों को उनकी इच्छा के विरुद्ध भी इसमें जोड़े रखता है। और यही तथ्य, जिसके अनुभव से लैस मेरे जैसे व्यक्ति के लिए यह आवश्यक हो जाता है कि मैं इस सुनियोजित अलगाव का विरोध करूँ चाहे इसकी क़ीमत मुझे जान देकर ही क्यों न चुकानी पड़े।[42]

यह 'कुछ सूक्ष्म' जिसे गांधी ने उसी वक्तव्य में अन्यत्र 'एक चमत्कार' कहा था, वह जाति व्यवस्था की सामाजिक और आर्थिक निर्भरता तथा उसके कथित अनुष्ठानिक समन्वय में समेकन के अलावा और कुछ नहीं था। मगर गांधी इस तथ्य को नज़रअन्दाज़ नहीं कर सकते थे कि सोपानिक एकीकरण की व्यवस्था में यह 'कुछ सूक्ष्म' दरअसल समर्पण और प्रतीकात्मक—बल्कि अकसर शारीरिक हिंसा में भी परिलक्षित होता है। जैसा कि महात्मा ने भी अनायास ही मान लिया था, अस्पृश्यों को इस व्यवस्था में 'उनकी इच्छा के विरुद्ध' रोक लिया गया है। गांधी ने इन ख़ामियों को नज़रअन्दाज़ नहीं किया क्योंकि उन्हें वह एक प्राचीन व्यवस्था में आई विकृति भर मानते थे जिनको समाज सुधारों के माध्यम से दूर करके व्यवस्था का मूल विशुद्ध रूप बहाल किया जा सकता था। मगर, आंबेडकर के प्रस्तावों को ख़ारिज करने के लिए उन्होंने एक ज़्यादा समतामूलक समाज के लिए प्रयास कर रहे सुधारकों की चेष्टाओं में आस्था दिखाना ज़्यादा बेहतर समझा।

कम्युनल अवॉर्ड के ख़िलाफ़ अपने अनशन के दूसरे दिन पटेल के साथ बात करते हुए गांधी ने कहा था : '(अस्पृश्य) ये नहीं समझ रहे हैं कि पृथक निर्वाचक मंडल की व्यवस्था हिन्दुओं में ऐसा बँटवारा पैदा कर देगी कि चारों ओर रक्तपात मच जाएगा। 'अस्पृश्य' गुंडे मुसलमान गुंडों के साथ मिल जाएँगे और सवर्ण हिन्दुओं को मारने-काटने लगेंगे। क्या अंग्रेज़ों को इस सबका ज़रा भी भान नहीं है? मुझे ऐसा नहीं लगता।'[43] यहाँ गांधी यह संकेत दे रहे हैं कि अंग्रेज़ों ने मुसलमानों और दलितों के बीच एका कराने की जो योजना बनाई है उसके ख़िलाफ़ सवर्ण हिन्दुओं की रक्षा करना आवश्यक है। कमोबेश यही तर्क हिन्दू महासभा भी पहले से दे रही थी।

पूना पैक्ट : आंबेडकर की राजनीतिक योजना की विफलता। आंबेडकर एकमात्र भारतीय राजनेता थे जिनका जवाब देने के लिए गांधी को अनशन का सहारा लेना पड़ा। उन्होंने यह क़दम इसलिए उठाया क्योंकि वे जानते थे कि आंबेडकर हिंसा के माध्यम से अपनी प्रतिक्रिया नहीं देंगे। दूसरे गोल मेज़ सम्मेलन में दिए अपने भाषण में गांधी ने कहा था, "मैं डॉ. आंबेडकर का बहुत ज़्यादा सम्मान करता हूँ। उनके पास क्रोध करने का पूरा अधिकार है। वह हमारा सिर नहीं फोड़ते तो यह उनके आत्मसंयम का प्रमाण है।" आंबेडकर एक ऐसे वकील थे जिन्होंने कभी अपने फ़ायदे के लिए क़ानून का सहारा नहीं लिया और मार्च 1927 में महाड़ में भी सत्याग्रह को ही अपनी कार्यपद्धति बनाया। उपेन्द्र बख़्शी का कहना है कि 1932 में 'गांधी ने आंबेडकर के आत्मसंयम पर 'दाँव खेला' और जीत गए।'[44] जैसे ही गांधी ने ये ऐलान किया कि वह कम्युनल अवॉर्ड के ख़िलाफ़ आमरण अनशन शुरू करने जा रहे हैं, गांधी को पूरे देश से समर्थन के सन्देश मिलने लगे। यहाँ तक आते-आते महात्मा पहले ही एक ऐसी देवतुल्य छवि हासिल कर चुके थे जिसके दम पर वह हिन्दू धर्म की भव्य और क्षुद्र परम्पराओं को परस्पर जोड़ सकते थे। वह जाति के परे थे और उनका विमर्श अस्पृश्यों सहित ज़्यादातर लोगों को स्वीकार्य था। लाहौर, लखनऊ, कराची और नागपुर में हुई जनसभाओं में अस्पृश्यों ने 'गांधी के नेतृत्व में अपना आत्मविश्वास मुखर रूप से व्यक्त' किया था।[45]

गांधी के अनशन से पूरे भारत में भावनात्मक उथल-पुथल पैदा हो गई थी।[46] हिन्दू महासभा के नेता मदन मोहन मालवीय, जिन्हें अपने सख़्त ब्राह्मणवादी रूढ़िवादी विचारों के कारण कांग्रेस में सवर्ण हिन्दू मत का प्रतिनिधि माना जाता था, ने बम्बई में 19 सितम्बर 1932 को, यानी उसी दिन एक सभा बुलाई जिस दिन गांधी अपना अनशन शुरू करने वाले थे। कम्युनल अवॉर्ड के प्रावधानों पर बात करने के लिए आंबेडकर को भी इस सभा में बुलाया गया था। (इस मीटिंग का शीर्षक 'हिन्दू एवं अस्पृश्य नेताओं का सम्मेलन' था जो विरोधाभासी होते हुए भी बहुत कुछ कह जाता

है : भले ही गांधी अस्पृश्यों को हिन्दू धर्म के बाहर मानने से इनकार कर चुके हों मगर 'हिन्दू' होने की पात्रता सम्मेलन में हिस्सा ले रहे सवर्ण कांग्रेसियों के लिए ही आरक्षित थी[47])।

इन नेताओं द्वारा पेश किए गए शुरुआती मसविदा समझौतों को गांधी के पास भेजा गया जिनकी शारीरिक स्थित दिन-प्रतिदिन बिगड़ती जा रही थी। गांधी के 'राजनीतिक गुरु' जी. के. गोखले द्वारा स्थापित संगठन और कांग्रेस के लिए सहयोगी की भूमिका निभाने वाले सर्वेंट्स ऑफ़ इंडिया सोसाइटी के कोदंडा राव इस पूरे घटनाक्रम के प्रत्यक्षदर्शी थे। उन्होंने आंबेडकर पर इस दौरान पड़ रहे दबाव की तस्दीक़ करते हुए बताया है कि :

> (अनशन के) छठे दिन देवदास गांधी (महात्मा गांधी के पुत्रों में से एक) जेल से सम्मेलन स्थल आए। (...) उन्होंने कहा कि 'पिताजी डूब रहे हैं।' पूरे सम्मेलन में वेदना का जो भाव उमड़ा उसकी आप सिर्फ़ कल्पना कर सकते हैं। आंबेडकर पूना आए थे मगर वह होटल में ठहरे हुए थे और कमोबेश चिड़चिड़े अन्दाज़ में बोल रहे थे। उनका कहना था कि वही (आंबेडकर) अस्पृश्यों के एकमात्र प्रतिनिधि हैं। महात्मा का यह मानने का कोई अधिकार नहीं है कि वे उनके मुक़ाबले अस्पृश्यों के नेता हैं। उन्होंने लगभग सनक भरे और थोड़े क्रूर अन्दाज़ में ये भी कहा था : 'ये महात्मा अनशन करने वाले कौन होते हैं? उनको मेरे साथ डिनर के लिए बुलाइए।' इन सारे कथनों से वहाँ मौजूद लोग ग़ुस्से में आ गए जो पहले ही मर्मांतक पीड़ा से गुज़र रहे थे। इस बिन्दु पर मद्रास से आए एक और नेता श्री एम.सी. राजा (...) ने आंबेडकर से कहा : 'हज़ारों साल दुनिया हमें अस्पृश्य, दबा-कुचला, अपमानित, घृणित मानती रही। महात्मा हमारे लिए अपने प्राण दाँव पर लगा रहे हैं। अगर उनकी मृत्यु होती है तो अगले हज़ारों साल तक भी हम वहीं पड़े रहेंगे जहाँ हम अब तक थे। लोग यही कहेंगे कि हमने ही उनकी हत्या की है और तब हमारे ख़िलाफ़ भावनाओं का इतना बड़ा सैलाब आएगा कि पूरे हिन्दू समुदाय का मस्तिष्क और समूचा सभ्य समुदाय हमें लात मारकर और भी नीचे फेंक देगा। अब मैं तुम्हारे साथ और खड़ा नहीं हो सकता। मैं सम्मेलन में शिरकत करूँगा और समाधान ढूँढूँगा। मैं तुमसे रिश्ता तोड़ता हूँ।[48] अब जाकर आंबेडकर को झुकना पड़ा। उन्होंने कहा, 'मैं सुलह के लिए तैयार हूँ।'[49]

यह संस्मरण रविन्दर कुमार की उस व्याख्या की पुष्टि करता दिखाई देता है जिसके अनुसार गांधी एक 'सच्चे सत्याग्रही' के रूप में आंबेडकर को मनाने में सफल रहे।[50] सौदेबाज़ी का अन्तिम दौर तब चला जब आंबेडकर यरवदा जेल में गांधी से मिलने आए। यहाँ गांधी ने प्रस्ताव रखा कि अस्पृश्यों को उससे कहीं ज़्यादा

आरक्षित सीटें मिलनी चाहिए जितनी उन्हें पृथक निर्वाचक मंडल की व्यवस्था में मिलतीं बशर्ते आंबेडकर इस व्यवस्था पर आग्रह छोड़ दें। आख़िरकार 'पूना पैक्ट' में आरक्षित सीटों की व्यवस्था पर ही मुहर लगी। इसके तहत कुल लेजिस्लेटिव काउंसिल में 148 सीटें (कम्युनल अवॉर्ड में सुझाई गई 71 सीटों के स्थान पर) अस्पृश्यों के लिए आरक्षित की गईं। मगर पृथक निर्वाचक मंडल का सिद्धान्त इस पैक्ट से बाहर कर दिया गया : उन 148 निर्वाचन क्षेत्रों में—जहाँ अस्पृश्यों की संख्या सबसे ज़्यादा है—डिप्रेस्ड क्लासेज़ (यह अधिकृत शब्द था) के सदस्य ख़ुद चार दलित नेताओं को नामांकित करेंगे जिनके बीच से उस निर्वाचन क्षेत्र में मौजूद सभी जातियों के मतदाता अपने एक प्रतिनिधि का चुनाव करेंगे।[51] यह योजना राजा-मुंजे पैक्ट में बताई गई योजना से काफ़ी निकट थी। गांधी की नज़र में पूना पैक्ट राजनीतिक इंजीनियरिंग से कही ज़्यादा विस्तृत था : इसमें पूरे समाज के लिए व्यापक निहतार्थ समाये थे। इस बात को 1933 में आंबेडकर से कहे गए गांधी के इस कथन से भी समझा जा सकता है : 'पूना पैक्ट को मान कर आपने यह मान लिया है कि आप हिन्दू हैं।'[52]

गांधी, जो आपस में झगड़ते समूहों और जातियों से ख़ुद को ऊपर मानते थे, उन्होंने समझौते पर दस्तख़त नहीं किए। इस पर एक तरफ़ तो मालवीय द्वारा आयोजित किए गए सम्मेलन के 'हिन्दू नेताओं' ने सवर्णों के प्रतिनिधियों के रूप में दस्तख़त किए और दूसरी तरफ़ इसमें शामिल हुए दलित नेताओं ने हस्ताक्षर किए। 26 दिसम्बर, 1932 को गांधी ने अपना अनशन तोड़ दिया। तीन दिन बाद उन्होंने जी.डी. बिड़ला द्वारा अखिल भारतीय अस्पृश्यता लीग की स्थापना को मंजूरी दे दी। जी. डी. बिड़ला इससे पहले भी गांधी के बहुत सारे कार्यक्रमों और अभियानों में खुले दिल से पैसा दे चुके थे। इस लीग के लिए भी उन्होंने 6,00,000 रुपए का बजट तय किया था।[53] अस्पृश्यों के नाम पर चलाया जा रहा यह आन्दोलन गांधी की मुख्य चिन्ताओं में से एक बन गया था : उन्होंने सितम्बर-अक्टूबर, 1932 में एक 'अस्पृश्यता उन्मूलन सप्ताह' आयोजित किया,[54] फरवरी 1933 में *हरिजन* नामक एक नया अख़बार निकालना शुरू किया, और नवम्बर 1933 से अगस्त 1934 तक अस्पृश्यों के हितों के लिए अभियान चलाते हुए यात्रा पर निकल पड़े।

इसी यात्रा के दौरान गांधी को सनातन धर्म सभा और हिन्दू महासभा की ओर से रूढ़िवादी हिन्दुओं के सख़्त विरोध का भी सामना करना पड़ा जो अकसर हिंसक रूप ले लेता था। हिन्दू महासभा अभी कांग्रेस का हिस्सा थी। नागपुर में, जहाँ से गांधी ने अपनी यात्रा शुरू की, डिप्टी कमिश्नर ने बताया कि 'रूढ़िवादी हिन्दू मन्दिर प्रवेश विधेयक (नीचे देखें), अस्पृश्यता की समाप्ति और गांधी के अभियान के ख़िलाफ़ बहुत ज़बर्दस्त प्रचार कर रहे हैं।'[55] दिल्ली में 'तीन सनातनियों

ने गांधी की कार में काले झंडे फेंककर अच्छा-ख़ासा कोलाहल पैदा कर दिया था।'[56] दक्षिण कनारा और बेलारी में 'बहुत सारे अवसरों पर लोगों ने काले झंडे दिखाए' और 'गांधी वापस जाओ' के नारे लगाए। यह गांधी के प्रति दुश्मनी का ऐसा भाव था जिसकी दो या तीन साल पहले किसी ने कल्पना भी नहीं की थी जब गांधी सबसे लोकप्रिय प्रतीक थे।'[57] आरा (बिहार) में उनकी 'उनकी कार को नहर के पुल पर रोकने के लिए सनातनियों के गुट में से कई लोग कार के सामने लेट गए थे। उन्होंने काले झंडे दिखाए थे। इसके बाद गांधी के अनुयायियों और सनातनियों के बीच खुलेआम मारपीट शुरू हो गई जो अगर पुलिस का दख़ल न होता तो पलक झपकते दंगों में तब्दील हो सकती थी।'[58] पूना के सनातनी कुछ समय से गांधी की ग़ैर-रूढ़िवादी प्रवृत्तियों के कारण काफ़ी ख़फ़ा थे। म्युनिसिपल हॉल में हुए बम धमाके के लिए प्रत्यक्ष रूप से उन्हें ही ज़िम्मेदार माना जा रहा था।[59] वाराणसी में काले झंडे लिए तक़रीबन 40 सनातनी रेलवे प्लेटफ़ॉर्म पर जमा हो गए। जब गांधी की ट्रेन पहुँची तो स्टेशन के बाहर भी इतने ही सनातनियों की भीड़ जमा थी।[60]

इन सब घटनाओं से गांधी के प्रति आंबेडकर की खटास थोड़ा कम पड़ी। नवम्बर 1932 में तीसरे गोल मेज़ सम्मेलन में हिस्सा लेने के लिए जाते हुए उन्होंने अस्पृश्यता के विषय में गांधी की सार्वजनिक घोषणाओं की सराहना की। उन्होंने अपने साथियों को लिखा कि उन्हें कुछ मुद्दों पर गांधी की राय उनकी अपनी राय के निकट आती दिखाई दे रही है, हालाँकि खेद की बात है कि गांधी अभी भी अन्तर्जातीय विवाह और अन्तर्जातीय भोज को मंजूरी देने को तैयार नहीं हैं। इनमें से एक पत्र में उन्होंने विशुद्ध गांधीवादी शैली में लिखा : 'स्पृश्य और अस्पृश्य को क़ानून के ज़रिए साथ नहीं रखा जा सकता, न ही पृथक निर्वाचक मंडल के स्थान पर संयुक्त निर्वाचन मंडल को बहाल करने वाले किसी चुनावी क़ानून से उन्हें साथ रखा जा सकता है। एकमात्र चीज़ जो उन्हें साथ रख सकती है वह है प्रेम।'[61] एक और पत्र में उन्होंने टालस्टॉय को भी उद्धृत किया, जो गांधी की प्रेरणा का मुख्य स्रोत थे : 'जो प्रेम करते हैं, केवल वही सेवा कर सकते हैं।'[62]

परन्तु, अस्पृश्यता के वैधानिक उन्मूलन, मन्दिरों में अस्पृश्यों के प्रवेश और ऐन्टी-अनटचेबिलिटी लीग की भूमिका जैसे सवालों पर हुई बहस में गांधी और आंबेडकर के विचारों में कोई नज़दीकी दिखाई नहीं दी।

अस्पृश्यता का वैधानिक उन्मूलन। 1932 के आख़िर में कई उच्च जातीय कांग्रेसियों ने अस्पृश्यता को ख़त्म करने के लिए कई असेम्बलियों में एक विधेयक पेश किया। रंगा अय्यर, राजा, गयाप्रसाद सिंह एवं बी. सी. मित्रा ने इस मसले को नई दिल्ली स्थित सेंट्रल असेम्बली में उठाया जबकि एस. के. बोले और सुब्बारायन ने यह विधेयक बम्बई की लेजिस्लेटिव काउंसिल में पेश किया। फरवरी 1933 में

गांधी ने आंबेडकर को सलाह दी कि वे अय्यर और सुब्बारायन के विधेयकों को समर्थन दें मगर आंबेडकर इसके लिए तैयार नहीं हुए क्योंकि इनमें से किसी भी दस्तावेज़ में अस्पृश्यता को एक 'पाप' मानते हुए उसकी निन्दा नहीं की गई थी। आने वाले सप्ताहों में उन्होंने अपनी राय को और पुख़्ता व सख़्त करते हुए कुछ नये तर्क पेश किए। *हरिजन* में प्रकाशित एक लेख में उन्होंने महज़ अस्पृश्यता को ख़त्म कर देने की निरर्थता पर प्रकाश डाला : यह विकृति एक ख़ास तरह के सामाजिक सोपानक्रम का उत्पाद है और इसलिए हमें पूरी जाति व्यवस्था का उन्मूलन करना होगा : 'जब तक जातियाँ रहेंगी तब तक जातिबदर (अस्पृश्य) लोग भी रहेंगे।'[63] उन्होंने बम्बई की लेजिस्लेटिव काउंसिल में भी यह कहते हुए इस तर्क को दोहराया कि चतुर्वर्ण्य व्यवस्था को पूरी तरह नष्ट करना होगा। इसके विपरीत, गांधी ने कहा कि यह हिन्दू धर्म की आधारशिला का प्रश्न है, एक ऐसी सभ्यता की आधारशिला का, जिसके मूल स्वरूप में सोपानिक ऊँच-नीच की उपेक्षा की गई थी।[64]

मन्दिर प्रवेश की समस्या। इसी समय उभरी एक और बहस इस बारे में थी कि अस्पृश्यों को मन्दिरों में पूजा का अधिकार दिया जाए या नहीं। आंबेडकर द्वारा नवम्बर 1931 में नासिक के मन्दिर को सबके लिए खुलवाने के लिए चलाए गए आन्दोलन की रोशनी में त्रावणकोर (मौजूदा केरल) में आंबेडकर के एक सहायक, केलप्पन ने कोचीन स्थित गुरुवायूर मन्दिर में भी प्रवेश के लिए अपने स्तर पर एक आन्दोलन छेड़ दिया था। पूना पैक्ट पर दस्तख़त होने के ठीक बाद 21 सितम्बर 1932 को वह अनशन पर बैठ गए थे। गांधी ने केलप्पन को किसी तरह समझाया कि वे ऐसा कठोर क़दम न उठाएँ। उन्होंने आश्वासन दिया कि अगर एक जनवरी 1933 तक मन्दिर के दरवाज़े सभी के लिए नहीं खोले गए तो वे ख़ुद अनशन पर बैठ जाएँगे।[65] उन्होंने सुलह कराने के लिए यह सुझाव भी दिया कि मन्दिर में एक तरफ़ सवर्ण हिन्दुओं के लिए दरवाज़ा खोला जाए और दूसरी तरफ़ अस्पृश्यों के लिए दरवाज़ा बनाया जाए ताकि सवर्णों को अस्पृश्यों की उपस्थित से अपमान महसूस न हो। गांधी यह मानने को भी तैयार थे कि अस्पृश्यों द्वारा मन्दिर में पूजा-अर्चना के बाद उसकी सफ़ाई कराई जाएगी। मगर, कट्टर रूढ़िवादी हिन्दुओं के सन्देहों को दूर करने के लिए ये सारी रियायतें भी काफ़ी नहीं थीं। गांधी को अपने अनशन का इरादा भी छोड़ना पड़ा ताकि वह इन रूढ़िवादी हिन्दुओं पर नैतिक दबाव डालने के अपराधी न हो जाएँ क्योंकि वह नैतिक दबाव को भी हिंसा का कृत्य मानते थे।[66]

अय्यर द्वारा पेश किए गए विधेयक में अस्पृश्यों के लिए मन्दिरों के दरवाज़े खोलने के लिए एक पैराग्राफ़ शामिल किया गया था जिस पर कांग्रेस के हिन्दू

परम्परावादी ख़फ़ा हो उठे थे। मालवीय ने विधेयक पर अपना विरोध व्यक्त करते हुए गांधी और अय्यर को फ़ौरन एक तार भेजा। 24 मार्च, 1933 को जो विधेयक जमा कराया गया उस पर कभी मतदान नहीं हुआ।[67] यह घटना ख़ासतौर से दिलचस्प है क्योंकि यह बताती है कि गांधी के लिए ईश्वर तक समान पहुँच का प्रश्न कितना महत्त्वपूर्ण था। वह किसी भी तरह की समानता से बढ़कर आध्यात्मिक समानता पर ज़ोर देते थे। उनका मानना था कि अगर आध्यात्मिक समानता सुनिश्चित होती है तो बाक़ी हर प्रकार की समानता साकार की जा सकती है। 1933 में उन्होंने आंबेडकर को बताया : 'मैं मन्दिर प्रवेश को एक आध्यात्मिक मसला मानता हूँ जिसके मार्फ़त बाक़ी सारी चीज़ें सुफल हो जाएँगी।'[68] मगर वह इस मुद्दे पर किसी भी भाँति अपने विचार थोपने की स्थिति में नहीं थे।

ऐन्टी-अनटचेबिलिटी लीग से हरिजन सेवक संघ तक। शुरुआत में आंबेडकर ने गांधी की ऐन्टी-अनटचेबिलिटी लीग में दिलचस्पी दिखाई थी। अक्टूबर 1932 में वह जेल में गांधी से मिलने गए और उन्हें यह सुझाव दिया कि लीग की विभिन्न समितियों में आधे से अधिक सदस्य अस्पृश्य होने चाहिए।[69] उनके सुझाव पर कोई सकारात्मक प्रतिक्रिया दिखाई नहीं दी और लीग पर ऊँची जातियों के हिन्दुओं का ही दबदबा बना रहा। इसका मुख्य कारण यह था कि गांधी इसे 'पश्चातापी पापियों का संगठन' बनाना चाहते थे।[70] 30 सितम्बर 1932 को बम्बई में एम.एम. मालवीय की अध्यक्षता में हुई सभा में लीग का औपचारिक ऐलान किया गया। जी. डी. बिड़ला को उसका अध्यक्ष और अमृतलाल ठक्कर (उन्हें ठक्कर बाबा के नाम से जाना जाता था, वह एक गुजराती समाज सुधारक थे जिन्होंने बीस के दशक में भील सेवा मंडल का गठन किया था और सर्वेंट्स ऑफ़ इंडिया सोसाइटी की ओर से किए गए उनके कामों के चलते उन्हें व्यापक सम्मान के भाव से देखा जाता था) को उसका सचिव नियुक्त किया गया। लीग के संविधान के अनुसार, संगठन के 'केन्द्रीय बोर्ड' में कम से कम तीन अस्पृश्य सदस्य होंगे (कुल नौ सदस्य होंगे)। ये अस्पृश्य सदस्य थे : एम.सी. राजा, राव बहादुर श्रीनिवासन और आंबेडकर। आंबेडकर ने ठक्कर को पत्र लिखकर सुझाव दिया कि लीग को जाति व्यवस्था के उन्मूलन और अन्तर्जातीय विवाह एवं सहभोज के लिए अभियान चलाना चाहिए। इस पत्र पर सम्भवत: कोई उत्तर नहीं आया। कुछ समय बाद आंबेडकर और सभी दलित प्रतिनिधियों ने भी संगठन से इस्तीफ़ा दे दिया। लीग को हरिजन सेवक संघ का नया नाम दिया गया और बिड़ला के पैसे की बदौलत इसकी गतिविधियाँ एक संरक्षणवादी ढंग से अस्पृश्यों को मदद देने पर केन्द्रित हो गईं। हरिजन सेवक संघ अस्पृश्यों को शिक्षा के क्षेत्र में प्रगति के लिए मदद देने लगा और ऊँची जातियों के लोगों के हृदय परिवर्तन के लिए भी प्रयास करने लगा।[71]

हरिजन सेवक संघ की नियति और गांधी द्वारा अस्पृश्यों के मुद्दों को धीरे-धीरे हाशिए पर ढकेल देने की इस पूरी परिघटना को रूढ़िवादी हिन्दुओं की बढ़ती नाराज़गी के प्रसंग में देखा जाना चाहिए। अप्रैल 1934 में ब्रिटिश अधिकारियों को लगता था कि अस्पृश्यता के ख़िलाफ़ गांधी की यात्राओं से उन्हें अपनी राय पर पुनर्विचार करने का कारण मिला है : 'ऐसा लगता है कि श्री गांधी रूढ़िवादियों के विरोध का प्रत्युत्तर देने में अधिकाधिक सावधान होते जा रहे हैं। उन्होंने मन्दिर प्रवेश के सवाल पर ऐसी प्रतिक्रिया का बिलकुल अनुमान नहीं लगाया था। इस यात्रा से कांग्रेस पार्टी को कुछ भी हासिल नहीं हुआ है।'[72] इस मुद्दे पर गांधी की बढ़ती चुप्पी 1938 में एम. सी. राजा को दी गई उनकी सलाह से ज़ाहिर हो जाती है। राजा ने 1937 के चुनावों में मद्रास प्रान्त में कांग्रेस की विजय के बाद मद्रास लेजिस्लेटिव काउंसिल में मन्दिर प्रवेश विधेयक पेश करने का प्रस्ताव रखा था मगर मुख्यमंत्री सी. राजगोपालाचारी ने हिदायत दी कि वह अपना विधेयक वापस ले लें।[73] इस पर राजा ने गांधी से शिकायत की मगर गांधी ने उन्हें सलाह दी कि वे 'सी.आर. पर भरोसा रखें, वह जो करेंगे अच्छा ही करेंगे। (...) उनके पास जाओ और उनसे तर्क करो और अगर उनको राज़ी नहीं कर पाते हो तो जैसा वह कहते हैं वह मान लो। यही मेरी सलाह है।'[74] ज़ाहिर है कि गांधी भी कांग्रेस के रूढ़िवादियों के सामने घुटने टेकने लगे थे। इससे हताश होकर राजा भी जल्दी ही आंबेडकर के पाले में चले गए। अन्ततः, गांधी और आंबेडकर का संघर्ष गांधी की विजय के साथ ख़त्म हुआ : न केवल सामाजिक यथास्थिति को पूरी तरह सुरक्षित रख लिया गया बल्कि पृथक निर्वाचक मंडल के माध्यम से अस्पृश्यों के राजनीतिकरण की सम्भावना भी कमजोर कर दी गई। पूना पैक्ट गांधी की एक निर्णायक सफलता थी जिसके आने वाले समय में गम्भीर निहितार्थ निकलने वाले थे।

पहली बात, सीटों के आरक्षण की व्यवस्था में अस्पृश्यों को अपनी जनसंख्या के अनुपात में राजनीतिक प्रतिनिधित्व मिलने वाला नहीं था। 1935 के गवर्नमेंट ऑफ़ इंडिया ऐक्ट में उन्हें नई दिल्ली स्थित उच्च सदन, काउंसिल ऑफ़ स्टेट्स की 56 सीटों में से केवल 7 सीटें दी गई थीं जबकि सेंट्रल असेम्बली (निचला सदन) की 250 में से 19 और अलग-अलग प्रान्तीय लेजिस्लेटिव असेम्बलियों की 1585 में से केवल 151 सीटें दी गई थीं।[75] सबसे बढ़कर, आरक्षित सीटों की व्यवस्था ने अस्पृश्यों को एक राजनीतिक शक्ति में रूपान्तरित करने की आंबेडकर की कोशिश को गहरा धक्का पहुँचाया था। चूँकि अस्पृश्य किसी भी निर्वाचन क्षेत्र में बहुमत में नहीं थे इसलिए ऊँची और मध्यम जातियों के साथ प्रत्यक्ष या परोक्ष साझेदारी के चलते ऐसे अस्पृश्य उम्मीदवारों का भी चुनाव हो सकता था जिनको ख़ुद अस्पृश्य मतदाताओं के वोट मिलने वाले नहीं थे। इस तरह लोगों को कोऑप्ट करने में कांग्रेस का कोई मुक़ाबला नहीं था।

साल 1932–33 की बहसों के बाद तो गांधी से आंबेडकर की बची–खुची उम्मीदें भी जाती रहीं हालाँकि गांधी उनकी सराहना इसके बाद भी करते रहे थे। 1934 में उन्होंने कराची में विद्यार्थियों को सम्बोधित करते हुए कहा था :

> '(डॉ. आंबेडकर का) बलिदान अद्वितीय है। वह अपने काम में पूरी तरह डूबे हुए हैं। वह एक सरल जीवन जीते हैं। वह चाहें तो माहवार एक से दो हज़ार रुपए तक कमा सकते हैं। वह चाहें तो कभी भी यूरोप में जाकर बस सकते हैं मगर वह वहाँ नहीं रहना चाहते। वह सिर्फ़ हरिजनों के कल्याण के लिए फ़िक्रमन्द हैं।'[76]

ख़ैर, गांधी के प्रति एक तटस्थ दृष्टि से बात करें तो दरअसल वह पहले—और एकमात्र—भारतीय राजनेता थे जिन्होंने अस्पृश्यता के उन्मूलन को स्वराज का केन्द्रीय तत्त्व बनाया और इसे चुनौती देने के लिए एकाग्र होकर जुटे रहे। परिणामस्वरूप कांग्रेस में बड़े पैमाने पर मौजूद रूढ़िवादी हिन्दू प्रायः उन्हें हिकारत की नज़र से देखते थे। गांधी को उन लोगों से समझौता करना पड़ता था जिन्हें लगता था कि गांधी ज़रूरत से ज़्यादा तेज़ दौड़ रहे हैं। दूसरी तरफ़ आंबेडकर को लगता था कि महात्मा ज़रूरत से ज़्यादा धीमी गति से चल रहे हैं। वह गांधी की कार्रवाइयों से बहुत असन्तुष्ट और खिन्न थे। यही रुझान आर्य समाज के मामले में भी दोहराया गया।

आंबेडकर और आर्य समाज

कुछ आर्य समाजी भी अस्पृश्यता और जाति व्यवस्था के उन्मूलन के आंबेडकर के आह्वान से सहमत थे। इनमें से एक सन्त राम भी थे जिन्होंने 1935 में आंबेडकर को लाहौर आमंत्रित किया था ताकि यह समझा जा सके कि 'जिन पर जाति व्यवस्था की आधारशिला रखी है, उन धार्मिक विचारों को ख़त्म करने' की अनिवार्यता से आंबेडकर का क्या आशय है।[77] मगर सन्त राम को अन्ततः भाई परमानन्द, हंस राज, राजा नरेन्द्र नाथ और जी. सी. नारंग जैसे पुराने आर्यसमाजियों के दबाव में यह कार्यक्रम रद्द करना पड़ा क्योंकि आंबेडकर के भाषण में जातीय सोपानक्रम के स्रोत के रूप में वेदों की भी आलोचना की गई थी।[78] आंबेडकर को भेजा गया निमंत्रण रद्द कर दिया गया। इससे आर्यसमाजियों के प्रति आंबेडकर का सन्देह और गहरा हुआ। आंबेडकर लाहौर में जो भाषण नहीं दे पाए उसमें आर्यसमाजियों के बारे में एक दिलचस्प पैराग्राफ़ मिलता है :

> '... सुधारकों का एक समूह ऐसा है जिसके आदर्श (मेरे आदर्शों से) भिन्न हैं। वे आर्यसमाजियों के नाम से जाने जाते हैं और फ़िलहाल प्रचलित चार हज़ार जातियों की बजाय चतुर्वर्ण्य या समाज का चार वर्गों में विभाजन

उनकी आदर्श सामाजिक व्यवस्था है। अपनी कल्पना को और आकर्षक बनाने और विरोध को धराशायी करने के लिए चतुर्वर्ण्य के हिमायती बड़ी सावधानी से इस बात पर ज़ोर देते हैं कि उनका चतुर्वर्ण्य जन्म पर नहीं बल्कि गुण पर आधारित व्यवस्था है। मैं स्पष्ट कर दूँ कि इस चतुर्वर्ण्य के गुणों पर आधारित होने के दावे के बावजूद, यह एक ऐसा आदर्श है जिसको मैं ख़ुद स्वीकार नहीं कर सकता।'[79]

आंबेडकर का मानना था कि व्यक्तिगत मूल्यों के आधार पर चार हज़ार जातियों को चार वर्णों में बाँटकर जाति व्यवस्था को चतुर्वर्ण्य में रूपान्तरित करना असम्भव है क्योंकि ऊँची जातियों के लोग सामाजिक हैसियत के निर्धारण के लिए मेरिट या गुण-दोष को कभी कसौटी के रूप में स्वीकार नहीं करेंगे। इसके अलावा, इस तरह के रूपान्तरण का एक निहितार्थ यह था कि पहले हमें जाति व्यवथा को नष्ट करना होगा। मगर, मान लें कि जाति व्यवस्था को गुणों पर आधारित वर्णों की व्यवस्था में रूपान्तरित करना सम्भव है तो भी अलग-अलग वर्णों के साथ जुड़े परम्परागत सामाजिक कार्य समस्या पैदा करते रहेंगे क्योंकि उदाहरण के लिए, बौद्धिक गतिविधियों पर ब्राह्मणों का ही वर्चस्व बना रहेगा जबकि शूद्र आगे भी खेती-बाड़ी और ऊँची जातियों की सेवा ही करते रहेंगे। अगर किसी वर्ण की सदस्यता वंशानुगत नहीं है तो भी इस तरह के विशेषज्ञीकरण से सामाजिक गतिशीलता में भारी रुकावट तो पैदा होगी ही।

पंजाब के आर्यसमाजियों द्वारा उनके भाषण के पाठ को ख़ारिज किए जाने से भी पहले आंबेडकर ने उनके सुधारवाद की गम्भीरता को लेकर अपने सन्देह व्यक्त कर दिए थे। आंबेडकर को चतुर्वर्ण्य की उनकी व्याख्या ऊँची जातियों द्वारा मूल रूप से सोपानिक समाज व्यवस्था को बनाए रखने की एक चाल दिखाई देती थी। लिहाज़ा, आंबेडकर का सामना दो तरह के सुधारकों से था—आर्य समाजी क़िस्म के सुधारक और गांधी—जिनमें आंबेडकर को अपने कथन को व्यवहार में उतारने के प्रति गहरी हिचकिचाहट दिखाई देती थी और जो जाति को एक अलग नाम देकर उसे बचाए रखने की पाखंडपूर्ण चेष्टाओं में लिप्त दिखाई देते थे।

तीस के दशक में आंबेडकर ने अस्पृश्यों के लिए पृथक निर्वाचक मंडल की माँग पर एक ख़ास राजनीतिक रणनीति का पक्ष लिया मगर जब गांधी उनकी सारी माँगों को ध्वस्त करने में कामयाब हो गए तो उन्हें अपनी इस पद्धति के औचित्य पर भी सवाल उठाना पड़ा। जैसा कि अगस्त 1933 में उन्होंने लिखा था : 'जैसे ही इस गोल मेज़ सम्मेलन[80] का काम ख़त्म हो जाएगा, मैं ख़ुद राजनीति से बाहर हो जाऊँगा और ख़ुद को पूरी तरह अपने पेशे में झोंक दूँगा।'[81]

अब राजनीतिक कार्रवाइयों में उनका विश्वास डगमगाने लगा था। एक समय वह ख़ुद को अस्पृश्यता के कलंक से मुक्त करने के लिए किसी और धर्म में जाने

पर भी विचार करने लगे थे मगर इन उतार–चढ़ावों के बाद भी आंबेडकर एक राजनीतिज्ञ ही रहे। 1934 में नासिक में अपने 15,000 अनुयायियों के सामने उन्होंने ऐलान किया कि 'आगामी सुधारों (1935 का गवर्नमेंट ऑफ़ इंडिया ऐक्ट) में उन्हें (दलितों को) अपना राजनीतिक भविष्य तय करने में एक अहम भूमिका अदा करने के लिए बुलाया जाएगा।'[82]

इस बीच आंबेडकर नए संस्थानों का खेल खेलने का फ़ैसला ले चुके थे। 1935 के सुधार, जिन्होंने लेजिस्लेटिव कांउंसिल्स पर नई ज़िम्मेदारियाँ डाल दी थीं, उन्होंने माताधिकार के दायरे को भी विस्तार दिया और अस्पृश्यों को पूना पैक्ट में निर्धारित आरक्षित सीटों का कोटा भी दिया। इस नई व्यवस्था के अनुसार होने वाले आगामी चुनावों को ध्यान में रखते हुए आंबेडकर ने 1936 में अपनी पहली राजनीतिक पार्टी—इंडिपेंडेट लेबर पार्टी (आईएलपी)—की स्थापना की।

5

एक सफल चुनावी रणनीति की तलाश

'हमें अकसर याद दिलाया जाता है कि डिप्रेस्ड क्लासेज़ की समस्या असल में एक सामाजिक समस्या है और इसका समाधान राजनीति के धरातल से नहीं बल्कि कहीं और से ही निकलेगा। हमें इस राय से सख़्त एतराज़ है। हमारा मानना है कि डिप्रेस्ड क्लासेज़ की समस्या तब तक हल नहीं हो सकती जब तक कि राजनीतिक सत्ता इस तबक़े के लोगों के हाथों में नहीं आएगी। अगर यह सच है तो डिप्रेस्ड क्लासेज़ की समस्या, मेरे ख़याल में, सबसे पहले एक राजनीतिक समस्या है और उसे राजनीतिक समस्या के रूप में ही देखा जाना चाहिए।' (पहले गोल मेज़ सम्मेलन में आंबेडकर द्वारा दिया गया वक्तव्य, लन्दन, 1930)

जैसा कि नाम से ही ज़ाहिर हो जाता है, इंडिपेंडेंट लेबर पार्टी (आईएलपी) का गठन यह सोचकर नहीं किया गया था कि वह केवल अस्पृश्य जातियों की पार्टी रहेगी। आईएलपी अध्यक्ष के रूप में अब आंबेडकर ख़ुद को 'मेहनतकश जनता' के नेता के रूप में स्थापित करने की चेष्टा कर रहे थे। यह बदलाव मोटे तौर पर एक सफल चुनावी रणनीति की ज़रूरत से पैदा हुआ था। उन्हें इस बात का एहसास हो चुका था कि चुनावी सफलता के लिए उन्हें अपने समर्थन का सामाजिक आधार और फैलाना होगा। मगर प्रश्न यह था कि अपने आन्दोलन की पहचान को एक हद से ज़्यादा कमज़ोर किए बिना वह अपना सामाजिक आधार फैलाने की इस रणनीति को किस सीमा तक लेकर जा सकते हैं। इसी आशंका से बचने के लिए 1942 में उन्होंने शेड्यूल्ड कास्ट्स फ़ेडरेशन का भी गठन किया था जिसके नाम से ही संकेत मिल जाता है उस समय आंबेडकर अस्पृश्यों से सम्बन्धित अपनी राजनीतिक गतिविधियों को एक नई दिशा देने के लिए किस क़दर बेचैन थे। छः साल के अन्तराल पर इन दो पार्टियों के गठन से उनकी दुविधा बहुत सटीक ढंग से उजागर हो जाती है : एक तरफ़ तो वह अनिवार्यता के छोर पर उलझे हुए थे, वह अछूतों के प्रतिनिधित्व को पुष्ट करने की अनिवार्यता को नज़रअन्दाज़ नहीं कर सकते थे। दूसरी तरफ़, वे अपने जनाधार को फैलाना भी चाहते थे—न केवल चुनावी सफलता

के उद्देश्य से बल्कि इसलिए भी क्योंकि अछूत भी 'कामगार' ही थे। ख़ैर, आंबेडकर द्वारा बनाई गई इन दोनों पार्टियों की रणनीति ने छुआछूत के स्वरूप की समस्या को उभार कर सामने ला दिया था, लिहाज़ा आंबेडकर को एक बार फिर अपनी पद्धति की मूल दुविधा से जूझना पड़ा : क्या अस्पृश्यों के सामने अपने आप को एक बिल्कुल पृथक समूह के रूप में देखने के अलावा कोई चारा नहीं है?

आईएलपी का गठन : मार्क्सवादी हुए बिना मजदूरों की हिमायत कैसे करें

आंबेडकर : मजदूरों के नेता। जिस दिन आंबेडकर ने इंडिपेंडेट लेबर पार्टी का गठन किया, ठीक उसी दिन दि *टाइम्स ऑफ़ इंडिया* में उनके साथ साक्षात्कार पर आधारित एक लेख प्रकाशित हुआ था। इस लेख के मुताबिक़, जब आंबेडकर से उनकी पार्टी के नाम के बारे में पूछा गया तो उनका उत्तर कुछ यों था : 'हमने 'डिप्रेस्ड क्लासेज़' के स्थान पर 'लेबर' शब्द का इस्तेमाल (इसलिए) किया है क्योंकि लेबर में डिप्रेस्ड क्लासेज़ भी शामिल हैं।'[1]

आईएलपी के कार्यक्रम में अस्पृश्यों को वाक़ई सिर्फ़ मजदूरों के रूप में ही मान्यता दी गई थी। इस कार्यक्रम में आर्थिक प्रश्नों पर बहुत गहराई से विचार किया गया था और पूँजीवाद की आलोचना की गई थी। आंबेडकर का मानना था कि भारतीय मजदूर ब्राह्मणवाद और पूँजीवाद (ब्राह्मणशाही और भंडवलशाही), दोनों के शिकार हैं और इन दोनों व्यवस्थाओं पर एक ही सामाजिक समूह का वर्चस्व है।[2] पार्टी ने औद्योगीकरण को राज्य की प्राथमिकताओं में जगह दी और आर्थिक विकास के लिए राज्य के हस्तक्षेप को अनिवार्य माना। अपने कार्यक्रम के माध्यम से पार्टी ने औद्योगिक कामगारों के हितों की रक्षा के लिए कई सुधारों के प्रस्ताव रखे तथा उनके लिए व्यावसायिक एवं तकनीकी शिक्षा के और अधिक अवसरों की माँग की।[3] यहाँ तक कि आईएलपी ने 'निम्न मध्य वर्ग' के किरायेदारों,[4] जिनमें बहुत थोड़े ही अस्पृश्य थे, की रक्षा हेतु एक उचित क़ानून बनवाने के लिए अभियान तक चलाया था! 'जाति' शब्द को तो पार्टी के केवल अन्तिम उद्देश्य में ही जगह मिल पाई थी जहाँ कहा गया था कि :

> पार्टी इसके लिए पूरा प्रयास करेगी कि प्रशासन पर किसी भी एक जाति या समुदाय की इजारेदारी न बन जाए। प्रशासन की कुशलता के साथ-साथ पार्टी (बॉम्बे) प्रेज़िडेंसी के शासन तंत्र में सभी जातियों एवं समुदायों के उचित मिश्रण को सुनिश्चित करने के लिए प्रयास करेगी।[5]

शासन तंत्र में निचली जातियों के लिए आरक्षण का प्रश्न पार्टी की प्राथमिकता सूची में दिखाई भी नहीं पड़ रहा था। यह इस बात का एक और संकेत है कि आंबेडकर अस्पृश्यता की समस्या को मजदूरों के व्यापक सन्दर्भ के भीतर ही सम्बोधित करना

चाहते थे। इस नए रुझान के पीछे किसी मार्क्सवादी प्रभाव का हाथ नहीं था। बल्कि इसके उलट, आंबेडकर तो कम्युनिस्टों की लगातार आलोचना करते रहे थे। उनका आरोप था कि कम्युनिस्ट ख़ुद अपना कॅरियर बनाने के लिए मजदूरों के हालात का फ़ायदा उठाते हैं।[6] इस आरोप की वजह शायद यह रही होगी कि उस वक़्त कम्युनिस्ट आन्दोलन पर भी सवर्ण जातियों के नेताओं का ही दबदबा था। एक विचारधारा के तौर पर भी आंबेडकर मार्क्सवाद को भारत के लिए कोई ख़ास उपयोगी नहीं मानते थे। उनका मानना था कि जाति व्यवस्था परस्पर विरोधी वर्गों के गठन की सम्भावना को समाप्त कर देती है। लगभग आईएलपी के गठन के समय ही लिखी गई *एनाइलेशन ऑफ़ कास्ट* पुस्तक में उन्होंने कहा है कि 'जाति व्यवस्था सिर्फ़ श्रम विभाजन (की व्यवस्था) नहीं है। *यह मजदूरों के विभाजन की व्यवस्था भी है*—ज़ोर आंबेडकर द्वारा।'[7] यह फ़ॉर्मूला परतबद्ध असमानता (ग्रेडेड इनिक्वॉलिटी) के उनके सिद्धान्त के अनुरूप भी दिखाई पड़ता है। इस सिद्धान्त के अनुसार, मजदूरों, और सबसे बढ़कर अछूतों, को भी अपनी-अपनी जाति के कामों के अनुसार ऊँच-नीच के क्रम में रखा जाता है, लिहाज़ा सभी मजदूरों को किसी एक 'मजदूर वर्ग' में रखकर देखना सिर्फ़ एक भ्रम होगा। यही कारण है कि ख़ुद आंबेडकर को भी चांभारों या माँग समुदाय का समर्थन हासिल करने में बार-बार कठिनाइयों का सामना करना पड़ा था। इन समुदायों की नज़र में आंबेडकर सिर्फ़ महारों के नेता थे। मार्क्सवाद से प्रेरित समाजवाद की अवधारणा विभेदीकरण के लिए उत्पादन के साधनों के सन्दर्भ में प्रत्येक वर्ग की स्थिति के अध्ययन पर आधारित होती है। इसके विपरीत, आंबेडकर का मानना था कि भारत में प्रभुत्व के मुख्य स्वरूप सम्पत्ति सम्बन्धों पर आधारित नहीं हैं :

> ऐसा क्यों है कि इस देश में जो लखपति हैं वे कंगाल साधुओं और फ़क़ीरों के पीछे चलते हैं? (...) भारत में धर्म सत्ता का स्रोत है, यह बात हमारे इतिहास में भी साफ़ दिखाई पड़ती है जहाँ आम जन पर पंडे-पुरोहितों का वर्चस्व बहुधा न्यायाधीश से भी ज़्यादा मज़बूत होता है और जहाँ हर चीज़, यहाँ तक कि हड़ताल और चुनावों जैसी चीज़ें भी आसानी से धार्मिक रंग अख़्तियार कर लेती हैं, उन्हें बड़ी आसानी से धार्मिक मोड़ दिया जा सकता है।[8]

भारत में क्रान्तिकारी सन्देश की उपयुक्तता के बारे में बुनियादी तौर पर एक संशय के शिकार आंबेडकर समाजवादियों से आह्वान करते हैं :

लोग (Men) सम्पत्ति की बराबरी के लिए हो रही क्रान्ति में तब तक शामिल नहीं होंगे जब तक उन्हें यह विश्वास नहीं होगा कि क्रान्ति हो जाने के बाद उनके साथ समानता का बर्ताव भी किया जाएगा और उनके बीच जाति और सम्प्रदाय का कोई भेदभाव नहीं होगा। (...) यदि समाजवादी केवल सुन्दर-सुन्दर वाक्यों से

सन्तुष्ट नहीं होना चाहते, यदि हमारे समाजवादी समाजवाद को एक निश्चित यथार्थ का रूप देना चाहते हैं तो उन्हें लाज़िमी तौर पर मानना होगा कि यहाँ सबसे बुनियादी समस्या समाज सुधार की समस्या है और वे इससे कतई भी बचकर नहीं निकल सकते।[9]

इस प्रकार, आंबेडकर की इंडिपेंडेंट लेबर पार्टी एक ऐसा संगठन थी जिसका झुकाव मार्क्सवाद की तरफ़ नहीं था बल्कि वह जाति के उन्मूलन को ही प्राथमिकता दे रही थी। राज्य पर क्रान्तिकारी क़ब्ज़े के मुक़ाबले यह सामाजिक रूपान्तरण ही आंबेडकर का सबसे प्राथमिक उद्देश्य था जो आगे भी बना रहा। 1937 के चुनावों में आईएलपी की ओर से उम्मीदवार भी यही सोच कर मैदान में उतारे गए थे कि इस अवसर का फ़ायदा उठाते हुए जनता की राजनीतिक चेतना को पुष्ट किया जाए और उसे सच्चे अर्थों में प्रतिनिधित्व भी मिले।

आईएलपी द्वारा पेश की गई समझ और आंबेडकर के भाषणों में मार्क्सवाद के प्रति नकार का भाव, यह अन्तर्विरोध साफ़ दिखाई पड़ता है। एक तरफ़ तो आंबेडकर मजदूरों के प्रतिनिधित्व का दावा कर रहे थे और दूसरी तरफ़ वे वर्ग विश्लेषण का महत्त्व स्वीकार करने को तैयार नहीं थे और इस बात पर अड़े हुए थे कि हमारे समाज की बुनियादी इकाई जाति ही है। यह विरोधाभास 1937 के चुनावों के नतीजों में भी साफ़ दिखाई दिया। बॉम्बे प्रेज़िडेंसी में आईएलपी ने 17 उम्मीदवार मैदान में उतारे थे। उनमें से 13 उम्मीदवार अनुसूचित जनजातियों के लिए आरक्षित सीटों पर खड़े किए थे जिनमें से 11 सीटों पर उन्हें विजय मिली। बाक़ी चार उम्मीदवार ऊँची जातियों[10] के थे जो सामान्य/अनारक्षित सीटों पर उतारे गए थे, जहाँ उन्हें तीन सीटों पर सफलता मिली थी। गोल मेज़ सम्मेलनों के बाद और गांधीजी के साथ उनकी बहसों के फलस्वरूप अब तक आंबेडकर एक राष्ट्रीय ख्याति प्राप्त कर चुके थे। लिहाज़ा, अब वे एक ऐसी पार्टी बनाना चाहते थे जिसका प्रभाव बॉम्बे प्रेज़िडेंसी से कहीं ज़्यादा व्यापक हो। मगर मध्य प्रान्त (सेंट्रल प्रोविंसेज़) और बिहार में पार्टी को अस्पृश्य उम्मीदवारों के लिए आरक्षित 20 सीटों में से सिर्फ़ तीन पर ही कामयाबी मिल पाई।[11]

ये नतीजे इस बात को स्पष्ट रूप से दर्शाते थे कि आंबेडकर की सारी कोशिशों के बावजूद आईएलपी अभी महाराष्ट्र के अस्पृश्यों के बीच सीमित पार्टी ही थी और यहाँ भी उसकी सफलता का बहुत बड़ा हिस्सा संयोगवश आंबेडकर की अपनी महार जाति की बदौलत ही था। आईएलपी के ज़्यादातर उम्मीदवार इसी जाति से थे। उम्मीदवारों की सूची में केवल एक उम्मीदवार माँग जाति से था जबकि दूसरा ग़ैर-महार उम्मीदवार गुजरात की एक अस्पृश्य जाति का व्यक्ति था। सामाजिक-आर्थिक विकास के मामले में माँग समुदाय से ही नहीं बल्कि महार समुदाय से भी आगे निकल चुके चांभारों को पार्टी की क़तारों में नाममात्र की ही जगह मिल रही

थी। माँग समुदाय की तरह चांभार समुदाय के लोगों की नज़र में भी आंबेडकर केवल एक महार नेता ही थे और उनकी पार्टी मजदूरों की नहीं बल्कि केवल उनकी जाति की ही प्रतिनिधि थी।[12]

बॉम्बे प्रेज़िडेंसी की लेजिस्लेटिव काउंसिल में अपनी 10 सीटों की बदौलत आईएलपी कांग्रेस के विरुद्ध दूसरे नंबर की विपक्षी पार्टी बन गई थी। विपक्षी दलों में पहला स्थान मुस्लिम लीग के पास था। पार्टी के इन 10 निर्वाचित सदस्यों में से एक ख़ुद आंबेडकर थे। 1937–38 में लेजिस्लेटिव काउंसिल में उन्होंने जो हस्तक्षेप किए उनमें मुख्य रूप से मजदूरों की सामाजिक-आर्थिक परिस्थितियों के समाधान पर ही ज़ोर दिया गया था।

मजदूरों के लिए संघर्ष। लेजिस्लेटिव काउंसिल में आंबेडकर का मुख्य उद्देश्य ये था कि वतन और खोती प्रथाओं को ख़त्म किया जाए। 17 सितम्बर, 1937 को उन्होंने महारों को अधीनता की स्थिति में रखने के लिए चली आ रही वतन व्यवस्था[13] को ख़त्म करने के लिए एक विधेयक पेश किया था। इस विधेयक में वतन व्यवस्था को समाप्त करने का आह्वान किया गया था मगर यह प्रावधान भी किया गया था कि महारों को उस ज़मीन से बेदख़ल न किया जाए जो गाँव की सेवा के बदले में भुगतान के तौर पर उन्हें मिली हुई थी।[14]

आंबेडकर ने खोती व्यवस्था को ख़त्म करने के लिए भी एक विधेयक पेश किया था। खोती व्यवस्था के तहत एक मध्यस्थ अधिकारी लगान वसूल किया करता था और इस अधिकारी को ही खोत कहा जाता था। ग्रामीण इलाक़ों में लगान वसूल करने के लिए भेजे गए खोट न केवल राजस्व का एक हिस्सा अपने पास रख सकते थे बल्कि अकसर किसी छोटे-मोटे 'स्थानीय राजा' जैसा बर्ताव भी करने लगते थे। उनके दबदबे का एक कारण यह भी था कि खोट आमतौर पर किसी ऊँची जाति का सदस्य ही होता था।

आंबेडकर ने प्रस्ताव रखा कि इस बन्दोबस्त को ख़त्म किया जाए और इसके स्थान पर खोत को अपने अधिकार क्षेत्र में इकट्ठा होने वाले कुल लगान में से अधिकतम 1 प्रतिशत राशि मुआवजे के तौर पर दे दी जाए।[15] लेजिस्लेटिव काउंसिल में कांग्रेस के पास भारी बहुमत था। उसने इस माँग का विरोध करते हुए दलील दी कि राजस्व मंत्री ने खोती व्यवस्था में सुधार के लिए पहले ही योजना बना ली है।[16]

इसके जवाब में आईएलपी ने एक ग्रामीण प्रतिरोध आन्दोलन छेड़ दिया। इस आन्दोलन को अस्पृश्य कार्यकर्ताओं का तो समर्थन मिला ही, कुन्बी समुदाय का भी समर्थन मिला जिसके बहुत सारे सदस्य खोती व्यवस्था से त्रस्त थे। 12 जनवरी, 1938 को थाणा, कोलाबा, रत्नागिरि, सतारा और नासिक जिलों के 20,000 किसान प्रदर्शन के लिए बम्बई में जमा हुए थे। जुलूस का नेतृत्व आंबेडकर ने ख़ुद सँभाला

हुआ था। इस जुलूस में भारतीय कम्युनिस्ट पार्टी के सदस्यों ने भी हिस्सा लिया और इस अवसर पर आंबेडकर ने जो भाषण दिया उसमें भी मार्क्सवादी स्वर साफ़ दिखाई पड़ रहे थे :

> 'असल में देखें तो दुनिया में सिर्फ़ दो ही जातियाँ हैं—पहली है अमीरों की और दूसरी है ग़रीबों की। (...) जिस तरह हम संगठित हुए हैं और यहाँ आए हैं, उसी तरह हमें अपने संगठन को शक्तिशाली बनाने के लिए अपने जातीय फ़ासलों और धार्मिक मतभेदों को भी भुलाना ही होगा।'[17]

अपने 'कम्युनिस्ट मित्रों' का ध्यान आकर्षित करने के लिए उन्होंने इस बात पर भी ज़ोर दिया कि मार्क्सवादी सिद्धान्तों के प्रति अपनी आपत्तियों के बावजूद 'मेहनतकशों के वर्ग संघर्ष के लिहाज़ से मुझे कम्युनिस्ट विचारधारा अपने ज़्यादा निकट प्रतीत होती है।'[18] आंबेडकर के नेतृत्व में एक प्रतिनिधिमंडल को बॉम्बे प्रेज़िडेंसी के तत्कालीन कांग्रेसी मुख्यमंत्री बी. जी. खेर से मिलने के लिए भी बुलाया गया मगर इस मुलाक़ात से कुछ ख़ास निकल नहीं पाया।[19]

सन् 1937 के चुनावों के बाद सत्ता में आई कांग्रेस सरकार के सम्बन्ध में यह उनकी पहली विफलता नहीं थी। खोती व्यवस्था को ख़त्म करने के लिए आंबेडकर द्वारा निजी विधेयक पेश किए जाने के 10 महीने बाद भी लेजिस्लेटिव काउंसिल में उस पर मतदान का समय तय नहीं किया गया था। यह इस बात का साफ़ संकेत था कि कांग्रेस मराठा या ब्राह्मण सम्पत्तिधारियों से किसी तरह का बैर लेने को तैयार नहीं थी जिनका पार्टी पर वर्चस्व था। नतीजा, खोती व्यवस्था आख़िरकार 1949 में जाकर ही ख़त्म हो पाई।[20]

वतन और खोती व्यवस्थाओं के ख़िलाफ़ आंबेडकर की सक्रियता के फलस्वरूप वे गाँवों के परम्परागत सामाजिक-आर्थिक ढाँचे से त्रस्त तबक़ों और ख़ासतौर से अपनी महार जाति के अनधिकृत प्रवक्ता बनते जा रहे थे। इसी बीच वह शहरी मजदूरों के बीच अपना जनाधार फैलाने के लिए भी बहुत उत्सुक थे। बम्बई के शहरी कामगारों व कर्मचारियों को संगठित करने के लिए 1935 में उन्होंने बॉम्बे म्यूनिसिपल कामगार संघ के नाम से एक ट्रेड यूनियन का गठन किया था। 1937 में इसके 800 सदस्य थे जो 1938 में बढ़कर 1,325 हो गए थे। यानी, शहर के नगरपालिका कामगारों में पाँच प्रतिशत से ज़्यादा कामगार इस यूनियन के सदस्य बन गए थे।[21] सितम्बर 1938 में आंबेडकर ने औद्योगिक विवाद विधेयक (इंडस्ट्रियल डिस्प्यूट्स बिल) के विरोध में आवाज़ उठाई। इस विधेयक के माध्यम से यह प्रावधान किया जा रहा था कि अगर मजदूरों और मालिकों के बीच किसी तरह का विवाद होता है तो उनके बीच सुलह-सफ़ाई की यानी कंसीलिएशन की व्यवस्था का सहारा लिया जाएगा। कांग्रेस सरकार ने हड़तालों की बढ़ती संख्या का हवाला

देते हुए इस प्रस्ताव को जायज़ ठहराया था जबकि आंबेडकर ने कांग्रेस के विश्लेषण को चुनौती दी और हड़ताल के अधिकार के पक्ष में आवाज़ उठाई। उन्होंने कहा कि यह एक मौलिक स्वतंत्रता है जिस पर वह किसी भी सूरत में अंकुश नहीं लगने देंगे।[22] जब कम्युनिस्टों की तरफ़ से एक-दिवसीय आम हड़ताल का प्रस्ताव रखा गया तो आंबेडकर ने भी इस प्रस्ताव को हाथोहाथ स्वीकार किया। इस तरह, कम्युनिस्टों व आईएलपी नेताओं को मिलाकर बनाई गई काउंसिल ऑफ़ एक्शन के झंडे तले यह एक दिवसीय हड़ताल आयोजित की गई।

मुख्य रूप से आईएलपी द्वारा बुलाई गई 6 नवम्बर की मीटिंग में 80,000 लोगों ने हिस्सा लिया। अगले दिन हुई हड़ताल को भी अच्छा-ख़ासा समर्थन मिला। लगभग 1,00,000 लोगों की एक अन्य जनसभा में आंबेडकर ने आह्वान किया कि मजदूर मौजूदा लेजिस्लेटिव काउंसिलों में अपने प्रतिनिधियों को चुनकर सत्ता अपने हाथों में लें। इस प्रकार, उन्होंने किसी भी तरह के क्रान्तिकारी एजेंडा से तो अपने आप को दूर कर लिया मगर अपने इस स्टैंड के बावजूद उन्हें कम्युनिस्ट नेता एस. ए. डांगे के साथ मंच साझा करने में कोई ऐतराज नहीं था।[23] बहरहाल, बॉम्बे लेजिस्लेटिव काउंसिल में औद्योगिक विवाद विधेयक आसानी से पारित हो गया और उसके ख़िलाफ़ चल रहा आन्दोलन शान्त पड़ गया।[24]

आईएलपी ने धीरे-धीरे ख़ुद को एक मुकम्मल संगठन के रूप में स्थापित कर लिया था। 1940 में आंबेडकर ने उसके लिए लाल झंडा तय किया जिसके ऊपरी बाएँ कोने पर ब्रिटिश भारत के 11 प्रान्तों का प्रतिनिधित्व करते 11 सितारे रखे गए थे। झंडे में इन 11 सितारों की उपस्थिति आईएलपी की अखिल भारतीय महत्त्वाकांक्षा का द्योतक थी। आईएलपी बॉम्बे प्रेज़िडेंसी तक ही सीमित रही मगर यहाँ उसने अपनी अच्छी जड़ें जमा ली थीं : पार्टी की बम्बई नगर शाखा में 1938 में 4,000 सदस्य थे। कीयर ने कहा है कि आंबेडकर के सांगठनिक प्रयासों की कुछ सीमाएँ थीं :

> आंबेडकर ने अपनी राजनीतिक पार्टी को आधुनिक ढर्रे पर खड़ा करने का प्रयास नहीं किया। कोई एकल संगठन बनाने में उनकी कोई रुचि नहीं थी। वह जिन संगठनों से जुड़े थे उनका कोई नियमित वार्षिक सम्मेलन या आम सभा नहीं बुलाई जाती थी। वह जब और जहाँ बैठ जाते थे वहीं सम्मेलन का स्थल और फ़ैसले का समय बन जाता था। वर्किंग कमेटी के अध्यक्ष या सचिव को उनके फ़ैसलों को मानना होता था। (...) जब वह लोगों को अपने बैनर तले इकट्ठा करना चाहते थे तो बस एक आह्वान जारी कर देते थे और पूरा संगठन बरसाती घास की तरह उठ खड़ा होता था।[25]

फिर भी, मेरा मानना है कि आंबेडकर के क्षीण संगठनिक कौशल को हमें और बारीक़ नज़र से देखना चाहिए। 1930 के दशक में उन्होंने समता सैनिक दल का गठन किया और इसमें उनको कोई मामूली कामयाबी नहीं मिली थी। समता सैनिक दल से आईएलपी को सड़कों पर होने वाली कार्रवाइयों या घर-घर सम्पर्क के लिए कार्यकर्ता और ख़ासतौर से जुलूसों के दौरान अनुशासन बनाए रखने के लिए पहलवान भी मिल गए थे। दल के सदस्यों की वर्दी में खाकी नेकर भी शामिल था जो शायद आरएसएस की नक़ल था क्योंकि इस क्षेत्र में आरएसएस ही आईएलपी का सबसे मुख्य प्रतिद्वन्द्वी था। दल के सदस्य लाल क़मीज़ पहनते थे और उनका झंडा नीला होता था। तभी से दलित राजनीति नीले रंग से जुड़ी चली आ रही है। वसन्त मून बताते हैं कि नागपुर में दल ने दलित युवकों में एक अर्द्धसैनिक क़िस्म का अनुशासन पैदा कर दिया था। आरएसएस के सदस्यों की तरह इसके स्थानीय सदस्य भी सुबह-सवेरे और शाम को सूरज ढलने के समय इकट्ठा होते थे।[26] मगर, आईएलपी का सांगठनिक ढाँचा आरएसएस की तरह सुव्यवस्थित नहीं था और हमें यह मानना होगा कि आंबेडकर ने इस पहलू पर पर्याप्त ध्यान भी नहीं दिया था।

इस सांगठनिक कमी के अलावा आईएलपी के जिन वैचारिक अन्तर्विरोधों का ऊपर ज़िक्र किया गया था उनको सँभालते हुए चलना भी धीरे-धीरे मुश्किल होता जा रहा था। दलित कार्यकर्ताओं के नेटवर्क पर पार्टी की निर्भरता बनी रही और लिहाज़ा वह सारे मजदूरों की प्रतिनिधि नहीं बन पाई। अचंभे की बात नहीं है कि कुन्बी समुदाय के कई सिम्पेथाइज़र भी पार्टी से दूर होते चले गए। यहाँ तक कि सबसे ग़रीब तबक़े के लोग भी ख़ुद को स्वाभाविक रूप से अस्पृश्यों से ऊपर मानते थे।[27] कुल मिला कर साफ़ हो गया कि आईएलपी ने जो लाइन ली थी, वह अव्यावहारिक साबित हुई और 1942 में इस पार्टी की जगह शेड्यूल्ड कास्ट्स फ़ेडरेशन ने ले ली।

शेड्यूल्ड कास्ट्स फ़ेडरेशन और जातिगत राजनीति

आंबेडकर ने जुलाई 1942 में शेड्यूल्ड कास्ट्स फ़ेडरेशन (या मराठी में दलित फ़ेडरेशन) का गठन किया। जैसा कि इसके नाम से ही अन्दाज़ा लग जाता है, यह उनकी राजनीतिक रणनीति में बदलाव का संकेत था। वह इस बात का संकेत दे रहे थे कि अब एक बार फिर उनका ज़ोर जाति पर ही रहेगा। भारत के संवैधानिक गतिरोध को तोड़ने के लिए मार्च 1942 में पेश किया गया क्रिप्स मिशन का फ़ॉर्मूला इस फ़ैसले की फौरी वजह था। क्रिप्स मिशन ने सुझाव दिया था कि अस्पृश्यों की किसी भी माँग पर ध्यान न दिया जाए और एक संविधान सभा के लिए चुनाव कराए

जाएँ जबकि मुसलमानों को पाकिस्तान के नाम से एक पृथक राज्य के गठन का लगभग पूरा आश्वासन मिल चुका था। आंबेडकर अपने समुदाय के हितों को इस तरह बलि होते देखने को तैयार नहीं थे :

> साफ़ दिखाई दे रहा है कि संविधान सभा के गठन का प्रस्ताव असल में कांग्रेस को अपने पाले में खींचने के उद्देश्य से पेश किया गया है जबकि पाकिस्तान के गठन का प्रस्ताव मुस्लिम लीग को आकर्षित करने के उद्देश्य से पेश किया जा रहा है। इन प्रस्तावों में डिप्रेस्ड क्लासेज़ के लिए क्या है? कुल मिलाकर बात ये है कि उनके हाथ-पाँव बांधकर उनको सवर्ण हिन्दुओं के हवाले कर दिया गया है। इन प्रस्तावों से डिप्रेस्ड क्लासेज़ को कुछ हासिल होने वाला नहीं है : उन्हें रोटी की जगह पत्थर मिलेंगे। इसकी वजह यह है कि संविधान सभा असल में डिप्रेस्ड क्लासेज़ के साथ विश्वासघात के अलावा और कुछ नहीं है (...)। अगर इस तबक़े के लोग संविधान सभा में होंगे तो उनका वहाँ निष्पक्ष, स्वतंत्र निर्णायक वोट नहीं हो सकता। अव्वल बात तो यह है कि डिप्रेस्ड क्लासेज़ के प्रतिनिधि वहाँ एक निराश अल्पसंख्यक गुट से ज़्यादा नहीं होंगे। दूसरी बात, संविधान सभा के सारे फ़ैसले तभी मान्य होंगे जब वे सर्वसम्मति से लिए गए होंगे।[28]

क्रिप्स मिशन के प्रस्ताव की प्रतिक्रिया में नागपुर में ऑल इंडिया डिप्रेस्ड क्लासेज़ कॉन्फ्रेंस का आयोजन किया गया। इस अधिवेशन में शिरकत करने वाले 70,000 प्रतिनिधियों में पंजाब, संयुक्त प्रान्त, बंगाल और मद्रास प्रेज़िडेंसी के प्रतिनिधि तो थे ही, मगर बॉम्बे प्रेज़िडेंसी, मध्य प्रान्त और बेरार के प्रतिनिधियों की संख्या बहुत ज़्यादा थी।[29]

इस अवसर पर जिस प्रस्ताव पर सबसे पहले मतदान हुआ, उसमें अस्पृश्यों के लिए पृथक निर्वाचक मंडल (Separate Electrorate) की माँग की गई थी। दूसरे प्रस्ताव में अस्पृश्यों के लिए 'हिन्दू गाँवों से एक ख़ास फ़ासले पर' पृथक गाँवों की स्थापना की माँग की गई थी। तीसरे प्रस्ताव में शेड्यूल्ड कास्ट्स फ़ेडरेशन (एससीएफ) के गठन का ऐलान किया गया था।[30]

इस प्रकार, एससीएफ का गठन अस्पृश्य जातियों में एक नई मनोदशा, पहचान के नए बोध को प्रतिबिम्बित करता था।[31] अब अनुसूचित जातियाँ भी मुसलमानों की भाँति एक अल्पसंख्यक समुदाय के रूप में पहचान और तदनुरूप एक पृथक निर्वाचक मंडल का अधिकार ही नहीं बल्कि पृथक भूभाग जैसे लाभ भी चाहने लगी थीं। 1926 के बाद आंबेडकर ये कहने लगे थे कि अस्पृश्यों को नई ज़मीनों पर बसना चाहिए। और, 1929 में तो उन्होंने यहाँ तक प्रस्ताव रखा कि सिंध और इन्दौर रियासत, जहाँ के महाराजा से उनकी निकटता थी, में ऐसी ज़मीन की गणना की जाए जिस पर किसी का क़ब्ज़ा नहीं है मगर जो खेती के लायक है।[32]

नागपुर अधिवेशन के प्रस्तावों में जो सामान्य दिशानिर्देश तय किए गए थे उनको मद्रास में हुई एससीएफ की कार्यकारिणी की सितम्बर 1944 की मीटिंग में और स्पष्ट किया गया था।[33] यहाँ एक प्रस्ताव में इस बात पर ज़ोर दिया गया कि 'अनुसूचित जातियाँ भारत के राष्ट्रीय जीवन में एक अनूठी और पृथक इकाई हैं और वे उससे भी कहीं ज़्यादा स्पष्ट रूप से धार्मिक अल्पसंख्यक समुदाय बनती हैं जिस रूप में सिखों और मुसलमानों को अल्पसंख्यक माना जाता है और इसका जो अर्थ क्रिप्स प्रस्तावों सुझाया गया है।'[34] एक और प्रस्ताव में ये तय किया गया कि अनुसूचित जातियों को ऐसा कोई संविधान स्वीकार्य नहीं होगा जिसमें उनकी सहमति शामिल नहीं होगी। यह शर्त कई माँगों की पूर्ति पर आश्रित थी। यानी, अनुसूचित जातियाँ संविधान पर तब तक मंजूरी नहीं देंगी जब उनके लिए पृथक निर्वाचक मंडल, कार्यकारिणी के भीतर प्रतिनिधित्व की गारंटी और उनके अपने गाँवों के लिए विशेष कराधान की माँग स्वीकार नही की जाएगी।[35] दलित गाँवों का विचार भी कमोबेश उसी समय स्पष्ट रूप में सामने आया था। 1944 में आंबेडकर ने बेवर्ली निकॉलस नामक एक ब्रिटिश अधिकारी से कहा था :

> अस्पृश्यों का एक छोटा-सा समूह हर गाँव में होता है। मैं इन सारे अल्पसंख्यक समूहों को मिलाकर उनको बहुसंख्यक समूह में तब्दील करना चाहता हूँ। इसका मतलब यह है कि बहुत बड़े पैमाने पर बसावट का काम करना होगा—आबादियों का तबादला, नये गाँवों का निर्माण। हम ये काम बख़ूबी कर सकते हैं बशर्ते हमें (अंग्रेज़ों द्वारा) यह करने की छूट दी जाए।[36]

लगभग उसी समय मद्रास में आंबेडकर की मुलाक़ात ई. वी. रामास्वामी नायकर से हुई जिनको पेरियार के नाम से जाना जाता था। वह निम्न जाति तमिलों के नेता थे। पेरियार के साथ उन्होंने 'द्रविड़स्थान'—यानी दक्षिण भारत में एक पृथक द्रविड़ियन राजनीतिक इकाई—की स्थापना की वांछनीयता पर चर्चा की। यह अस्पृश्यों के लिए एससीएफ द्वारा उठाई गई पृथक निवास स्थानों की माँग का ही एक प्रकार था।[37] आंबेडकर ने पेरियार से 1920 में मद्रास में सत्ता में आई ब्राह्मण विरोधी पार्टी—जस्टिस पार्टी—की समालोचना भी साझा की। उन्होंने जस्टिस पार्टी के नेताओं पर आरोप लगाया कि उन्होंने संस्कृतिकरण की प्रक्रिया के कुछ ख़ास आयामों को फिर से ज़िंदा कर दिया था :

> ब्राह्मणवाद को तिलांजलि देने की बजाय वे उसे एक वांछनीय आदर्श के रूप में देखने लगे थे। ब्राह्मणों के ख़िलाफ़ उनका गुस्सा भी इस बात को लेकर था कि ब्राह्मण उन्हें दोयम दर्जे की हैसियत दे रहे थे। (...) ग़ैर-ब्राह्मण (जस्टिस) पार्टी के राजनीतिक कार्यक्रम में एक ख़ामी यह थी कि

उसने अपने (मध्यम जातियों के) युवाओं को एक निश्चित संख्या में नौकरियाँ दिलाना ही अपना मुख्य लक्ष्य बना लिया था। (...) यह पार्टी 20 साल तक सत्ता में रही मगर उसे गाँवों में रह रहे 90 प्रतिशत ग़ैर-ब्राह्मणों की याद नहीं आई।[38]

आंबेडकर के मुताबिक़, जस्टिस पार्टी के पतन का मुख्य कारण था उसके नेताओं का कॅरियरवाद जिसकी वजह से पार्टी अपने स्वाभाविक जनाधार की चिन्ताओं को नज़रअन्दाज़ करने लगी थी। यह आलोचना जायज़ थी और अस्पृश्यों पर आंबेडकर के एक बार फिर बढ़ते फ़ोकस से मेल खाती थी। एससीएफ उनके इस बढ़ते फ़ोकस का एक अगुआ दस्ता था। जैसा कि मद्रास में उन्होंने ऐलान किया था : 'तुम्हें ये समझना चाहिए कि हमारा मक़सद क्या है। (...) हमारा मक़सद चन्द नौकरियों के लिए या कुछ सुविधाओं के लिए लड़ाई लड़ना नहीं है। हमने अब तक अपने दिलों में जो सबसे ऊचे लक्ष्य संजोए हैं, हमारा आज का लक्ष्य उनमें सबसे ऊपर है। हमारा मक़सद है कि हमें एक शासक समुदाय के रूप में मान्यता मिले।'[39] कुछ प्रेस रिपोर्ट्स में दावा किया गया था कि मद्रास में रेलवे एम्प्लॉइज़ यूनियन द्वारा आयोजित एक मीटिंग में उन्होंने ये भी कहा था कि : 'वह ट्रेड यूनियन के महत्त्व को कम किए बिना राजनीतिक सत्ता पर क़ब्ज़ा करने के महत्त्व को रेखांकित करना चाहते हैं।'[40]

साल 1945-46 के चुनावों से मालूम हुआ कि ऐसी किसी मंज़िल तक पहुँचने के लिए अभी पार्टी को लम्बा सफ़र तय करना होगा। इन चुनावों का दोहरा मक़सद था—एक तो प्रान्तीय असेम्बलियों का पुनर्नवीकरण और दूसरी तरफ़ एक संविधान सभा का गठन। एससीएफ का प्रदर्शन दोनों लिहाज़ से दयनीय रहा। प्रान्तीय असेम्बलियों में उन्हें केवल दो सीटें हासिल हुईं—एक बंगाल में और दूसरी मध्य प्रान्त एवं बेरार में। यह विफलता आंशिक रूप से मतदान व्यवस्था के स्वरूप को भी इंगित करती थी। मद्रास एवं बॉम्बे प्रेज़िडेंसी तथा मध्य प्रान्त में जहाँ प्रारम्भिक चक्रों में केवल अस्पृश्यों ने वोट दिया वहाँ एससीएफ को कांग्रेस से ज़्यादा वोट मिले थे। मगर यह उत्साहजनक सफलता निर्वाचन व्यवस्था के स्वरूप की वजह से उतनी सीटों में तब्दील नहीं हो पाई। निर्वाचन व्यवस्था की विकृतियाँ संयुक्त प्रान्त में ख़ासतौर से उभरकर सामने आईं। यहाँ अनुसूचित जातियों के लिए कुल बीस सीटें आरक्षित थीं। उनमें से चार सीटें शहरी इलाक़ों में थीं। एससीएफ ने केवल इन्हीं चार सीटों पर चुनाव लड़ा। प्राथमिक चक्र में पार्टी के नौ उम्मीदवार सफल रहे जबकि कांग्रेस के केवल चार उम्मीदवारों को सफलता मिली—मगर दूसरे चक्र में सारी सीटें ग़ैर-दलित मतदाताओं की बदौलत कांग्रेस ने जीत लीं। सबसे नाटकीय परिणाम आगरा का रहा जहाँ एससीएफ के चार उम्मीदवारों को वैध मतों में से 46.39 प्रतिशत मत मिले जबकि कांग्रेस के चार उम्मीदवारों को मात्र 27.1 प्रतिशत

मत मिले थे।[41] इन नतीजों और हालात ने अस्पृश्यों के लिए प्रथक निर्वाचन मंडल के पक्ष में आंबेडकर की राय को और पुष्ट ही कर दिया। इस मामले में अब उनकी एकमात्र उम्मीद अंग्रेज़ों से थी। इस सम्बन्ध में अपना पक्ष प्रस्तुत करने 1946 में वह इंग्लैंड गए। भारत लौटने पर उन्होंने *ग्लोब एजेंसी* को एक इंटरव्यू दिया। इस इंटरव्यू में उन्होंने कहा था :

> 'केवल पृथक् निर्वाचक मंडल (की व्यवस्था) ही अनुसूचित जातियों को इस बात का आश्वासन दे सकती है कि वे विधायिका में ख़ुद अपने बीच के लोगों को चुनकर भेज सकेंगे, ऐसे लोग जिन पर वे इस बात के लिए पूरा भरोसा कर सकते हैं कि वे विधायिका में उनके पक्ष में लड़ेंगे और अगर कार्यपालिका कुछ भी ऐसा करती है जिससे अस्पृश्यों को दिए गए अधिकारों का निषेध होता है तो वे उसका विरोध करेंगे (...)। हम देख सकते हैं कि कांग्रेस के टिकट पर पूरे भारत में अनुसूचित जातियों के प्रतिनिधियों का अलग-अलग प्रान्तीय विधायिकाओं में चुनाव हुआ है। और इसके बावजूद, अनुसूचित जातियों की परेशानियों को दूर करने या व्यक्त करने के लिए न तो उनमें से एक ने भी आज तक कोई सवाल पूछा है, न कोई प्रस्ताव रखा है, न किसी कटौती प्रस्ताव का सुझाव दिया है (...)। विधायिका में इस तरह के दिखावटी प्रतिनिधित्व के मुक़ाबले तो किसी तरह का प्रतिनिधित्व न होना ही बेहतर है।'[42]

अपनी माँगों पर लगातार ज़ोर देने के बावजूद आंबेडकर की अंग्रेज़ों ने एक न सुनी। उनका यही मानना था कि 1945-46 के चुनावों में एससीएफ की विफलता के फलस्वरूप न तो उसे एक महत्त्वपूर्ण पक्ष का दर्जा देने की कोई आवश्यकता है और न ही वह संविधान सभा में किसी ख़ास भूमिका की हकदार है।[43]

एससीएफ की विफलता में एक तरफ़ तो निर्वाचन प्रणाली का हाथ दिखाई देता है मगर दूसरी तरफ़ इसका एक कारण ये भी रहा होगा कि पार्टी ने बहुत ही कम उम्मीदवार खड़े किए थे। अस्पृश्यों के लिए आरक्षित 151 सीटों में से 129 पर पार्टी ने उम्मीदवार ही नहीं उतारे थे। यह बात पार्टी की सांगठनिक कमज़ोरी को दर्शाती है। जैसा कि बंद्योपाध्याय ने ज़रा तुर्श अन्दाज़ में कहा भी है, 'संगठन के पास कोई सांगठनिक तंत्र नहीं था।'[44] पार्टी के पास अलग-अलग इलाक़ों में शाखाओं का नेटवर्क भी नहीं था और उसके पास कैडर भी बस मुट्ठी भर ही थे। वास्तव में पूरी पार्टी ही आंबेडकर पर बहुत गहरे तौर पर आश्रित थी मगर वह वायसराय की गवर्नमेंट के सदस्य के रूप में अपनी ज़िम्मेदारियों के चलते चुनाव अभियान में ज़्यादा समय नहीं दे पाते थे। ज़ीलियट ने इस बात को रेखांकित किया है कि इस दौरान आंबेडकर *व्हॉट कांग्रेस ऐण्ड गांधी हैव डन टू अनटचेबल्स*[45] के लेखन में भी व्यस्त थे। यह इस बात का एक और संकेत है कि वह जितने बड़े राजनेता थे,

उतने ही बड़े बुद्धिजीवी भी थे—मगर वह एक सांगठनिक व्यक्ति तो किसी सूरत में नहीं थे।

एससीएफ की विफलता के पीछे कांग्रेस की अभूतपूर्व लोकप्रियता भी एक बड़ा कारण थी। स्वतंत्रता आन्दोलन के प्रति अपने समर्पण के कारण कांग्रेस अस्पृश्यों में भी ख़ूब लोकप्रिय थी। इसके विपरीत आंबेडकर को वायसराय की गवर्नमेंट का सदस्य होने के नाते 'ग़ैर-देशभक्त' भी माना जा रहा था। स्थानीय स्तर पर उनको 'ग़द्दार' के रूप में पेश किया गया। उदाहरण के लिए, यह बात नागपुर में चले चुनाव प्रचार के दौरान साफ़ दिखाई दी।[46]

एससीएफ के प्रभाव में बहुत मामूली इज़ाफ़े के फलस्वरूप धीरे-धीरे आंबेडकर को आईएलपी की रणनीति पर फिर से सोचने का मौक़ा मिला ताकि वे अस्पृश्यों के दायरे से परे जाकर भी समर्थन हासिल कर सकें, हालाँकि एक अलग ढंग से।

एससीएफ से आरपीआई तक—आईएलपी की वापसी

एक तरफ़ 'लेबरिंग क्लासेज़' पर केन्द्रित और दूसरी तरफ़ एक पृथक अस्पृश्य पहचान को पुष्ट करने वाली, इन दो तरह की पार्टी निर्माण रणनीतियों के बीच आंबेडकर की उभयनिष्ठता आज़ादी के बाद भी दिखाई दे रही थी। एससीएफ के 1951-52 के चुनावी घोषणापत्र में भी ज़्यादा समानता की आवश्यकता पर ज़ोर दिया गया और शासन में आरक्षण व शिक्षा के माध्यम से पिछड़े 'वर्गों' के स्तरोन्नयन पर ज़ोर दिया गया। इस घोषणापत्र में ऐसे भूमि सुधारों के लिए भी आवाज़ उठाई गई थी जिनसे अस्पृश्यों तथा 'अन्य पिछड़े वर्गों' (अस्पृश्यों यानी मुख्य रूप से शूद्रों के अलावा बाक़ी 'पिछड़े' वर्ग, जिन्हें अभी-अभी 1950 के संविधान में विशेष सहायता का आश्वासन दिया गया था) को लाभ होगा।[47] हालाँकि एससीएफ का फ़ोकस जातिगत राजनीति पर ही था मगर उसने वर्ग को नज़रअन्दाज़ भी नहीं किया। अपने घोषणापत्र में पार्टी ने 'मनुष्य (Man) द्वारा मनुष्य के, वर्ग द्वारा वर्ग के और राष्ट्र द्वारा राष्ट्र के उत्पीड़न व शोषण' के ख़िलाफ़ लड़ाई लड़ने का संकल्प व्यक्त किया था।[48] घोषणापत्र में मार्क्सवादी स्वर इस बात से भी ज़ाहिर होता था कि पार्टी ने कृषि सामूहिकीकरण और बीमा राष्ट्रीयकरण के लिए सिफ़ारिश की। मगर, जाति के विमर्श को सन्तुलित करने के लिए न केवल वर्ग को महत्त्व दिया जा रहा था बल्कि एक ऐसे सार्वभौमवाद पर भी ज़ोर दिया जा रहा था जो आंबेडकर को प्रबोधनकालीन दार्शनिकों के चिन्तन से मिला था। एससीएफ जिस तरह की समानता की वकालत कर रही थी, वह फ्रांसीसी रिपब्लिकन विचारों से प्रेरित थी जिसको पार्टी के चुनावी घोषणापत्र में बड़े स्पष्ट शब्दों में दोहराया गया था और इस बात पर ज़ोर दिया गया था कि 'प्रत्येक भारतीय अपने आप में एक लक्ष्य है और

उसके पास अपने विकास का पूरा अधिकार है।' चुनाव घोषणापत्र में एक संसदीय क़िस्म की शासन व्यवस्था का भी उल्लेख किया गया था जिसको संविधान—जिसके पाठ का मसविदा, जैसा कि हम नीचे देखेंगे, आंबेडकर ने लिखा था—ने हाल ही में स्थापित किया था और जिसको 'जनता और व्यक्ति, दोनों के हित में सर्वश्रेष्ठ शासन पद्धति' बताया गया था। इतना ही नहीं, एससीएफ 'विशुद्ध राष्ट्रवादी एवं आधुनिक' भी बनना चाहती थी।

एससीएफ एक अन्तर्विरोध में उलझी दिखाई दे रही थी। एक तरफ़ उग्र व्यक्तिवाद तो दूसरी तरफ़ निचली जातियों के लिए विशेष प्रावधानों की माँग कैसे की जा सकती थी जबकि इससे तो ख़ास तबक़ों के लिए कोटे और कृषि सुधारों का रास्ता खुल सकता था? पार्टी इन दोनों सिरों के बीच कैसे तालमेल बिठाए, इस दुविधा में फंसी हुई थी। ऊपर से, बार-बार अस्पृश्यों का हवाला देते रहने से क्या पार्टी ख़ुद-ब-ख़ुद अपनी चुनावी सम्भावनाओं को सीमित नहीं करती जा रही थी?[49] इसके अलावा, एससीएफ के घोषणापत्र में पुनर्वितरण के लिहाज़ से भी ग़रीबों और अनुसूचित जातियों के प्रति कोई बहुत आकर्षक प्रतिबद्धता दिखाई नहीं देती थी। बल्कि यह सवाल ही सिरे से नज़रअन्दाज़ कर दिया गया था : ग़रीबी तभी दूर की जा सकती है जब उत्पादन बढ़ाया जाए या 'आबादी के बेहिसाब इज़ाफ़े पर अंकुश' लगाया जाए।[50] किसी तरह के भूमि सुधार का कोई ज़िक्र नहीं किया गया था। उल्टे यह दलील दी गई कि भूमिहीन काश्तकारों को मदद देने के लिए सरकार को पहले सिंचाई व्यवस्था विकसित करनी चाहिए, जंगलों की कटाई करनी चाहिए और 'आधुनिक विज्ञान' की मदद से ख़ाली पड़ी ज़मीन को खेती के लिए तैयार और उपलब्ध कराना चाहिए।[51] इस तरह के कार्यक्रम से ग़रीब काश्तकार आकर्षित होते, इसकी सम्भावना नहीं दिखाई पड़ती है।

फलस्वरूप, 1951-52 के चुनावों में भी 1946 के मुक़ाबले कोई बेहतर नतीजे नहीं आए। एससीएफ को केवल 2.3 प्रतिशत वैध मत मिले और लोकसभा में केवल 2 सीटें हसिल हुईं। इनमें से एक सीट हैदराबाद में थी और दूसरी बॉम्बे प्रेज़िडेंसी में थी जहाँ आंबेडकर ख़ुद भी हार गए थे और पार्टी का प्रदर्शन उम्मीदों से कहीं ज़्यादा कमज़ोर रहा था। दूसरी तरफ़ एससीएफ ने पहली बार मद्रास, हैदराबाद और मैसूर, पेप्सू (पटियाला ऐण्ड ईस्ट पंजाब स्टेट्स यूनियन) तथा हिमाचल प्रदेश की असेम्बलियों में अपने प्रतिनिधि जिताने में कामयाबी हासिल की थी।

इस चुनावी नाकामयाबी से आंबेडकर ने तीन अहम निष्कर्ष निकाले। पहला, इस विफलता से आरक्षित सीट व्यवस्था के प्रति उनका विरोध और दृढ़ हो गया। अब वह ये उम्मीद छोड़ चुके थे कि भारत में पृथक निर्वाचक मंडल की व्यवस्था लागू हो सकेगी मगर ऐसा न होने की सूरत में वह आरक्षित सीटों की व्यवस्था को

भी रखना नहीं चाहते थे क्योंकि यह व्यवस्था अस्पृश्यों को दूसरे मतदाताओं से अलग-थलग कर देती थी और दूसरे सामाजिक समूहों के वोट हासिल करने के प्रयासों का कुन्द करती थी। लिहाज़ा, अगस्त 1955 में एससीएफ़ की कार्यकारी समिति ने आरक्षित सीटों की व्यवस्था को रद्द करने के पक्ष में एक प्रस्ताव पारित किया।[52]

दूसरी बात, आंबेडकर को एहसास हुआ कि शेड्यूल्ड कास्ट्स फ़ेडरेशन जहाँ एक तरफ़ अस्पृश्यों की राजनीतिक चेतना को सींच रही थी वहीं दूसरी तरफ़ वह उन्हें शेष समाज से एक हद तक काटने में भी योगदान देती थी। लिहाज़ा, नागपुर में अक्टूबर 1956 में उन्होंने एससीएफ से कहीं ज़्यादा व्यापक उद्देश्यों वाली एक नई पार्टी बनाने के पक्ष में दलील दी। उन्होंने अपने कार्यकर्ताओं को दूसरे समुदायों के नेताओं के साथ मिलकर काम करने के लिए भी प्रोत्साहित किया।[53]

इन चुनावों से उन्होंने तीसरा सबक ये निकाला कि दूसरे सामाजिक एवं राजनीतिक गुटों के साथ साझेदारियों के बिना उन्हें सफलता नहीं मिल सकती। लिहाज़ा उन्होंने प्रजा सोशलिस्ट पार्टी के नेताओं और बाद में राम मनोहर लोहिया की सोशलिस्ट पार्टी के साथ फिर से संवाद शुरू किया। 1954 में उन्होंने भंडारा (महाराष्ट्र) के उपचुनाव में उसी टिकट पर चुनाव लड़ा जिस पर सोशलिस्ट नेता अशोक मेहता चुनाव लड़ रहे थे। इस दोहरे निर्वाचन क्षेत्र में आंबेडकर ने आरक्षित सीट पर चुनाव लड़ा और अशोक मेहता ने सामान्य सीट पर चुनाव लड़ा।

इन्हीं चिन्ताओं से आख़िरकार आरपीआई का जन्म हुआ। इसकी औपचारिक स्थापना तो अक्टूबर 1957 में जाकर हुई मगर आंबेडकर 1956 में अपनी मृत्यु से कुछ समय पहले ही रिपब्लिकन पार्टी ऑफ़ इंडिया की कल्पना को एक शक्ल दे चुके थे। उस समय वह कम्युनिस्ट पार्टी का एक विकल्प तैयार करने की चिन्ता में परेशान थे क्योंकि उनको डर था कि कहीं अस्पृश्य मतदाता कम्युनिस्ट पार्टी की तरफ़ आकर्षित न होने लगें। 1956 में उन्होंने ऐलान किया था :

> इससे पहले कि मैं मर जाऊँ, मुझे अपने लोगों को एक निश्चित राजनीतिक दिशा देनी चाहिए। वे हमेशा ग़रीब, उत्पीड़ित और वंचित रहे हैं। इसी कारण आज उनमें एक नई चेतना और नया आक्रोश जन्म ले रहा है। यह स्वाभाविक है। मगर यह भी तो स्वाभाविक है कि इस तरह का समुदाय कम्युनिज़्म की तरफ़ आकर्षित होने लगे। मैं नहीं चाहता कि मेरे लोग कम्युनिस्टों की तरफ़ आकर्षित हों।[54]

आंबेडकर ने विभिन्न सोशलिस्ट नेताओं से बात की। इनमें राम मनोहर लोहिया, पी के अत्रे और एस.एम. जोशी जैसे जाने-माने लोग शामिल थे। आंबेडकर उनसे एक नई राजनीतिक पार्टी की स्थापना की अपनी योजना के लिए समर्थन चाहते थे। रिपब्लिकन पार्टी ऑफ़ इंडिया का नाम लिंकन की अमेरिकन रिपब्लिकन

पार्टी और बौद्धकालीन 'रिपब्लिक्स' (गणराज्यों), दोनों को ध्यान में रखते हुए तय किया गया था।[55] यह नाम इंडिपेंडेंट लेबर पार्टी के दर्शन की ओर लौटने की उनकी चाह को भी प्रतिबिम्बित करता था। आंबेडकर निम्न जाति समूहों—मुख्य रूप से अस्पृश्यों—को प्रतिनिधित्व देने के लिए दो तरह के उद्देश्यों को एक-दूसरे के साथ जोड़ने में सफल हो गए थे जिससे समाज के सभी ग़रीब तबक़ों में पार्टी की पैठ बनाई जा सकती थी। बल्कि आरपीआई ने एक ऐसा कार्यक्रम भी पेश किया जिसमें जाति की धारणा वर्ग की धारणा के पीछे ओझल हो गई थी ताकि यह पार्टी उन सभी तबक़ों के एक संघ के रूप में अपनी पहचान बना सके जो अपनी सामाजिक हैसियत के कारण अन्याय के शिकार हैं, चाहे वे दलित हों, ओबीसी हों या आदिवासी हों। फरवरी 1957 के चुनावों से पहले एससीएफ ने जो चुनाव घोषणापत्र निकाला उसमें भी यह संकेत दिया था कि वह 'अपना नाम बदल कर बैकवर्ड क्लासेज़ फ़ेडरेशन रखने को तैयार है ताकि दोनों तबक़ों (अनुसूचित जातियों के साथ-साथ ओबीसी और आदिवासी भी) को एक साझा संगठन में शामिल किया जा सके।'[56] आरपीआई ने एक ऐसा नाम अपनाया जिससे आंबेडकर को इन समूहों के साथ-साथ दूसरे समूहों को भी अपने छाते तले लाने में मदद मिली। पार्टी के संविधान में तय किया गया कि 'भारत की दबी-कुचली जनता, ख़ासतौर से बौद्धों (मुख्य रूप से धर्मांतरित महार), अनुसूचित जातियों, अनुसूचित जनजातियों एवं अन्य पिछड़ी जातियों को संगठित करना' पार्टी का मिशन होगा।[57] आरपीआई ख़ुद को एक तरफ़ तो केवल अस्पृश्यों के पक्ष में और दूसरी तरफ़ वर्ग की राजनीति करने वाली पार्टी के रूप में देख रही थी। यह एक नाज़ुक सन्तुलन बनाने की कोशिश थी। साथ ही आरपीआई को उन सामाजिक समूहों के प्रवक्ता के रूप में स्थापित भी करना था जो अपनी सामाजिक हैसियत, वेबर के शब्दों में 'स्टेटस ग्रुप' (हैसियत समूह), के कारण उत्पीड़न के शिकार थे—जनजातीय समूह और निचली जातियाँ जिन्हें अनुसूचित जातियों और अन्य पिछड़ी जातियों में रखा गया था।[58] इस तरह से आरपीआई ने वर्गीय राजनीति के मार्क्सवादी जाल में फंसे या एकल नागरिक के उदारवादी मिथक का शिकार हुए बिना अपने दायरे को अस्पृश्यों के आगे तक फैलाने का प्रयास किया।

दलित पहचान को इस तरह क्षीण करने से पार्टी को दूसरे राजनीतिक दलों के साथ गठबन्धन और साझेदारी बनाने का मौक़ा मिल गया था। भाषाई आधार पर राज्यों की सीमाओं के पुनर्निर्धारण के लिए चलाए गए अभियान के तहत इस उद्देश्य को ध्यान में रखते हुए हिस्सेदारी की गई। शुरुआत में आंबेडकर सीमाओं के इस पुनर्निर्धारण के फलस्वरूप बॉम्बे प्रॉविन्स में होने वाली काटछांट के ख़िलाफ़ थे। उनका मानना था कि गुजराती, मराठी, कन्नड़ और तेलुगू भाषाएँ

बोलने वाले प्रान्तों के गठन से इन राज्यों में प्रभुत्वशाली जातियों के जनसांख्यकीय भार (और लिहाज़ा राजनीतिक भार) में और इज़ाफ़ा ही हो जाएगा। इस तरह के पुनर्निर्धारण से महाराष्ट्र में सबसे ज़्यादा लाभ मराठों को होगा, फलस्वरूप अस्पृश्यों पर उनकी जकड़ और भी ज़्यादा मज़बूत हो जाएगी। मगर, भाषाई क्षेत्रवादी राजनीति की ताक़त महाराष्ट्र में इतनी बड़ी थी कि कमोबेश अवसरवादी रुख़ अपनाते हुए आंबेडकर को भी इस आन्दोलन में शामिल होना ही पड़ा। कम्युनिस्ट और सोशलिस्ट पहले ही संयुक्त महाराष्ट्र समिति के गठन के लिए नेहरू पर दबाव बनाने लगे थे जोकि अभी भी संकुचित सम्प्रदायवादी भावनाओं के आधार पर शासकीय मानचित्र के पुनर्गठन के प्रति हिचकिचा रहे थे। नेहरू की राय यही थी कि राष्ट्र का निर्माण व्यक्तिगत निष्ठाओं के आधार पर ही होना चाहिए। दिल से आंबेडकर भी प्रधानमंत्री नेहरू के इस विचार से सहमत थे परंतु नवम्बर 1956 में एससीएफ की ओर से वह भी संयुक्त महाराष्ट्र समिति (एसएमएस) में शामिल हो गए।

इस अनुबंध और भाषाई मानदंड के अनुसार प्रान्तीय सीमाओं के पुनर्निर्धारण के लिए एससीएफ ने जो मदद दी, उसने फरवरी 1957 के चुनावों में उसकी सफलता में काफ़ी योगदान दिया। एससीएफ ने बॉम्बे प्रॉविन्स में लोकसभा की चार सीटें (जिनमें से दो सीटें अस्पृश्यों के लिए आरक्षित थीं) और प्रॉविंस की लेजिस्लेटिव एसेम्बली में 15 सीटें जीतीं जिनमें से ज़्यादातर बम्बई में थीं जहाँ आंबेडकर के निकट सहायक पी. टी. बोराले महापौर भी चुने गए। इन चुनावों से तीन महीने पहले आंबेडकर का देहान्त हो गया था मगर चुनावों में एससीएफ को जो सफलता मिली वह आंबेडकर की व्यवहार कुशलता के लिए मरणोपरान्त श्रद्धांजलि थी। यह उनका एक ऐसा विशिष्ट गुण था जिस पर हम अगले अध्याय में और विस्तार से बात करेंगे।

पार्टी नेता के रूप में आंबेडकर दो रणनीतियों के बीच लगातार झूलते रहे। पहले तो उन्होंने यह कोशिश की कि न केवल दलितों बल्कि तमाम मजदूरों को आकर्षित किया जाए। इसके लिए उन्होंने आईएलपी का गठन किया। मगर, इस पार्टी का एजेंडा इतना व्यापक था कि उसका मूल दलित विचारधारा और आंबेडकरवाद के समाजशास्त्र के साथ मेल बिठाना मुश्किल था। लिहाज़ा, बाद में एससीएफ की स्थापना की गई जो अस्पृश्यों के हितों पर वापस लौटने का एक रास्ता थी। इस पार्टी का दायरा बहुत ज़्यादा संकुचित साबित हुआ, लिहाज़ा आंबेडकर को एक अलग ढंग से एक बार फिर आईएलपी के मूल दर्शन पर ही लौटना पड़ा। इसके लिए उन्होंने आरपीआई के रूप में एक ऐसी पार्टी का गठन किया जो कमज़ोर हैसियत और हालात वाले सभी लोगों—अनुसूचित जातियों, अन्य पिछड़े वर्गों और अनुसूचित जनजातियों—का प्रतिनिधित्व कर सके।

उनकी राजनीतिक दिशा में आ रहे ये बदलाव इस बात को दर्शाते हैं कि आंबेडकर एक तरफ़ वर्ग के महत्त्व और दूसरी तरफ़ अपनी सामाजिक पृष्ठभूमि के कारण स्वाभाविक रूप से जाति को समाज की मूल इकाई मानने के आग्रह के बीच झूल रहे थे। जैसा कि जे. गोखले ने भी ज़िक्र किया है, वर्गीय राजनीति का आग्रह अस्पृश्यता को सामाजिक-आर्थिक गतिकी की ऐनक से पढ़ने का नतीजा था जिसमें अस्पृश्यों के लिए इसी तरह के सामाजिक पिछड़ेपन से जूझ रही दूसरी जातियों के साथ साझेदारियों की सम्भावना पैदा होती थी। जाति के तर्क पर आश्रित पार्टियाँ—एससीएफ इस तरह की पार्टी का एक नमूना थी—एक अलग रणनीति को दर्शाती थीं। इन पार्टियों का विश्वास था कि अस्पृश्य समुदाय शेष समाज से स्थायी रूप से पृथक हैं और अन्य जातियों—यहाँ तक कि सबसे निचली जातियों—पर भी हिन्दुइज्म की जकड़ इस तरह की थी कि उनके साथ किसी तरह की साझेदारी या गठबन्धन सम्भव नहीं था।[59] आंबेडकर के इस अनिर्णय से पता चलता है कि जहाँ एक तरफ़ वह हिन्दू समाज के भीतर ऊपर उठने की आकांक्षा रखते थे वहीं दूसरी तरफ़ वह हिन्दू समाज से पूरी तरह सम्बन्ध विच्छेद भी कर देना चाहते थे। मगर, आंबेडकर को जाति और वर्ग की राजनीति के दो ध्रुवों पर सीमित करके गोखले ने दरअसल एक तीसरे पहलू को नज़रअन्दाज़ कर दिया है—उनके राजनीतिक प्रयोग की परिणति क्या हुई। अन्ततः आंबेडकर एक ऐसी पार्टी की कल्पना पर पहुँचे जो न तो अस्पृश्यों के दायरे तक सीमित होगी और वर्ग के तर्क से परे भी जा सकेगी, एक ऐसी पार्टी जो निचली जातियों और जनजातियों में मौजूद सारे समूहों की प्रवक्ता बनेगी। यह परियोजना आंबेडकर के उस विश्लेषण का अभिन्न हिस्सा थी जिसके अनुसार भारतीय समाज की समझ और व्याख्या मार्क्सवादी अवधारणाओं और परिभाषाओं के ज़रिए नहीं की जा सकती है। उनकी यह परियोजना इस कल्पना पर भी आधारित थी कि 'श्रेणीबद्ध असमानता' (ग्रेडेड इनिक्वॉलिटी) धीरे-धीरे धुंधली पड़ जाएगी, निम्नतर हैसियत वाली जातियों और जनजातियों के बीच एक क्षैतिज एकजुटता पैदा होगी और इस तरह आभिजात्य वर्गों के विरुद्ध एक बड़ा ब्लॉक सामने आएगा।

आंबेडकर की पार्टी निर्माण की कोई भी रणनीति उन्हें अस्पृश्यों के एकमात्र प्रतिनिधि के रूप में प्रस्तुत या स्थापित करने में कारगर साबित नहीं हो पाई। यहाँ तक कि जब उनकी पार्टी अपने शिखर पर थी, तब भी वह अपने विरोधियों को हाशिए पर ढकेलने और दलितों को राजनीतिक रूप से एकजुट करने में कामयाब नहीं हो पाए। वह 1926 में नागपुर में आयोजित ऑल इंडिया डिप्रेस्ड क्लासेज़ लीडर्स कॉन्फ्रेंस में मौजूद नहीं थे जहाँ अस्पृश्यों के पहले अखिल भारतीय संगठन—ऑल इंडिया डिप्रेस्ड क्लासेज़ एसोसिएशन—का जन्म हुआ।

यह कांग्रेस पार्टी द्वारा बनाया गया संगठन था। आंबेडकर को उनकी अनुपस्थिति में एसोसिएशन का उपाध्यक्ष चुना गया, एम.सी. राजा इसके अध्यक्ष चुने गए। 1928 में उन्होंने दिल्ली में आयोजित वार्षिक अधिवेशन में भी हिस्सा नहीं लिया जहाँ उनका नाम अध्यक्ष पद के लिए भी प्रस्तावित हुआ। अन्ततः, 1930 में उन्होंने एक प्रतिस्पर्धी संगठन के तौर पर ऑल इंडिया डिप्रेस्ड क्लासेज़ कांग्रेस की स्थापना की। 'एसोसिएशन' और 'कांग्रेस' के बीच यह विरोध 1932 में अपने चरम पर पहुँच गया था जब एम. सी. राजा ने पृथक निर्वाचक मंडल की माँग को ख़ारिज कर दिया और पूना पैक्ट के सवाल पर गांधी जी को समर्थन देने का फ़ैसला किया। बाद में एम. सी. राजा का राजगोपालाचारी की सरकार सहित 1937 में चुनी गई सारी कांग्रेसी सरकारों से मोहभंग होने लगा और फलस्वरूप 1942 में वह शेड्यूल्ड कास्ट्स फ़ेडरेशन में शामिल हुए। उस समय आंबेडकर का सामना ऑल इंडिया डिप्रेस्ड क्लासेज़ लीग नामक एक और प्रतिद्वंद्वी से हो रहा था। लीग की स्थापना कांग्रेस के लोगों ने 1935 में की थी। जगजीवन राम इस नए संगठन में एक मुख्य किरदार थे। वह बिहार कांग्रेस के कर्ताधर्ता राजेन्द्र प्रसाद के शिष्य थे। लीग का गठन यह सोचकर किया गया था कि इससे कांग्रेस को नए (गवर्नमेंट ऑफ़ इंडिया) ऐक्ट (1935) में निर्धारित की गई आरक्षित सीटों पर दलित मतदाताओं को आकर्षित करने के लिए एक राजनीतिक मंच मिल जाएगा।[60] लीग का प्रदर्शन कमोबेश बढ़िया ही रहा—1937 के चुनावों में देश भर में आरक्षित 151 सीटों में से 73 सीटें कांग्रेस को मिलीं।

बहरहाल, अंग्रेज़ों की नज़र में अस्पृश्यों के सबसे बड़े प्रतिनिधि अभी भी आंबेडकर ही थे, हालाँकि अब वे निर्विवाद या एकमात्र प्रतिनिधि नहीं थे। 1942 में क्रिप्स मिशन ने लीग के नेताओं से बात नहीं की बल्कि आंबेडकर और राजा से चर्चा की और वैवेल ने आंबेडकर को 1945 में आयोजित शिमला कॉन्फ्रेंस में भी आमंत्रित किया।[61] मगर, 1945-46 के चुनावों से अंग्रेज़ों की नज़र में आंबेडकर की विश्वनीयता को भीषण झटका लगा : एससीएफ 151 में से केवल 2 सीटें जीत पाई। अब उसके पास अस्पृश्यों के प्रतिनिधित्व का दावा करने का आधार नहीं बचा था। अप्रैल 1946 में ब्रिटिश सरकार द्वारा सत्ता हस्तान्तरण की तैयारी के सिलसिले में भारतीय राजनीतिज्ञों की राय जानने के लिए भेजे गए कैबिनेट डेलिगेशन ने भी आंबेडकरवादियों की बजाय लीग के नेताओं से मिलना ज़्यादा बेहतर समझा जिनमें जगजीवन राम भी शामिल थे और जिन्हें कुछ महीने बाद बनी अन्तरिम सरकार में श्रम मंत्रालय का कार्यभार भी सौंपा गया था।[62]

इस प्रकार, आंबेडकर अस्पृश्यों के प्रतिनिधित्व के लिए एक राजनीतिक पार्टी का निर्माण करने में विफल रहे। 1947 तक आते-आते उनके पास कोई ठोस सांगठनिक आधार नहीं बचा था मगर विरोधाभास ये है कि यहीं से नेहरू सरकार

में क़ानून मंत्री और संविधान सभा की मसविदा समिति के अध्यक्ष के रूप में उनके जीवन का सबसे विलक्षण दौर भी शुरू होने वाला था। वह नाकामयाबी की गर्त से कैसे ऊपर आए, कैसे उन्होंने राजनीतिक पलटी खाते हुए अपने ही पुराने कट्टर प्रतिद्वंद्वियों से हाथ मिला लिया? आंबेडकर की सफलता और लगातार प्रासंगिक बने रहने की क्षमता में उनकी व्यवहार कुशलता एक बहुत बड़ा माध्यम रही। न केवल 1947 के इस निर्णायक क्षण में बल्कि उनके पूरे कॅरियर के दौरान यह व्यवहार कुशलता ही उनकी सबसे ग़ौरतलब विशेषता दिखाई पड़ती है।

6

प्रतिरोध या सहयोग ? आंबेडकर की व्यवहार कुशलता और लचीलापन

'हमें दोनों पक्षों (कांग्रेस और सोशलिस्ट) के बीच चल रहे संघर्ष का फ़ायदा उठाना चाहिए और अपनी पृथक पहचान को क़ायम रखते हुए उस पार्टी के साथ सहयोग करना चाहिए जो हमारी शर्तों को मानने के लिए तैयार हो और इस तरह हमें भरपूर फ़ायदा लेना चाहिए। सत्ता ही सामाजिक प्रगति की कुंजी है।' (1948 में दिया गया आंबेडकर का वक्तव्य, एम. एस. गोरे, *दी सोशल कॉन्टेक्स्ट ऑफ़ ऐन आइडियोलॉजी*, पृष्ठ 182 में उद्धृत)।

'मैं जो चाहता हूँ वह है सत्ता—मेरे लोगों के लिए राजनीतिक सत्ता—क्योंकि, अगर हमारे पास सत्ता है तो हमारे पास सामाजिक हैसियत भी है।' (युनाइटेड प्रॉविंसेज़ शेड्यूल्ड कास्ट्स फ़ेडरेशन के 5वें वार्षिक अधिवेशन में आंबेडकर द्वारा दिया गया वक्तव्य, 24-25 अप्रैल 1948)

अंग्रेज़-व्यावहारिक दोस्ती ?

भारत की निचली जातियों के नेता पश्चिमी समतावाद (egalitarianism) के बारे में अपने विचारों के चलते परम्परागत रूप से भी यूरोपीयों से एक नज़दीकी महसूस करते थे। आख़िर मिशनरी और ब्रिटिश अध्यापकों ने ही तो उन्हें समानता और मुक्ति के आधुनिक पाठ पढ़ाए थे। मिसाल के तौर पर, ख़ुद फुले पर भी मिशनरी शिक्षा और टॉमस पेन की रचनाओं का गहरा असर पड़ा था। इन दार्शनिक सम्बन्धों के अलावा भी अस्पृश्य तबक़े के अगुआ और ज़्यादातर निचली जातियों के लोग यही उम्मीद रखते थे कि इन मूल्यों और विश्वासों का वाहक होने नाते अंग्रेज़ अन्ततः उनकी मुक्ति में भी सहायक बनेंगे। उदाहरण के लिए, 1910 में जब भूतपूर्व महार सैनिकों ने सशस्त्र बलों से उनकी जाति को निकालने के ख़िलाफ़ याचिका दी थी तो उसमें यह सवाल भी उठाया था कि : 'अपरिमित आत्मबलिदान के बाद नीग्रो लोगों को मुक्ति दिलाने वाला राष्ट्र, जिसने ख़ुद अपने राष्ट्रमंडल के ग़रीब-गुरबा

के प्रबोधन और उन्नति के लिए काम किया है, क्या वह राष्ट्र हमारी ओर मदद का हाथ बढ़ाने से चूक जाएगा?'[1] ज्ञापन पर दस्तख़त करने वालों ने सामाजिक समानता के लिए 'ब्रिटिश नागरिकता के पूर्ण अधिकार' का भी दावा किया था : 'हम उस दासता से तंग आ चुके हैं जो हिन्दू परम्पराओं की बर्बरता से हम पर थोपी जा रही है, हम भी उसी परिपूर्ण मुक्ति के आकांक्षी हैं जो ब्रिटिश राष्ट्र एवं ब्रिटिश सरकार अपनी प्रजा के प्रत्येक सदस्य को निष्पक्ष भाव से प्रदान करना चाहती है।'[2] इसी वजह से निचली जातियों और अस्पृश्यों के आन्दोलन राज्य तंत्र के किसी भी तरह के भारतीयकरण के ख़िलाफ़ खड़े हो जाते थे। उनका मानना था कि अगर शासन में भारतीयों को ऊँचे पदों पर जगह मिलेगी—जोकि कांग्रेस की स्थापना के समय से ही उसकी एक प्रमुख माँग थी—तो दबे-कुचले लोग एक बार फिर ऊँची जातियों के शिकंजे में क़ैद हो जाएँगे। डिप्रेस्ड इंडिया एसोसिएशन तथा सर्वेंट्स ऑफ़ सोमवंशीय सोसायटी की ओर से साइमन कमीशन के सामने जो संयुक्त वक्तव्य दिया गया उसमें यह बात बहुत बेबाक अन्दाज़ में कही गई थी : '...कोई भी सवर्ण हिन्दू जब प्रभावशाली पद पर पहुँच जाएगा तो वह डिप्रेस्ड क्लासेज़ के किसी भी व्यक्ति को सामाजिक या आर्थिक पदानुक्रम में ऊपर नहीं उठने देगा, वह बस ख़ुद को जमाने में ही लगा रहेगा। इसकी बजाय हम ब्रिटिश अफ़सर को कहीं ज़्यादा उम्मीद की नज़र से देखते हैं जो साम्प्रदायिक या जातीय पक्षपात से मुक्त है, किसी भी तरह की विकृत परम्पराओं से मुक्त है, अपनी अन्तरात्मा की आवाज़ और इन्सानियत के उसूलों को मानता है।'[3]

आंबेडकर की भी यही सोच थी। 1931 में उन्होंने 40,000 पाउंड की धनराशि इकट्ठा करने के लिए जारी की गई 'अपील ऑन बिहाफ़ ऑफ़ डिप्रेस्ड क्लासेज़ इंस्टिट्यूट' (डिप्रेस्ड क्लासेज़ इंस्टिट्यूट की ओर से अपील) में 'यूरोपियों और अमेरिकियों' से आह्वान किया था कि वे एक 'वंचित मानवता' की मदद करें जोकि इन्सानियत का ही एक भाग है[4] (आंबेडकर अपने मराठी लेखन में अकसर *मानुसकी* शब्द का सहारा लेते हैं जिसका हिन्दी-उर्दू में अनुवाद 'इन्सानियत' होता है)।[5]

आंबेडकर की सोच में यूरोपियों के प्रति जैसा आकर्षण था वह उनकी राष्ट्रवादी भावनाओं की वजह से क्षीण पड़ जाता था। फिर भी, तीस के दशक के आख़िर तक आते-आते वह अंग्रेज़ों के काफ़ी निकट पहुँच गए थे क्योंकि उन्हें इस बात का एहसास हो चुका था कि कांग्रेस के हाथों में सत्ता जाने से अस्पृश्यों की उन्नति के लक्ष्य को कितना ज़्यादा नुक़सान पहुँच रहा है।

जब राष्ट्रवाद अंकुश की शक्ति खो देता है। 1920-30 के दरम्यान आंबेडकर ने इस बात की एहतियात बरती कि वे स्वतंत्रता आन्दोलन का विरोध न करें। अगर वह गांधी और कांग्रेस के ख़िलाफ़ लड़ते तो भी आमतौर पर राष्ट्रीय एकता के प्रति

अपनी प्रतिबद्धता को दोहराते हुए अपनी आलोचना को एक सीमा में रखते। पहले गोल मेज़ सम्मेलन के दौरान उन्होंने दावा किया कि भारतीयों के पास स्वशासन का अधिकार होना चाहिए।[6] उनके इस स्टैंड के पीछे दो मुख्य कारण थे : पहला, आंबेडकर 'देश का ग़द्दार' होने के लांछन का बोझ नहीं उठा सकते थे क्योंकि सम्मेलन में हिस्सा लेने की वजह से पहले ही कांग्रेस की ओर से उनकी ऐसी आलोचना होने लगी थी। यह आलोचना इसलिए और तीखी हुई क्योंकि ऑल इंडिया डिप्रेस्ड क्लासेज़ कांग्रेस के पहले अधिवेशन (8 अगस्त, 1930, नागपुर) में पूर्ण स्वतंत्रता के प्रस्ताव का स्पष्ट रूप से विरोध किया गया था जबकि नेहरू के कहने पर दिसम्बर 1929 में कांग्रेस पार्टी के कार्यक्रम में यह लक्ष्य लिखित रूप से जोड़ा जा चुका था। इसके विपरीत, आंबेडकर के संगठन ने पूर्ण स्वतंत्रता के स्थान पर डोमीनियम स्टेटस (स्वतंत्र उपनिवेश) की माँग रखी थी।[7]

दूसरी बात, आंबेडकर अंग्रेज़ों से बेहद हताश हुए थे। उनकी यह हताशा पहले गोल मेज़ सम्मेलन के दौरान दिए गए उनके इस कथन से ज़ाहिर हो जाती है :

> 'डिप्रेस्ड क्लासेज़ ने यह सोचकर अंग्रेज़ों का स्वागत किया कि वे उन्हें रूढ़िवादी हिन्दुओं की सदियों पुरानी निरंकुशता और उत्पीड़न से मुक्ति दिलाएँगे (...)। परन्तु जब हम अपनी आज की स्थिति की तुलना अंग्रेज़ों के आगमन से पूर्व के भारतीय समाज में अपनी दुर्दशा के साथ करते हैं तो पता चलता है कि हम आगे नहीं बढ़ पाए हैं, सिर्फ़ वक़्त आगे बढ़ता चला गया है।'[8]

इन हालात के लिए उन्होंने अंग्रेज़ों के पास भारत की समझदारी के अभाव, समाज सुधारों को लागू करने में उनकी विफलता और सबसे बढ़कर, अपनी सत्ता को क़ायम रखने के लिए स्थानीय रईसों, तथा सवर्णों के नियंत्रण वाले प्रशासन का सहारा लेने के फ़ैसले को ज़िम्मेदार ठहराया। लिहाज़ा, पहले गोल मेज़ सम्मेलन के दौरान आंबेडकर सत्ता हस्तांतरण के पक्ष में दिखाई देने लगते हैं :

> 'हमें लाज़िमी तौर पर एक ऐसी सरकार चाहिए जिसमें सत्ता में बैठे लोग सामाजिक व आर्थिक जीवन के नियमों को बदलने में न घबराएँ। न्याय और औचित्य की दृष्टि से यह सुधार आज सबसे पहली आवश्यकता बन गया है। बर्तानवी सरकार कभी भी यह भूमिका अदा नहीं कर पाएगी। (...) हमें ऐसा लगता है कि कोई भी हमारे कष्टों को उस तरह दूर नहीं कर सकता जिस तरह हम ख़ुद कर सकते हैं और हम तब तक अपने कष्टों को दूर नहीं कर सकते जब तक कि राजनीतिक सत्ता हमारे हाथों में नहीं होगी।'[9]

आंबेडकर 1937 के बाद एक तरफ़ तो इस तरह के विचार व्यक्त करते हैं और दूसरी तरफ़ राष्ट्रवादी संकोच से आज़ाद होकर अंग्रेज़ों से मदद के लिए उनकी ओर झुकते दिखाई देने लगते हैं। दरअसल, बॉम्बे प्रेज़िडेंसी सहित भारत के बहुत सारे

भागों में सत्ता सँभालने के कांग्रेस के फ़ैसले ने भी राष्ट्रीय आन्दोलन के प्रति आंबेडकर की अब तक की उभयनिष्ठ सोच को एक ध्रुव की ओर ढकेलने में योगदान दिया था। उनका मानना था कि अब जाति के प्रति निरपेक्ष रवैया अपनाने वाले शासकों—अंग्रेज़ों—की जगह 'सामाजिक उत्पीड़कों' यानी उन सवर्ण हिन्दुओं ने ले ली है जिनका कांग्रेस पर दबदबा है। 1937 में सत्ता में आने के बाद कांग्रेस पार्टी की राजनीतिक दिशा इस मत को निश्चय ही पुष्ट करती दिखाई देती है। आंबेडकर के हिसाब से, बॉम्बे प्रेज़िडेंसी में सरकार बहुत रूढ़िवादी नीतियों का अनुसरण कर रही थी। इंडिपेंडेंट लेबर पार्टी के समर्थन से चल रहे मजदूरों और किसानों के आन्दोलनों के जवाब में सरकार ने दमन का रास्ता अपनाया जिसका पीछे भी ज़िक्र किया जा चुका है।[10] 2 सितम्बर, 1938 को औद्योगिक विवाद विधेयक को पारित कर दिया गया और इस तरह ख़ास हालात में हड़ताल के अधिकार को ग़ैर-क़ानूनी घोषित कर दिया गया।[11] कांग्रेस ने खोटी और वतन व्यवस्थाओं को ख़त्म करने से इनकार कर दिया था इसलिए आंबेडकर और भी ज़्यादा ग़ुस्से में थे।[12]

आंबेडकर के राजनीतिक रवैये में दो समानान्तर रुझान दिखाई देते हैं : एक तरफ़ तो कांग्रेस के प्रति उनका विरोध बढ़ रहा था और दूसरी तरफ़ वह राष्ट्रवाद की विचारधारा को ख़ारिज करने की तरफ़ बढ़ रहे थे। 1930 के दशक के प्रारम्भ में उन्होंने गांधीजी को बताया कि अस्पृश्यों के पास कोई होमलैंड नहीं है[13], और 1939 में उन्होंने अपने इसी मत को न केवल दोहराया बल्कि यह भी ज़ाहिर कर दिया कि बीते सालों के दौरान उनके ये विचार और सख़्त हुए हैं :

> ...जब भी मेरे निजी हितों और देश के हितों के बीच कोई टकराव रहा है, मैंने हमेशा अपने निजी दावों के मुक़ाबले देश के दावे को ऊँचा दर्जा दिया है (...)। मगर मैं इस देश के लोगों के ज़हन में इस विषय में कोई सन्देह शेष छोड़ना नहीं चाहता कि मेरी एक और निष्ठा भी है जिसको मैं कभी त्याग नहीं सकता। यह निष्ठा अस्पृश्यों के समुदाय के प्रति है जिसमें मैं ख़ुद पैदा हुआ हूँ, जहाँ से मैं आता हूँ और आशा करता हूँ कि जिसे कभी भी मैं छोड़ नहीं पाऊँगा। मैं इस सदन (लेजिस्लेटिव काउंसिल ऑफ़ बॉम्बे) के सामने अधिक से अधिक दृढ़ शब्दों में कह रहा हूँ कि जब भी देश के हितों और अस्पृश्यों के हितों के बीच कोई टकराव होगा, तो मेरी नज़र में अस्पृश्यों के हित देश के हितों से निश्चय ही ऊपर होंगे।[14]

आंबेडकर ने फुले के इस मत को भी दोहराया कि भारत दरअसल एक राष्ट्र है ही नहीं। 1950 में उन्होंने फिर सवाल उठाया : 'हज़ारों जातियों में बँटे लोग एक राष्ट्र कैसे हो सकते हैं?'[15] यदि राष्ट्र मुक्त और समान व्यक्तियों से मिलकर बना होता और जाति जैसी मध्यस्थ संस्थाएँ ख़त्म हो चुकी होतीं तो सम्भवतः आंबेडकर

ख़ुद को एक राष्ट्रवादी के रूप में ही देखते। मगर जब तक इस तरह का राष्ट्र अस्तित्व में नहीं आता, तब तक के लिए वह अस्पृश्यों के हित में काम करने पर ही ज़ोर देते रहे। यह ऐसा फ़ैसला है जो पीछे मुड़कर देखने पर नागरिकों के ऐसे राष्ट्र के गठन में योगदान देता प्रतीत होता है क्योंकि उनका यह फ़ैसला समानता को सींचने वाला क़दम ही रहा है।

आंबेडकर के पास आभिजात्य वर्ग के दबदबे वाले ऐसे राष्ट्रीय आन्दोलन के लिए कोई समय नहीं था जिसमें आमतौर पर प्रजा ही पहला शिकार बनती थी। जैसा कि 1943 में उन्होंने ट्रेड यूनियन कार्यकर्ताओं के सामने कहा था, मजदूर वर्ग 'अकसर अपना सब कुछ राष्ट्रवाद के तथाकथित लक्ष्य के लिए दाँव पर लगा देते हैं। (परन्तु) उन्होंने कभी यह जानने की फ़िक्र नहीं की कि जिस राष्ट्रवाद के लिए वे अपना सब कुछ होम कर रहे हैं वह जब क़ायम होगा तो उन्हें सामाजिक और आर्थिक समानता देगा या नहीं ? अकसर ऐसा होता है कि जब एक सफल राष्ट्रवाद और मजदूर वर्ग के बलिदानों से सींचा गया एक मुक्त और स्वतंत्र राष्ट्र, राज्य पैदा होता है तो वह मजदूर वर्ग के प्रभुओं के प्रभुत्व में इस वर्ग का ही शत्रु बन जाता है।'[16]

कांग्रेस प्रान्तों का शासन किस तरह चला रही थी, इस बात को लेकर आंबेडकर अन्ततः कांग्रेस के नेतृत्व वाले स्वतंत्रता आन्दोलन से दूर होते चले गए। उन्होंने यह भी महसूस किया कि कांग्रेस का पुराना रिकॉर्ड भी इस बारे में कोई आशा पैदा नहीं करता था कि अगर आज़ादी का संघर्ष तेज़ी से कामयाब हो जाता है तो वह सत्ता में आने पर किस तरह का व्यवहार करेगी। अक्टूबर 1939 में ही उन्होंने बॉम्बे लेजिस्लेटिव असेम्बली में यह ऐलान कर दिया था :

> 'मैं ये कतई बर्दाश्त करने वाला नहीं हूँ। मैं उस स्थिति को उखाड़ने के लिए अपने ख़ून की आख़िरी बूँद तक बहा दूँगा। मैं ये कतई बर्दाश्त नहीं करूँगा कि मेरे ऊपर हिन्दुओं का जो सामाजिक वर्चस्व है, आर्थिक वर्चस्व है और धार्मिक वर्चस्व है उसमें राजनीतिक वर्चस्व भी शामिल कर दिया जाए। मैं इसे कतई बर्दाश्त नहीं करूँगा। मैं फिर दोहरा रहा हूँ, मैं कभी ऐसा नहीं होने दूँगा। हम ऐसी सियासत की ईंट से ईंट बजा देंगे जो एक शासक वर्ग के अल्पतंत्र की स्थापना के लिए भ्रष्ट होती जा रही है।'[17]

अस्पृश्यों के हितों की रक्षा[18] उनकी प्राथमिकता बनी रही और इसके चलते वह औपनिवेशिक सत्ता के दिनोदिन और नज़दीक होते चले गए।

अंग्रेज़ों के साथ काम करना। दूसरे विश्व युद्ध में अंग्रेज़ों ने कांग्रेस से सलाह या सहमति लिए बिना भारत को भी युद्ध में शामिल कर लिया था जिसके चलते कांग्रेस ने उन सारी प्रान्तीय सरकारों से इस्तीफ़ा दे दिया जहाँ-जहाँ वह सत्ता में थी। अंग्रेज़ अपने युद्ध प्रयासों के लिए समर्थन जुटाने के वास्ते भारतीय मध्यस्थों की तलाश में

थे और अक्टूबर 1939 में आईएलपी की कार्यकारिणी ने लम्बी चर्चाओं के बाद अंग्रेज़ों के पक्ष में मतदान किया :

> महामहिम वायसराय द्वारा दिए गए आश्वासनों के आलोक में, यथा, युद्ध समाप्ति के फ़ौरन बाद हिज़ मेजेस्टी की सरकार भारत के संविधान में संशोधन के लिए समुदायों, दलों और हितों के प्रतिनिधियों से परामर्श करेगी और यह देखते हुए कि हिज़ मेजेस्टी की सरकार ने डोमीनियन स्टेटस को समर्थन देना भारत का लक्ष्य घोषित किया है, और यह देखते हुए कि युद्ध के बढ़ने से क्रमशः ऐसी स्थिति भी पैदा हो सकती है कि ब्रिटेन की मदद के सवाल के मुक़ाबले भारत की रक्षा का सवाल कहीं ज़्यादा महत्त्वपूर्ण हो जाए, कार्यकारिणी मानती है कि यह समय ग्रेट ब्रिटेन को अपना समर्थन न देने के लिए उचित समय नहीं है।[19]

इस फ़ैसले के पक्ष में पार्टी ने जो औचित्य दिए वे सभी किसी न किसी ढंग से राष्ट्रीय प्रश्न से जुड़ते हैं। इनमें से अन्तिम सवाल—बाहरी घुसपैठ से भारत की रक्षा करना—राष्ट्रवाद के नाम पर अंग्रेज़ों के लिए आंबेडकर के समर्थन को सही ठहराने का साधन मात्र दिखाई देता है। आंबेडकर के राष्ट्रवाद की यह व्याख्या जापानी ख़तरे के बढ़ने के साथ और तीखी होती गई। इसी सिद्धान्त के आलोक में उन्होंने अगस्त 1942 में गांधी द्वारा शुरू किए गए 'अंग्रेज़ो भारत छोड़ो' आन्दोलन का भी विरोध किया था। आंबेडकर की राय में 'सारे देशभक्त भारतीयों का दायित्व' यह था कि वे इस तरह के आन्दोलन को 'ऐसी कोई भी अराजकता व उथल-पुथल पैदा करने' से रोकें, 'जो निश्चय ही इस देश को जापान के अधीन लाने में मदद देगी।'[20]

ऐसा मानने वालों में आंबेडकर अकेले नहीं थे। कांग्रेस के भीतर ही, ख़ुद नेहरू भी अन्तर्राष्ट्रीय स्तर पर भारत छोड़ो आन्दोलन के परिणामों को लेकर चिन्तित थे। इंग्लैंड को कमज़ोर करने का मतलब था सीधे-सीधे फ़ासिस्टों को मदद पहुँचाना, जिनसे भारत के भावी प्रथम प्रधानमंत्री का 1920 और तीस के दशकों में यूरोप में सीधा सामना हो चुका था। आंबेडकर के लिए औपनिवेशिक सत्ता के साथ साझेदारी करने के बदले अस्पृश्यों के लिए रियायतें हासिल करना कहीं ज़्यादा अहम था बामुक़ाबले उसके युद्ध अभियान में योगदान देने के। 1941 की शुरुआत में उन्होंने सरकार से यह निवेदन किया और उसको मंजूर भी कर लिया गया कि सेना में अस्पृश्यों की ज़्यादा बड़े पैमाने पर भर्ती की जाए, ख़ास तौर से महार बटालियन को फिर से बहाल किया जाए। इसके बाद उन्होंने अपनी जाति के लोगों से भी आह्वान किया वे बड़ी संख्या में इस बटालियन में भर्ती हों।[21] इसके साथ ही उन्होंने ब्रिटिश शासन में नौकरी करने का प्रस्ताव भी स्वीकार कर लिया। जुलाई 1941 में उन्हें वायसराय द्वारा गठित की गई डिफ़ेंस एडवाइज़री कमेटी में नामित किया गया। इस

कमेटी का मक़सद था युद्धक प्रयासों में भारतीय राजनेताओं (एम.सी. राजा भी उन राजनेताओं में एक थे) को शामिल करना और इस युद्ध में भारत को जबरन घसीट लिए जाने के फ़ैसले को और ज़्यादा वैधता दिलाना। साल भर बाद आंबेडकर को श्रम सचिव के रूप में वायसराय की कार्यकारिणी में भी शामिल कर लिया गया। उन्हें उम्मीद थी कि इस पद पर रहते हुए वह अस्पृश्यों के हालात को सुधारने में कामयाब हो पाएँगे। इस पद पर रहते हुए आंबेडकर जो महत्त्वपूर्ण विधेयक पारित कराने में कामयाब रहे उनमें से एक था इंडियन ट्रेड यूनियन्स (अमेंडमेंट) बिल जिसमें प्रत्येक कारखाने या उद्यम में ट्रेड यूनियन को मान्यता देना अनिवार्य घोषित किया गया था, बशर्ते वह कुछ निश्चित शर्तों, ख़ासतौर से प्रतिनिधित्व सम्बन्धी शर्तों पर खरी उतरती हो।

नवम्बर 1943 में अस्पृश्यों के पक्ष में मिली प्रशासकीय सफलताओं को गिनाते हुए आंबेडकर ने सबसे बढ़कर इस बात पर ज़ोर दिया कि मद्रास प्रेज़िडेंसी की भाँति आगे से राष्ट्रीय प्रशासन में भी 8.33 प्रतिशत पद अनुसूचित जातियों के लिए आरक्षित रहेंगे, ब्रिटेन के तकनीकी शिक्षा संस्थानों में उनके लिए पद आरक्षित होंगे, केन्द्रीय असेम्बली में आरक्षित उनके कोटे में एक सीट बढ़ा दी गई है तथा अब राज्य सभा (भावी संसद का ऊपरी सदन) में भी उनके लिए एक सीट आरक्षित कर दी गई है।[22] 1944 में उन्होंने दक्षिण भारत के अपने दौरे के अवसर पर 68,000 विद्यार्थियों के लिए एक तकनीकी शिक्षा परियोजना तथा वेतन व कार्य परिस्थितियों के मामले में मालिकों पर कुछ बन्दिशें लगाने वाले क़ानून की हिमायत की और औपनिवेशिक शासन के लाभदायक प्रभावों पर भी ज़ोर दिया।[23] लेबर मेंबर के रूप में उन्होंने पेमेंट ऑफ़ वेजेज़ (अमेंडमेंट) ऐक्ट तथा बहुत सारे फैक्ट्रीज़ (अमेंडमेंट) ऐक्ट्स की भी नींव डाल दी थी।[24] आंबेडकर ने महिला कामगारों की नौकरी को नियमों के दायरे में लाने (जिसमें खानों में महिला मजदूरों से काम कराने पर पाबन्दी का नियम भी शामिल था)[25] और खान मजदूरों के हालात में सुधार के लिए भी इसी तरह के क़ानूनी उपाय शुरू किए थे।[26]

बहरहाल, अंग्रेज़ों से आंबेडकर की मुख्य अपेक्षाएँ प्रायः पूरी नहीं हो पाईं। अक्टूबर 1942 में उन्होंने विधायिका, शासन और शिक्षा में अनुसूचित जातियों के स्थान के विषय में निश्चित माँगें पेश करते हुए वायसराय को एक ज्ञापन सौंपा था। राजनीतिक धरातल पर उन्होंने जो चित्र पेश किया वह भी काफ़ी निराशाजनक था। इसके मुताबिक़, नैशनल असेंबली में सिर्फ़ दो अस्पृश्य सदस्य थे और एक्ज़क्यूटिव काउंसिल में सिर्फ़ एक सदस्य था—ख़ुद आंबेडकर। जहाँ तक शासन तंत्र की बात है तो इंडियन सिविल सर्विस के 1,056 सदस्यों में से केवल एक ही अस्पृश्य जातियों से था। 1940 तक पूरे देश में मात्र 400-500 अस्पृश्य स्नातक थे। शिक्षा के मामले में आंबेडकर का प्रस्ताव था कि अस्पृश्य विद्यार्थियों को और

ज़्यादा छात्रवृत्तियाँ दी जाएँ। शासकीय सेवाओं में पहुँच की समस्या उनकी प्राथमिकताओं में से एक थी। उनका मानना था कि सार्वजनिक क्षेत्र यानी राज्य को अनुसूचित जातियों के युवाओं को नौकरियाँ देनी चाहिए क्योंकि व्यवसाय और उद्योग जगत प्रायः उनकी पहुँच से बाहर ही होते हैं। उन्होंने इस बात पर भी ज़ोर दिया कि यदि शासन में अस्पृश्यों को नौकरियाँ दी जाती हैं तो इससे उन्हें शिक्षा प्राप्त करने के लिए प्रोत्साहन और प्रेरणा मिलेगी। उनका अन्तिम तर्क यह था कि शासन में अस्पृश्यों की उपस्थिति उनके हित में बनने वाले किसी भी क़ानून के लिए लाभदायक स्थिति होगी क्योंकि इससे उसके प्रभावी क्रियान्वयन में बहुत भारी मदद मिल पाएगी।[27]

शासन में अस्पृश्यों की ज़्यादा भर्ती का लक्ष्य हासिल करने के लिए आंबेडकर ने आह्वान किया कि उन्हें भी उसी तरह अल्पसंख्यक का दर्जा दिया जाए जिस तरह मुसलमानों, ऐंग्लो इंडियनों, भारतीय ईसाइयों, सिखों और पारसियों को दिया जाता है। इन समुदायों को भारतीय ग्रह मंत्रालय द्वारा 1934 में ही मुख्य प्रशासकीय विभागों (इंडियन सिविल सर्विस, रेलवे, कस्टम्स, पोस्ट एवं टेलीग्राफ़ आदि) में कोटा दिया जा चुका था। मगर शायद इससे भी बहुत फ़र्क़ नहीं पड़ रहा था : 1936 में सरकारी नौकरियों में अनुसूचित जातियों के लिए 8.33 प्रतिशत का जो कोटा तय किया गया था उसको भी भरा नहीं जा सका था। इसका पहला कारण तो यही था कि आंबेडकर के मंत्रालय के अलावा दूसरे मंत्रालयी विभागों ने इस दिशा में कोई प्रयास नहीं किया। दूसरी बात, अस्पृश्यों में उचित शैक्षिक योग्यता वाले उम्मीदवार ढूँढ़ना बहुत कठिन था।[28] राजनीतिक धरातल पर आंबेडकर सरकार के सामने एक बेहद अस्पष्ट और साधारण माँग पेश करके ही सन्तुष्ट हो गए—उन्होंने माँग की कि राष्ट्रीय असेम्बली में अस्पृश्य सदस्यों की संख्या बढ़ाई जाए।

अंग्रेज़ों ने उनके प्रस्तावों को नज़रअन्दाज़ कर दिया जोकि क्रिप्स मिशन के ब्योरों को देखकर पता चलता है। क्रिप्स मिशन ने अस्पृश्यों को कोई आश्वासन दिए बिना संविधान सभा के चुनाव की रूपरेखा पेश कर दी थी। 1 अप्रैल, 1942 को आंबेडकर और राजा ने इस परियोजना के ख़िलाफ़ मिलकर विरोध जताया। उन्होंने दावा किया कि यह परियोजना अस्पृश्यों को ऊँची जातियों के हिन्दुओं के अंगूठे तले दबाने की योजना है : '(यह परियोजना) हमें प्राचीन अतीत के उन्हीं स्याह दिनों में ले जाती है, इसे हम कभी बर्दाश्त नहीं करेंगे। हमारे लोगों पर किए जा रहे इस भीषण अत्याचार का अपनी पूरी शक्ति से विरोध करने के लिए हम सभी कृतसंकल्प हैं।'[29]

ग़ौर करने की बात है कि यह सघन असन्तोष भी आंबेडकर को एग्जिक्यूटिव कमेटी से निकलने को बाध्य नहीं कर पाया। इसके विपरीत, 1943–45 के दौरान उन्होंने भारतीय समाज में अस्पृश्यों की दुर्दशा को सामने लाने के लिए सत्ता में बैठे लोगों के बीच पैरवी के अपने प्रयासों को दोगुना कर दिया। मई 1945 में उन्होंने

संविधान सभा के गठन की अपनी योजना पेश की : उन्होंने असेम्बलियों में अस्पृश्यों के लिए कोटा सुझाए ताकि हिन्दुओं और मुसलमानों के बीच वे वास्तविक मध्यस्थ की भूमिका निभा सकें। ख़ैर, दुनिया ने उनके सुझाव को नज़रअन्दाज़ कर दिया और वॉवेल प्लान से उसके प्रति अंग्रेज़ों की तटस्थता भी साफ़ ज़ाहिर हो गई। वायसराय लॉर्ड वॉवेल ने 1945 में हिन्दुओं और मुसलमानों के बीच एक समझौते का प्रयास किया, फलस्वरूप चुनाव का फ़ैसला लिया गया ताकि पहले यह पता लगा लिया जाए कि मुस्लिम लीग, कांग्रेस और दूसरे दलों को दरअसल कितना समर्थन हासिल है। 1946 के चुनावों में निराशाजनक नतीजे पाने वाली आंबेडकर की शेड्यूल्ड कास्ट्स फ़ेडरेशन इस फ़ैसले की पहली शिकार बनी जिसका ऊपर ज़िक्र किया जा चुका है।

कुल मिलाकर, अंग्रेज़ों के साथ आंबेडकर के घनिष्ठ सहयोग से उन्हें अपने उद्देश्यों को साकार करने में भले ही मदद न मिली हो मगर इससे उन्हें शासन तथा शिक्षा व्यवस्था में प्रतिनिधित्व और श्रम क़ानूनों में अस्पृश्यों के पक्ष में उल्लेखनीय रियायतें हासिल करने में कामयाबी ज़रूर मिल गई थी। 1946 के बाद भारत तेज़ी से आज़ादी की तरफ़ बढ़ने लगा था, इसे देखते हुए वह कांग्रेस के निकट आने लगे जोकि आने वाले समय में सत्ता की स्वाभाविक उम्मीदवार थी।

आंबेडकर, 1947 के बाद भारत के सत्ता प्रतिष्ठान में एक दलित नेता की मौजूदगी। जब कैबिनेट डेलिगेशन ने कांग्रेस के निवेदन को स्वीकार करते हुए अप्रैल 1946 में जगजीवन राम और 'लीग' के दूसरे अस्पृश्य नेताओं से मिलने का फ़ैसला लिया और एससीएफ को इस आधार पर नज़रअन्दाज़ कर दिया क्योंकि उसके प्रतिनिधित्व का आधार बहुत सिमट चुका था तो आंबेडकर को इस बात का साफ़ एहसास हो गया कि अब उनके पास अंग्रेज़ों का वैसा समर्थन नहीं है जो सालों से उन्हें मिल रहा था। मुसलमानों की तरह अस्पृश्यों के लिए भी अल्पसंख्यक का दर्जा और दूसरे लाभ हासिल करने के लिए पार्टी ने जुलाई में सत्याग्रह आन्दोलन छेड़ दिया जिसके तहत बॉम्बे लेजिस्लेटिव काउंसिल के भवन के सामने प्रदर्शन किया गया।[30] इसी क्रम में मध्य प्रान्त और बेरार तथा संयुक्त प्रान्त में भी प्रदर्शन आयोजित किए गए। सितम्बर में हज़ारों आंबेडकरवादी नागपुर में लेजिस्लेटिव काउंसिल के सामने इकट्ठा हुए।[31] इनमें से ज़्यादातर आन्दोलन लम्बे समय तक जारी नहीं रह पाए और इस तरह आंबेडकर ने 'प्रत्यक्ष कार्रवाइयों के ज़रिए अपना जनसमर्थन साबित करने का अवसर गँवा दिया।'[32] चुनांचे, अंग्रेज़ उन्हें लगातार हाशिए पर ढकेलते रहे।

आंबेडकर ने अंग्रेज़ों से मुँह फेर लिया और उच्च-जातीय प्रभुत्व वाली कांग्रेस को ही अपनी सेवाएँ देने का फ़ैसला लिया। 1942 में ही उन्होंने यह ऐलान कर दिया था कि 'अगर हिन्दू डिप्रेस्ड क्लासेज़ को पर्याप्त आश्वासन देते हैं तो वे उनकी लड़ाई

में कन्धे से कन्धा मिलाकर साथ देंगे। अन्यथा उनके साथ समझौते का कोई मतलब नहीं है।'[33] शर्तबद्ध समर्थन का यह सिद्धान्त राजनीति के प्रति उनके व्यवहारकुशल रवैये को बहुत सटीक ढंग से दर्शाता है। सनद रहे, उनके इस रवैये को ख़ालिस अवसरवाद मानने की भूल न करें। वह उनमें से नहीं थे जो ओहदों की पेशकश पर अपना ख़ेमा बदल लिया करते हैं। वे इस आधार पर पाला बदलते थे कि इससे अस्पृश्यों की उन्नति में क्या मदद मिलेगी। इस लिहाज़ से आंबेडकर का पूरा कॅरियर जगजीवन राम के कॅरियर से बहुत अलग दिखाई पड़ता है जोकि 1940 के दशक से 1970 के दशक तक कांग्रेस में अस्पृश्यों के मुख्य नेता रहे। जगजीवन राम ने अपने पद और हैसियत का इस्तेमाल अस्पृश्यों के हितों की रक्षा के लिए उतना नहीं किया जितना कि कर सकते थे। उन्होंने दलितों और समाज के सभी तबक़ों की प्रतिनिधि पार्टी के रूप में कांग्रेस को स्थापित करने पर ज़्यादा ज़ोर दिया।

आंबेडकर और कांग्रेस के बीच सुलह का मौक़ा संविधान सभा में सामने आया। 17 दिसम्बर, 1946 को उन्होंने संविधान सभा के 'लक्ष्यों व उद्देश्यों' के बारे में जवाहरलाल नेहरू द्वारा पेश किए गए प्रस्ताव पर अपनी टिप्पणी दी थी। उनके भाषण को सदन के सभी हिस्सों से भरपूर समर्थन मिला :

> 'मैं आज इस बात से भली-भाँति अवगत हूँ कि हम राजनीतिक, सामाजिक एवं आर्थिक रूप से बँटे हुए हैं। हम परस्पर द्वन्द्व में जूझ रहे ख़ेमों का एक समूह हैं और मैं स्वीकार करने को तैयार हूँ कि सम्भवत: मैं भी ऐसे ही एक ख़ेमे का नेता हूँ। परन्तु महोदय, इस सबके बावजूद मुझे इस बात का पूरा विश्वास है कि अगर समय और हालात मिले तो दुनिया की कोई ताक़त इस देश को एकजुट होने से नहीं रोक सकती (हर्षध्वनि)। मुझे यह कहने में लेशमात्र भी संकोच नहीं है कि अपनी सारी जातियों और पन्थों के साथ हम किसी न किसी रूप में एक एकबद्ध जन होंगे (हर्षध्वनि)। मुझे यह कहने में कोई हिचकिचाहट नहीं है कि भारत के विभाजन के लिए मुस्लिम लीग द्वारा चलाए गए आन्दोलन के बावजूद एक दिन मुसलमानों में भी विवेक का संचार होगा और वे भी यही सोचने लगेंगे कि उनके लिए भी एकजुट भारत ही बेहतर है (भारी हर्षध्वनि एवं तालियों की गड़गड़ाहट)।'[34]

कांग्रेस पार्टी से निकटता हासिल करने के लिए आंबेडकर को संविधान सभा में उनके चयन का समर्थन करने वाली मुस्लिम लीग के स्टैंड पर सवाल उठाने में भी कोई हिचकिचाहट नहीं थी।[35] लिहाज़ा, संत्रिधान सभा में मौजूद कांग्रेसी सदस्य नए भारत के निर्माण के अवसर पर राष्ट्रीय एकता के पक्ष में दिए गए उनके इस भावपूर्ण भाषण से अभिभूत हुए बिना न रह सके। आंबेडकर को इस लक्ष्य की ओर प्रेरित करना किसी ज़बर्दस्त तख़्तापलट जैसी कामयाबी थी। ग़ौरतलब है कि संविधान सभा के अध्यक्ष राजेन्द्र प्रसाद ने जिस समय उन्हें बोलने के लिए आमंत्रित किया

उस समय 20 से ज़्यादा सदस्य वक्ता अपनी बारी के इन्तज़ार में थे। ज़ाहिर है कि राजेन्द्र प्रसाद ख़ुद चाहते थे कि आंबेडकर सभा पर छा जाएँ।

आंबेडकर और कांग्रेस के बीच यह मैत्रीभाव 1947 के दौरान भी लगातार जारी रहा। पहली बात, संविधान सभा में अपनी सीट बचाए रखने के लिए उन्हें भी कांग्रेस की मदद की ज़रूरत थी। 1946 में उन्होंने सभा की सदस्यता के लिए चुनाव लड़ा था—बम्बई से नहीं, जहाँ कांग्रेस शासक पार्टी थी बल्कि बंगाल से, जहाँ वह मुस्लिम लीग का समर्थन हासिल करके सफल हुए थे। मगर आज़ादी के साथ ही बंगाल के विभाजन के फलस्वरूप इस प्रान्त का प्रतिनिधित्व करने वाली संविधान सभा की कई सीटें भी ख़त्म हो गई थीं, लिहाज़ा 1947 में आंबेडकर की सीट भी जाती रही थी। बॉम्बे प्रेज़िडेंसी के एक निर्वाचित सदस्य एम. आर. जयकर के इस्तीफ़े से आंबेडकर को लेजिस्लेटिव असेम्बली के ऐसे कांग्रेसी सदस्यों के समर्थन से उपचुनाव लड़ने का मौक़ा मिला जो राजेन्द्र प्रसाद जैसे पार्टी नेताओं के आग्रह पर उन्हें संविधान सभा में चुनवाने के लिए राज़ी हो गए थे।[36]

अगस्त 1947 में नेहरू ने आंबेडकर को स्वतंत्र भारत की पहली सरकार में अपना क़ानून मंत्री नियुक्त किया। निस्सन्देह यह फ़ैसला गांधी जी के दबाव में लिया गया था।[37] जैसा कि आंबेडकर ने आगे चलकर कहा था, उन्होंने प्रधानमंत्री के इस निमंत्रण को स्वीकार किया क्योंकि 'पहली बात तो ये है कि यह प्रस्ताव किसी शर्त से नहीं बंधा था। दूसरी बात यह कि अनुसूचित जातियों के हितों के लिए शासन के बाहर रहने की बजाय शासन के भीतर रहते हुए काम करना ज़्यादा आसान है।'[38] मगर उनको इस बात का मलाल भी था कि उन्हें श्रम या योजना जैसे मंत्रालय[39] नहीं मिले जो उन्हें ज़्यादा महत्त्वपूर्ण लगते थे, बल्कि उन्हें 'एक ऐसी ख़ाली साबुनदानी थमा दी गई जिससे खेलना सिर्फ़ पुराने वकीलों का शग़ल'[40] हुआ करता है।

संविधान सभा की भाँति सरकार में भी आंबेडकर अस्पृश्यों के हित में आवाज़ उठाते रहे।[41] वह भावी संविधान को भारतीय समाज में सुधारों का मार्ग प्रशस्त करने वाला एक महत्त्वपूर्ण दस्तावेज़ मानते थे और मार्च 1947 में उन्होंने अपनी पहल पर संविधान सभा के सामने एक संवैधानिक परियोजना पेश की। इसमें उन्होंने अस्पृश्यों के लिए पृथक निर्वाचक मंडल तथा केन्द्र एवं राज्य सरकारों और स्थानीय, क्षेत्रीय एवं राष्ट्रीय शासन में जनसंख्या के अनुपात में कोटे की माँग उठाई।[42] दूसरी बात, उन्होंने आह्वान किया कि संविधान के अन्तर्गत सरकारी भूमि के पुनर्वितरण के लिए एक आयोग का गठन किया जाए ताकि अस्पृश्यों को 'पृथक गाँवों' में बसाया जा सके।[43] अपनी इस सबसे कड़ी माँग पर आंबेडकर की वापसी का आंशिक कारण था पाकिस्तान का गठन। अपने ज्ञापन में उन्होंने इस बात पर ज़ोर दिया कि भारत के मुसलमानों को एक पृथक निर्वाचक मंडल न सिर्फ़ इसलिए मिला है क्योंकि वे एक अलग धर्म से ताल्लुक रखते हैं बल्कि इसलिए भी 'क्योंकि—और यह बहुत

बुनियादी तथ्य है—हिन्दुओं और मुसलमानों के सामाजिक सम्बन्ध सामाजिक भेदभाव पर आधारित हैं।'[44] तो फिर यही नियम अस्पृश्यों पर क्यों नहीं लागू किया जा सकता जबकि इस कसौटी के हिसाब से तो वे भी अल्पसंख्यक हैं? *पाकिस्तान ऑर द पार्टीशन ऑफ़ इंडिया* नामक अपनी किताब, जिसके 1940 से 1946 के बीच तीन संस्करण प्रकाशित हुए, में उन्होंने इस बात को रेखांकित किया कि मुस्लिम लीग की माँग पूरी तरह जायज़ है।[45] आंबेडकर की राय थी कि मुसलमानों की तरह अस्पृश्य भी अल्पसंख्यक हैं और उन्हें भी अपना भूभाग पाने का उतना ही अधिकार है: इस बात को देखते हुए कि वे (शेष हिन्दुओं से) 'असल में सामाजिक रूप से पृथक ही हैं, लिहाज़ा (उन्हें) भौगोलिक एवं टेरीटोरियल दृष्टि से भी पृथक कर दिया जाना चाहिए।'[46] विभाजन के बाद आंबेडकर ने कश्मीर के विभाजन का भी समर्थन किया। इतना ही नहीं, 1951-52 के एससीएफ के चुनावी घोषणापत्र में यह प्रस्ताव भी रखा गया कि आइन्दा विभाजन पर कोई प्रश्न नहीं उठाया जाएगा। घोषणापत्र के अनुसार, किसी को भी अब इसे उलटने के बारे में नहीं सोचना चाहिए और जम्मू-कश्मीर राज्य के मुस्लिम हिस्सों को निश्चय ही पाकिस्तान को सौंप दिया जाना चाहिए।[47]

आंबेडकर की संवैधानिक परियोजना संविधान सभा में मौजूद दो दूसरे दलित नेताओं—एच. जे. खांडेकर और जगजीवन राम द्वारा पेश की गई योजना से कहीं ज़्यादा रेडिकल थी। खांडेकर, जो ख़ुद महार थे और राजा व गवई के निकट थे, वह राजा-मुंजे पैक्ट का समर्थन करके और हिन्दू धर्म के बाहर किसी भी तरह के धर्मांतरण का विरोध करके आंबेडकर से झगड़ा मोल ले चुके थे।[48] संविधान सभा में उन्होंने संयुक्त निर्वाचन मंडलों और अस्पृश्यों के लिए आरक्षित सीटों के पक्ष में आवाज़ उठाई।[49] जहाँ तक जगजीवन राम का सवाल था, उन्होंने इस मुद्दे पर स्पष्ट रूप से अपनी राय रखी और हिन्दू समाज में अस्पृश्यों के समावेशन के पक्ष में अपना विचार व्यक्त किया। वह चाहते थे कि 'अन्य अल्पसंख्यकों (जैसे अनुसूचित जाति) को भी अभिभावक समुदाय में दूसरों के साथ समान स्तर पर लाकर उनके समावेशन को गति प्रदान की जाए।'[50] उन्होंने आह्वान किया कि मन्दिरों के दरवाज़े अस्पृश्यों के लिए भी खोल दिए जाएँ और उन्हें भी हिन्दुओं द्वारा आयोजित होने वाले (अन्य) सामाजिक आयोजनों और उत्सवों में हिस्सा लेने दिया जाए। ज़ाहिर है यह सोच आंबेडकर की सोच से कतई मेल नहीं खाती थी।

संविधान सभा ने जल्दी ही अपने सदस्यों को लेकर अलग-अलग विषयों पर उपसमितियों का गठन कर दिया। इनमें से एक कमेटी अल्पसंख्यकों की समस्याओं पर विचार करने के लिए बनाई गई थी। आंबेडकर, खांडेकर और जगजीवन राम, तीनों इस कमेटी के सदस्य थे। इस कमेटी ने पृथक निर्वाचक मंडलों के सिद्धान्त को 28-3 के बहुमत से ख़ारिज कर दिया और आरक्षित सीटों के पक्ष में 26-3 के

बहुमत से राय दी। तत्कालीन उपप्रधानमंत्री एवं गृहमंत्री बल्लभभाई पटेल इस उपसमिति के अध्यक्ष थे। उन्होंने पृथक निर्वाचन मंडलों के प्रस्ताव का सफलतापूर्वक विरोध करते हुए कमोबेश स्पष्ट शब्दों में यह तर्क दिया कि मुसलमानों का अलगाववाद इसी व्यवस्था द्वारा सींचा गया था। उनकी राय में पृथक निर्वाचक मंडलों की व्यवस्था सामुदायिक विभाजनों को और मज़बूत करेगी जबकि भारत को एक शक्तिशाली राष्ट्र बनने के लिए ख़ुद को इन विभाजनों से मुक्त करना है।[51] आंबेडकर का प्रस्ताव था कि अल्पसंख्यक समुदाय के उम्मीदवार को कम से कम ऐसी स्थिति में तो निर्वाचित घोषित कर ही दिया जाना चाहिए जब उसके अपने समूह (मसलन, अस्पृश्य) के एक बड़े हिस्से ने उसके पक्ष में वोट दिया हो। उपसमिति ने उनके इस प्रस्ताव को भी मंजूरी नहीं दी। पटेल ने ज़ोर देकर कहा कि इस तरह की स्थिति भी उतनी ही हानिकारक होगी जितना पृथक निर्वाचन मंडल की व्यवस्था होगी।[52]

इस मुद्दे पर अगले प्लेनरी सत्र में फिर से चर्चा हुई जहाँ पटेल ने उपसमिति की रिपोर्ट संविधान सभा के सामने पेश की। 28 अगस्त 1947 को आंबेडकर के निकट सहयोगी एस. नागप्पा ने एक संशोधन का प्रस्ताव रखा जो उनके नेता यानी आंबेडकर की मनोदशा को दर्शाता है। नागप्पा ने सुझाव दिया कि अनुसूचित जातियों के लिए आरक्षित सीटों पर केवल ऐसे उम्मीदवारों को ही चुनाव लड़ने दिया जाए जिन्होंने प्रारम्भिक चक्र में दलितों के कम से कम 35 प्रतिशत वोट हासिल किए हों। यह प्रस्ताव इस ख़तरे को टालने के लिए पेश किया गया था कि कहीं ऐसा न हो कि असेम्बलियों में दलित प्रतिनिधि भी मुख्य रूप से सवर्ण जातियों द्वारा ही निर्वाचित होने लगें जैसा कि पूना पैक्ट में तर्क दिया गया था। अपने प्रस्ताव के पक्ष में नागप्पा ने यह भी कहा कि स्थानीय स्तर पर अस्पृश्य भी आरक्षित सीटों के निर्वाचित सदस्यों के नेतृत्व को आमतौर पर स्वीकार नहीं करते और यहाँ तक कि कई बार जब ये लोग चुनाव अभियान के अवसर पर वोट माँगने जाते हैं तो उन्हें झिड़कते हुए यहाँ तक कह देते हैं : 'अरे जाओ, यहाँ से दफ़ा हो जाओ! तुम तो ऊँची जाति वालों के भाड़े के टट्टू हो। तुमने हमारे समुदाय को बेच खाया है। तुम्हें हमारा गला रेतने के लिए उन्होंने ही भेजा है। हम तुम्हें अपना नेता मानने को तैयार नहीं हैं।'[53]

पटेल ने एक कुटिल विडम्बना को साकार करते हुए इस संशोधन का स्वागत किया : वह पहले ही नागप्पा से यह आश्वासन ले चुके थे कि वे अपना संशोधन प्रस्ताव वापस ले लेंगे। ठहाकों के बीच, पटेल ने ज़ोर देकर कहा कि नागप्पा असल में 'सिर्फ़ भाषण देने के लिए यह प्रस्ताव पेश कर रहे हैं, बाद में वह इसे वापस ले लेंगे।'[54] वह इसी सुर में लगातार बोलते गए : '...श्री नागप्पा को इसी शर्त पर यह संशोधन पेश करने की अनुमति दी गई थी कि वह इसे वापस ले लेंगे। इस पर बहस जारी रखने का कोई औचित्य नहीं है। वह केवल अपने समुदाय को यह दिखाना चाहते थे कि वे ख़ुद अभी तक नहीं बिके हैं। अगर आप इसे गम्भीरता

से लेते हैं और इस खींचतान को महत्त्व देते हैं तो इससे यही दिखाई देगा कि इसमें दम है।'[55]

पटेल ने बहस को समेटते हुए अस्पृश्यों से आह्वान किया, ''भूल जाएँ कि डॉ. आंबेडकर या उनके समूह ने क्या किया है' और यह जोड़ा कि '...मुझे ऐसा लगता है कि हिन्दू आबादी का बहुलांश आपका शुभ चाहता है। उनके बिना आप कहाँ पहुँचेंगे? उनका विश्वास हासिल करें और भूल जाएँ कि आप अनुसूचित जाति के हैं।'[56]

तय योजना के अनुसार नागप्पा ने अपना संशोधन वापस ले लिया जिस पर आंबेडकर सहित चार प्रतिनिधियों के हस्ताक्षर थे। आश्चर्यजनक बात है कि प्रस्ताव वापस लेने के अवसर पर ख़ुद आंबेडकर भी सदन में मौजूद नहीं थे। दरअसल वह उपसमिति में चली बहस के बाद ही पाँव पीछे खींच चुके थे। सम्भवत: उन्होंने यही सोचा होगा कि पृथक निर्वाचन मंडल ऐसे तिरस्कार का साधन बन जाएगा कि प्लेनरी सत्र में एक बार फिर उसके लिए आवाज़ उठाने का कोई मतलब नहीं है। कांग्रेस के लोग इसलिए भी इस प्रस्ताव के ख़िलाफ़ रहे होंगे क्योंकि गांधी ने 1932 में पूना में इस प्रस्ताव के ख़िलाफ़ अपना जीवन ही दाँव पर लगा दिया था। लिहाज़ा, अगर कांग्रेसी सदस्य पृथक निर्वाचन मंडल के प्रस्ताव को स्वीकार कर लेते तो ख़ुद को गांधीजी के साथ विश्वासघात का दोषी मानते। दूसरी बात, अभी-अभी हुए विभाजन और उसके कारण हुई अभूतपूर्व साम्प्रदायिक हिंसा के लिए भी कांग्रेस ने कई दशक पहले मुसलमानों को पृथक निर्वाचन मंडल का अधिकार दिए जाने के फ़ैसले को ही ज़िम्मेदार ठहराया था। वैसे भी नागप्पा के प्रस्ताव की वैधता कुछ मुस्लिम प्रतिनिधियों के रवैये के कारण क्षीण हो गई थी। नागप्पा ने 35 प्रतिशत अल्पसंख्यक मतों के लिए एकमुश्त माँग की थी, इस तथ्य का फ़ायदा उठाते हुए मुस्लिम प्रतिनिधियों ने भी अपने समुदाय के लिए कुछ ऐसे ही प्रावधानों की माँग कर डाली थी और उस समय मुस्लिम विरोधी भावनाएँ इतनी तीखी थीं कि अगर दलित नेता भी वही माँग करते जो मुसलमान उठा रहे थे तो इससे दलितों का सिर्फ़ नुक़सान ही हो सकता था। आंबेडकर ने पृथक निर्वाचक मंडल की माँग को इसलिए भी ख़ारिज कर दिया था क्योंकि ज़्यादातर दलित प्रतिनिधि भी उसके ख़िलाफ़ थे। कम से कम पटेल इस मुद्दे को इसी तरह देखते थे। उन्होंने कहा था कि निर्वाचित दलित प्रतिनिधियों के साथ उनकी चर्चाओं से उन्हें इस बात का विश्वास हो चुका है कि इस प्रस्ताव पर उनमें से दो या तीन का ही समर्थन है।[57]

इस फ़ैसले से पीछे हटने के बदले आंबेडकर तात्कालिक रूप से निस्सन्देह यह आशा रखते थे कि वह जिस संविधान की रूपरेखा तैयार कर रहे हैं उसका स्वरूप रेडिकल आधुनिक मूल्यों से लैस होगा। 'ड्राफ़्टिंग कमेटी' के अध्यक्ष के रूप में 4 नवम्बर 1948 को उन्होंने संवैधानिक परियोजना की रूपरेखा सामने रखी जिसका ज़्यादातर हिस्सा उन्होंने ही लिखा था।

यद्यपि संविधान के किसी अनुच्छेद में जाति का उन्मूलन नहीं किया गया था तो भी समानता के अधिकार को सर्वोपरि महत्त्व देते हुए धर्म, नस्ल, जाति, लिंग और जन्म स्थान के आधार पर किसी भी तरह के भेदभाव को ग़ैरक़ानूनी घोषित किया गया था और इस अधिकार को 1950 के संविधान में अनुच्छेद 15 के रूप में एक महत्त्वपूर्ण जगह दी गई थी। संविधान में राज्य की आर्थिक सहायता से चलने वाली दुकानों, रेस्त्रां, होटलों, आमोद-प्रमोद सुविधाओं, कुओं, सड़कों और अन्य सार्वजनिक स्थानों व सुविधाओं के उपभोग में किसी भी तरह के भेदभाव को भी निषिद्ध घोषित किया गया। सबसे बढ़कर, अनुच्छेद 17 के माध्यम से अस्पृश्यता को समाप्त घोषित किया गया। अनुच्छेद 23 के माध्यम से सज़ा के तौर पर कराए जाने वाले श्रम तथा किसी भी अन्य प्रकार की बेगार को ग़ैर-क़ानूनी घोषित कर दिया गया। नए संविधान के माध्यम से भारत के आधुनिकीकरण की जो अपेक्षा की जा रही थी उसकी बदौलत आंबेडकर का भी यह विश्वास और पुष्ट हुआ कि अब देश एक ज़्यादा समतापरक समाज बनने की ओर बढ़ रहा है। पृथक निर्वाचक मंडल के सवाल पर उनका उपेक्षा भरा रवैया सम्भवतः ठोस यथार्थवाद (वह भी यह समझते थे कि सत्ता सन्तुलन कुछ ऐसा था कि अगर पृथक निर्वाचन मंडल के उनके सबसे प्रिय विषय पर मतदान होता है तो उसका ख़ारिज होना निश्चित है) के मुक़ाबले आधुनिकीकरण की प्रक्रिया में उनकी आस्था को ज़्यादा दर्शाता है। 4 नवम्बर को इस सम्बन्ध में उन्होंने ऐलान किया था कि :

> 'इस देश में अल्पसंख्यक और बहुसंख्यक, दोनों ने ही ग़लत रास्ता चुना है। बहुसंख्यकों के लिए अल्पसंख्यकों के अस्तित्व को नकारना ग़लत है। अल्पसंख्यकों के लिए केवल स्वहित की ही दुहाई देते रहना भी उतना ही ग़लत है। हमें अनिवार्य रूप से ऐसा समाधान ढूँढ़ना होगा जो एक दोहरे उद्‌देश्य की पूर्ति करे। इस समाधान की सबसे पहली शर्त ये है कि अल्पसंख्यकों के अस्तित्व को स्वीकार किया जाए। साथ ही, यह ऐसा समाधान हो जो एक दिन बहुसंख्यक और अल्पसंख्यक दोनों को एक इकाई में विलीन कर सके।'[58]

अन्ततः आंबेडकर आरक्षित सीटों की तात्कालिक योजना के समर्थन पर आकर ठहर गए। भारतीय संविधान ने अस्पृश्यों के लिए आरक्षित सीटों का कोटा तय करके तसल्ली कर ली जिसका ज़रूरत पड़ने पर और अस्पृश्यों की आबादी के अनुपात में 10 साल बाद पुनर्नवीकरण किया जा सकता था।

जब आंबेडकर की राष्ट्रवादी झिझक ख़त्म हो गई तो तीस के दशक से आंबेडकर अंग्रेज़ों के साथ मिलकर काम करने लगे थे। काफ़ी हद तक यह बदलाव कांग्रेस के रवैये की बदौलत था। मगर, जब आज़ादी के बाद देश का नेतृत्व कांग्रेस ने सँभाला तो भी वह अपने इसी व्यवहार कुशल पद्धति से आगे बढ़ते रहे। जनवरी 1950 में

उन्होंने अनुसूचित जातियों से कांग्रेस के साथ सहयोग करने का आह्वान किया।[59] उनकी इस पद्धति में अवसरवाद की बजाय व्यवहार कुशलता ज़्यादा दिखाई देती है क्योंकि हर बार उनका फ़ैसला व्यक्तिगत हितों की बजाय अस्पृश्यों की उन्नति के लिए अपनी हैसियत व पद के प्रयोग पर आधारित होता था। कांग्रेस ने उनको अपने साथ जोड़ने की भरपूर कोशिश की मगर वह लगातार एक स्वतंत्र व्यक्ति की तरह काम करते रहे और समाज सुधारों के लिए आवाज़ उठाते रहे। जब कांग्रेस सरकार ने एक ऐसे प्रस्ताव—हिन्दू कोड बिल—को लागू करने से इनकार कर दिया जिसे वह सबसे महत्त्वपूर्ण मानते थे तो उन्होंने इसके पक्ष में अभियान छेड़ने के लिए इस्तीफ़ा देना ज़्यादा बेहतर समझा। इसका ब्योरा हम आगे देखेंगे। आंबेडकर न तो बिकाऊ थे और न ही कुर्सी के पीछे दौड़ते थे। 1951 के चुनावों के दौरान पंजाब की एक चुनाव सभा में उन्होंने ये तक कहा था :

> 'अगर मैं चाहता तो ताउम्र कांग्रेस में रह सकता था और निश्चय ही वहाँ मुझे ख़ूब सम्मान का पद भी मिलता। मगर ऐसा तभी हो सकता था जब मुझे समुदाय की चिन्ता की बजाय अपना स्वार्थ संचालित कर रहा हो। मैं वहाँ तभी रह सकता था जब मुझे अपने लिए किसी लाइसेंस या परमिट की चाह होती। जो आदमी लाइसेंसों और परमिटों के लिए दौड़ता है वह अपनी बिरादरी/समुदाय की क़ीमत पर ही ऐसा कर सकता है। यह मैं सरकार में रहने के अपने अनुभवों के आधार पर कह सकता हूँ।'[60]

सत्ता के प्रति उनका व्यावहारिक रवैया उनके लचीलेपन को भी स्पष्ट करता है। यद्यपि 1946 में वह पूरी तरह अलग-थलग दिखाई देते हैं मगर 1947 में वह फिर से कामयाब होकर लौटते हैं और एक बार फिर राजनीतिक धरातल पर अपने उसी लक्ष्य के लिए काम करने में जुट जाते हैं। उनकी उपलब्धियों की बैलेंस शीट भले ही साधारण दिखाई देती हो मगर वह महत्त्वहीन तो बिलकुल नहीं थी। आंबेडकर की ही बदौलत अस्पृश्यों ने सरकारी नौकरियों में इतना बड़ा कोटा हासिल किया जो अंग्रेज़ अपनी पहल पर कभी नहीं देने वाले थे। जहाँ तक भारतीय संविधान की बात है तो 1947 में आंबेडकर द्वारा पेश किए गए ज्ञापन और अनुसूचित जातियों को केवल आरक्षित सीटों की सुविधा देने वाले संविधान के अन्तिम पाठ के बीच वह सबसे बुरी तरह पराजित दिखाई देते हैं। फिर भी, इसमें तो कोई सन्देह नहीं कि आंबेडकर ने संवैधानिक मसविदे के बहुत सारे हिस्सों पर अपना गहरा प्रभाव छोड़ा जो व्यवहार कुशलता के मार्ग पर चलने के उनके फ़ैसले का औचित्य साफ़ कर देता है।

7

भारतीय संविधान की रचना

> 'लम्बा, सुडौल शरीर और सांवला रंग। वह अपने मस्तिष्क की निपुणता और तीक्ष्णता के लिए विख्यात हैं। वह एक विलक्षण बौद्धिक महामानव हैं जिनका बाहरी रूप-रंग भले ही खुरदरा हो मगर भीतर से वह बहुत सघन मानवीय व्यक्ति हैं। उनका रास्ता हमेशा कठिनाइयों से भरा रहा है मगर न तो वह कभी झुके और न उन्होंने कभी घुटने टेके हैं। एक वक़्त था कि जब उन्हें समाज के ऊँचे तबक़ों की बस्ती में रहने की जगह भी नहीं मिल पाती थी क्योंकि वह निचली जाति से आए थे। इसके बावजूद, उनके संकल्प और साहस ने उन्हें सारी मुश्किलों पर विजय प्रदान की है।' (हरी शरण छावड़ा (सं.), *ऑपज़ीशन इन दि पार्लियामेंट*, दिल्ली : न्यू पब्लिशर्स, 1952, पृष्ठ 142)।

पचास के दशक की शुरुआत में एक ब्राह्मण लेखक द्वारा लिखे गए आंबेडकर के संक्षिप्त जीवन परिचय से लिया गया यह अंश इस तथ्य का पर्याप्त साक्ष्य है कि वह उस वक़्त अपने राजनीतिक कॅरिअर के शिखर पर थे। वह अपनी इस ख्याति को स्वतंत्र भारत की पहली सरकार में विधि मंत्री और इससे भी ज़्यादा, देश का संविधान लिखने के लिए बनाई गई प्रख्यात 'ड्राफ़्टिंग कमेटी' के अध्यक्ष के रूप में अपनी नियुक्ति का परिणाम मानते थे। इन्हीं पदों से उन्हें एक राजनेता के रूप में देवतुल्य छवि हासिल हुई थी। यह आंबेडकर की अभूतपूर्व ख्याति का क्षण था। उनकी यह छवि आम ज़न की नज़रों में स्थायी रूप ले चुकी है : कसा हुआ सूट, टाई, गोल ऐनक, करीने से काढ़े गए बाल, हाथ में भारत के संविधान की प्रति। आज तक उनकी छवि और प्रतिमाएँ इसी तरह बनाई और दिखाई जाती रही हैं।[1]

एक अस्पृश्य व्यक्ति राष्ट्रीय राजनीति में ऐसे-ऐसे प्रभावशाली पदों तक जा पहुँचा, इस बात पर ऊँची जातियों के हिन्दुओं की कठोर आलोचना आना स्वाभाविक थी। यहाँ तक कि कुछ ने तो बाद के दशकों में यह दावा तक कर डाला कि संविधान सभा में आंबेडकर की कोई उल्लेखनीय भूमिका थी ही नहीं।

'फ़र्ज़ी मनु'?

ड्राफ़्टिंग कमेटी के सदर के रूप में उनकी नियुक्ति की बदौलत उन्हें *मनुस्मृति* के लेखक के नाम की नक़ल करते हुए 'नये मनु' की उपाधि भी दी जाने लगी थी। यह एक दिलचस्प विडंबना थी क्योंकि 1927 में आंबेडकर ने ही महाड़ सत्याग्रह के दौरान *मनुस्मृति* की प्रतियों की होली जलाई थी।

आंबेडकर पर अभियोग लगाते हुए अरुण शौरी ने उन्हें 'फ़र्ज़ी मनु' कहा है। उनका कहना है कि आंबेडकर संविधान के पाठ को प्रभावित करने की स्थिति में थे ही नहीं क्योंकि ड्राफ़्टिंग कमेटी तो अलग-अलग विषयों पर बनाई गई उपसमितियों द्वारा तैयार किए गए अनुच्छेदों को अन्तिम रूप देने के लिए ही ज़िम्मेदार थी और इन सारे सुझावों पर भी बाद में प्लेनरी सत्रों में विस्तार से चर्चा होती थी। इसके अलावा, बकौल शौरी, आंबेडकर तो वैसे भी कांग्रेस पार्टी के बाहर थे जबकि प्रत्येक अनुच्छेद के महत्त्वपूर्ण दिशानिर्देश पार्टी के भीतरी दायरों में ही तय होते थे।[2] शौरी की आख़िरी दलील यह है कि विभिन्न उप-समितियों, ड्राफ़्टिंग कमेटी और प्लेनरी सत्रों के दौरान होने वाली चर्चा में आंबेडकर असंख्य अवसरों पर अल्पमत में पहुँच जाते थे इसलिए यह दावा निराधार हो जाता है कि उन्होंने ही संविधान का मसविदा लिखा होगा। मेरा मानना है कि शौरी का यह निष्कर्ष संविधान सभा में आंबेडकर की भूमिका को कम करके आंकता है। बेशक, यदा-कदा उन्होंने इस बारे में शिकवा भी किया कि किस तरह कांग्रेस के नेता कई अनुच्छेदों को तुरत-फुरत पारित करने के लिए पहले ही आपस में सलाह-मशवरा कर लेते थे मगर फिर भी यह कहना तो बिलकुल सही नहीं होगा कि उन्होंने सिर्फ़ औरों के द्वारा तय कर लिए गए अनुच्छेदों और हिस्सों को बस एक सूत्र में पिरो भर दिया था।[3]

शौरी की व्याख्याओं पर सवाल उठाते हुए एच. एस. वर्मा और नीता वर्मा ने दलील दी है कि संविधान सभा द्वारा उनका चयन ही उनकी प्रशासनिक दक्षता और राजनीतिक प्रभाव के बूते पर किया गया था।[4] उन्होंने दिखाया है कि ड्राफ़्टिंग कमेटी के मुखिया के रूप में आंबेडकर का निर्वाचन 1946 में संविधान सभा में उनके पहले हस्तक्षेप का नतीजा था। जब नेहरू ने संविधान सभा के उद्देश्यों की रूपरेखा प्रस्तुत की तो एक अन्य सदस्य, जयकर, ने सुझाव दिया था कि ऐसे किसी प्रस्ताव पर तब तक मतदान नहीं कराया जा सकता जब तक हम इस बात पर ध्यान नहीं देंगे कि मुस्लिम लीग के प्रतिनिधि—जो अभी भी पाकिस्तान के गठन और भारत के प्रति निष्ठा के बीच झूल रहे थे—संविधान सभा में शामिल होते हैं या नहीं। इस मौक़े पर आंबेडकर ने बहुत नपे-तुले शब्दों में भाषण दिया और बीच का रास्ता निकालने का सुझाव दिया था। उनके भाषण में जो सन्तुलन और क़ानून की गहरी पकड़ दिखाई देती थी उससे कांग्रेस के बहुत सारे नेता प्रभावित हुए बिना नहीं रह सकते थे।

लिहाज़ा, एच.एस. वर्मा और नीता वर्मा का मानना है कि आंबेडकर को ड्राफ़्टिंग कमेटी की अध्यक्षता विशुद्ध रूप से उनकी क्षमताओं के दम पर ही मिली थी।

इसके अलावा, हमें ड्राफ़्टिंग कमेटी की भूमिका का भी एक बार फिर आकलन करना चाहिए। यह कमेटी संविधान के प्रारम्भिक पाठों को लिखने के लिए ज़िम्मेदार नहीं थी बल्कि उसे यह ज़िम्मा सौंपा गया था कि वह विभिन्न समितियों द्वारा भेजे गए अनुच्छेदों के आधार पर संविधान का लिखित पाठ तैयार करे जिसे बाद में संविधान सभा के सामने पेश किया जाएगा। सभा के समक्ष कई मसविदे पढ़े गए और हर बार ड्राफ़्टिंग कमेटी के सदस्यों—बहुधा उसके अध्यक्ष आंबेडकर—ने ही चर्चा का संचालन और नेतृत्व किया था। आंबेडकर संविधान सभा के ऐसे मुट्ठी भर सदस्यों में से थे जो ड्राफ़्टिंग कमेटी का सदस्य होने के साथ-साथ शेष 15 समितियों में से भी एक से अधिक समितियों के सदस्य थे।[5] लिहाज़ा, वे अल्पसंख्यकों के अधिकारों जैसे बहुत महत्त्वपूर्ण विषयों से सम्बन्धित अनुच्छेदों पर होने वाली बहसों पर भी नज़दीक से नज़र रख सकते थे।

सबसे बढ़कर, ड्राफ़्टिंग कमेटी अध्यक्ष होने के नाते विभिन्न समितियों की ओर से सारे प्रस्ताव उनके पास ही भेजे जाते थे और यह उनकी तथा ड्राफ़्टिंग कमेटी के सचिव एस. एन. मुखर्जी की ज़िम्मेदारी थी—जिन्हें बाद में आंबेडकर ने बहुत उदार शब्दों में श्रद्धांजलि दी—कि वे इन अनुच्छेदों को फिर से सूत्रबद्ध करें। ऐसे बहुत सारे अनुच्छेदों को संविधान सभा के सामने पेश करने से पहले उनका स्पष्टीकरण भी आवश्यक था। ड्राफ़्टिंग कमेटी के सदस्यों की बार-बार ग़ैरहाज़िरी की स्थायी समस्या के कारण ये सम्पादकीय ज़िम्मेदारियाँ भी मुख्य रूप से आंबेडकर के ही कन्धों पर ही आ जाती थीं। बाद में, ड्राफ़्टिंग कमेटी के एक सदस्य टी.टी. कृष्णमाचारी ने नवम्बर 1948 में संविधान सभा के सामने बताया था :

> 'सम्भवतः सदन इस बात से अवगत है कि आपने (ड्राफ़्टिंग कमेटी में) जिन सात सदस्यों को नामांकित किया है उनमें से एक ने सदन से इस्तीफ़ा दे दिया है और उनकी जगह कोई अन्य सदस्य आ चुके हैं। एक सदस्य की इस बीच मृत्यु हो चुकी है और उनकी जगह कोई नए सदस्य नहीं आए हैं। एक सदस्य अमेरिका में थे और उनका स्थान नहीं भरा गया है। एक अन्य व्यक्ति सरकारी मामलों में उलझे हुए थे और वह अपनी ज़िम्मेदारियों का निर्वाह नहीं कर रहे थे। एक-दो व्यक्ति दिल्ली से बहुत दूर थे और सम्भवतः स्वास्थ्य की वजहों से कमेटी की कार्रवाइयों में हिस्सा नहीं ले पाए। सो कुल मिला कर यही हुआ है कि इस संविधान को लिखने का भार डॉ. आंबेडकर के ऊपर ही आ पड़ा है। मुझे इस बात पर कोई सन्देह नहीं है कि हम सबको उनका आभारी होना चाहिए कि उन्होंने इस ज़िम्मेदारी को इतने सराहनीय ढंग से अंजाम दिया है।'[6]

अगर आंबेडकर संविधान के लेखक नहीं थे तो भी वह उसके निर्धारण की पूरी प्रक्रिया में सबसे आगे मौजूद तो ज़रूर ही थे। न केवल उन्होंने कमेटी के प्रस्तावों में महत्त्वपूर्ण बदलाव किए, प्लेनरी सत्रों में आख़िर तक उनके लिए लड़ाई लड़ी बल्कि समय-समय पर इसमें सफलता न मिलने के बावजूद वे लगातार अगले प्रस्तावों पर बहस करते रहे, बल्कि बहसों को सही दिशा देते रहे। इस प्रकार, आंबेडकर ने भारत के संविधान की रचना में एक निर्णायक भूमिका अदा की है और इसी से पता चलता है कि शौरी उनसे इतने ख़फ़ा क्यों हैं! उनका यह तर्क भी कुछ हद तक ही सही है कि गांधीजी के विचारों की उपेक्षा के लिए आंबेडकर ही ज़िम्मेदार थे।

पश्चिमी मिज़ाज के डेमोक्रेट का गांधी से प्रतिशोध

आंबेडकर ने संविधान सभा में उन्हीं मूल्यों और राजनीतिक मॉडलों का पक्ष लिया जो उन्होंने अपने विद्यार्थी जीवन के दौरान पश्चिम में युवावस्था के समय आत्मसात किए थे। वह उदार लोकतंत्र यानी लिबरल डेमोक्रेसी में विश्वास रखते थे। वह वामपन्थ के विरोधी थे जो संविधान के पहले ही अनुच्छेद से भारतीय गणतंत्र को 'समाजवादी' सांचे में पुनर्परिभाषित करना चाहता था। उनका मानना था कि इससे 'लोकतंत्र नष्ट हो जाएगा।'[7] उनकी नज़र में यह चुनने का अधिकार लोगों द्वारा चुनी गई सरकार के पास ही होना चाहिए कि किस प्रकार की सामाजिक संरचना सर्वश्रेष्ठ है। 19 नवम्बर, 1948 को इस पर प्रकाश डालते हुए उन्होंने कहा था :

> इस संविधान में हमने एक राजनीतिक लोकतंत्र की स्थापना क्यों की है, इसका कारण ये है कि हम किसी भी प्रकार किसी भी समूह की स्थायी तानाशाही स्थापित नहीं करना चाहते। यद्यपि हमने राजनीतिक लोकतंत्र की स्थापना की है मगर साथ ही हमारी ये भी कामना है कि हम आर्थिक लोकतंत्र को भी अपना आदर्श बनाएँ। (...) लोगों की नज़र में हमारे सामने आज कई ऐसे रास्ते हैं जिन पर चलकर आर्थिक लोकतंत्र का लक्ष्य हासिल किया जा सकता है। ऐसे लोग भी हैं जो व्यक्तिवाद को आर्थिक लोकतंत्र का सर्वश्रेष्ठ प्रकार मानते हैं। ऐसे लोग भी हैं जो एक समाजवादी क़िस्म के राज्य को ही आर्थिक लोकतंत्र का सबसे अच्छा रूप मानते हैं। और, ऐसे लोग भी हैं जो साम्यवादी विचारों को आर्थिक लोकतंत्र का सबसे परिष्कृत रूप मानते हैं (...)। (ऐसे हालात में) हमने सोच-समझकर नीति-निर्देशक सिद्धान्तों की भाषा में एक ऐसी चीज़ पेश की है जो स्थिर या कठोर नहीं है। हमने अलग-अलग सोच रखने वाले लोगों के लिए इस बात की काफ़ी गुंजाइश छोड़ दी है कि आर्थिक लोकतंत्र के आदर्श तक पहुँचने के लिए वे किस रास्ते पर चलना चाहते हैं, और वे अपने मतदाताओं को इसके लिए प्रेरित कर सकें कि आर्थिक लोकतंत्र तक पहुँचने के लिए सबसे अच्छा रास्ता कौन-सा है।[8]

इस तर्क का निष्ठापूर्वक पालन करते हुए उन्होंने प्राकृतिक संसाधनों के राष्ट्रीयकरण के पक्ष में पेश किए गए संविधान संशोधन का विरोध किया। यह संविधान संशोधन प्रस्ताव मतदान की अवस्था तक पहुँच ही नहीं पाया जो आंबेडकर की 'विधायी शक्ति' का एक और चिह्न है। ऐसा लगता है कि उनके पास यह तय करने की नैतिक शक्ति आ चुकी थी कि किसी संशोधन को मतदान के लिए पेश किया भी जा सकता है या नहीं।[9] उदार लोकतंत्र के प्रति उनके इस लगाव का एक और संकेत तब दिखाई पड़ता है जब उन्होंने कार्यपालिका की शक्तियों और न्यायपालिका के बीच सख़्त पृथकता के पक्ष में प्लेनरी सत्र में एक संशोधन प्रस्तावित किया था।[10] यह एक दुर्लभ अवसर था क्योंकि उनकी मुख्य भूमिका ड्राफ़्टिंग कमेटी द्वारा तय कर दिए गए पाठ का सिर्फ़ बचाव करने की थी। कुछ प्रतिनिधियों ने राज्य के प्राधिकार का हवाला देते हुए इसके विरोध में तर्क दिया कि अगर राज्य पर बहुत सख़्त क़ानूनी नियंत्रण होगा तो वह कमज़ोर हो जाएगा। हालाँकि प्रधानमंत्री के रूप में नेहरू के पास अपनी ज़िम्मेदारियों के निर्वाह के चलते ज़्यादा समय नहीं होता था परन्तु उन्होंने इस बहस में हिस्सा लिया क्योंकि वह जानते थे कि आंबेडकर इस संशोधन को पारित कराना चाहते हैं।[11] अन्ततः यह संशोधन मंजूर हुआ और नीति-निर्देशक सिद्धान्तों में अनुच्छेद 50 के रूप में शामिल किया गया। बाद में आंबेडकर ने ब्रिटिश शैली की न्यायिक व्यवस्था की स्थापना का भी बचाव किया।[12] उनका मत था कि शक्तियों के बँटवारे से राज्य कमज़ोर नहीं होगा।

आंबेडकर एक शक्तिशाली केन्द्र पर आश्रित व्यवस्था के समर्थक थे। उनका मानना था कि आवश्यकता से अधिक संघवाद पूरे देश के भूभाग में संविधान के समान रूप से क्रियान्वयन को अवरुद्ध करेगा। उदाहरण के लिए, उन्होंने कहा कि अगर प्रदेशों को ज़रूरत से ज़्यादा स्वायत्तता दे दी गई तो अस्पृश्यता को समाप्त करने के लिए तय किए गए अनुच्छेद को बहुधा लागू भी नहीं किया जाएगा।[13] शक्तिशाली केन्द्र के पक्ष में ऐसे विचारों से गांधीजी के समर्थकों का बेचैन होना स्वाभाविक था जोकि हमेशा गाँव के स्तर तक सत्ता के विकेन्द्रीकरण के पक्ष में दबाव बनाए रखते थे। कट्टर गांधीवादियों के प्रस्तावों को अस्वीकृत करवा कर या उनके प्रभाव को क्षीण करके संविधान सभा में आंबेडकर ने एक तरह से महात्मा गांधी से मरणोपरान्त अपना हिसाब बराबर कर लिया था।

जिन पाठों के आधार पर ड्राफ़्टिंग कमेटी ने अपनी संवैधानिक परियोजना तैयार की उसकी सुर-भंगिमा में गांधीवादी तत्त्व नगण्य हो चुका था। संविधान सभा के पहले ही दिन नेहरू ने सभा के उद्देश्यों के बारे में जो प्रस्ताव पढ़ा वह गांधी के विचारों से निश्चय ही भिन्न था मगर विभिन्न समितियों-उपसमितियों, जिनमें से सबसे महत्त्वपूर्ण समितियों की अध्यक्षता ख़ुद नेहरू और पटेल के पास ही थी, की रिपोर्टों में तो गांधी का हवाला तक नहीं दिया गया था। मगर, यह एकमात्र वजह

नहीं थी कि नवम्बर 1948 में संविधान सभा के सामने आंबेडकर द्वारा पेश की गई संविधान की पहली रूपरेखा में कोई गांधीवादी छाप नहीं थी। 315 अनुच्छेदों के इस माहकाय ग्रन्थ के बारे में उन्होंने कहा था कि 'किसी देश का संविधान इतना विशाल नहीं है।' उनके स्वर में सन्तोष का भाव स्पष्ट दिखाई पड़ता था।[14] इसके बाद उन्हें संविधान की व्यापक संरचना में गाँवों के स्थान को लेकर भी गांधीवादियों की आलोचना का जवाब देना पड़ा :

> 'संविधान के मसविदे पर एक और आलोचना यह आई है कि इसमें भारत के प्राचीन राजनय की कोई झलक नहीं है। कहा गया है कि नए संविधान को हिन्दू राज्य की प्राचीन भारतीय कल्पना के आधार पर तय किया जाना चाहिए। पश्चिमी सिद्धान्तों के समावेश की बजाय नए संविधान को ग्राम पंचायतों और जिला पंचायतों की आधारशिला पर खड़ा किया जाना चाहिए। कुछ और लोग भी हैं जिन्होंने इससे भी ज़्यादा कठोर विचार व्यक्त किए हैं। वे किसी भी तरह की केन्द्रीय या प्रान्तीय सरकार ही नहीं चाहते। वे बस चाहते हैं कि भारत असंख्य ग्राम्य सरकारों का समूह भर हो। ग्राम समुदाय के प्रति बौद्धिक भारतीयों का प्रेम निस्सन्देह मर्मस्पर्शी नहीं तो असीमित ज़रूर है (...)। मगर हमारे गाँव स्थानीयता के एक हौद, अज्ञानता के दड़बे, संकुचित दिमाग़ों और साम्प्रदायिकता की मोरी के अलावा और हैं क्या? मुझे सन्तोष है कि संविधान के मसविदे में ग्राम को नहीं बल्कि व्यक्ति को आधारभूत इकाई माना गया है।'[15]

बहुत सारे गांधीवादियों ने इस भाषण को एक उकसावे के रूप में देखा, लिहाज़ा संविधान सभा के सबसे सक्रिय निर्वाचित सदस्यों में से एक, एच. वी. कामत ने इसका जवाब देते हुए कहा :

> 'मैंने उनके (आंबेडकर के) भाषण को आनन्दपूर्वक सुना है और लाभान्वित हुआ हूँ। मगर मुझे अपेक्षा थी कि वे हमें बताते कि हमने अपने राजनीतिक अतीत, भारतीय जन की राजनीतिक एवं आध्यात्मिक मेधा से अगर कुछ लिया है तो क्या लिया है (...)। अगर हम अपने गाँवों और ग्रामीण लोगों के प्रति हमदर्दी और प्रेम और लगाव का भाव नहीं सींचते हैं तो मुझे समझ में नहीं आता कि हम अपने देश को कैसे ऊपर उठा सकते हैं। महात्मा गांधी ने अपने जीवन के अन्तिम दिन और लगभग अन्तिम मंत्र[16] में पंचायती राज को साकार करने का पाठ पढ़ाया था। अगर डॉक्टर आंबेडकर इसे स्वीकार नहीं कर पाते हैं तो मुझे समझ में नहीं आता कि उनके पास हमारे गाँवों के उत्थान के लिए क्या उपाय या रामबाण औषधि होगी (...)। महोदय, मैंने गहरे दुख के साथ सुना कि डॉ. आंबेडकर घृणापूर्वक न सही मगर कितने दुराव भरे स्वर में हमारे गाँवों का उल्लेख कर रहे थे। सम्भवतः समस्या ड्राफ़्टिंग कमेटी में ही है, उसके उन सदस्यों में है जिनमें से श्रीयुत (के. एम.) मुंशी

के अलावा किसी ने भी देश की स्वाधीनता के संघर्ष में भाग नहीं लिया है। लिहाज़ा, उनमें से कोई भी हमारे संघर्ष की उस भावना में प्रविष्ट होने में सक्षम नहीं है जो हमें अनुप्राणित करती रही है।'[17]

ड्राफ़्टिंग कमेटी ने स्वतंत्रता आन्दोलन के वरिष्ठ नेताओं को हाशिए पर ढकेल दिया, लिहाज़ा उसने राज्य व्यवस्था में गाँव के महत्त्व से सम्बन्धित गांधीवादी चिन्तन की उपेक्षा की—इसी दलील को अरुण शौरी ने भी उठाया है और इस आधार पर आंबेडकर के जीवन और कृतित्व पर हमला करते हुए कहा है कि वह तो अंग्रेज़ों से मिले हुए थे। संविधान सभा के कुछ अन्य सदस्य इससे भी ज़्यादा आहत थे। बंगाली सदस्य अरुण चन्द्र गुहा ने तो संवैधानिक परियोजना की पूरी रूपरेखा पर ही सवाल उठा दिया :

'...डॉ. आंबेडकर ने ग्राम इकाइयों के बारे में कुछ टिप्पणियाँ की हैं। हम सालों से कांग्रेस में हैं। हमें यही पढ़ाया गया है कि ग्राम पंचायत ही प्रशासकीय तंत्र का भविष्य होगी। गांधीवादी और कांग्रेसी सोच यही रही है कि भारत का भावी संविधान एक पिरामिडनुमा संरचना होगा और उसकी आधारशिला ग्राम पंचायतों पर रखी जाएगी (...)। मैं स्वीकार करता हूँ कि हमें एक शक्तिशाली केन्द्र की आवश्यकता है। मगर इसका अर्थ यह नहीं है कि उसकी भुजाएँ दुर्बल हों (...)। मैं पुन: सदन से निवेदन करता हूँ कि वह कुछ ऐसे प्रावधान भी शामिल करे जिनसे ग्राम पंचायतों को देश के भावी प्रशासन में कुछ प्रभावी भाग अदा करने का अवसर मिल सके।'[18]

इस माँग को कांग्रेस के एक और वरिष्ठ सदस्य गोकुलभाई दौलतराम भट्ट ने भी दोहराया।[19] आंबेडकर द्वारा सभा के सामने प्रस्तुत की गई संवैधानिक परियोजना में प्रो. के.टी. शाह ने एक संशोधन प्रस्तावित किया जो मानते थे कि 'लम्बे दौर में यह संघ अनिवार्यत: स्थानीय स्तर की ऐसी स्वायत्त इकाइयों से ही मिलकर बना होना चाहिए जो परस्पर समान हों। यही इस देश की शक्ति और मुक्ति होगी।'[20] इस संशोधन में कहा गया था कि 'भारतीय संघ के सदस्य राज्यों को परस्पर कोऑपरेटिव ढंग से संगठित और संघ के भीतर लोकतांत्रिक इकाइयों के रूप में काम करने वाली ग्राम पंचायतों के समरूप आधार पर संगठित किया जाएगा।'[21] के.टी. शाह संविधान के सबसे पहले ही अनुच्छेद में इस प्रावधान को जुड़वाना चाहते थे जहाँ भारतीय फ़ेडरेशन के अलग-अलग घटकों का ब्योरा दिया गया था। गाँवों के लिए इससे ज़्यादा महत्त्व की शायद कल्पना नहीं की जा सकती थी! ख़ैर, आंबेडकर ने इस संशोधन का विरोध किया और यह संविधान सभा के कम से कम तीन अन्य सदस्यों को भी बेहद कठोर प्रतीत हुआ और इसको ख़ारिज कर दिया गया। कुछ दिनों बाद एक तमिल प्रतिनिधि ने अनुच्छेद 31 में एक और संशोधन का सुझाव दिया। इस संशोधन का एक अंश था : '...राज्य ग्राम पंचायतों को संगठित

करने के लिए क़दम उठाएगा और उन्हें ऐसी शक्तियाँ व स्वायत्तता देगा जो स्वशासन इकाइयों के रूप में काम करने के लिए अनिवार्य हों।'[22]

राजेन्द्र प्रसाद (संविधान सभा के अध्यक्ष) और सेठ गोविन्द दास जैसे शीर्षस्थ कांग्रेसी नेताओं को यह देखकर बड़ी राहत मिली कि आंबेडकर ने इस संशोधन को फ़ौरन मंजूर कर लिया।[23] गांधीवादी सदस्यों के हर्ष की सीमा नहीं थी। उन्होंने प्राचीन भारत की आदर्श कल्पनाओं और इस परम्परा के कथित वाहक के रूप में गाँवों का महिमागान किया।[24] उन्होंने महात्मा गांधी को उद्‌धृत किया और आंबेडकर का आभार व्यक्त किया।[25] इन संशोधनों को पारित कराने के लिए आंबेडकर की केन्द्रीय भूमिका इन नेताओं के भाषणों से स्पष्ट हो जाती है मगर यह मानने में वे निश्चय ही ग़लत थे कि आंबेडकर ने किसी तरह से अपनी पराजय स्वीकार कर ली है (या वे उनके भाषणों से सहमत हो गए हैं) : उनका पैर पीछे खींचना सिर्फ़ एक दिखावा था। जहाँ एक तरफ़ उन्होंने अनुच्छेद 1 में गाँवों को और अधिक महत्त्व देने के पक्ष में पेश किए गए संशोधन प्रस्ताव का विरोध किया वहीं दूसरी तरफ़ 30 अनुच्छेदों के बाद उन्होंने यही संधोशन सहजभाव से स्वीकार कर लिया। इसका कारण यह था कि अनुच्छेद 31 संविधान के नीति-निर्देशक सिद्धान्तों यानी रोज़मर्रा नीतियों के संचालन के लिए संघ के राज्यों हेतु निर्धारित सिफ़ारिशों की सूची में आता था। कहने की ज़रूरत नहीं कि ये सिद्धान्त राज्य सरकारों को सौंपे गए कुछ नैतिक भार मात्र थे और उनका मक़सद केवल यह सुनिश्चित करना था कि राज्य सरकारें और ज़्यादा गम्भीरतापूर्वक सामाजिक नीतियों का पालन करें। ग़ौर करने की बात है कि नीतिनिर्देशक सिद्धान्तों का पालन न होने पर आप सरकार को अदालत में नहीं घसीट सकते। संविधान के पहले अनुच्छेद में सूचीबद्ध मौलिक अधिकारों के विपरीत नीतिनिर्देशक सिद्धान्त ऐसे प्रावधान होते हैं जिनके क्रियान्वयन के लिए नागरिक अदालत में दावा नहीं कर सकते। ऐसा लगता है कि 'नीति निर्देशक सिद्धान्तों' की श्रेणी को संविधान में शामिल करने में मूल रूप से आंबेडकर का ही हाथ था। माना जाता है कि संसदीय लोकतंत्रों में आंबेडकर को यह अवधारणा सिर्फ़ स्वतंत्र आयरलैंड के संविधान में ही मिल पाई थी। वह 'नीति निर्देशक सिद्धान्तों' को 'निर्देश' मानते थे मगर उन्होंने यह भी रेखांकित किया था कि इनका 'कोई वैधानिक मूल्य नहीं है।'[26] इस तरह, आंबेडकर ने संविधान के एक ऐसे भाग में गाँवों के भारी महत्त्व को स्वीकार कर लिया जिसके अनुच्छेदों का कोई व्यावहारिक अर्थ नहीं था। इस ढंग से वह एक ऐसी सख़्त गांधीवादी माँग की हवा निकालने में कामयाब हुए जो इस परियोजना की पूरी रूपरेखा पर प्रश्नचिह्न लगा सकती थी।

बहुत सारे दूसरे गांधीवादी प्रस्तावों का भी उन्होंने यही हश्र किया। उदाहरण के लिए, उन्होंने अनुच्छेद 34 में प्रस्तावित एक संशोधन को स्वीकार कर लिया जिसके अनुसार 'राज्य ग्रामीण क्षेत्रों में सहकारिता की तर्ज़ पर कुटीर उद्योगों के प्रोत्साहन

के लिए कार्य करेगा।'[27] कुछ ऐसा ही दृश्य शराबबन्दी के मामले में सामने आया। पुनः, कांग्रेस के सदस्य यहाँ भी महात्मा गांधी से ही प्रेरणा ले रहे थे। उदाहरण के लिए, महावीर त्यागी ने कहा : 'मैं निवेदन करता हूँ कि शराबबन्दी गांधीजी के रचनात्मक कार्यक्रम का सबसे महत्त्वपूर्ण आधार है (हर्ष ध्वनि) और हम सभी इस कार्यक्रम के साथ संकल्पबद्ध हैं।'[28] आंबेडकर ने इस मद में एक संशोधन स्वीकार करते हुए राज्य से आह्वान किया कि वह 'मादक द्रव्यों एवं औषधियों के उपभोग के निषेध हेतु आवश्यक क़दम उठाए।' यह नीति-निर्देशक सिद्धान्तों का अनुच्छेद 47 था जिसके क्षीण स्वरूप को उन्होंने एक बार फिर रेखांकित करते हुए कहा : 'राज्य पर इस सिद्धान्त के अनुसार कार्रवाई करने की कोई बाध्यता नहीं है। राज्य इस सिद्धान्त पर काम करेगा या नहीं और करेगा तो कब करेगा, यह सब कुछ राज्य और जनमत पर निर्भर करता है। लिहाज़ा, अगर राज्य ऐसा मानता है कि अभी शराबबन्दी लागू करने का समय नहीं आया है या उसे धीरे-धीरे या आंशिक रूप से लागू किया जा सकता है तो इन नीति निर्देशक सिद्धान्तों के अन्तर्गत उनके पास उचित क़दम उठाने का पूरा अधिकार होगा।'[29]

इस क़िस्म की अन्तिम बहस गाय से सम्बन्धित थी जिसे बहुत सारे दूसरे हिन्दुओं की तरह गांधी भी पवित्र मानते थे और चाहते थे कि गायों को काटने पर पाबन्दी लगे। सेठ गोविन्ददास गौवध पर पाबन्दी को संविधान के मौलिक अधिकारों में शामिल करना चाहते थे[30] मगर आंबेडकर ने दास के एक निकट सहयोगी ठाकुर दास भार्गव के साथ मिलकर ख़ुद एक संशोधन लिखा और गोविन्ददास के प्रस्ताव को बेअसर कर दिया। आंबेडकर और भार्गव ने 24 नवम्बर, 1948 को यह संशोधन प्रस्तुत किया और इसमें गायों की रक्षा को आधुनिकीकरण की परियोजना का अभिन्न अंग प्रस्तुत किया गया। ग़ौरतलब है कि आधुनिकीकरण की परियोजना आंबेडकर का अपना प्रिय विषय थी :

> कृषि एवं पशुपालन को आधुनिक एवं वैज्ञानिक रीति से चलाने के लिए राज्य पूरा प्रयास करेगा, ख़ासतौर से मवेशियों की नस्ल को बढ़ाने और सुधारने तथा गायों और दूसरे उपयोगी मवेशियों के कटने पर पाबन्दी लगाने, दूधारू और हल खींचने वाले पशुओं और उनके बछड़ों को कटने से बचाने के लिए उचित क़दम उठाएगा।[31]

इस अनुच्छेद को भी संविधान के नीति निर्देशक सिद्धान्तों में ही जगह मिली। टी. भार्गव ने स्वीकार किया कि इस संशोधन का श्रेय मुख्य रूप से आंबेडकर को ही जाता है। यहाँ तक कि उन्होंने इसे 'उनका (आंबेडकर का) ही कार्य' बताया। परिणामस्वरूप, उनका कथन था, 'एक तरह से इस संशोधन पर सहमति ही है।' यह इस बात का स्पष्ट संकेत है कि एक बार आंबेडकर की मंजूरी मिल जाने पर किसी संशोधन का स्वीकृत होना लगभग निश्चित था। जैसा कि टी. भार्गव ने स्वीकार

किया है, इस प्रसंग में गांधीवादी बड़ी मुश्किल से ही आंबेडकर के दबाव के सामने झुकने को तैयार हुए थे :

> 'इस संशोधन को पेश करते हुए मुझे यह कहने में कोई हिचकिचाहट नहीं है कि मेरे जैसे लोगों और जो लोग डॉ. आंबेडकर के मत से सहमत नहीं हैं, उनके लिए इसको स्वीकार करना एक तरह का बलिदान ही होगा। सेठ गोविन्द दास ने मौलिक अधिकारों में शामिल कराने के लिए इसी तरह का एक संशोधन भेजा था। दूसरे सदस्यों ने भी ऐसे ही संशोधन भिजवाए थे। मेरे विचार में काफ़ी बेहतर होता अगर इसे मौलिक अधिकारों में शामिल किया जाता मगर संविधान सभा में मेरे मित्रों की राय कुछ अलग थी। डॉ. आंबेडकर चाहते हैं कि इस विषय को मौलिक अधिकारों में शामिल करने की बजाय नीति-निर्देशक सिद्धान्तों में शामिल किया जाना चाहिए।'[32]

शौरी की राय के विपरीत, श्री बी.एन. राऊ जैसे विद्वानों के साथ-साथ डॉ. आंबेडकर भी भारतीय संविधान के प्रधान रचनाकारों में से एक थे। इसको तो नकारा नहीं जा सकता कि नया संविधान भी काफ़ी हद तक 1935 के गवर्नमेंट ऑफ़ इंडिया ऐक्ट और 1928 की नेहरू रिपोर्ट पर ही आधारित था, मगर इसकी तैयारी के पूरे दौर में आंबेडकर का प्रभाव बहुत गहरा था। यह बात गांधीवादी विचारों की उपेक्षा से साफ़ हो जाती है जो अपने परम्परावादी, ग्राम-केन्द्रित झुकाव की वजह से सिर्फ़ नेहरू को ही नापसन्द नहीं थे। मगर आंबेडकर इस बात को भी समझते थे कि भारतीय संविधान सिर्फ़ एक ढाँचा है जिसमें अभी मांस-मज्जा भरना बाक़ी है। संविधान को अंगीकार करने से पहले हुई अन्तिम बहस के अवसर पर जनवरी 1950 में उन्होंने इन मुद्दों के दायरे को रेखांकित करते हुए कहा था :

> '26 जनवरी 1950 (वह दिन जब संविधान को अंगीकार किया जाएगा) को हम अन्तर्विरोधों से भरे जीवन में प्रवेश करने जा रहे हैं। राजनीतिक स्तर पर हमारे पास समानता होगी और सामाजिक व आर्थिक जीवन में हमारे पास असमानता होगी (...)। हमें जल्दी से जल्दी इस अन्तर्विरोध को दूर करना होगा अन्यथा जो लोग इस असमानता का दंश झेल रहे हैं वे राजनीतिक लोकतंत्र की उस संरचना को नष्ट कर देंगे जिसे इस सभा ने इतने परिश्रम से खड़ा किया है।'[33]

उन्होंने यह भी ऐलान किया कि अगर राजनीतिक लोकतंत्र सामाजिक लोकतंत्र के साथ क़दम से क़दम मिलाकर नहीं चल पाता है तो राजनीतिक लोकतंत्र का कोई अर्थ नहीं है। यह टिप्पणी इस बात को पर्याप्त रूप से स्पष्ट कर देती है कि आंबेडकर भी उस संविधान की व्यावहारिक उपयोगिता को लेकर किसी भ्रम में नहीं थे जिसको रचने में उन्होंने अपनी इतनी ऊर्जा लगाई थी। न ही इसका यह मतलब है कि उन्हें 'ऊपर से' किए जा रहे ऐसे सुधारों के महत्त्व पर कोई सन्देह था। वह

मानकर चल रहे थे कि अभी हमें आगे और क़दम उठाने होंगे और यही कारण था कि वह हिन्दू कोड बिल के बचाव में इतनी सख़्ती से खड़े थे।

हिन्दू कोड बिल और नेहरू के साथ विच्छेद

संविधान सभा की बहसों में एक पश्चिम प्रेरित सिविल कोड अपनाने की सिफ़ारिश करके और निजी क़ानूनों के लिए आवाज़ उठा रहे प्रतिनिधियों, जिनमें शरीअत के भविष्य को लेकर चिन्ताग्रस्त मुस्लिम प्रतिनिधि विशेष रूप से मुखर थे, का विरोध करते हुए भारतीय समाज को सुधारने के मामले में आंबेडकर ने अपनी दृढ़ता का साफ़ परिचय दिया :

> 'मैं निजी तौर पर यह यह नहीं समझ पाता कि धर्म को इतना व्यापक, इतना सर्वसमावेशी अधिकार क्यों दे दिया जाता है कि पूरा जीवन उसके खोल में आ जाता है और यहाँ तक कि विधायिका भी उस दायरे में घुसपैठ नहीं कर सकती। आख़िरकार हमें यह मुक्ति मिली ही क्यों है? हमें यह मुक्ति इसलिए मिली है कि हम अपनी सामाजिक व्यवस्था को सुधार सकें जोकि ग़ैर-बराबरी, भेदभाव और दूसरी चीज़ों से भरी पड़ी है और ये सारी प्रवृत्तियाँ हमारे मौलिक अधिकारों के विरुद्ध हैं।'[34]

इसके बदले में आंबेडकर को नीति निर्देशक सिद्धान्तों में एक अनुच्छेद से ज़्यादा कुछ नहीं मिला जिसमें कहा गया था कि : 'भारत के समूचे भू-भाग में राज्य अपने नागरिकों के लिए एक यूनिफ़ॉर्म सिविल कोड सुनिश्चित करने के लिए प्रयास करेगा।' बाद में यह सिफ़ारिश एक बेजान प्रस्ताव भर बनकर रह गई क्योंकि अल्पसंख्यकों—सबसे मुख्य रूप से मुस्लिमों—ने अपने-अपने निजी क़ानूनों को लेकर एक सख़्त रवैया अपना लिया था। कांग्रेस के भी बहुत सारे सदस्य भी उत्तराधिकार, विवाह (और तलाक़) तथा दत्तकता सम्बन्धी हिन्दू परम्पराओं व व्यवहारों में किसी भी प्रकार के सुधारों के ख़िलाफ़ थे। हिन्दू कोड बिल का अन्तत: जो हश्र हुआ, उससे यह बात पूरी तरह स्पष्ट हो जाती है।

ऊपर उद्धृत वाक्य हिन्दू समाज की परम्पराओं को सुधारने की दीर्घकालिक परियोजना की ओर संकेत करता है। सती उन्मूलन (1929) से लेकर हिन्दू महिला सम्पत्ति अधिकार अधिनियम (1937) तक एक सदी से भी ज़्यादा समय में बनाए गए अलग-अलग क़ानूनों के बाद अंग्रेज़ों ने तय किया कि सारे संशोधित हिन्दू निजी क़ानूनों को एक कोड में समेकित कर दिया जाए तो बेहतर होगा। लिहाज़ा 1941 में एक हिन्दू लॉ कमेटी बनाई गई थी। बी.एन. राऊ की अध्यक्षता में गठित इस कमेटी ने 1944 के अगस्त महीने में हिन्दू कोड का एक मसविदा भी प्रकाशित किया था। इस मसविदे के मुख्य प्रावधानों के अनुसार, बेटियों और बेटों को माता-

पिता की मृत्यु पर उत्तराधिकार मिलना चाहिए, विधवाओं को निर्बाध सम्पदा (एब्सॉल्यूट ऐस्टेट) का अधिकार मिलना चाहिए। एकल विवाह को नियम बनाया गया था और निश्चित हालात में तलाक़ की भी अनुमति दी गई थी। अप्रैल 1947 में इस कोड को विधायिका के सामने पेश किया गया लेकिन राजनीतिक हालात—आज़ादी और विभाजन—की वजह से इसकी विषयवस्तु पर कोई चर्चा नहीं हो पाई थी। 1948 में नेहरू ने एसेम्बली की एक उपसमिति को नये कोड का मसविदा लिखने का ज़िम्मा सौंपा और आंबेडकर को उसका मुखिया नियुक्त किया।[35] नये कोड बिल में सम्पत्ति और दत्तकता के सवालों पर पुरुषों और महिलाओं के बीच समानता का प्रावधान किया गया, केवल एकल विवाह (मॉनोगेमस मैरेज) को ही क़ानूनी मान्यता दी गई, 'सिविल मैरेज में जाति बन्धन को समाप्त'[36] घोषित किया गया, और तलाक़ की याचिका दायर करने के लिए ठोस औचित्य की आवश्यकता निर्धारित की गई। अभी तक पति द्वारा पत्नी को छोड़ दिए जाने को ही तलाक़ मान लिया जाता था।[37] हिन्दुओं की निजी ज़िंदगी में प्रचलित प्रथाओं पर सवाल खड़ा करने से भावनाओं में भारी उथल-पुथल पैदा हुई। इससे न केवल हिन्दू महासभा के परम्परावादी सदस्यों बल्कि राजेन्द्र प्रसाद सहित कांग्रेस के भी बहुत सारे नेताओं में खलबली मच गई थी। ऐसे सुधारों पर ख़ुद अपनी सख़्त आपत्ति व्यक्त कर चुके वल्लभभाई पटेल को लिखे एक पत्र में राजेन्द्र प्रसाद ने इसे ऐसी परियोजना बताया जिसकी 'नई अवधारणाएँ और नए विचार न केवल हिन्दू क़ानून के लिए पराये हैं बल्कि प्रत्येक परिवार को तोड़ने वाले हैं।'[38] पार्टी अध्यक्ष पट्टाभि सीतारमैया सहित कांग्रेस के बहुत सारे बड़े नेताओं ने विधेयक का विरोध किया और यह आशंका व्यक्त की कि यह क़ानून 1951-52 के आम चुनावों से पहले स्थानीय प्रभुओं—मुख्य रूप से रूढ़िवादी जमीदारों—को पार्टी से दूर कर सकता है। प्रसाद ने सार्वजनिक रूप से तो इस तरह के तर्क नहीं दिए मगर वह व्यक्तिगत स्तर पर विधेयक के ख़िलाफ़ अभियान चलाते रहे। उनका कहना था कि अन्तरिम संसद सदस्यों के पास ऐसे मुद्दों पर विचार करने का जनादेश नहीं है।

जवाहरलाल नेहरू को इस कोड से भारी उम्मीदें थीं। आंबेडकर की भाँति नेहरू भी इसे भारत के आधुनिकीकरण की आधारशिला मानते थे। उन्होंने यहाँ तक ऐलान किया था कि अगर यह बिल पास नहीं होता है तो उनकी सरकार इस्तीफ़ा दे देगी[39] और आंबेडकर ने उन पर दबाव बनाया था कि वे बिना कोई समय गँवाए इस बिल को संसद के सामने पेश करें। प्रधानमंत्री ने आंबेडकर से थोड़ी मोहलत माँगी और कोड को अलग-अलग चार हिस्सों में बाँट दिया ताकि 17 सितम्बर, 1951 को असेम्बली में उसे पेश करने से पहले उस पर हो रहे विरोध को कुछ शान्त किया जा सके। ख़ैर, असेम्बली में इस बिल को पेश किए जाने के बाद इस पर जो बहस हुई उससे यह साफ़ हो गया कि ख़ुद परम्परावादी कांग्रेसी भी इसके कम ख़िलाफ़

नहीं थे। चार दिन की चर्चाओं के बाद आंबेडकर ने एक भावुक और लम्बा भाषण दिया जिसमें उन्होंने बताया कि कृष्ण और राधा का विवाहेतर सम्बन्ध दर्शाता है कि हिन्दू धर्म में महिलाओं को कितनी अपमानजनक स्थिति में रखा जाता है। अचंभे की बात नहीं है कि इससे ज़्यादातर रूढ़िवादी सांसद आगबबूला हो गए। टी. भार्गव ने दावा किया है कि आंबेडकर इस क़ानून को इसलिए पारित कराना चाहते थे ताकि एक ब्राह्मण नर्स के साथ अपने हालिया विवाह को वैधता प्रदान कर सकें।[40] आंबेडकर ने अप्रैल 1948 में ही डॉ. शारदा कबीर से विवाह किया था। 1947 में जब ड्राफ़्टिंग कमेटी के अध्यक्ष के रूप में लगातार व्यस्तता के कारण उनकी तबीयत तेज़ी से बिगड़ने लगी थी तो वह डॉ. कबीर से इलाज कराने गए थे।

ख़ैर, 25 सितम्बर को हिन्दू कोड बिल के विवाह और तलाक़ से सम्बन्धित हिस्से में बहुत सारे संशोधनों के ज़रिए उसको क्षत-विक्षत कर दिया गया और अन्ततः उसे हमेशा कि लिए ठंडे बस्ते में डाल दिया गया। नेहरू ने इस घटनाक्रम के विरुद्ध एक शब्द भी नहीं कहा। आंबेडकर का मानना था कि प्रधानमंत्री ने इस मौक़े पर उनका उतना समर्थन नहीं किया जितना करना चाहिए था, लिहाज़ा 27 सितम्बर को उन्होंने नेहरू सरकार से इस्तीफ़ा दे दिया।[41]

कुछ समय बाद प्रकाशित अपने एक वक्तव्य में आंबेडकर ने नेहरू के पीछे हट जाने के लिए कांग्रेस के भीतर से पड़ रहे दबाव को ज़िम्मेदार ठहराया : 'मैंने कभी किसी चीफ़ व्हिप को प्रधानमंत्री के प्रति इतना निष्ठारहित और प्रधानमंत्री को एक निष्ठाहीन व्हिप के प्रति इतना निष्ठावान नहीं देखा।'[42] नेहरू को शायद डर था कि कहीं ऐसा न हो कि कांग्रेसी सांसद ही सामूहिक रूप से इस पूरी परियोजना को ख़ारिज कर दें और/या गणराज्य के राष्ट्रपति राजेन्द्र प्रसाद ने इस पर हस्ताक्षर न करने की जो धमकी दी थी, उसे वे वाक़ई अमल में न ले आएँ।[43]

हिन्दू कोड बिल आंबेडकर द्वारा बताई गई अपने इस्तीफ़े की वजहों में से सिर्फ़ एक वजह थी। वह इस बात के लिए भी नेहरू से ख़फ़ा थे कि उन्होंने आंबेडकर को किसी भी तरह के योजना सम्बन्धी मंत्रालय नहीं दिए थे। आंबेडकर कश्मीर के मामले पर भी नेहरू से सहमत नहीं थे। आंबेडकर का मानना था कि यह भूभाग पाकिस्तान को ही मिलना चाहिए। इन सारी घोषित वजहों के अलावा एक अव्यक्त कारण भी था—स्वतंत्र भारत के पहले आम चुनाव निकट आ रहे थे और आंबेडकर अपनी पार्टी की ओर से ही चुनाव लड़ना चाहते थे। फिर भी, यह बेहद उल्लेखनीय बात है कि आंबेडकर ने नेहरू सरकार का दामन हिन्दू कोड बिल के सवाल पर ही छोड़ा। इससे पता चलता है कि यद्यपि वह ऊपर से लागू किए जा रहे समाज सुधारों के राजनीतिक रास्ते में विश्वास रखते थे मगर ये भी समझते थे कि यह कोशिश केवल संवैधानिक रूपरेखा तक ही सीमित नहीं रहनी चाहिए। वह मानते थे कि सदियों से चले आ रहे सामाजिक रिवाजों को बदलने में तब तक सफलता नहीं

मिलेगी जब तक व्यवहार के धरातल पर इसके लिए ठोस उपाय नहीं किए जाएँगे। बहुत सारे कांग्रेसी भारतीय लोकतंत्र की संवैधानिक रूपरेखा को तो स्वीकार कर रहे थे मगर वे सामाजिक यथास्थिति पर सवाल उठाने वाले बदलावों का समर्थन करने को तैयार अभी भी नहीं थे।

तीस के दशक के आख़िरी सालों से पचास के दशक तक आंबेडकर अपनी सारी ताक़त अस्पृश्यों के हालात को सुधारने के लिए झोंकते रहे। सबसे पहले तो उन्होंने अस्पृश्यों—और यहाँ तक कि तमाम मजदूरों—के हितों की रक्षा के लिए राजनीतिक दलों का गठन किया। इसके बाद उन्होंने अपने तबक़े के लोगों के पक्ष में कुछ आश्वासनों के बदले अंग्रेज़ों का साथ दिया और अन्त में इसी भावना व उद्देश्य को ध्यान में रखते हुए वह कांग्रेस सरकार में शामिल हुए। इस पूरी पद्धति से उन्हें गांधीवादी विचारों को हाशिए पर रखने में निश्चित रूप से मदद मिली। अगर आंबेडकर ने ये सब न किया होता तो संविधान के अन्तिम पाठ में गांधीवादी विचारों की छाप बहुत गहरी होती। मगर दूसरी तरफ़ उन्होंने पृथक निर्वाचक मंडल और ख़ासतौर से हिन्दू कोड बिल पर हुई बहसों के दौरान राजतंत्र में अपने प्रभाव और पैठ की सीमाओं को भी परख लिया था। उन्होंने हिन्दू कोड बिल को अपने संघर्ष का आधार इसलिए बनाया क्योंकि उनका मानना था कि आधुनिक संवैधानिक संरचना के साथ-साथ भारतीय समाज को आमूल समाज सुधारों की भी सख़्त ज़रूरत है, और कांग्रेस इन सुधारों के लिए अभी तैयार नहीं थी।

यों तो उन्होंने नेहरू सरकार से इस्तीफ़ा देने के बाद राजनीति के प्रति एक ख़ास तरह की हिकारत का भाव भी दिखाया मगर कुल मिलाकर वह राजनीतिक जीवन से बाहर जाने वाले नहीं थे। न केवल उन्होंने 1951-52 के चुनाव अभियान में हिस्सा लिया बल्कि कुछ साल बाद, अपनी मृत्यु से ठीक पहले रिपब्लिकन पार्टी ऑफ़ इंडिया की स्थापना का विचार भी हवा में छोड़ दिया था। इसी दौरान उनके धार्मिक, यहाँ तक कि आध्यात्मिक अन्वेषण की दिशा भी बौद्ध धर्म पर केन्द्रित होती गई। उनके विचार में यही ऐसा धर्म था जहाँ अस्पृश्यता का एकमात्र स्वीकार्य समाधान सम्भव था।

8

धर्मांतरण का समाधान

'मैं इन झूठे राजनीतिक चुनावों से कोई वास्ता नहीं रखना चाहता। ऐसे झूठे चुनावों के दम पर तो मैं प्रधानमंत्री भी बन सकता था मगर मेरे लिए उसका कोई मोल नहीं है (...)। मैंने बुद्ध धर्म अंगीकार कर लिया है। मैं चाहता हूँ कि आप भी इसे अपनाएँ—अस्पृश्य ही नहीं बल्कि सारे भारत, और यहाँ तक कि सारे संसार के लोग इसे अपनाएँ। (...) यह धर्म मुझे तमाम इनसानों के लिए, उनकी ख़ुशियों के लिए, सबके प्रति प्रेम के लिए काम करने को प्रेरित करता है। इस धर्म को न केवल मनुष्यों द्वारा बल्कि देवताओं द्वारा भी अपनाया जाना चाहिए (...)। अगर हम चन्द कम्युनिस्टों को छोड़ दें तो दुनिया में कोई भी ऐसा नहीं है जो किसी न किसी धर्म को न चाहता हो। सच्चा धर्म वही होता है जो सबको समान अवसरों का आश्वासन दे। बाक़ी सारे धर्म फ़र्ज़ी हैं।' (बम्बई में 14 जनवरी, 1955 को दिया गया आंबेडकर का भाषण, एम.एस. गोरे, द *सोशल कॉन्टेक्स्ट ऑफ़ ऐन आइडियोलॉजी,* पीछे उद्‌धृत, पृष्ठ 220)।

जाति व्यवस्था से मुक्ति के साधन के रूप में धर्मांतरण को अस्पृश्य समुदायों के बहुत सारे लोग पहले भी आज़मा चुके थे। न ही ईसाई मिशनरी लोगों को अपने धर्म की ओर आकर्षित करने के लिए इस तर्क का सहारा लेने में कभी पीछे रहे थे। उन्नीसवीं शताब्दी के आख़िरी दौर में महाराष्ट्र के ज़्यादातर नव ईसाई दरअसल महार ही थे। यह 1876 और 1879 के अकालों का एक परिणाम भी था जब मिशनरी ही समाज के सबसे वंचित तबक़ों की रक्षा के लिए सामने आए थे।[1] मगर आंबेडकर को हिन्दू धर्म त्यागने के लिए ऐसी किसी नज़ीर का सहारा लेने की ज़रूरत नहीं थी। जाति व्यवस्था के उनके विश्लेषण से ही उनके फ़ैसले का औचित्य साफ़ हो जाता था। उनके विश्लेषण की ताक़त और मौलिकता इस निष्कर्ष में थी कि सामाजिक सोपानक्रम (यानी ऊँच-नीच की व्यवस्था) हिन्दू धर्म का अन्तर्निहित अंग है। लिहाज़ा इस धर्म को छोड़ना ही समानता पाने का एकमात्र ज़रिया था।

आंबेडकर द्वारा एक अन्य धर्म अपनाने के सम्बन्ध में पहला ज़िक्र 1927 में मिलता है। महाड़ सम्मेलन के दौरान उन्होंने कहा था : 'हम समाज में बराबरी के अधिकार चाहते हैं। हम हिन्दू धर्म में रहते हुए हर सम्भव हद तक यह समानता हासिल करेंगे, या अगर ज़रूरत पड़ी तो इस निरर्थक हिन्दू पहचान को लात भी मार देंगे। और अगर हिन्दू धर्म को छोड़ना लाज़िमी हो जाता है तो हमारे लिए मन्दिरों की परवाह करना ज़रूरी नहीं होगा।'[2] उसी साल कुछ दिन पहले जलगाँव (बरार) डिप्रेस्ड क्लासेज़ कान्फ्रेंस में इसी आशय का एक प्रस्ताव भी पारित किया गया था। सम्मेलन की अध्यक्षता ख़ुद आंबेडकर कर रहे थे। इसी के कुछ दिन बाद क़रीब एक दर्जन महारों ने इस्लाम धर्म अपना लिया था। इससे रूढ़िवादी हिन्दुओं में काफ़ी असन्तोष फैला था और वे अस्पृश्यों को नए कुओं के इस्तेमाल की छूट देकर इस आन्दोलन के प्रभाव को समाप्त करना चाहते थे। सामूहिक धर्मांतरण के प्रेत ने उन्हें ब्लैकमेलिंग के लिए भी प्रेरित किया, लिहाज़ा रूढ़िवादी तत्त्व यह दलील तक देने लगे थे कि अगर डिप्रेस्ड क्लासेज़ हिन्दू धर्म के भीतर ही रहें तो सवर्ण हिन्दू ऐसे कुछ धार्मिक क़ानूनों में ढिलाई देने को भी तैयार हैं जिनसे ये लोग त्रस्त हो चुके थे।[3] आंबेडकर ने एक संभावित रणनीति के रूप में धर्मांतरण पर गम्भीर सोच-विचार तीस के दशक के शुरुआती सालों से शुरू कर दिया था।

धर्मांतरण, सामाजिक मुक्ति की रणनीति ?

समानता की ख़ातिर धर्म बदलना। 1933 के वसन्त में आंबेडकर ने तीसरे गोल मेज़ सम्मेलन में अस्पृश्यों के प्रतिनिधि के रूप में साथ आए गवई को बताया था कि वह हिन्दू धर्म छोड़ने पर विचार कर रहे हैं। उन्होंने कहा था कि इस्लाम उन्हें पसन्द नहीं है और उनका झुकाव बौद्ध धर्म की तरफ़ बढ़ता जा रहा है।[4] फिर 1935 तक उन्होंने इस दिशा में कोई नया संकेत नहीं दिया। अक्तूबर 1935 में उन्होंने येवला में डिप्रेस्ड क्लासेज़ के प्रतिनिधियों की एक मीटिंग का संचालन किया जो उन्होंने पिछले 10 साल के संघर्षों का जायज़ा लेने के लिए बुलाई थी। यह अवसर इस लिहाज़ से महत्त्वपूर्ण था कि अब आंबेडकर को ऐसा लगने लगा था कि उनका आन्दोलन एक मोड़ बिन्दु पर पहुँच गया है और उसे नए आवेग के साथ फिर से शुरू करना ज़रूरी है। इसके बाद उन्होंने धर्मांतरण का अपना फ़ैसला सुनाया,[5] जो मन्दिर प्रवेश के लिए चलाए गए उनके आन्दोलन के माध्यम से हिन्दुइज्म के साथ घनिष्ठ समेकन की उनकी चेष्टाओं की विफलता से पैदा हुआ था[6] :

> 'हमने जिस तरह के अभावों को झेला है और जिस तरह के अपमान का घूँट पिया है उसका मूल कारण यही था कि हम हिन्दू समुदाय के सदस्य हैं। क्या हमारे लिए यह बेहतर नहीं होगा कि हम इस धर्म को छोड़कर एक ऐसा

नया धर्म अपनाएँ जो हमें बराबरी की हैसियत व सुरक्षित स्थान दे और जहाँ हमारे साथ वैसा बर्ताव किया जाए जिसके हम हकदार हैं? मैं आपको सलाह देता हूँ कि हिन्दू धर्म के साथ अपने सारे ताल्लुक तोड़ लें और कोई नया धर्म अपनाएँ। मगर, ऐसा करते हुए, नया धर्म अपनाते हुए एहतियात बरतें और यह देखें कि वहाँ आपको व्यवहार, हैसियत और अवसरों के मामले में पूरी बराबरी मिलेगी या नहीं। (...) मेरा दुर्भाग्य है कि मैं एक हिन्दू अस्पृश्य के रूप में पैदा हुआ। मैं इस तथ्य को नहीं बदल सकता। मगर मैं ऐलान करता हूँ कि ऐसे हेय और अपमानजनक हालात में जीने से इनकार करना मेरी शक्ति के भीतर है। मैं दृढ़तापूर्वक आपको यह आश्वासन देता हूँ कि मैं एक हिन्दू के रूप में नहीं मरूंगा।'[7]

तत्पश्चात, मीटिंग में मौजूद सहभागियों ने हिन्दू धर्म त्यागने का आह्वान करते हुए सर्वसम्मति से एक प्रस्ताव पारित किया। 10 महीने बाद, 31 मई, 1936 को आंबेडकर ने बम्बई में धर्मांतरण के पक्ष में समर्थन जुटाने के लिए एक और मीटिंग बुलाई। यह रणनीति महारों तक ही सीमित थी क्योंकि, जैसा कि उन्होंने ख़ुद स्पष्ट किया था, वह अस्पृश्य जातियों से इस बारे में एक-एक करके बात करना चाहते थे। यह फ़ैसला धर्मांतरण के मामले में जाति के बहुत गहरे एहसास को प्रतिबिम्बित करता है। अतीत में पूरी की पूरी जातियाँ दूसरे धर्मों को स्वीकार कर चुकी थीं। आंबेडकर ने बम्बई में ऐलान किया :

'हमारा मक़सद है मुक्ति पाना। फ़िलहाल हमारी और कोई दिलचस्पी नहीं है। अगर हम धर्मांतरण से मुक्ति पा सकते हैं तो हम हिन्दू धर्म में सुधार की ज़िम्मेदारी क्यों ढोते रहें। हम अपनी ऊर्जा, समय, श्रम और धन इस पर क्यों नष्ट करें? इस बारे में कोई ग़लतफ़हमी न रहने दें कि हमारे संघर्ष का उद्देश्य है हिन्दू धर्म से मुक्ति, न कि हिन्दू धर्म में सुधार।

'हमारे आन्दोलन का लक्ष्य है अस्पृश्यों के लिए सामाजिक, आर्थिक एवं धार्मिक मुक्ति प्राप्त करना। जहाँ तक अस्पृश्यों का सवाल है तो यह मुक्ति धर्मांतरण के अलावा और किसी ढंग से हासिल नहीं की जा सकती।'[8]

यहाँ आंबेडकर ने अपने राजनीतिक कॅरिअर का एक नया अध्याय खोलने से पहले एक अध्याय बन्द कर दिया था। वह हिन्दू धर्म को सुधारने की अपनी महत्त्वाकांक्षा को छोड़ रहे थे जिसे सुधारने की वह सालों से कोशिश करते आ रहे थे। अब वे इस नतीजे पर पहुँच जाते हैं कि यह संघर्ष ही बेमानी था और उनके पास अब इसके अलावा कोई चारा नहीं है कि वे उस धर्म को त्याग दें जिसमें उनका जन्म हुआ था। दूसरी तरफ़, एक ज़्यादा परोक्ष अन्दाज़ में वह इस बहस को हिन्दू धर्म और धर्म से सम्बन्धित सामाजिक, आर्थिक व धार्मिक मुद्दों की तरफ़ ले जाते हैं। आंबेडकर द्वारा बम्बई में दिया गया भाषण इस वजह से भी मायने रखता है कि

इसमें सामाजिक व्यवस्थाओं के दृष्टिकोण से भारत के अलग-अलग धर्मों की तुलना की गई है। वह ईसाई और मुस्लिम समुदायों में जाति के अस्तित्व की उपेक्षा तो नहीं करते मगर वह इन सामाजिक व्यवस्थाओं तथा हिन्दू धर्म में जाति की भूमिका के अपने प्रेक्षणों में एक स्पष्ट फ़र्क़ ज़रूर रेखांकित करते हैं : '...अगर मुस्लिम और ईसाई अपने-अपने धर्मों में जाति व्यवस्था के उन्मूलन के लिए आन्दोलन छेड़ें तो उनके धर्मों की तरफ़ से इसके रास्ते में कोई रुकावट पैदा नहीं होगी। मगर हिन्दू अपने धर्म को ध्वस्त किए बिना जाति व्यवस्था को ध्वस्त ही नहीं कर सकते।'[9]

यह विश्लेषण आंबेडकर के चिन्तन में सबसे केन्द्रीय विचार को दर्शाता है—यानी हिन्दू धर्म एक ऐसा धर्म है जो ऊँच-नीच की बुनियाद पर खड़ा है जबकि दूसरे धर्मों में समानता को महत्त्व दिया जाता है। 1936 में लिखे एक खुले पत्र[10] में उन्होंने तीन धर्मों—इस्लाम, ईसाई और सिख—में से किसी एक धर्म को अपनाने का विकल्प सामने रखा है और बताया है कि तीनों के कुछ अपने-अपने लाभ हैं।

> इन तीनों धर्मों की तुलना करने पर इस्लाम में डिप्रेस्ड क्लासेज़ को वह सब दिखाई पड़ता है जिसकी उन्हें ज़रूरत है। आर्थिक धरातल पर देखें तो इस्लाम के पीछे संसाधन भी असीमित हैं। सामाजिक धरातल भी मोहम्मडन्स पूरे भारत में फैले हैं...। राजनीतिक स्तर पर इस्लाम में डिप्रेस्ड क्लासेज़ को वे सारे अधिकार मिलेंगे जो मोहम्मडन्स को मिलते हैं (...)। ईसाइयत भी समान रूप से आकर्षक धर्म है। अगर भारतीय ईसाई संख्या की दृष्टि से इतने कम हैं कि वे डिप्रेस्ड क्लासेज़ के धर्मांतरण के लिए ज़रूरी आर्थिक संसाधन मुहैया नहीं करा सकते तो भी अमेरिका और इंग्लैंड जैसे ईसाई देश बेहिसाब संसाधन जुटा सकते हैं, बशर्ते डिप्रेस्ड क्लासेज़ ईसाइयत को स्वीकार करने के लिए तैयार हो जाएँ। सामाजिक रूप से भले ही ईसाई समुदाय बहुत छोटा हो और डिप्रेस्ड क्लासेज़ के धर्मांतरण करने वालों को ज़्यादा मदद न दे सकता हो मगर ईसाई धर्म के पीछे पूरी सरकार खड़ी हुई है। राजनीतिक तौर पर ईसाई धर्म भी अपने भीतर आने वालों को वही अधिकार देगा जो इस्लाम देता है। (...) ईसाइयत और इस्लाम के मुक़ाबले सिख धर्म में उतने आकर्षण दिखाई नहीं देते। लगभग 40 लाख लोगों का छोटा समुदाय होने के कारण सिख कोई ख़ास आर्थिक सहायता नहीं दे सकते। (...) वे मोटे तौर पर पंजाब में ही सिमटे हुए हैं, लिहाज़ा डिप्रेस्ड क्लासेज़ के लोगों को कोई सामाजिक सहायता नहीं दे सकते। राजनीतिक रूप से सिख धर्म में इस्लाम या ईसाइयत के मुक़ाबले एक सकारात्मक घाटे की स्थिति भी दिखाई देती है। पंजाब के बाहर सिखों को विधायिका और नौकरियों में विशेष प्रतिनिधित्व का अधिकार नहीं मिलता। (...) (हमारे) धर्मांतरण से देश के लिए क्या निहितार्थ

सामने आएँगे, इस पर ग़ौर करना भी ज़रूरी है। इस्लाम या ईसाइयत में धर्मांतरण डिप्रेस्ड क्लासेज़ का अभारतीयकरण (डीनैशनलाइज़ेशन) कर देगा। अगर वे इस्लाम को अपनाते हैं तो मुसलमानों की संख्या दुगनी हो जाएगी और मुस्लिम वर्चस्व की आशंका बहुत ठोस रूप ले लेगी। अगर वे ईसाई धर्म को अपनाते हैं तो ईसाइयों की संख्या 5-6 करोड़ तक जा पहुँचेगी। तब देश पर अंग्रेज़ों का क़ब्ज़ा और मज़बूत हो जाएगा। परन्तु, अगर वे सिख धर्म को अपनाते हैं तो न केवल देश की नियति को नुक़सान नहीं पहुँचाएँगे बल्कि देश की उन्नति में उचित योगदान देंगे। ऊपर से उनका अभारतीयकरण भी नहीं होगा। इसके उलट, वे देश की राजनीतिक प्रगति में मददगार साबित होंगे।[11]

आंबेडकर इस्लाम और ईसाई धर्म अपनाने को अस्पृश्यों के 'अभारतीयकरण' में योगदान देने वाला और स्वतंत्रता संघर्ष को कमज़ोर करने वाला फ़ैसला मानते हैं—इस तथ्य से ज़ाहिर हो जाता है कि अभी भी उन्होंने 'पृथकतावादी' विमर्श को पूरी तौर पर नहीं अपनाया था। आने वाले सालों में यह स्वर तेज़ी से मुखर होने वाला था।[12] लिहाज़ा उन्होंने अस्पृश्यों द्वारा विदेशी धर्म अपनाने की भारी सम्भावना से बेचैन सवर्ण हिन्दुओं को सुझाव दिया कि वे सिख धर्म को भी इस्लाम और ईसाइयत की तरह आकर्षक बनाने के लिए ऐसे अस्पृश्यों के लिए सीटों के आरक्षण की व्यवस्था करें जो सिख धर्म अपनाना चाहते हैं ताकि वे ईसाई या इस्लाम धर्म अपनाने के लिए बाध्य न हों : 'आपको बस इतना ही करना है कि पंजाब के अलावा शेष सभी प्रान्तों में अनुसूचित जातियों की सूची में 'सिख' को भी जोड़ दें ताकि डिप्रेस्ड क्लासेज़ का जो व्यक्ति सिख धर्म अपनाता है उसके वे सारे राजनीतिक अधिकार न छिन जाएँ जो डिप्रेस्ड क्लासेज़ में बने रहने पर उसको मिल सकते थे।'[13]

नवम्बर 1935 में नासिक ज़िले के गाँवों में डिप्रेस्ड क्लासेज़ के 800 युवाओं ने नासिक में एक सभा बुलाई और हिन्दू धर्म छोड़ने का अपना संकल्प दोहराया। वे मनुस्मृति जला चुके थे और उन्होंने प्रस्ताव पारित करके अस्पृश्यों से आह्वान किया कि वे हिन्दू तीर्थयात्राओं में हिस्सा न लें, हिन्दू तीर्थों और पवित्र स्थलों पर न जाएँ, हिन्दू पुजारियों को पैसा न दें और न ही हिन्दू त्योहार मनाएँ।[14] मई 1936 में बम्बई में महारों की एक मीटिंग बुलाई गई जिसमें तीन प्रस्ताव पारित किए गए जो अपनी जाति के सदस्यों पर आंबेडकर की नई रणनीति के गहरे प्रभाव को दर्शाते हैं :

(1) धर्मांतरण महारों के लिए मुक्ति और समानता प्राप्त करने का एक साधन मात्र है।

(2) महार सामूहिक रूप से धर्मांतरण के लिए तैयार हैं।

(3) धर्मांतरण की ओर क़दम बढ़ाते हुए महार समुदाय के लोग हिन्दू देवी-देवताओं की पूजा, हिन्दू अवकाशों और हिन्दू पूजा स्थलों पर पूजा-अर्चना बन्द कर देंगे।[15]

अक्तूबर 1935 में येवला में हुई मीटिंग और मई 1936 में बम्बई में हुई मीटिंग के बीच आंबेडकर ने इसी दिशा में आगे बढ़ने के अपने संकल्प को और स्पष्ट रूप से व्यक्त किया। इसके जवाब में उन्हें संभावित 'ग्राहक' अल्पसंख्यकों, सवर्ण हिन्दू जातियों या अन्य अस्पृश्य नेताओं से जिस तरह की प्रतिक्रियाएँ सुनने को मिलीं उनकी रोशनी में आंबेडकर को अपनी योजनाओं पर पुनर्विचार करना पड़ा।

प्रतिक्रियाएँ, जवाबी हमला और अस्पृश्यों में फूट। दुर्भाग्यवश, भारतीय ईसाइयों ने आंबेडकर के सामूहिक धर्मांतरण की परियोजना पर अपनी आपत्तियाँ व्यक्त करने में कोई देर नहीं की। उनके प्रतिनिधियों ने एक संस्थागत धर्मांतरण के विचार को अधिकृत रूप से ख़ारिज कर दिया। उनका मानना था कि किसी भी आध्यात्मिक तत्त्व से रहित ऐसा धर्मांतरण केवल अस्पृश्यों की सामाजिक गतिशीलता को बढ़ाने का ज़रिया ही साबित होगा। यथार्थ के धरातल पर इस प्रकार के बड़े पैमाने के धर्मांतरण से समुदाय के भीतर भारी तनाव पैदा होने का ख़तरा था। 'पुराने ईसाई'—मुख्य रूप से सीरियन ईसाई—जो ख़ुद को ईसाइयों के भीतर एक आभिजात्य तबक़ा मानते थे, वे निचले तबक़ों के इस तरह अचानक अपने धर्म में घुस आने की सम्भावना से ख़ुश नहीं थे।[16] ख़ैर, ख़ुद आंबेडकर भी इस विकल्प के ज़्यादा पक्ष में नहीं थे क्योंकि ईसाइयों में भी जातिगत पूर्वाग्रह बने हुए थे। ज़ीलियट का मानना है कि चूँकि यह धर्म भारत के बाहर से आया था, शायद इस कारण भी आंबेडकर को ईसाई धर्म रास न आया हो।[17]

बौद्ध नेता इन जातियों का स्वागत करने को तैयार थे हालाँकि अभी तक बौद्ध धर्म सम्भावित विकल्पों की सूची में शामिल भी नहीं था। कम से कम उनके सार्वजनिक भाषणों में इसका उल्लेख अभी तक नहीं आया था। येवला में दिए गए भाषण के कुछ समय पश्चात वाराणसी स्थित महाबोधि सोसायटी के सचिव ने यह संकेत दिया था कि उनका समुदाय अस्पृश्यों का स्वागत करने को तैयार है। उन्होंने बौद्ध धर्म में जातियों की अनुपस्थिति पर ज़ोर दिया। उनका स्वर लगभग विज्ञापन जैसा था : 'हम सभी धर्मांतरितों को समान हैसियत की गारंटी देते हैं।'[18]

मुस्लिम नेताओं ने भी सकारात्मक प्रतिक्रिया दी। भारत के बाहर रहने वाले मुसलमानों की प्रतिक्रिया भी सकारात्मक थी। अरब प्रेस ने आंबेडकर की योजनाओं में अपनी दिलचस्पी व्यक्त की जबकि काहिरा की अल अज़हर यूनिवर्सिटी—जिसकी देखरेख में संभावित सामूहिक धर्मांतरण के लिए पैसा इकट्ठा करना भी

शुरू कर दिया गया था—के कुलपति ने कहा कि मुसलमान बनने के लिए ख़तना कराना या पर्दा/बुर्का पहनना भी अनिवार्य नहीं होगा। यहाँ तक कि दिसम्बर 1936 में उन्होंने एक प्रतिनिधि मंडल भी भारत भेजा था।[19] भारत की ख़िलाफ़त सेंट्रल कमेटी के प्रतिनिधि मौलाना मोहम्मद इरफ़ान अक्टूबर 1935 से आंबेडकर को आश्वासन दे रहे थे कि इस्लाम एक समतामूलक धर्म है और इस्लाम अपनाने से उन्हें भारत के सबसे बड़े अल्पसंख्यक समुदाय का नेता बनने का मौक़ा मिलेगा। उसी महीने इंडियन एसोसिएशन ऑफ़ उलेमाज़ के प्रमुख मौलाना अहमद सईद ने भी कुछ इसी तरह का सन्देश उन्हें भिजवाया था।[20] पंजाब के मुसलमानों ने लेजिस्लेटिव असेम्बली के सदस्य और नवधर्मांतरित कन्हैया लाल गौबा को आंबेडकर के पास भेजकर उनसे आग्रह किया था कि वे इस्लाम अपना लें। बहुत सारे उलेमाओं, ख़ासतौर से मुस्लिम रियासतों के उलेमाओं ने भी अस्पृश्यों से इसी तरह की अपील की।[21]

सबसे ज़्यादा उत्सुकता सिख समुदाय की प्रतिक्रिया को लेकर थी। आंबेडकर कुछ समय से इस समुदाय के प्रतिनिधियों के सम्पर्क में थे जिन्होंने बम्बई में एक मैनेजमेंट कॉलेज खोला था और उसमें अस्पृश्यों को भी बेरोकटोक दाख़िले दिए गए थे।[22] जैसे ही आंबेडकर ने कोई दूसरा धर्म अपनाने की अपनी योजना उजागर की, अमृतसर स्थित स्वर्ण मन्दिर प्रबन्धन समिति के उपाध्यक्ष सरदार दलीप सिंह दोआबिया ने आंबेडकर को ख़त लिखकर बताया कि सिख धर्म उन सारी उम्मीदों पर खरा उतरता है जो आंबेडकर किसी संभावित धर्म से रखते हैं, अस्पृश्यों का सिख धर्म में दिल खोलकर स्वागत किया जाएगा।[23]

जनवरी 1936 में आंबेडकर ने पूना में अस्पृश्य समुदाय के युवाओं की दो-दिवसीय मीटिंग में हिस्सा लिया था। उसी समय उन्होंने सिखों द्वारा आयोजित एक भजन कार्यक्रम में भी हिस्सा लिया। इसके बाद उन्हें सिखों द्वारा अपना धर्म अपनाने के लिए आमंत्रित किया गया। उसी हफ़्ते मुसलमानों के भी दो प्रतिनिधिमंडल उनसे मिले और ऐसी ही गुज़ारिश उनसे की।[24] कुछ दिन बाद, अप्रैल में उन्होंने पंजाब, केरल, संयुक्त प्रान्त और मध्य प्रान्त के अस्पृश्यों के साथ एक सिख मिशन कॉन्फ्रेंस में भी हिस्सा लिया था। इस मौक़े पर 50 से ज़्यादा लोगों ने सिख धर्म अपनाया भी था। मई में उनका बेटा यशवन्त और भतीजा भी अमृतसर गए और छः सप्ताह तक वे स्वर्ण मन्दिर में ही रहे। इससे भी उल्लेखनीय बात यह है कि सितम्बर के मध्य में आंबेडकर ने अपने 13 अनुयायियों का एक समूह अमृतसर स्थित सिख मिशन में अध्ययन के लिए भेजा था। इस समूह को आंबेडकर धर्मांतरण आन्दोलन का अगुवा दस्ता कहते थे।[25]

हिन्दू महासभा को भय था कि अगर अस्पृश्य कोई दूसरा धर्म अपनाते हैं तो बहुसंख्यक समुदाय जनसांख्यिकीय दृष्टि से, फलस्वरूप चुनावी दृष्टि से भी कमज़ोर

पड़ जाएगा। उन्हें यह आशंका खाए जा रही थी कि अस्पृश्य समुदाय और भारत के धार्मिक अल्पसंख्यक कहीं एकजुट न हो जाएँ। दूसरे गोल मेज़ सम्मेलन में आंबेडकर पहले ही मुस्लिम तथा अन्य अल्पसंख्यक नेताओं के साथ मिलकर एक माइनॉरिटी पैक्ट लिख चुके थे जिसमें मुसलमानों, ईसाइयों, ऐंग्लो-इंडियन, यूरोपियों और डिप्रेस्ड क्लासेज़ के लिए पृथक निर्वाचक मंडल और वेटेज/भारांक की माँग की गई थी। धर्मांतरण के माध्यम से आंबेडकर हिन्दू धर्म को कमज़ोर तथा इस गठजोड़ को और मज़बूत कर सकते थे।

येवला में हुई मीटिंग के एक पखवाड़े बाद बम्बई की हिन्दू सभा का एक प्रतिनिधिमंडल भी आंबेडकर से मिलने गया। आंबेडकर ने उन्हें आश्वासन दिया कि वह 'कोई भी अन्तिम फ़ैसला लेने से पहले हिन्दू महासभा और अन्य हिन्दू संगठनों के नेताओं से बात ज़रूर करेंगे।'[26] इसके बाद हिन्दू महासभा ने 29 अक्टूबर, 1935 को बम्बई में एक अभूतपूर्व सभा बुलाई जिसमें महासभा के सबसे रूढ़िवादी नेता मदनमोहन मालवीय की अध्यक्षता में 1,000 प्रतिनिधियों ने हिस्सा लिया। इसी अवसर पर महासभा की महाराष्ट्र शाखा के सबसे प्रमुख नेताओं में से एक एन.सी. केलकर ने गांधीजी के प्रति अकृतज्ञता दिखाने पर आंबेडकर की आलोचना की थी। केलकर का कहना था कि गांधीजी 1932 से अस्पृश्यों की समस्याओं पर ख़ुद को झोंके हुए हैं। दिसम्बर में हिन्दू महासभा के वार्षिक सत्र में भी उन्होंने इसी विषय पर और विस्तार से अपने विचार रखे।[27] उस समय महासभा ने आंबेडकर को अलग-थलग करने के लिए बहुत सारे अस्पृश्य नेताओं को भी अपने संगठन में शामिल किया था : जगजीवन राम, जे.एन. मंडल (एक बंगाली नामशूद्र नेता), रसिक लाल बिस्वास (एक और नामशूद्र नेता जो पहले आंबेडकर की ऑल इंडिया डिप्रेस्ड क्लासेज़ कांग्रेस के सदस्य थे), उत्तर प्रदेश के चमार नेता धर्म प्रकाश, पी. एन. राजभोज जो पूना के एक चम्भर नेता थे और आंबेडकर के सहयोगियों में से एक थे, एम. सी. राजा तथा पालवंकर बालू—एक चमार नेता और भूतपूर्व क्रिकेट खिलाड़ी[28]—इन सभी को डिप्रेस्ड क्लासेज़ के उत्थान हेतु गठित हिन्दू महासभा समिति में शामिल किया गया।[29]

महारों के सामूहिक धर्मांतरण आन्दोलन का पुनर्जीवित होना हिन्दू महासभा के लिए बड़ी भारी चिन्ता का विषय था। इस पर 1936 में बम्बई की मीटिंग में बहस भी हो चुकी थी। जैसा कि महासभा की प्रेस विज्ञप्ति में बताया गया था, अस्पृश्यों द्वारा हिन्दू धर्म छोड़कर इस्लाम धर्म अपना लेने की सम्भावना से महासभा के सदस्यों में 'अपनी ही भूमि से समाप्त हो जाने' का ख़ौफ़ छा गया था।[30] हर दस साल में होने वाली जनगणना में हिन्दुओं और मुसलमानों के अलग-अलग जनसांख्यिकीय रुझानों के कारण बीसवीं शताब्दी की शुरुआत से ही यह आशंका व्यापक रूप ले चुकी थी।[31] यह आशंका फैलाने वालों का दावा था कि यह एक

मुस्लिम साज़िश का 'अकाट्य' साक्ष्य है : हिन्दू राष्ट्रवादी नेताओं के मुताबिक़, भारत की सबसे बड़ी रियासत के शासक, हैदराबाद के निज़ाम की अकूत सम्पदा ही इस समस्या की जड़ थी। उनका कहना था कि निज़ाम ने इस्लाम धर्म अपनाने के लिए आंबेडकर को चार करोड़ रुपये की पेशकश की है। इस दावे की कोई पुष्टि आज तक नहीं हुई है।[32] दिलचस्प बात यह है कि नागपुर के महार नेता भी कमोबेश इसी दिशा में सोच रहे थे। वी. मून इनमें से एक नेता को उद्धृत करते हुए कहते हैं, 'अगर हम मुसलमान बन जाते हैं तो हमें हैदराबाद के निज़ाम की मदद मिलने लगेगी!'[33] मून का कहना है कि पुरानी सांस्कृतिक नज़दीकियों के कारण 'बहुत सारे लोग सोचते थे कि हमें मुसलमान बन जाना चाहिए' : 'समुदाय (यानी महारों) में बहुत सारे लोग थे जोकि (मुस्लिम) फ़क़ीरों को मानते थे, जो मुस्लिम दरगाहों में जाते थे, जो ताजुद्दीन बाबा की दरगाह पर मनौती माँगते थे (...)। कुछ ऐसे लोग भी थे जो बड़ी साफ़ उर्दू बोलते थे और शायरी किया करते थे।'[34]

यह मुख्य रूप से महाराष्ट्र का मुद्दा था और इसका सबसे सीधा असर हिन्दू महासभा पर पड़ने वाला था। इसी हिन्दू महासभा के नागपुर के नेता मुंजे ने बम्बई में आंबेडकर के साथ तीन दिन की गुप्त वार्ताएं की थीं। इस अवसर पर जी. डी. बिरला के अमीर रूढ़िवादी मारवाड़ी भाई जे.के. बिरला[35] भी उपस्थित थे। दिलचस्प बात यह है कि मुंजे ने भी आंबेडकर की इस राय से हमदर्दी और सहमति जताई कि रूढ़िवादी हिन्दू धर्म में सुधार की कोई ठोस अपेक्षा करना निरर्थक होगा।[36] इसकी बजाय उन्होंने ये सुझाव दिया कि करवीर पीठ के शंकराचार्य, जोकि महाराष्ट्र के एक प्रमुख धार्मिक व्यक्ति थे, की सहमति से अस्पृश्य समुदाय के लोग 'सिख धर्म या आर्य समाज में शामिल हो जाएँ जहाँ जाति व्यवस्था पूरी तरह समाप्त की जा चुकी है।'[37] इससे उन्हें हिन्दू संस्कृति के भीतर रहने की सुविधा भी मिल जाएगी।

शंकराचार्य के योगदान पर यहाँ थोड़ा और प्रकाश डालना ज़रूरी है। शंकराचार्य एक संस्कृतविद थे जिनके शोधपत्र को वॉशिंगटन स्थित ओरिएंटल यूनिवर्सिटी में स्वीकार किया जा चुका था। वह शृंगेरी (कर्नाटक) स्थित एक विख्यात हिन्दू संगठन से अलग हुई उसकी महाराष्ट्र शाखा करवीर पीठ के अध्यक्ष थे।[38] अक्टूबर 1936 में उन्होंने हिन्दू महासभा के लाहौर अधिवेशन के अध्यक्ष की हैसियत से मुंजे के प्रस्ताव का बड़े उल्लेखनीय ढंग से बचाव किया था :

> 'नासिक में आयोजित मन्दिर सत्याग्रह से मुझे दो महत्त्वपूर्ण तथ्यों का पता चला है। पहली बात, बीते सालों के दौरान अस्पृश्यों का एक बड़ा समूह उग्र तेवर अख़्तियार कर चुका है और अब तत्काल राहत के लिए आवाज़ उठा रहा है। दूसरी बात, तथाकथित सनातनियों को यह समझाना

बेकार है कि वे अस्पृश्यों को उनके वाजिब अधिकार देने के लिए तैयार हो जाएँ। इस जानकारी के बल पर मैं डॉ. आंबेडकर और उनके अनुयायियों को यह सलाह देना चाहता हूँ कि वे रूढ़िवादियों को समझाने में अपनी ऊर्जा नष्ट न करें और अपना ख़ुद का पन्थ बनाएँ, या हिन्दू धर्म के ऐसे किसी मौजूदा पन्थ से जुड़ जाएँ जो छुआछूत को बढ़ावा नहीं देता। (...) धर्मांतरण का मतलब होता है किसी पराये धर्म को अपना लेना। सिख धर्म हिन्दू धर्म के लिए पराया है, इससे ज़्यादा वाहियात बात मुझे कुछ दिखाई नहीं देती। (...) यह तो हिन्दू धर्म की बहुत सारी प्रोटेस्टेंट शाखाओं में से एक है।'[39]

मुंजे की तरह शंकराचार्य ने भी हिन्दू धर्म में ऐसे सुधारों पर ज़ोर नहीं दिया जिनसे अस्पृश्यों को लाभ पहुँचता हो। बल्कि हम यहाँ तक मान सकते हैं कि वह ऐसे सुधारों के ख़िलाफ़ थे। उनकी चेष्टा सिर्फ़ यहाँ तक सीमित थी कि अस्पृश्यों में पैदा हो रहे इस नए आक्रोश और उग्रता को थोड़ा शान्त कर दें ताकि वे हिन्दू धर्म में ही बने रहें। इसीलिए उन्होंने सीमित समाधान या सिख धर्म में जाने का आह्वान किया था।

जब कुछ मुस्लिम नेताओं ने इस्लाम में अस्पृश्यों के बड़ी संख्या में शामिल होने पर आपत्ति जताते हुए दलील दी कि इससे तो अल्पसंख्यक होने के नाते उन्हें मिल रहे लाभ ख़त्म हो जाएँगे और स्थापित सामाजिक व्यवस्था के विरुद्ध निचली जातियों की गोलबन्दी का ख़तरा पैदा हो जाएगा तो आंबेडकर ने सिख धर्म अपनाने के नफे-नुक़सान पर बहुत सावधानी से विचार किया।[40] लिहाज़ा आंबेडकर ने अपने प्रस्ताव में एक शर्त भी जोड़ दी : सिख धर्म अपनाने वाले अस्पृश्यों को वे सुविधाएँ मिलती रहें जो पूना पैक्ट में उन्हें दी गई हैं।[41] 19 जून, 1936 को आंबेडकर के साथ हुई वार्ताओं में मुंजे ने इस प्रावधान को स्वीकार कर लिया। इसके बाद उन्होंने भारत के सबसे प्रभावशाली सिख राजा, पटियाला के महाराजा से इस पर मंज़ूरी भी ले ली कि वही आंबेडकर और सिखों के प्रतिनिधियों के बीच इस समझौते को सम्पन्न कराएँगे।[42]

अगस्त 1936 में आंबेडकर ने ऐलान किया कि वह अस्पृश्यों के इस्लाम अपनाने की सम्भावनाओं को ख़ारिज करते हैं। मुंजे इसे अपनी व्यक्तिगत कामयाबी मानते थे।[43] 'आंबेडकर-मुंजे पैक्ट' नामक दस्तावेज़ में आंबेडकर ने 'इस पर सहमति दी कि वे सिख धर्म अपनाने के लिए आन्दोलन चलाएँगे और अस्पृश्यों में मुस्लिम और ईसाई धर्मांतरण के विरुद्ध हिन्दुओं और सिखों के साथ मिलकर काम करेंगे।' बदले में मुंजे ने भी आश्वासन दिया कि सिख धर्म अपनाने वाले अस्पृश्यों को 1932 के पूना पैक्ट के अन्तर्गत प्राप्त राजनीतिक अधिकारों में कोई कटौती नहीं हो, इसके लिए हिन्दू महासभा भी अपना समर्थन देगी।'[44] मुंजे और

आंबेडकर को अब गांधी और दूसरे अस्पृश्य नेताओं के विरोध का सामना भी करना था।

येवला सम्मेलन में आंबेडकर द्वारा दिए गए भाषण के बाद गांधी ने अस्पृश्यों के सामूहिक धर्मांतरण के प्रस्ताव के ख़िलाफ़ स्टैंड लिया। धर्मांतरण की बहस पर उनके दो मुख्य तर्क सामने आए। पहली बात, उन्होंने कहा कि सुधारकों की गतिविधियों की बदौलत जाति व्यवस्था अब क्षीण पड़ने लगी है। इस तरह के धर्मांतरण से सुधारकों का उत्साह टूटेगा। दूसरी बात, चूँकि धर्म एक आध्यात्मिक विषय है इसलिए हम धर्म वैसे नहीं बदल सकते जिस तरह हम मकान बदलते हैं या नया कोट ख़रीदते हैं।[45] दूसरे अस्पृश्य नेताओं ने भी इन तर्कों को हाथोहाथ लिया। गवई ने हिन्दू धर्म के आध्यात्मिक पहलुओं के प्रति आंबेडकर की तटस्थता की आलोचना करते हुए कहा : 'इससे साफ़ पता चलता है कि वह ईश्वर या धर्म में कोई आस्था नहीं रखते। वह एक धर्म से दूसरे धर्म में जाकर सिर्फ़ समानता हासिल करना चाहते हैं।'[46] यही बात आंबेडकर के एक और प्रतिद्वन्द्वी, राजा ने भी कही जो 12 नवम्बर, 1935 को सवर्ण सुधारकों और हिन्दू धर्म के प्रति अपनी आस्था को दोहराते हुए आंबेडकर के धर्मांतरण कार्यक्रम से पल्ला झाड़ चुके थे।

> 'गांधीजी की प्रेरणा से कांग्रेस ने छुआछूत ख़त्म करने का सवाल उठाया है और हिन्दू महासभा भी इसी मार्ग पर चल रही है। यह हमारा दायित्व है कि हम उनके इस उद्यम में सहायता करें और उनके रास्ते में कोई रुकावट न डालें। (...) हिन्दू धर्म ही हमारा धर्म है और यह हमारे लिए पावन है। इसका संरक्षण और शुद्धिकरण हमारा दायित्व है। हम हिन्दू धर्म से कटना नहीं चाहते। हम बेहतर मान्यता चाहते हैं—हम इस बात की मान्यता चाहते हैं कि हम भी सवर्ण हिन्दुओं के बराबर हैं।'[47]

मुंजे चाहते थे कि सिखों के साथ होने वाले समझौते पर आंबेडकर के साथ-साथ राजा भी दस्तख़त करें मगर राजा ने उस समय जारी गोपनीय वार्ताओं की ख़बर लीक कर दी। उन्होंने दावा किया कि बड़ी संख्या में लोगों के सिख धर्म अपना लेने से हिन्दू सामाजिक-धार्मिक समस्या केवल 'सामुदायिक पलायन' का प्रश्न बनकर रह जाएगी।[48] राजा ने मुंजे की आलोचना करते हुए यह दावा भी किया कि वह अस्पृश्यों को हिन्दू राष्ट्रवादी परियोजना में समाहित करने के लिए दिए गए अपने कथनों के विरुद्ध जा रहे हैं और खेद की बात है कि उन्हें आंबेडकर द्वारा उठाई गई समस्या का इसके अलावा और कोई समाधान दिखाई नहीं दिया कि अस्पृश्य जातियों के लोग सिख समुदाय में शामिल हो जाएँ। जबकि इस धर्म में पहले से अस्पृश्य जातियाँ मौजूद हैं और नए धर्मांतरित भी उन्हीं की श्रेणी में जाकर शामिल

हो जाएँगे। मुंजे की योजना का अन्दाज़ा लगाते हुए राजा ने उनके ख़िलाफ़ सीधा हमला बोल दिया :

> 'आप हिन्दू महासभा के अध्यक्ष हैं, इस नाते मैं आपसे ये उम्मीद करता था कि आप डिप्रेस्ड क्लासेज़ की सामाजिक और नागरिक वंचनाओं को ख़त्म करके उनके सामाजिक हालात में सुधार के लिए कोशिश करेंगे, दूसरे लोगों की तरह उन्हें भी हिन्दू मन्दिरों में पूजा-पाठ का अधिकार दिलाएँगे और गांधीजी द्वारा शुरू किए गए हरिजन आन्दोलन को देश भर में फैलाएँगे। यह सब करने की बजाय आप ये क्या करते जा रहे हैं? आप डिप्रेस्ड क्लासेज़ को चीर-फाड़कर उन्हें धार्मिक रूप से सिखों में मिला रहे हैं जबकि राजनीतिक रूप से उन्हें हिन्दू बनाए रखना चाहते हैं।'[49]

एम.सी. राजा धर्मांतरण का विरोध करने वाले एकमात्र अस्पृश्य नेता नहीं थे। राव बहादुर आर. श्रीनिवासन और जगजीवन राम भी इस तरह की योजना के ख़िलाफ़ थे। जगजीवन राम ने तो डिप्रेस्ड क्लासेज़ लीग के अप्रैल 1936 के लखनऊ अधिवेशन के बाद कांग्रेस की ओर से एक मीटिंग भी बुलाई थी। इस अवसर पर राजा को लीग का अध्यक्ष, गवई को उपाध्यक्ष और राजभोज को महासचिव नियुक्त किया गया था।[50] इस मीटिंग में धर्मांतरण के सम्बन्ध में आंबेडकर के फ़ैसले की सर्वसम्मति से निन्दा की गई। बॉम्बे लेजिस्लेटिव काउंसिल के निर्वाचित सदस्य और दस साल पहले ईसाई धर्म अपना चुके पी. जी. सोलंकी जैसे कुछ महार नेताओं के विरोध के बावजूद आंबेडकर ने इस गोलबन्दी का कड़ा जवाब दिया। जब सोलंकी ने देखा कि ईसाई अस्पृश्यों के हालात भी हिन्दू अस्पृश्यों से कोई बेहतर नही हैं तो वे वापस हिन्दू धर्म में लौट आए थे।[51] बहरहाल, धर्मांतरण के पक्ष या विपक्ष में होने वाली मीटिंगों की संख्या 1936 के वसन्त के महीने में कई गुना ज़्यादा रही। 30 मई को गांधी के समर्थक अस्पृश्यों—सबसे बढ़कर चांभारों—ने 30 मई को बम्बई में एक धर्मांतरण विरोधी सम्मेलन का भी आयोजन किया था।[52] इसी महीने लखनऊ में ऑल इंडिया डिप्रेस्ड क्लासेज़ का सम्मेलन बुलाया गया जिसमें लगभग 100 लोगों ने हिस्सा लिया था। ये उन्हीं धर्मों या पन्थों के प्रतिनिधि थे जिनमें आंबेडकर जाने पर विचार कर रहे थे (इस्लाम, सिख, ईसाइयत, बौद्ध, आर्य समाज...)। इस सभा में सबसे पहले येवला में आंबेडकर द्वारा दिए गए भाषण के समर्थन में प्रस्ताव पारित किया गया। आंबेडकर बीमार थे इसलिए वह इस मौक़े पर मौजूद नहीं थे मगर उनकी किताब *एनाइलेशन ऑफ़ कास्ट* से कुछ अंश मंच से पढ़कर सुनाए गए थे।[53]

चूँकि उन्हें 'हिन्दू संस्कृति और सभ्यता के भविष्य के लिए कुछ ज़िम्मेदारी'[54] का एहसास हो रहा था और वे बहुल समुदाय से पूरी तरह विच्छेद नहीं करना चाहते थे इसलिए अगस्त 1936 में आंबेडकर ने सिख धर्म अपनाने के फ़ैसले का

ऐलान किया। सितम्बर में उन्होंने अपने 13 अनुयायियों को सिख धर्म का अध्ययन करने के लिए अमृतसर भेजा।[55] नवम्बर में यह पता लगाने के लिए वह लन्दन गए कि जो अस्पृश्य सिख धर्म अपनाएँगे उन्हें सरकार किस तरह के आश्वासन देने के लिए तैयार है। इस मौक़े पर शासन के प्रतिनिधियों ने जवाब दिया कि इस तरह के प्रावधान केवल पंजाब के सिखों के लिए ही प्रभावी होंगे।[56] ज़ाहिर है कि आंबेडकर की नज़र में इतनी मामूली रियायत का कोई मतलब नहीं था। 1937 की शुरुआत में भी आंबेडकर और सिख नेताओं के बीच वार्ताएँ चलती रहीं मगर उनके बीच होने वाली मीटिंगों की संख्या घटने लगी थी और साल के अन्त तक आते-आते आंबेडकर ने धर्मांतरण की चर्चा करना भी छोड़ दिया था। धर्मांतरण के सवाल पर आंबेडकर के इस तरह चुप पड़ जाने के पीछे सिर्फ़ यही कारण ज़िम्मेदार नहीं था कि अंग्रेज़ों ने धर्मांतरितों के लिए सिख कोटा देने की उनकी माँग पर ज़्यादा दिलचस्पी नहीं दिखाई थी। उनके फ़ैसले के पीछे कुछ दूसरे भी कारक थे। पहला कारण ये था कि सिख दलितों की आपबीती सुन-सुन कर आंबेडकर को समझ में आ चुका था कि जाटों के हाथों उन पर किस तरह के अत्याचार हुए हैं। यह देखते हुए सिख धर्म अपनाने पर मुक्ति की सारी आशाएँ नष्ट हो गई थीं।[57] दूसरी बात, सिख राजनीतिक जमात इस तरह के सामूहिक धर्मांतरण के सख़्त ख़िलाफ़ थी : मास्टर तारा सिंह सहित ज़्यादातर अकालियों को यह डर था कि अगर अस्पृश्य जातियों के लोग सिख धर्म अपनाते हैं तो समुदाय का नेतृत्व ही या तो अकालियों के हाथ से चला जाएगा या उनकी ताक़त बहुत कम रह जाएगी।[58] सामूहिक धर्मांतरण से सवर्ण हिन्दुओं के लिए जो चुनौती पैदा होती उसको लेकर आंबेडकर जवाबी कार्रवाइयों की आशंका से भी परेशान थे। अस्पृश्यों के सामाजिक बहिष्कार की धमकियों के रूप में यह आशंका कुछ-कुछ तो 1935-36 में ही साकार रूप लेने लगी थी। अब आंबेडकर कांग्रेस और अस्पृश्य नेताओं की मिली-जुली ताक़त के सामने अलग-थलग दिखाई पड़ने लगे थे और जैसे-जैसे 1937 के चुनाव नज़दीक आ रहे थे हालात दिन-ब-दिन उनके ख़िलाफ़ होते जा रहे थे। इस सन्दर्भ में तो सामूहिक धर्मांतरण का फ़ैसला और भी ज़्यादा हिंसा का सबब बन सकता था। लिहाज़ा, अपनी एक क़दम आगे, दो क़दम पीछे वाली राजनीतिक शैली को एक बार फिर अपनाते हुए उन्होंने अपनी सारी ताक़त अपने सामने मौजूद राजनीतिक मुक़ाबले में झोंक दी। यह बात अगस्त 1936 में इंडिपेंडेंट लेबर पार्टी के गठन से ज़ाहिर हो जाती है। चुनावी मुक़ाबला सख़्त होगा, इसमें किसी को शक नहीं था। धर्मांतरण के पक्ष में उनके अभियान ने कांग्रेस ही नहीं बल्कि हिन्दू महासभा के उनके विरोधियों को भी और ज़्यादा मज़बूती से मैदान में उतार दिया था। चुनाव के दौरान मुंजे ने आंबेडकर के ख़िलाफ़ अपने सबसे बढ़िया उम्मीदवारों को उतारा। उन्होंने मदन मोहन मालवीय से कहा कि वे महाराष्ट्र की राजनीति में

आंबेडकर के दलित प्रतिद्वन्द्वी खांडेकर की उम्मीदवारी के लिए ज़रूरी पैसे का बन्दोबस्त करें।[59]

इस तरह, हिन्दू धर्म को छोड़ने की आंबेडकर की पहली चेष्टा संक्षिप्त साबित हुई और इसके तत्काल पश्चात वह राजनीतिक संघर्ष के धरातल पर लौट आए। उन्होंने 1937 का चुनाव लड़ा, वायसराय की काउंसिल में शामिल हुए, बाद में नेहरू की सरकार में भी शामिल हुए और अन्ततः संविधान का प्रारूप लिखने के लिए नियुक्त किए गए। मगर राजनीतिक रूप से उन्हें बहुत सारी नाकामाबियों का भी सामना करना पड़ा—मसलन, हिन्दू कोड बिल का रद्द हो जाना, जिसकी वजह से 1950 में उन्होंने मंत्री पद से इस्तीफ़ा दे दिया था। इस नाकामी के बाद 1951 के चुनावों में उनकी हार एक और बड़ी नाकामयाबी बनकर सामने आई। 1952 में कांग्रेस की मदद से राज्यसभा के लिए चुने गए। यहाँ उन्होंने जो भाषण दिए उनसे उनकी गहरी कड़वाहट ज़ाहिर होती है। इसके बाद, मई 1954 में उन्हें भंडेरा (नागपुर के निकट) लोकसभा सीट के लिए हुए उपचुनाव में कांग्रेस के हाथों हार का सामना करना पड़ा। मानो इतना ही काफ़ी नहीं था कि 1951-52 की चुनावी पराजय के फलस्वरूप एससीएफ भी बिखरने के कगार पर पहुँच गई थी। आंबेडकर के मुख्य सहयोगी, जिनमें राजभोज और एन. शिवराज प्रमुख थे, भी एक-एक करके आन्दोलन छोड़ते गए। 1956 में आंबेडकर ने अस्पृश्य राजनीतिक नेताओं को प्रशिक्षण देने के लिए एक स्कूल खोला और उसी साल बाद में रिपब्लिकन पार्टी की भी स्थापना की। इस पूरे दरमियान वह धर्म के सवाल पर सामान्य रूप से और बौद्ध धर्म में ख़ासतौर से गहरी दिलचस्पी लेते रहे।

एक समतामूलक धर्म के रूप में बौद्ध धर्म का चयन

आंबेडकर ने बौद्ध धर्म 1956 में अपनाया। सिख धर्म का पक्ष लेने के ठीक 20 साल बाद। यह बदलाव क्यों आया, इसकी व्याख्या करना ज़रूरी है। मगर उससे पहले हमें इस बात पर ज़रूर ध्यान देना चाहिए कि इस दौरान भी आंबेडकर के समर्थकों और अनुयायियों ने धार्मिक मुद्दों को पूरी तरह छोड़ा नहीं था। बल्कि असल में वे हिन्दू अनुष्ठानों को छोड़कर बौद्ध धर्म में जाने की ज़मीन तैयार कर रहे थे। जैसा कि 1956 के धर्मांतरण के पीछे मुख्य संगठनकर्ता की भूमिका निभाने वाले वामनराव ने 1930 के दशक के मध्य में ही कहा था : 'एक और धर्म अपनाने से पहले हमें इस धर्म (हिन्दू धर्म) की संस्कृति को पोंछना होगा'।[60] आंबेडकर के युवा अनुयायियों ने पूजा करना बन्द कर दिया था, कृष्ण जन्माष्टमी सहित विभिन्न हिन्दू त्योहारों का बहिष्कार करने लगे थे और मूर्तियों को तोड़ा था। नागपुर में और सम्भवतः अन्य स्थानों पर भी उन्होंने अपनी जातियों के ऐसे लोगों को परेशान किया और उनको

बिरादरी से बाहर किया जो हिन्दू जलसे-जुलूसों में हिस्सा लेते थे। यह बहिष्कार और प्रताड़ना कई बार इस हद तक चली जाती थी कि बहिष्कृत लोगों को कई बार अपने समुदाय में विवाह के लिए लड़की तक नहीं मिल पाती थी। वसन्त मून के मुताबिक़, '1942 तक हमने लगभग सारे हिन्दू त्योहार मनाना छोड़ दिया था।'[61] इतना ही नहीं, नागपुर के महार 1956 में बौद्ध धर्म अपनाने से पहले ही बुद्ध जयंती मनाने लगे थे क्योंकि बौद्ध धर्म की तरफ़ आंबेडकर का झुकाव अब साफ़ दिखाई देने लगा था।[62]

बौद्ध धर्म से आंबेडकर का परिचय उनकी युवावस्था में ही शुरू हो गया था। 1908 में उनके एक अध्यापक के.ए. (उर्फ दादा) केलुस्कर ने उनके रुझान को देखते हुए उन्हें भगवान बुद्ध की जीवनी दी थी जो उन्होंने दस साल पहले लिखी थी। इस किताब ने आंबेडकर के युवा मन[63] पर बहुत गहरा असर छोड़ा। हालाँकि आने वाले बहुत सालों तक उन्होंने इसकी तरफ़ मुड़कर भी नहीं देखा था मगर, 1934 में जब उन्होंने दादर (बम्बई) में अपना मकान बनाया तो उसे 'राजगृह' का नाम दिया जोकि बिहार के प्राचीन बौद्ध राजाओं की राजधानी का भी नाम था।

1935-36 में पहले धर्मांतरण आन्दोलन के दौरान उन्होंने हिन्दू धर्म छोड़कर बौद्ध धर्म अपनाने के बारे में कभी नहीं सोचा था। बौद्ध धर्म में उनकी दिलचस्पी 1940 के दशक के मध्य से बढ़ना शुरू हुई। यह बात उनके द्वारा खोले गए पहले कॉलेज के नाम में भी दिखाई देती है। उन्होंने अपने कॉलेज का नाम 'सिद्धार्थ' रखा था जो बुद्ध का ही नाम था।[64] 1948 में उन्होंने *दि एसेंस ऑफ़ बुद्धिज़्म* का पुनर्प्रकाशन किया जिसके लेखक लक्ष्मण नरसू ने जाति और ब्रिटिश अधिनायकवाद के ख़िलाफ़ लड़ाई लड़ी थी। इस बात पर किताब के आमुख में विशेष ज़ोर दिया गया था। उसी साल उन्होंने *अनटचेबल्स* प्रकाशित की जिसमें—जैसा कि हम पीछे देख चुके हैं—उन्होंने अस्पृश्यों को उन बौद्ध धर्मावलंबियों का वंशज सिद्ध किया था जिनको उस समय हाशिए पर ढकेल दिया गया था जब शेष समाज ने हिन्दू धर्म अपना लिया था। इसी दौर में संविधान सभा में उनकी गतिविधियों ने बौद्ध धर्म में उनके धर्मांतरण और बौद्ध धर्म के लिए अधिकृत मान्यता की ज़मीन भी तैयार की। मई 1947 में उन्होंने के. एम. मुंशी के उस संशोधन का विरोध किया जिसमें नाबालिगों के धर्मांतरण पर पाबन्दी का प्रस्ताव रखा गया था और इस तरह किसी भी तरह के धर्मांतरण की व्यावहारिक सम्भावना को समाप्त करने का प्रयास किया गया था।[65] उन्होंने इस बात के लिए भी दबाव बनाया कि भारत के अधिकृत अवकाशों की सूची में बुद्ध जयंती को भी शामिल किया जाए। और अन्त में, उन्हीं के प्रयासों से 1947 से 1950 के बीच भारतीय गणराज्य के बहुत सारे प्रतीकों में बौद्ध प्रतीकों को शामिल किया गया : मसलन, राष्ट्रीय ध्वज में धर्मचक्र, प्राचीन भारत के बौद्ध सम्राट अशोक के सिंहों को राष्ट्रीय चिह्न की मान्यता दी गई, राष्ट्रपति

भवन की त्रिकोणिका पर एक बौद्ध सूक्ति उत्कीर्ण कराना।[66] 1950 में वह श्रीलंका गए जहाँ उन्होंने बुद्ध के लेखन को संकलित करना शुरू किया और वहाँ के अस्पृश्यों से भी बौद्ध धर्म अपनाने का आह्वान किया।[67] भारत लौटने पर उन्होंने इसी अपील को फिर दोहराया।[68]

जैसा कि वैलेरियन रॉड्रिग्स ने अपने शानदार लेखन में दर्शाया है, बौद्ध धर्म में आंबेडकर की रुचि उनके व्यक्तित्व से पूरी तरह मेल खाती है। एक तरफ़ तो वह 'मनुष्य एवं समाज के लिए धर्म की आवश्यकता'[69] में विश्वास रखते थे और दूसरी तरफ़ वह प्रबोधनकालीन मूल्यों को भी मानते थे : बौद्ध धर्म उनके लिए एक आदर्श विकल्प था क्योंकि इसमें आधुनिक दुनिया के लिए पुनर्व्याख्या और समायोजन की गुंजाइश दूसरे धर्मों के मुक़ाबले ज़्यादा थी। कम से कम आंबेडकर ऐसा ही सोचते थे। उनका मानना था कि जिसे 'स्वयं बुद्ध के वास्तविक उपदेश माना जा सके, ऐसा कोई प्रामाणिक पाठ/ग्रन्थ' है ही नहीं।[70] इस प्रकार, वह अपनी ज़रूरतों के अनुसार बौद्ध धर्म को पुन: परिभाषित भी कर सकते थे। आंबेडकर के मुताबिक़, 'रिलीजन के मुक़ाबले धम्म एक सेक्युलर विचारधारा, संसार, मनुष्य और समाज की एक सेक्युलर व्याख्या है और तर्क के प्रकाश में तथा नैतिकता के आधार पर उनको रूपान्तरित करती है। इसकी सत्यता को जांचने के लिए किसी बाहरी कसौटी की नहीं बल्कि केवल विशुद्ध मानवीय कसौटियों की ही दरकार है।'[71] बौद्ध धर्म की अपनी पुनर्व्याख्याओं में आंबेडकर ने एक सामाजिक, समतामूलक आयाम पर ज़ोर दिया जो इस धर्म के उपदेशों में भी मौजूद हो सकता है मगर सम्भवत: काफ़ी कम मुखर रूप से। जैसा कि रॉड्रिग्स बताते हैं, *बुद्ध ऐण्ड हिज़ धम्मा* में 'आंबेडकर ने अपनी पुरानी रचनाओं में दिए गए बहुत सारे तर्कों को बुद्ध द्वारा दिए गए तर्कों के रूप में पेश किया है ताकि हिन्दू धर्म की अपनी आलोचना में और वजन पैदा कर सकें।'[72] मिसाल के तौर पर, वह कहते हैं कि 'बुद्ध ने सोचा कि परतबद्ध असमानता (ग्रेडेड इनिक्वॉलिटी) एक ऐसा समाज पैदा कर सकती है जिसमें ऊपर की तरफ़ घृणा और नीचे की तरफ़ अपमान बढ़ता जाएगा (जो आंबेडकर के सबसे पसन्दीदा वाक्यांशों में से एक था) और यह निरन्तर टकराव का स्रोत हो सकता है।'[73]

बौद्ध धर्म निश्चय ही उनके लिए सर्वश्रेष्ठ विकल्प था क्योंकि यह समतामूलक भी था और हिन्दू धर्म के साथ सम्बन्धित भी था।[74] 3 अक्टूबर, 1954 को ऑल इंडिया रेडियो के प्रसारण पर आंबेडकर ने ऐलान किया था :

> 'सकारात्मक दृष्टि से मेरे सामाजिक दर्शन को तीन शब्दों में समेटा जा सकता है : मुक्ति, समानता और भाईचारा। मगर, कोई भी यह न कहे कि मैंने अपना दर्शन फ़्रासीसी क्रान्ति से लिया है। बिलकुल नहीं। मेरे दर्शन की जड़ें राजनीति शास्त्र में नहीं बल्कि धर्म में हैं। मैंने उन्हें अपने प्रभु, बुद्ध के

उपदेशों से लिया है (...)। मेरे दर्शन का एक मिशन है। मुझे (बौद्ध धर्म में) धर्मांतरण का कार्यभार निभाना है।'[75]

यह वक्तव्य 'परम्परा के निर्माण'[76] की प्रक्रिया से मेल खाता है जिसमें बाहरी सांस्कृतिक प्रभावों (इस प्रसंग में, रिपब्लिकन फ़ॉर्मूला) की जड़ें एक प्रतिष्ठित, देशज अतीत में ढूँढ़ कर उनको अपने मौलिक ज्ञान के रूप में वैधता प्रदान की जाती है। इस प्रकार, आयातित विचारों का स्थानीयकरण करके उनकी अपने ढंग से व्याख्या की जाती है। आंबेडकर ने भी बौद्ध धर्म में ऐसे मूल्य ढूँढ़ निकालने का दावा किया जो वास्तव में उन्हें पश्चिमी रिपब्लिकन वैचारिकी में मिले थे। जहाँ तक बौद्ध धर्म में समतामूलक आशयों का सवाल है तो इस दृष्टि से आंबेडकर की व्याख्या निस्सन्देह सही है मगर जब वह उसमें सामाजिक न्याय का सन्देश भी ढूँढ़ने लगते हैं और उसे पा लेने का दावा करने लगते हैं तो निश्चय ही बहुत दूर निकल जाते हैं। बुद्ध का समतावाद एक धार्मिक और आध्यात्मिक तर्क से उपजा था—सबसे बढ़कर यह ईश्वर के समक्ष मनुष्यों की समानता का सिद्धान्त था। ख़ैर, आंबेडकर बौद्ध धर्म को हिन्दू सामाजिक सोपानक्रम के विकल्प के रूप में देखने लगते हैं, यह बात उनके धर्मांतरण के व्यावहारिक ब्योरों में साफ़ दिखाई पड़ती है।

1956 में धर्मांतरण। साल 1956 में आंबेडकर ने महाबोधि सोसायटी के महासचिव डी. वालिंसिन्हा को पत्र लिखकर सूचित किया कि वह भारत के अस्पृश्यों को बौद्ध धर्म अपनाने के लिए तैयार कर रहे हैं। इस क्रम में धर्मांतरण का पहला दौर 18 मार्च को आयोजित किया गया। यह कार्यक्रम महाराष्ट्र में नहीं बल्कि आंबेडकरवाद के एक और गढ़, आगरा, में आयोजित हुआ जहाँ जाटव मुख्य अस्पृश्य जाति थे। इस अवसर पर 2,000 जाटवों ने हिन्दू धर्म त्याग कर बौद्ध धर्म अपना लिया।[77] परन्तु, आंबेडकर धम्म दीक्षा की एक निश्चित रीति को अन्तिम रूप देने के लिए पद्धतिगत और बहुत विशिष्ट ढंग से आगे बढ़ना चाहते थे। वह चाहते थे कि धम्म दीक्षा का अनुष्ठान बौद्ध संन्यासियों द्वारा धर्मांतरण के लिए अपनाई जाने वाली पद्धति की बजाय सामाजिक समालोचना की पद्धति से हो तो ज़्यादा बेहतर होगा।

फलस्वरूप, 24 मई, 1956 को उन्होंने ऐलान किया कि वह अक्टूबर में बौद्ध धर्म अपनाएँगे और सभी अस्पृश्य भी ऐसा ही करें। इस अवसर के लिए उन्होंने एक ईसाई पादरी जैसा स्वर अपनाते हुए कहा : 'मैं एक गड़रिया हूँ। यह कहना शायद अतिशयोक्ति होगा। तुम भेड़ हो और मैं गड़रिया हूँ। अगर तुम मेरे पदचिह्नों पर चलोगे तो कुछ दिनों में अज्ञानता से मुक्ति पा लोगे और चीज़ों को ज़्यादा बेहतर समझने लगोगे।'[78]

23 सितम्बर को उन्होंने इस बात की तस्दीक कर दी कि धर्मांतरण कार्यक्रम 14 अक्टूबर को दशहरे के दिन आयोजित किया जाएगा। उन्होंने भारत के बौद्ध

साधुओं के प्रमुख, बर्मा से आए भिक्कू महास्थवीर चन्द्रमणि को यह अनुष्ठान संचालित करने के लिए आमंत्रित किया। यह धर्मांतरण कार्यक्रम नागपुर में आयोजित किया गया जहाँ आंबेडकर के आह्वान पर कई लाख अस्पृश्यों का जनसमूह उमड़ पड़ा था। बहुत सारे लोग सफ़ेद कपड़े पहने थे, उनमें से कुछ ने गेरुआ झंडे भी लिए हुए थे जो बौद्ध धर्म का रंग माना जाता है। आंबेडकर और उनकी दूसरी पत्नी ने सबसे पहले बौद्ध धर्म अंगीकार किया। उन्होंने विशाल भीड़ के सामने एक चन्दवे के तले बैठ कर बौद्ध धर्म को स्वीकार किया। भिक्कू ने उन्हें बुद्ध की और धम्म (बुद्ध का सिद्धान्त) की और संघ (संन्यासियों के समुदाय) की शपथें दिलाई। इसके बाद उन्होंने पति-पत्नी को पंचशील (पाँच सिद्धान्त : किसी की हत्या न करना, चोरी न करना, झूठ न बोलना, अवैध यौन सम्बन्ध न रखना और मदिरा पान न करना) के पालन का संकल्प दिलाया। आंबेडकर और उनकी पत्नी ने भिक्कू द्वारा कहे गए पाली शब्दों को दोहराया क्योंकि बौद्ध ग्रन्थ और उपदेश मूल रूप से पाली भाषा में ही लिखे गए हैं। इसके बाद उन्होंने तीन बार बुद्ध की प्रतिमा के सामने नतमस्तक होकर आशीर्वाद लिया। अन्त में आंबेडकर ने ये शब्द कहे :

> 'असमानता और उत्पीड़न के प्रतीक, अपने प्राचीन धर्म को त्यागकर आज मेरा पुनर्जन्म हुआ है। अवतरण के दर्शन में मेरा कोई विश्वास नहीं है, यह दावा सरासर ग़लत और शातिराना होगा कि बुद्ध भी विष्णु के अवतार थे। मैं किसी हिन्दू देवी-देवता का भक्त नहीं हूँ। आइन्दा मैं कोई श्राद्ध नहीं करूँगा। मैं बुद्ध के बताए अष्टमार्ग का दृढ़ता से पालन करूँगा। बौद्ध धर्म ही सच्चा धर्म है और मैं ज्ञान, सद्मार्ग और करुणा के तीन सिद्धान्तों के प्रकाश में जीवनयापन करूँगा।'[79]

ये शब्द आंबेडकर के धर्मांतरण के पीछे निहित हिन्दू विरोधी उद्‌देश्यों को दर्शाते हैं। इनके बाद उन्होंने बाईस शपथ लीं जिनमें से पहली छह, आठवीं और उन्नीसवीं सीधे हिन्दू धर्म पर केन्द्रित थीं :

1. मैं ब्रह्मा, विष्णु और महेश को देवता नहीं मानता, न ही उनकी पूजा करूँगा।
2. मैं राम और कृष्ण को भगवान नहीं मानता, न ही उनकी पूजा करूँगा।
3. मैं गौरी और गणपति को भगवान नहीं मानता, न ही उनकी पूजा करूँगा।
4. मैं ईश्वर के अवतार के सिद्धान्त में विश्वास नहीं रखता।
5. मैं बुद्ध को विष्णु का अवतार नहीं मानता।
6. मैं न तो श्राद्ध करूँगा और न ही देवताओं को चढ़ावा चढ़ाऊँगा।
7. मैं ऐसा कुछ नहीं करूँगा जो बौद्ध धर्म के लिए हानिकारक हो।
8. मैं किसी ब्राह्मण के माध्यम से कोई धार्मिक अनुष्ठान सम्पन्न नहीं कराऊँगा।
9. मेरा विश्वास है कि सभी मनुष्य समान होते हैं।

10. मैं समानता स्थापित करने के लिए कार्य करूँगा।
11. मैं बुद्ध के बताए अष्टमार्ग का अनुसरण करूँगा।
12. मैं बुद्ध के दस परमितों (ऐसे गुण जिनमें बुद्ध के अनुयायी को अपना जीवन सीमित करना होता है) का पालन करूँगा।
13. मैं सभी प्राणियों के प्रति करुणा का भाव रखूँगा और प्रेमपूर्वक उनका पालन-पोषण करूँगा।
14. मैं चोरी नहीं करूँगा।
15. मैं झूठ नहीं बोलूँगा।
16. मैं परस्त्री गमन नहीं करूँगा।
17. मैं मदिरा का सेवन नहीं करूँगा।
18. मैं अपने जीवन में बौद्ध धर्म के तीन आधारभूत सिद्धान्तों (प्रबोधन, उपदेश और करुणा) के समन्वय को साकार करने के लिए अपना जीवन व्यतीत करूँगा।
19. इस प्रकार, मैं अपने पुराने धर्म, हिन्दू धर्म को ख़ारिज करता हूँ जोकि मनुष्य मात्र की उन्नति के लिए हानिकारक है, मनुष्य और मनुष्य के बीच भेद करता है और मुझे एक निम्नतर व्यक्ति के रूप में देखता है।
20. मैं पूरी तरह विश्वास करता हूँ कि बौद्ध धर्म ही सद्धर्म है।
21. मैं बौद्ध धर्म को अंगीकार करके पुनर्जन्म ले रहा हूँ।
22. मैं संकल्प लेता हूँ कि आगे से मैं बुद्ध के उपदेशों के अनुसार ही अपना जीवनयापन करूँगा।[80]

इसके बाद आंबेडकर ने धर्मांतरण के लिए प्रतीक्षा कर रहे लाखों अस्पृश्यों[81] को खड़े होने को कहा। इसे बाद उन्होंने 'वहाँ मौजूद जनसमूह को' तीन शरण (तिसरना), पाँच संकल्प (पंचशील) और 'अपनी ओर से तय की गई' 24 शपथ दिलाईं।[82]

इसके कुछ ही दिन बाद 6 दिसम्बर 1956 को आंबेडकर का देहान्त हो गया। उनसे पहले बम्बई में कभी किसी की शवयात्रा में इतना बड़ा जनसमूह नहीं उमड़ा था[83] और उनका अन्तिम संस्कार भी सामूहिक धर्मांतरण की एक नई लहर का अवसर बन गया था। इस बार भी तक़रीबन 1,00,000 लोगों ने बौद्ध धर्म अपनाया।

महाराष्ट्र में सामूहिक धर्मांतरण की इन लहरों का हिन्दू विरोधी आयाम उस समय एक बार फिर उजागर और पुष्ट हुआ जब अस्पृश्यों की बस्तियों और मुहल्लों से हिन्दू देवी-देवताओं की प्रतिमाओं और चिह्नों को हटाया गया। इस पर कई बार सवर्णों की तरफ़ से भी प्रतिक्रियाएँ आईं। ग्रामदेवी की जो पालकियाँ अब तक महार ढोया करते थे उन्हें सवर्ण हिन्दुओं को लौटा दिया गया। अस्पृश्यों ने अपनी आनुष्ठानिक हैसियत से जुड़े दायित्वों और कार्यों को करने से भी मना कर दिया जो तनाव और बहुधा हिंसा का सबब भी बना।[84]

इस धर्मांतरण अभियान की कुछ ने सराहना की तो कुछ ने आलोचना की, कुछ आलोचनाएँ चकित करने वाली थीं। आंबेडकर द्वारा प्रस्तुत किए गए बौद्ध धर्म के विश्लेषण को *महाबोधि* नामक पत्रिका में चुनौती दी गई। ख़ासतौर से *बुद्धा ऐण्ड हिज़ धम्मा* के उन निष्कर्षों को चुनौती दी गई जहाँ आंबेडकर बौद्ध धर्म के आध्यात्मिक आयामों की उपेक्षा करके उसके सामाजिक, समतापरक आयामों पर ज़्यादा ज़ोर देते हैं।[85]

कांग्रेस और हिन्दू महासभा के नेता इन धर्मांतरणों को प्रत्यक्ष रूप से भले न रोक रहे हों मगर इनके पक्ष में भी नहीं थे। फिर भी उनमें से बहुत सारे इस बात को लेकर राहत महसूस कर रहे थे कि अस्पृश्यों ने इस्लाम या ईसाई धर्म अपनाने की बजाय बौद्ध धर्म ही अपनाया है। वी. डी. सावरकर का कहना था कि बौद्ध धर्म अपनाकर दरअसल इन लोगों ने धर्म परिवर्तन किया ही नहीं है। *इंडियन एक्सप्रेस* (बम्बई) की टिप्पणी कहीं ज़्यादा सटीक थी :

> ख़ैर, हमारे लिए यही सन्तोष की बात है कि परम्परागत हिन्दू व्यवस्था से बाहर निकलने के बावजूद उन्होंने (आंबेडकर ने) एक ऐसा पन्थ चुना जो मूल रूप से भारतीय ही है, जो सिख धर्म, ब्राह्मणवाद और आर्यसमाज की तरह हिन्दू धर्म का ही एक और संस्करण भर है।[86]

इस विश्लेषण से अस्पृश्यता की समस्या के समाधान के रूप में बौद्ध धर्म अपनाने के उनके निर्णय की सीमाएँ ज़ाहिर हो जाती हैं।

बौद्ध धर्म, एक छद्म समाधान? बौद्ध धर्म को चुनने की आंबेडकर को दो वजहें दिखाई पड़ रही थीं : एक तो बौद्ध धर्म का समतावादी दर्शन उन्हें आकर्षित करता था और दूसरी तरफ़ यह एक बीच-बीच का समाधान था जो उन्हें हिन्दू धर्म से पूरी तरह विच्छेद के आक्षेप से बचा लेता था। सनद रहे कि 1935-36 के आन्दोलन के समय भी सिख धर्म के निकट जाने की मुख्य वजह यही थी। बताया जाता है कि एक दफे उन्होंने गांधी जी से यह भी कहा था कि 'मैं अपने देश के लिए केवल सबसे कम हानिकारक मार्ग ही चुनूंगा।' और धर्मांतरण के एक दिन पहले उन्होंने कहा था : 'और बुद्ध धर्म अपनाकर मैंने देश का सबसे बड़ा हित किया है, आख़िरकार बौद्ध धर्म तो भारतीय संस्कृति का ही अभिन्न अंग है। मैंने इस बात का ख़याल रखा है कि मेरे धर्मांतरण से इस भूभाग की संस्कृति और इतिहास की परम्परा को चोट न पहुँचे।'[87]

यह बेचैनी उनके फ़ैसले के सीमित निहतार्थों को आंशिक रूप से स्पष्ट कर देती है। आंबेडकर का बौद्ध धर्म लगभग एक पन्थ की तरह हिन्दू धर्म के भीतर समेकित हो गया। जैसा कि हमने पीछे देखा है, अतीत में रह-रह कर विभिन्न पन्थ

अस्पृश्यता के समाधान के रूप में सामने आए और हिन्दू धर्म के भीतर एक समतामूलक संस्था बन कर रह गए। मगर बौद्ध धर्म के इसी समाजशास्त्रीय आयाम ने आंबेडकर को सबसे ज़्यादा आकर्षित किया। उनकी दृष्टि में यही वह धर्म था जिसने त्याग के दर्शन और फलतः सम्प्रदायवाद के विकास में एक पथप्रदर्शक भूमिका अदा की थी। नवधर्मांतरित अस्पृश्यों का बौद्ध धर्म भी एक सम्प्रदाय या पन्थ जैसा ही था क्योंकि इसमें आंबेडकर भी गुरु की भूमिका ही अदा कर रहे थे। 1956 के धर्मांतरण में वह बौद्ध अनुष्ठानों में अपनी मर्ज़ी से संशोधन करते हुए एक पन्थ संस्थापक जैसे ही दिखाई देने लगते हैं। उन्होंने शास्त्रोक्त पद्धति से अपने धर्मांतरण के बाद अपनी पहल पर ख़ुद संकल्प तय किए, उनको ख़ुद पढ़ा और तत्पश्चात अपने अनुयायियों को वे शपथें दिलवाईं। यहाँ तक कि भिक्कू की मध्यस्थता भी हाशिए पर ढकेल दी गई थी। इतना ही नहीं, न केवल महाराष्ट्र[88] में बल्कि उत्तर भारत के जाटवों[89] में भी मृत्यु के बाद आंबेडकर को एक बोधिसत्व यानी बुद्ध के अवतार की तरह ही पूजा जाने लगा था। यही कारण है कि उन्हें अकसर केसरिया चोले में भी दर्शाया जाता है। धर्मांतरितों के बहुत सारे परिवार आज भी केवल आंबेडकर और बुद्ध की ही पूजा करते हैं और केवल उनकी जयंतियों को ही धार्मिक अवकाश के रूप में मनाते हैं।

यह धर्मांतरण आन्दोलन भले ही सीमित रहा हो मगर इसने आंबेडकर को समानता का अपना सन्देश फैलाने का बेमिसाल अवसर दे दिया था। यह बात बेबी कांबले के नीचे दिए गए संस्मरण से स्पष्ट हो जाती है :

> जिस तरह अपनी चेतना को संघनित करके गौतम एक दिन बुद्ध बन गए थे उसी तरह अपने ज्ञान के लगनपूर्वक प्रयोग से भीम एक दिन बुद्ध बन गए थे। शक्ति, बुद्धि और बाबा (साहेब) आंबेडकर के सिद्धान्तों से हमें जीवन, उत्कृष्टता और अमरत्व प्राप्त हुआ है। बाबा के भाषण व्यक्तित्व, आत्मा की पवित्रता, न्याय और सत्यनिष्ठा के सन्देशों पर केन्द्रित होते थे। यही वह क्षण था जब हमने उनके भाषणों को समझना शुरू किया। मैंने भी इन सिद्धान्तों को अपनाने का संकल्प लिया और यह प्रण किया कि मैं अपने जीवन का उन्हीं के अनुसार निर्वाह करूँगी।[90]

अस्पृश्यों में आत्मसम्मान का भाव पैदा करने के आंबेडकर के आह्वान को इसलिए और ज़्यादा स्वीकार्यता मिली क्योंकि वह इसके लिए आध्यात्मिकता की भाषा का प्रयोग कर रहे थे। 1956 में अपना धर्म परिवर्तित करने वाली एक महिला का कहना था कि वैसे तो उसके लिए अपने हिन्दू देवी-देवताओं को छोड़ना बहुत कठिन था मगर धर्म बदलते ही उसे ऐसा लगा मानो वह 'एक नई पहचान से दमक' रही है।[91] एक निरक्षर महार महिला के लिए ऐसे परिष्कृत शब्दों का चयन ग़ौरतलब

है! एक और व्यक्ति के कथन से भी कुछ ऐसा ही पता चलता था : बौद्ध धर्म ने अस्पृश्यों में एक नया स्वाभिमान पैदा किया है और पृथक पहचान का गहरा बोध दिया है। महार समुदाय से निकले बुद्धिजीवी, करात, भी कुछ ऐसा ही कहते हैं : 'मैंने बौद्ध धम्म अपना लिया है। अब मैं बौद्ध हूँ। अब मैं न तो महार हूँ, न ही अस्पृश्य हूँ और न ही हिन्दू हूँ। अब मैं सवर्ण हिन्दुओं के बराबर हूँ। न मैं निचली जाति में पैदा हुआ हूँ। न ही अब मैं किसी से नीचे हूँ।'[92]

पूना में कॉलेज जाने वाले 16-22 वर्ष के विद्यार्थियों के बीच 1964-65 में किए गए एक सर्वेक्षण से पता चला कि 'धर्मांतरण के पश्चात 'भूतपूर्व अस्पृश्य' न केवल ख़ुद को ज़्यादा मूल्यवान मानने लगे हैं बल्कि दूसरों की नज़र में भी वे ऊपर उठ गए हैं।'[93] उनका कहना था कि स्थानीय ब्राह्मण और ग़ैर-बौद्ध ब्राह्मणों की नज़र में भी उनकी छवि पहले से ऊपर है।

इसी शहर में 30 साल बाद एक और सर्वेक्षण किया गया। इस सर्वेक्षण से पता चला कि बौद्ध महारों ने सामाजिक गतिशीलता के लिहाज़ से एक ज़बर्दस्त छलांग लगाई है। जिन 270 परिवारों का सर्वेक्षण किया गया उनके ज़्यादातर मुखियाओं ने ज़ोर दिया कि 'बौद्ध धर्म अपनाकर न केवल उन्होंने अपने दूषित अस्पृश्य अतीत से नाता तोड़ लिया है बल्कि उनमें एक नई शैक्षिक जागृति पैदा हुई है।'[94] फलस्वरूप, जिन लोगों के साक्षत्कार लिए गए उनमें से केवल 11 प्रतिशत ही निरक्षर थे जबकि उनके पिताओं में से 79 प्रतिशत निरक्षर थे। उन पिताओं में से भी 63 प्रतिशत ग्रामीण थे जबकि जिनके साक्षात्कार लिए गए उनमें से कोई भी ग्रामीण नहीं था। उनमें से 50 प्रतिशत व्हाइट कॉलर नौकरियाँ कर रहे थे।[95] इस तरक़्क़ी से महार बौद्धों को पुरानी जातिगत बाधाओं से पार निकलने में मदद मिली है। जिन लोगों के साक्षात्कार लिए गए उनमें से लगभग आधे लोगों ने बताया कि वे अब सामाजिक रूप से भी सवर्णों के साथ बेरोक-टोक उठते-बैठते हैं, उनके यहाँ शादी-ब्याह और दावतों में भी जाते हैं।[96]

उत्तर प्रदेश के चमारों का उदाहरण समाज में ऊपर उठने के लिए अनुकूल पहचान के गढ़न की प्रक्रिया को दर्शाता है। चमड़े के जूते बनाने वालों की इस जाति के लोग लम्बे समय से अपनी पहचान को एक स्पष्ट रूप देने के लिए यह दावा करते आ रहे थे कि वे एक क्षत्रिय योद्धा जाति के वंशज हैं। इससे पता चलता है कि उन्होंने जाटव नाम ही क्यों चुना। उनकी राय में, यह यादव का अपभ्रंश है जोकि इतिहास के उनके वृत्तांत के अनुसार कृष्ण द्वारा शुरू किए गए क्षत्रिय वंश का नाम था। उद्‌गम के इस मिथक में विश्वास दिखाते हुए चमारों ने जाति व्यवस्था को ख़ारिज नहीं किया बल्कि क्षत्रियों के रूप में मान्यता का प्रयास करते हुए सामाजिक सोपानक्रम में ऊपर उठने की कोशिश की। 1940 के दशक में आंबेडकर के प्रॉपेगंडा से उन पर गहरा असर पड़ा। यहाँ तक कि 'आगरा स्थित जाटव महासभा,

कानपुर में चमार महासभा, इलाहाबाद में आदि हिन्दू रविदास महासभा और ऐसे ही बहुत सारे दूसरे संगठनों ने एक नई पार्टी के गठन का भी प्रयास किया।'[97] इसके पश्चात, बौद्ध धर्म अपना लेने से जाटवों को एक नई पहचान, एक जातीय क़िस्म की पहचान हासिल हुई। इस वैकल्पिक पहचान में उन्हें एक नया स्वाभिमान और एकजुटता का एहसास, दोनों हासिल हुए। चालीस के दशक में जब आंबेडकर ने उत्तर भारत का दौरा किया[98] उसी समय जाटव एससीएफ को समानता की सम्भावनाओं का वाहक मानते हुए उससे जुड़ने लगे थे। आगे चल कर वही उत्तर भारत में एससीएफ, तत्पश्चात आरपीआई के सबसे समर्पित समर्थक बने।[99]

गेल ऑम्वेट कहती हैं, 'बौद्ध धर्म को अपनाकर आंबेडकर ने वही हासिल कर लिया था जो फुले और पेरियार हिन्दू धर्म के विरुद्ध अपने सारे प्रतिरोध के बावजूद हासिल नहीं कर पाए थे। आंबेडकर ने भारत में एक ग़ैर-हिन्दू पहचान, एक सामूहिक शक्ति और रेडिकल ऊर्जा पैदा कर दी थी।'[100] यह उपलिब्ध न केवल बौद्ध धर्म अपना लेने का नतीजा थी बल्कि आंबेडकर के इस विचार की बढ़ती लोकप्रियता का भी परिणाम थी कि दलित ही भारत के मूल निवासी हैं। मगर मूल निवासी होने के इस उग्र दावे में वे अन्धराष्ट्रवादी प्रवृत्तियाँ नहीं थीं जो ऐसे आग्रहों में प्राय: दिखाई दिया करती हैं बल्कि उसमें एक मुक्तिगामी उर्जा थी। परिणामस्वरूप, महार होना गौरव का विषय बन गया था क्योंकि यह 'धरती की सन्तान'—धरणीचे—का पर्याय माना जाने लगा था। बेबी कांबले अपनी आत्मकथा में लिखती हैं :

> यह (महार) शब्द मेरी जाति के उन लोगों को शर्म से पानी-पानी कर देता है जो अब पढ़-लिख गए हैं। पर इस शब्द में शर्म क्यों? इसके विपरीत, यही तो हमें अपना सिर गर्व से ऊपर उठाने को प्रेरित करता है। मैं शपथपूर्वक कहती हूँ कि मैं, एक महार, महाराष्ट्र की इसी भूमि की निवासी हूँ। मैं कोई बंजारन नहीं हूँ जो यहाँ आई और ये भी नहीं जानती कि कहाँ से आई है। यही धरती मेरा घर है और महार ही मेरी मां है जो इसकी साक्षी है। क्योंकि आज भी यह देश, यह राष्ट्र (महाराष्ट्र) अपना नाम महार से लेता है।[102]

इस तरह, यह गौरव जितना स्थानीय जड़ों की पुनर्व्याख्या से पैदा होता है उतना ही एक ऐसे धर्म को अपनाने से भी पैदा हुआ है जोकि भारत के देशी लोगों का धर्म था। जैसा कि गेल ऑम्वेट बताती हैं, दोनों ही मामलों में यह फुले, पेरियार और आंबेडकर द्वारा शुरू की गई जाति के नृजातीयकरण की प्रक्रिया का प्रभाव था।

बहरहाल, बौद्ध धर्म अपनाने का असर अलग-अलग समूहों (यहाँ तक कि व्यक्तियों) और स्थानों में अलग-अलग रहा है। महाराष्ट्र में महारों के धर्म बदल लेने से मिश्रित परिणाम सामने आए। हिन्दू धर्म से उनका विच्छेद काफ़ी सापेक्ष रहा और फलस्वरूप धर्मांतरित भी जाति की ऊँच-नीच से मुक्त नहीं हो पाए। उनके

नाम बदल गए। वे मराठी में ख़ुद को 'बौद्ध' कहने लगे मगर यह बदलाव भी एक नई सामूहिक पहचान के उदय में बहुत धीरे-धीरे और आंशिक रूप से ही परिलक्षित हुआ। ज़ीलियट बताती हैं कि धर्मांतरण ने बौद्धों को 'एक दूषित व्यक्ति होने के एहसास से' तो मुक्त कर दिया था[103] मगर यह परिणाम कुल मिलाकर अमूर्त ही रहा क्योंकि 'शहरों की कच्ची बस्तियों में रहने वाले बौद्ध या ग्रामीण इलाक़ों के भूमिहीन बौद्ध अभी भी उसी तरह जी रहे थे जिस तरह किसी भी संस्कृति में सबसे निर्धन तबक़े के लोग जीते हैं'।[104] मगर ज़ीलियट भी यह तो मानती हैं कि गिलास पूरी तरह ख़ाली नहीं था :

> जिन इलाक़ों में प्रेक्षक यह बताते हैं कि 'कोई बदलाव नहीं आया है', वहाँ भी बौद्ध धर्मावलम्बी कम से कम ऐसे काम तो नहीं करते जो उन्हें अधीनतावादी, अपमानजनक या गन्दे दिखाई पड़ते हैं। उनके युवा दूसरे अस्पृश्य और पिछड़े समुदायों के मुक़ाबले कहीं ज़्यादा संख्या में शिक्षित हुए हैं। बौद्ध धर्मावलम्बी अब भी हिन्दू सार्वजनिक अनुष्ठानों और प्रक्रियाओं में हिस्सा नहीं लेते मगर अब उनकी अनुपस्थिति निषेध के कारण नहीं है बल्कि वे हिन्दुओं से पृथक होने के गहरे एहसास की वजह से उनसे दूर रहने लगे हैं।[105]

नतीजे इस वजह से भी मिश्रित रहे हैं क्योंकि 1956 के धर्मांतरण और बाद में हुए धर्मांतरण लगभग पूरी तरह महारों तक ही सीमित रहे। 1956 में महाराष्ट्र के 55 प्रतिशत अस्पृश्यों ने बौद्ध धर्म अपनाया और इस तरह बौद्ध धर्मावलंबियों की संख्या 1951 में 2,500 से बढ़कर 1961 में 25,00,000 तक पहुँच चुकी थी मगर तक़रीबन ये सारे बौद्ध असल में महार समुदाय के ही व्यक्ति थे। इस नए धार्मिक समुदाय और जाति की सीमाओं में समरूपता के कारण नए धर्मांतरित जातिगत अधीनता की स्थिति से मुक्त नहीं हो पाए। सबसे बढ़कर, इस परिघटना ने तमाम अस्पृश्य जातियों में पहचान के एक बोध के उदय को और जटिल बना दिया था। चांभारों ने न केवल बौद्ध धर्म नहीं अपनाया बल्कि बौद्धों के लिए सकारात्मक भेदभाव की राजनीति से मिलने वाले लाभों का भी कड़ा विरोध किया। दूसरी तरफ़, असंख्य धर्मांतरित महार हिन्दू-रीति रिवाजों का भी पालन करते रहे, ख़ासतौर से वे जोकि बहुत ग़रीब थे और अपने मूल परिवेश से विच्छेद की लागत वहन करने में सक्षम नहीं थे।[106]

सम्भवत: जाति और 'पन्थ' के बीच इसी समानता की वजह से आंबेडकर ने कभी-कभी अस्पृश्यों में सामाजिक-सांस्कृतिक सुधारों को बढ़ावा देने के लिए संस्कृतिकरण का भी सहारा लिया। 1956 की धर्मांतरण सभा में अपने भाषण में उन्होंने नीति कथाओं का हवाला देते हुए महारों से आह्वान किया वे न तो वे मरे हुए जानवरों की लाश छुएंगे और न उनकी औरतें वेश्यावृत्ति करेंगी। इस प्रकार, ज़ीलियट कहती हैं, 'महार यानी वर्तमान बौद्धों का जीवन हिन्दू और आभिजात्य, दोनों प्रकार

के मानकों के हिसाब से शुद्ध होना चाहिए।'[107] वह धर्मांतरण की इस प्रक्रिया को एक तरह से 'पालीकरण' (मूल 'पाली' भाषा के नाम पर आधारित) की प्रक्रिया कहती हैं। पाली बौद्ध सैद्धान्तिकी की भाषा रही है जो संस्कृतकरण के नमूने पर आधारित थी। चूँकि धर्मांतरण के समय लोगों को शराब न पीने की शपथ दिलाई गई थी इसलिए वास्तविक जीवन में निश्चय ही कुछ बौद्धों ने शराब पीना भी छोड़ दिया था।[108] फिर भी, जाति का तर्क एक नए ढंग से अपनी भूमिका अदा करता रहा।

आंबेडकर ने धर्मांतरण को मुक्ति की अन्तिम रणनीति के रूप में लागू किया। यह 1930 के दशक से ही उनके चिन्तन का हिस्सा बनी हुई थी। विभिन्न बाहरी दबावों और आने वाले दौर के बारे में अपनी उम्मीदों के मद्देनज़र उन्होंने इस परियोजना को कुछ समय के लिए हाशिए पर रख दिया था। मगर, यह रणनीति हिन्दू समाज के आंबेडकर द्वारा दिए गए विश्लेषण से इस क़दर स्वाभाविक रूप से पैदा होती थी कि वैकल्पिक योजनाओं और रणनीतियों के विफल होने पर उसका पुनर्जीवित होना अनिवार्य था। 1956 में आंबेडकर इस विकल्प पर फिर लौटे और 1935 की अपनी भविष्यवाणी को उन्होंने 21 साल बाद साकार किया। धर्मांतरण कोई रामबाण औषधि नहीं थी। लाखों दलितों द्वारा बौद्ध धर्म को अपनाने से उन्हें ब्राह्मणों की दिमाग़ी ग़ुलामी से मुक्ति पाने में तो ज़रूर मदद मिली मगर उसका समाजशास्त्रीय प्रभाव नगण्य ही रहा। बौद्ध धर्म से उन्हें एक नई नृजातीय (एथनिक) पहचान मिली जिसे आंबेडकर 'टूटे हुए मनुष्य' के अपने मूल मिथक के सहारे लोगों में भर रहे थे। इस तरह की पहचान जातियों के फ़ासलों के परे जाने के लिए एक उचित क्षैतिज एकजुटता का आधार मुहैया करा सकती थी। परन्तु दुर्भाग्यवश, विभेद बने रहे और सिर्फ़ महाराष्ट्र में ही देखें तो महारों को माँग और चांभारों से जूझना पड़ा।

जाति की ये गहरी जड़ें तब और भी ज़्यादा व्यापक दिखाई देती हैं जब हम देखते हैं कि आंबेडकरवादियों ने जाति के तर्क का सहारा लेकर महारों को अपनी परम्परागत भूमिकओं को त्यागने के लिए भी प्रेरित अथवा बाध्य किया है। उदाहरण के लिए, उन्होंने आंबेडकर के अनुयायियों को पुरानी जातिगत प्रथाओं के अनुसार सामाजिक बहिष्कार का सहारा लेने को भी प्रोत्साहित किया ताकि ऐसे महार भी चुपचाप रास्ते पर आ जाएँ जो अभी तक आन्दोलन से जुड़ने को तैयार नहीं थे। बेबी कांबले बताती हैं :

> युवकों ने तो मरे हुए मवेशी उठाना तुरन्त छोड़ दिया था। मगर बुजुर्गों को तो उसका स्वाद मुँह लग चुका था इसलिए उन्हें यह काम छोड़ने में मुश्किल आई। फिर भी उनके पास युवकों के सामने इसका विरोध करने की हिम्मत नहीं थी। लोग अपने घरों में चोरी-छिपे उसे खाते रहे। फलस्वरूप ऐसे लोगों का बहिष्कार किया जाने लगा। लोग उन्हें शादी-ब्याह में नहीं बुलाते

थे। अगर अनजाने में कोई उन्हें अपने मेहमानों में बैठने देता था तो उसे टूटे हुए बर्तन में ही खाना दिया जाता था। यहाँ तक कि विवाह जैसे अवसरों पर भी सबके सामने उनके साथ अपमानजनक व्यवहार किया जाता था। लिहाज़ा ऐसे व्यक्ति को समर्पण करना पड़ता था और तभी अपनी बिरादरी में उसे अपना पुराना स्थान वापस मिलता था।[109]

इस तरह की प्रक्रिया एक दोरुख़ी तलवार की तरह चलती है। एक तरफ़ तो इसने महारों को तैयार किया कि वे ख़ुद को बलूत और वतन की प्रथाओं के तहत दिए जाने वाले अपमानजनक कामों से मुक्त करें। इन प्रथाओं को आज़ादी के बाद जाकर ही समाप्त घोषित किया गया। उनमें से बहुत सारे लोगों ने बड़े-बड़े बलिदान दिए क्योंकि जैसा कि पवार ने पीछे उल्लेख किया है, महारों के पास 'जीने का कोई और साधन' था ही नहीं।[110] नई नौकरियों की तलाश बहुत मुश्किल तो थी मगर यह विवशता राहत का बायस भी साबित हुई क्योंकि इसने ग्रामीण जीवन से दूर जाने की सम्भावनाओं को और बल दे दिया था। फिर भी, महारों द्वारा परम्परागत जातिगत पेशों को छोड़ने की यह प्रकिया भी एक सामूहिक दबाव में ही आगे बढ़ रही थी : जाति का तर्क यहाँ भी निर्णायक भूमिका अदा कर रहा था।

निष्कर्ष

आंबेडकर से पहले फुले जैसे कुछ शूद्र नेताओं ने समतावादी समाज बनाने के उद्देश्य से जाति व्यवस्था के ख़िलाफ़ बग़ावत तो की थी मगर आध्यात्मिक अनुशासन के माध्यम से मुक्ति के मार्ग पर चलने का उपदेश देने वाले चन्द सन्तों के अलावा किसी अस्पृश्य ने ऐसी बग़ावत पहले कभी नहीं की थी।

आंबेडकर पहले अस्पृश्य थे जिन्होंने जाति व्यवस्था के ख़िलाफ़ खुल कर बग़ावत की। इस प्रकार, एक पथप्रदर्शक के रूप में आंबेडकर के कन्धों पर मुक्ति की एक ऐसी रणनीति तैयार करने का कार्यभार आ गया था जो उनके ख़ास सामाजिक परिवेश और उनके जैसे दूसरे लोगों के परिवेश के लिए भी सटीक हो। संस्कृतिकरण की यांत्रिकी शुरू से ही उन्हें आकर्षित करती थी, लिहाज़ा सबसे पहले वह गांधी सहित विभिन्न उच्च जातीय सुधारकों की ओर ही आकर्षित हुए थे। इसी क्रम में उन्होंने मन्दिर प्रवेश जैसे मुद्दों पर ख़ासतौर से ध्यान दिया। बाद में उन्हें इस पद्धति के ख़तरे समझ में आने लगे। वह समझ गए थे कि यह पद्धति समानता और व्यक्तिगत स्वतंत्रता के उन मूल्यों के निकट नहीं है जिसका वह पश्चिम से प्रशिक्षण लेकर आए थे। लिहाज़ा, उन्होंने जाति व्यवस्था पर अपने चिन्तन को और पैना किया और यह जाना कि 'परतबद्ध असमानता' का संरचनात्मक सिद्धान्त निचली जातियों की एकता की सम्भावना और गोलबन्दी की उनकी क्षमता को भी बहुत गहरी चोट पहुँचाता है।

मगर, इस रुकावट से पार पाने के लिए कौन सी रणनीति अपनाई जानी चहिए? आंबेडकर ने अस्पृश्यों के हितों की रक्षा के लिए संवैधानिक गारंटियाँ पाने का प्रयास किया और इसके लिए कई रास्ते अपनाए। इसके लिए पहला रास्ता पृथक निर्वाचक मंडल की व्यवस्था का था। परन्तु, 1932 में गांधी के साथ हुई खींचतान और बाद में संविधान सभा में हुई बहसों के दौरान यह विकल्प साकार नहीं हो पाया। ऐसे में आंबेडकर को विवश होकर आरक्षित सीटों के लिए आवाज़ उठानी पड़ी। इसके लिए सत्ता में बैठे लोगों के साथ नज़दीकी ज़रूरी थी चाहे वे औपनिवेशिक शासक हों या कांग्रेस की सरकारें हो।

आंबेडकर उन राजनीतिक दलों की अगली क़तार में भी रहे जो समाज के सबसे वंचित तबक़ों को संगठित करने और राजनीतिक प्रक्रिया को उनके पक्ष में प्रभावित करने के लिए स्थापित की गई थी। वह एक तरफ़ तो सारे मज़दूरों में अपना सामाजिक आधार फैलाने के लिए प्रयासरत थे और दूसरी तरफ़ केवल दलितों के हितों पर अपना ध्यान केन्द्रित करना चाहते थे। पहली वाली प्रवृत्ति 1937 में इंडिपेंडेंट लेबर पार्टी के गठन में दिखाई पड़ती है तो दूसरी रणनीति 1942 में शेड्यूल्ड कास्ट्स फ़ेडरेशन की स्थापना में प्रतिबिम्बित होती है। 1946 में और पचास के दशक की शुरुआत में एससीएफ को जिस तरह की चुनावी विफलताओं का सामना करना पड़ा उसके चलते आंबेडकर एक अलग रास्ते से होते हुए वापस अपनी मूल योजना पर लौट आए। अपनी मृत्यु से कुछ महीने पहले उन्होंने रिपब्लिकन पार्टी की स्थापना का सुझाव दिया ताकि निम्न जातियों और मज़दूरों, दोनों के हितों की नुमाइन्दगी की जा सके। रिपब्लिकन पार्टी ऑफ़ इंडिया (आरपीआई) की स्थापना यही सोचकर की गई थी कि वह दलितों, अन्य पिछड़े वर्गों और अनुसूचित जनजातियों यानी जन्म और अनुष्ठानिक हैसियत के आधार पर भेदभाव के शिकार सभी लोगों का प्रतिनिधित्व करेगी। इस तरह, आंबेडकर एक ऐसे फ़ॉर्मूले पर पहुँच गए थे जो उन्हें जाति (अस्पृश्यता) और वर्ग के प्रतिस्पर्द्धी दबावों से बचने का रास्ता दिखा सकता था।

उनकी दुविधा में अस्पृश्यों की हैसियत के बारे में एक ज़्यादा गहरा सवाल दिखाई पड़ता है : क्या वे शेष समाज से पृथक हैं? क्या उनको दूसरी उच्च जातियों के साथ गठजोड़ों के ज़रिए हिन्दू समाज में एकीकृत किया जा सकता है? आंबेडकर को इस सवाल का सीधा और स्पष्ट उत्तर कभी नहीं मिला। यहाँ तक कि संस्कृतिकरण से पल्ला झाड़ लेने के बाद भी वह हिन्दू जगत से पूर्ण विच्छेद की हद तक नहीं गए थे। यही कारण है कि उनकी विचारधारा में वर्ग लगातार विद्यमान रहा और वह आरक्षित सीटों की माँग करते रहे। आंबेडकर के समूचे कॅरिअर के दौरान यह रणनीति एक अन्य रणनीति के समानान्तर चलती रही। इस दूसरी रणनीति के तीन उद्देश्य थे : दलितों के लिए एक पृथक निर्वाचन मंडल की व्यवस्था, उनके लिए एक अलग भूभाग और एक ऐसी पार्टी जो उनका प्रतिनिधित्व करे।

व्यवहार में उन्होंने जो भी रणनीति लागू की हो, आईएलपी, एससीएफ या आरपीआई कोई भी सारे अस्पृश्यों का प्रतिनिधित्व नहीं कर पाई। इतना ही नहीं, कोई तथाकथित 'आंबेडकरवादी' संगठन भी महाराष्ट्र के महारों के बाहर अपना प्रभाव फैलाने में कामयाब नहीं हुआ। माँग और चांभार जैसी दूसरी दलित जातियाँ आंबेडकर की जाति के बढ़ते महत्त्व से ईर्ष्याग्रस्त थीं। इससे पता चलता है कि आंबेडकर भी 'परतबद्ध असमानता' की चुनौती पर विजय प्राप्त नहीं कर सके। न केवल निचली जातियों ने साझा मोर्चे से हाथ खींच लिए बल्कि अस्पृश्यों में भी गहरे

मतभेद थे जो ख़त्म नहीं हुए। आंबेडकर के राजनीतिक कॅरिअर का नतीजा निश्चित रूप से मिला-जुला दिखाई देता है। उन्हें अंग्रेज़ों के साथ दोस्ती के बदले कई महत्त्वपूर्ण लाभ मिले—जिनमें अस्पृश्यों के लिए सकारात्मक भेदभाव की नई नीति भी शामिल थी—और उनकी राजनीति ने संवैधानिक बहसों पर गहरा असर छोड़ा जहाँ उन्हें दलितों के लिए कुछ और रियायतें हासिल करने में मदद मिली और वह कई गांधीवादी प्रस्तावों को बेअसर करने में भी कामयाब रहे। मगर, न तो उन्हें अनुसूचित जनजातियों के लिए पृथक निर्वाचक मंडल की व्यवस्था मिली, न ही वे हिन्दू कोड बिल जैसी किसी ठोस समाज सुधार योजना को मंजूरी दिला पाए, और न ही वह पूरे भारत के अस्पृश्यों के हितों का प्रतिनिधित्व करने वाली पार्टी की स्थापना ही कर पाए।

ये विफलताएँ इस बात को स्पष्ट करती हैं कि आंबेडकर रह-रह कर धर्मांतरण की वैकल्पिक रणनीति अपनाने की बात क्यों करते रहे। इस विकल्प की ओर उनका ध्यान पहली बार पूना पैक्ट की विफलता के बाद गया था। धर्मांतरण के प्रश्न पर वह इस्लाम, ईसाइयत और सिख धर्म, ऐसे कई विकल्पों के बीच झूल रहे थे। आख़िरकार उन्होंने अन्तिम फ़ैसला अनिश्चित काल के लिए टाल दिया। इस तरह वह एक बार फिर आईएलपी की स्थाना के साथ राजनीतिक खींचतान में व्यस्त हो गए। नेहरू सरकार में अपने अनुभवों से हताश होकर पचास के दशक के मध्य में वह फिर से धर्मांतरण के विकल्प पर लौटे। इस बार उनकी अन्तरात्मा की आवाज़ ने उन पर एक फ़ैसला आयद कर दिया था : बौद्ध धर्म, वह सैद्धान्तिकी जिसे वह अपनी युवावस्था में ही जान चुके थे और उसे अपने निजी जीवन में आत्मसात कर रहे थे।

उनका धर्मांतरण पलायन नहीं था, न ही यह एक विशुद्ध व्यक्तिगत क़दम था। सामूहिक धर्मांतरण एक सामाजिक विद्रोह की अभिव्यक्ति था : 1956 में सामूहिक धर्मांतरण हिन्दू समाज की सोपानिक संरचना के ख़िलाफ़ एक सीधा वक्तव्य था। यह मुक्ति की एक ऐसी रणनीति थी जो उनकी पद्धति के पृथकतावादी आयाम के साथ-साथ चलती थी, हालाँकि बौद्ध धर्म को चुनकर आंबेडकर ने हिन्दू धर्म के साथ अपने विच्छेद को सीमित कर दिया था।

इस विच्छेद का सीमित स्वरूप धर्मांतरण के बाद भी जाति के बने रहने से जुड़ा हुआ था। दरअसल जाति की जड़ें इतनी गहरी थीं कि नवधर्मांतरित बौद्ध अकसर दूसरी जातियों की नज़र में अस्पृश्य ही रह जाते थे। मगर बौद्ध धर्म अपनाने से तो उनकी जाति की पहचान बिलकुल भी धुंधली नहीं हुई क्योंकि बौद्ध सारे के सारे महार जातियों से ही आये थे। पचास और साठ के दशकों में हुए सामूहिक धर्मांतरणों के बाद धर्मांतरण की लहर तेज़ी से मन्द पड़ने लगी। इसका आंशिक कारण ये था कि बौद्ध धर्म अपनाने का मतलब था शासन, शिक्षा और विधायिका में अस्पृश्य

हिन्दुओं को मिलने वाले आरक्षण से हाथ धो बैठना। बौद्धों को इस हानिकारक प्रावधान से छुटकारा 1990 में तब जाकर मिला जब प्रधानमंत्री वी. पी. सिंह ने नवबौद्धों को भी आरक्षण देने का ऐलान किया।

अगर आंबेडकर की कार्रवाइयों का अन्तिम परिणाम मिश्रित दिखाई देता है तो उनका महत्त्व भी उनके द्वारा अपने लिए तय किए गए मौलिक उद्देश्य की व्यापक परिधि में ही देखा जाना चाहिए। बहरहाल, अगर वह अपने आन्दोलनों और पार्टियों की सांगठनिक संरचना पर ज़्यादा ध्यान व समय देते तो शायद उनकी चेष्टाएँ और सफल हो सकती थीं। उन्होंने जो कुछ भी हासिल किया वह वह उनके चारित्रिक बल के बिना सम्भव नहीं था। इसी से उनके अद्‍भुत करिश्माई व्यक्तित्व को भी समझा जा सकता है। दुर्भाग्यवश, उनका व्यक्तिवाद और अकेले काम करने की शैली सांगठनिक अनुशासन और अवरोधों से निपटने के लिए बिलकुल अनुकूल नहीं थी।

आंबेडकर की मृत्यु के साथ ही वह आन्दोलन भी अस्तव्यस्त हो गया जो उन्होंने शुरू किया था। उनका कोई भी सहायक इस आन्दोलन का नेतृत्व सँभालने में सक्षम साबित नहीं हुआ। और तो और, देखते-देखते उनके बीच गुटबाज़ी और खींचतान भी शुरू हो गई। कई अस्पृश्य नेताओं को कांग्रेस पार्टी ने भी अपनी ओर खींच लिया था। आंबेडकर के कई भूतपूर्व सहायकों ने पद के लालच में समझौते कर लिए।

शिक्षित दलित आभिजात्य वर्ग में अपने तथाकथित नेताओं और प्रतिनिधियों के प्रति हिकारत का भाव इतना गहरा था कि उनमें से बहुत सारे राजनीति से ही कन्नी काटने लगे। कुछ ने साहित्य का रास्ता अपनाया और फलस्वरूप महाराष्ट्र दलित काव्य की एक उर्वर भूमि बन गया।[1] इसी तरह के साहित्यक दायरों से आए कई लोगों ने सत्तर के दशक में दलित पैंथर्स की स्थापना करके एक क्रान्तिकारी रास्ता भी अपनाया। यह संगठन अमेरिकन ब्लैक पैंथर्स की प्रेरणा से बनाया गया था। दलित पैंथर्स को सवर्णों द्वारा उत्पीड़न का जवाब देने के लिए हिंसा का सहारा लेने में भी कोई गुरेज़ नहीं था। दलितों के इस उग्र तेवर की बदौलत राज्य में कई जगह दंगे हुए, ख़ासतौर से मराठवाड़ा यूनिवर्सिटी का नाम बदलने के सवाल पर। बाद में दलित पैंथर्स आन्दोलन भी एक तरफ़ तो कम्युनिस्ट विचारधारा से प्रभावित और दूसरी तरफ़ आंबेडकर की शिक्षाओं के प्रति निष्ठावान, दो ख़ेमों में बँटता चला गया।[2]

आंबेडकर के अनुयायियों की तीसरी श्रेणी ऐसे लोगों की रही जिन्होंने ख़ुद को राजनीतिक दायरे के बाहर रखते हुए अस्पृश्यों को संगठित करने का बीड़ा उठाया। इस क्रम में कांशीराम ने बामसेफ की स्थापना की। इस समूह के लोगों ने डीएस4 और अन्त में बीएसपी के रूप में राजनीतिक दलों का भी गठन किया। उत्तर भारत

के कुछ राज्यों में इस धारा का लगातार फैलाव आंबेडकर द्वारा शुरू किए गए आन्दोलन के टिकाऊपन का सबूत है। बीएसपी ने आंबेडकर की उपलब्धियों के सारे आयामों को तो बहाल नहीं किया मगर मगर वह आंबेडकर की उपलब्धियों के आलोक में ही विकसित हुई है। यहाँ तक कि आंबेडकर निचली जातियों की राजनीतिक गोलबन्दी का प्रतीक भी बन गए।

आंबेडकर की लम्बे समय से सुनियोजित उपेक्षा अब अतीत का हिस्सा बन गई है। जहाँ पहले पाठ्यपुस्तकों में आंबेडकर का ज़िक्र तक नहीं मिलता था वहीं अगस्त 1999 में इतिहास की पाठ्यपुस्तकों में संविधान की रचना में आंबेडकर के योगदान को लेकर दो पन्ने जोड़े गए। यह बदलाव दलित आन्दोलन के दबाव का परिणाम था।[3] दलित नेताओं ने अपनी बढ़ती ताक़त और उग्रता का परिचय दिया, ख़ासतौर से आंबेडकर पर लिखी शौरी की किताब के जवाब में। दलित सांसदों ने संसद में इस किताब की कई प्रतियाँ भी जलाईं।[4] दलितों और हिन्दू राष्ट्रवादियों के बीच टकराव में आंबेडकर के केन्द्रीय स्थान को उनके सम्मान में खड़ी की गई प्रतिमाओं के सम्बन्ध में उठे विवाद से सबसे अच्छी तरह समझा जा सकता है।[5] मायावती जब दूसरी बार उत्तर प्रदेश की मुख्यमंत्री बनीं तो उन्होंने आंबेडकर की 15,000 प्रतिमाएँ बनवाने का आदेश दिया था[6] जो इस बात का संकेत था कि आंबेडकर दलितों के सर्वोत्कृष्ट प्रतीक बन चुके हैं और उनके माध्यम से अस्पृश्य इस देश के राजनीतिक पटल पर अपनी उपस्थिति का एहसास करा सकते हैं। इन प्रतिमाओं के लिए आरक्षित स्थानों पर लोग अकसर धोखाधड़ी करके क़ब्ज़ा कर लेते थे।[7] बहुधा आंबेडकर की प्रतिमाओं को 'अपमानित' कर दिया जाता था। सबसे ज़्यादा स्थानों पर आंबेडकर की प्रतिमा को जूतों की माला पहनाने की घटनाएँ सामने आईं। इस तरह की हरकतों के कारण न जाने कितनी जगह दंगे भी हुए। ये दंगे सिर्फ़ उत्तर भारत और महाराष्ट्र में ही नहीं बल्कि दक्षिण भारत में, ख़ासतौर से कर्नाटक में भी हुए।[8] आंबेडकर सार्वजनिक परिधि पर दावेदारी के लिए हो रही इस प्रतिस्पर्द्धा का केन्द्र हैं, यह इस बात का निश्चित साक्ष्य है कि वह निचली जातियों और ऊँची जातियों के बीच टकराव का प्रतीक बन चुके हैं और यह घटनाक्रम एक ऐसे दौर में सामने आ रहा है जब निचली जातियों की ताक़त लगातार बढ़ती जा रही है।

सन्दर्भ सूची

प्रस्तावना : भारत का पहला दलित नेता

1. आंबेडकर की संकलित रचनाओं के सम्पादक, नागपुर निवासी वसन्त मून एक आंबेडकरवादी और महार हैं। उन्होंने भी अपनी आत्मकथा में कुछ ऐसा ही ब्योरा दिया है। आंबेडकर की मृत्यु का समाचार मिलते ही उन्होंने छुट्टी के लिए एक अर्जी दी जो इस प्रकार थी : 'मैं उससे भी कई गुना शोक में हूँ जितना मुझे अपने पिता की मृत्यु पर हुआ था। मैं मुम्बई (तत्कालीन बम्बई) में उनकी शवयात्रा में जाना चाहता हूँ। कृपया मेरी छुट्टी मंज़ूर करें।' (V. Moon, *Growing up Untouchable in India: A Dalit Autobiography,* London: Rowman & Littlefield, 2001, p. 159)
2. इस किताब में मैंने दलित के मुक़ाबले अस्पृश्य शब्द का ज़्यादा प्रयोग किया है। इसका कारण ये है कि आंबेडकर के जीवनकाल में दलित शब्द आम प्रचलन का शब्द नहीं था— हालाँकि उन्होंने आधुनिक अर्थों के साथ इस शब्द का प्रयोग 1920 के दशक में ही शुरू कर दिया था।
3. U. Baxi, 'Emancipation as Justice: Legacy and Vision of Dr Ambedkar' in K. C. Yadav, (ed.), *From Periphery to Centre Stage: Ambedkar, Ambedkarism and Dalit Future*, Delhi: Manohar, 2000, p. 49.
4. दलितों के राजनीतिक उभार के बाद पिछले एक दशक के दौरान आंबेडकर के जीवन और कृतित्व से सम्बन्धित किताबों की संख्या में काफ़ी इज़ाफ़ा हुआ है।
5. धनंजय कीर द्वारा लिखित *Dr Ambedkar: Life and mission*, Bombay: Popular Prakashan, 1954, एक महत्त्वपूर्ण जीवनी है जिसके तीन संस्करण छपे हैं और कई बार उसका पुनमुर्द्रण हुआ है। आंबेडकर की सबसे बढ़िया जीवनी इलिएनर ज़ीलियट का अप्रकाशित शोधपत्र 'Dr Ambedkar and the Mahar Movement', University of Pennsylvania, 1969 है। यहाँ तीन और जीवनियों का उल्लेख किया जा सकता है : D. N. Shikare, *Dr Ambedkar*, Poona: Jayant and Co., 1963; W N. Kuber, *B. R. Ambedkar*, New Delhi: Government of India, 1978 तथा *The Life of Dr Ambedkar*, Hyderabad: Babasaheb Dr. Ambedkar Memorial Society, 1979 भारतीय भाषाओं में आंबेडकर की और भी बहुत सारी जीवनियाँ प्रकाशित हुई हैं। मराठी में सी.बी. ख़ैरमोड़े की *डॉ. भीमराव रामजी आंबेडकर* नामक जीवनी चौदह खंडों से भी ज़्यादा लम्बी है (इसका पहला खंड 1952 में प्रकाशित हुआ था)। हिन्दी में 1961 में सी.पी. जिज्ञासु की *डॉ. बाबासाहेब आंबेडकर का जीवन संघर्ष*, लखनऊ : हिन्दी समाज सुधार कार्यालय से प्रकाशित हुई थी।

6. महाराष्ट्र सरकार ने राज्य के शिक्षामंत्री की अध्यक्षता में एक परामर्श समिति का गठन किया था। कमेटी ने एक सम्पादक मंडल नियुक्त किया जिसमें वसन्त मून को मुख्य अधिकारी नियुक्त किया गया था। शृंखला का पहला खंड 1979 में *Dr Babasaheb Ambedkar Writings and Speeches* के नाम से प्रकाशित हुआ था।
7. देखें, Ramachandra Guha, 'A bare cupboard : Why biography doesn't flourish in South Asia', *Times Literary Supplement*, 30 Aug. 2002, p. 12. मैं इस लेख का केवल पहला वाक्य ही उद्धृत करूँगा : 'दक्षिणी एशिया में उपन्यास लेखन की कला के विपरीत जीवनी लेखन की कला अल्पविकसित ही रह गई है। हम ये तो जानते हैं कि अपने मृतकों को श्रद्धापूर्वक या उपेक्षा से कैसे दफनाएँ, मगर उनका सम्मान करना या उनका मूल्यांकन करना हम नहीं सीख पाए हैं (...) यह फ़र्क़ को समझने वाली नहीं बल्कि केवल श्रद्धा से चलने वाली दुनिया है।'
8. इन्दौर का राजवंश होल्कर राजवंश के नाम से जाना जाता है। ग्वालियर (सिंधिया राजवंश), बड़ौदा (गायकवाड़ राजवंश) और नागपुर (भोंसले राजवंश) की तरह इन्दौर के शासक परिवार होल्कर राजवंश ने भी मराठा जाति के एक प्रमुख योद्धा शिवाजी द्वारा इन इलाक़ों पर अठारहवीं शताब्दी में हासिल की गई विजयों के बाद अपनी-अपनी रियासतें स्थापित कर ली थीं। मराठा मूल रूप से एक मझौली कृषक जाति थी जिसके आभिजात्य परिवारों ने इन सैन्य सफलताओं के बाद एक क्षेत्रीय हैसियत का दावा करना शुरू कर दिया था। जहाँ एक तरफ़ सिंधिया, गायकवाड़ और भौंसले राजवंश मराठा थे वहीं दूसरी तरफ़ होल्कर परिवार धनगर नामक गड़रिया जाति से सम्बद्ध था।
9. आंबेडकर ने ख़ुद इस बात को रेखांकित किया था कि क्योंकि वह एक छावनी में रहते थे इसलिए उनका बाहरी दुनिया से ज़्यादा ताल्लुक नहीं था और लिहाज़ा वे अस्पृश्यता के कोढ़ से बहुत वाक़िफ़ नहीं थे (देखें, Bhagawan Das (ed.), *Thus spoke Ambedkar*, vol. 4, Bangalore: Ambedkar Sahithya Prakashana [s.d.], p. 65)।
10. इस तरह का रवैया बीसवीं शताब्दी की शुरुआत में भी कोई अनजानी बात नहीं थी। दया पवार बताते हैं कि उनके गाँव का नाई भी सालों तक महारों (उनकी तथा आंबेडकर की जाति), चंभरों व अन्य अस्पृश्य जातियों के लोगों के बाल नहीं काटता था। कहा जाता है कि 'वह भैंसों की हजामत बना सकता था और (एक अस्पृश्य) का मोल भैंस से ज़्यादा नहीं था। नाई इस बात से डरता था कि अगर वह हमें छू लेता तो उसके ग्राहक उससे छिटक जाते।' (D. Pawar, op. cit., p. 96)।
11. आंबेडकर की ये यादें 17 मई 1936 को दिए गए उनके एक भाषण से ली गई हैं जिसमें उन्होंने अपने जीवन की कुछ ऐसी घटनाओं के बारे में बताया है जिन्होंने अस्पृश्यता के ख़िलाफ़ उनके संकल्प को अन्तिम शक्ल दी (Bhagawan Das (ed.), *Thus Spoke Ambedkar*, vol. 4, *op. cit.*, p. 67)।
12. V. Rodrigues, 'Introduction' in V. Rodrigues (ed.), *The Essential Writings of B. R. Ambedkar,* Delhi: Oxford University Press, 2002, p. 9 में उद्धृत। गेल ऑमवेट ने हाल ही में कहा है कि आंबेडकर 'सबसे बढ़कर एक रणनीतिकार, व्यावहारिक राजनीति के व्यक्ति थे भले ही उनके सार्वजनिक वक्तव्य कितने भी रेडिकल क्यों न रहे हों।' G. Omvedt, 'Undoing the Bondage: Dr Ambedkar's Theory of Dalit Liberation' in K. C. Yadav (ed.), *From Periphery to Centre Stage,* op. cit., p. 137.

अध्याय 1 : समाज सुधार और ब्राह्मण-विरोधी गोलबन्दी के दरम्यान महाराष्ट्र के हालात

1. मद्रास के आयोथी दास एक दलित कार्यकर्ता थे जो बाद में बौद्ध बन गए। वह जोतिबा फुले के समकालीन थे (देखें V. Geetha and S. V. Rajadurai, *Towards a Non-Brahmin Millennium: From Iyothee Thass to Periyar*, Calcutta: Samya, 1998)।
2. 1956 के बाद बौद्ध धर्म अपनाने और जनगणना अधिकारियों के सामने इसी पहचान की घोषणा करने वाले अस्पृश्यों को भी अनुसूचित जाति का दर्जा नहीं दिया गया। लिहाज़ा 1971 की जनगणना के अनुसार महाराष्ट्र की आबादी में अनुसूचित जातियों की संख्या 12.48 प्रतिशत थी। राज्य में केवल महारों की जनसंख्या 8 प्रतिशत थी। इस तरह, महाराष्ट्र के अस्पृश्यों में महारों का हिस्सा 35 प्रतिशत था।
3. असल में व्यापारिक जातियों की कमज़ोर संख्या के कारण ही कुछ ब्राह्मण महाजनी का व्यवसाय भी करने लगे थे। इससे भू-संसाधनों पर उनकी पकड़ और मालिकाना मज़बूत हुआ क्योंकि जो लोग क़र्ज़ा नहीं चुका पाते थे उनके पास अपनी रेहन रखी गई ज़मीन को बेच कर क़र्ज़ा चुकाने के अलावा और कोई चारा नहीं होता था।
4. सन् 1889, 1895 और 1915 के कांग्रेस अधिवेशनों में ऐसे ब्राह्मण प्रतिनिधियों का अनुपात 22.9 था जिन्होंने 'व्यवसाय' को अपना मुख्य कार्य बताया था जबकि ख़ुद को किसान बताने वाले प्रतिनिधियों की संख्या 10.2 प्रतिशत थी (G. Omvedt 'Development of the Maharashtrian Class structures, 1818 to 1931', *Economic and Political Weekly* [Hereafter EPW], Special Number, August, 1973, p. 1418)।
5. कर्वे ने दोनों व्यवस्थाओं के बीच फ़र्क़ बताते हुए कहा है कि *बलूतदार* चाहे जाति क्रम में कितने भी नीचे क्यों न हो, वे हमेशा गाँव के सेवक ही होते थे और पूरी कृषक आबादी के लिए अनिश्चित दायित्वों का निर्वाह करते थे जबकि *जजमानी* व्यवस्था के तहत आने वाले *प्रिजा* (आश्रित) पीढ़ी-दर-पीढ़ी ख़ास परिवारों से बँधे होते थे (I. Karve, *Maharashtra State Gazetteer: Maharashtra–Land and its People*, Bombay, 1968, p. 140)। यों तो बलूतदार की सेवाएँ सैद्धान्तिक रूप से पूरे गाँव के लिए होती थीं मगर आमतौर पर उन्हें *पाटिल* और *कुलकर्णियों* के पास ही रखा जाता था। इसके अलावा *पाटिल* अस्पृश्यों से *कोरवी* यानी एक तरह का जबरन श्रम भी करा सकते थे (J. Lele, 'Caste, Class and Dominance: Political Mobilisation in Maharashtra' in F. R. Frankel and M. S. A. Rao (eds.), *Dominance and State Power in Modern India: Decline of a Social Order*, vol. 2, Delhi: Oxford University Press, 1990, p. 119)। *पाटिल* द्वारा महारों की सेवाओं के इस विपथन की बहुत सारे प्रत्यक्षदर्शियों ने पुष्टि की है। बेबी कांबले जो ख़ुद एक महार महिला हैं, और अपनी जुझारू भावना को आंबेडकर की शिक्षाओं का परिणाम मानती हैं, ने अपनी आत्मकथा में लिखा है : 'महार पूरे दिन गाँव के *पाटिल* की ही जी-हुज़ूरी में लगा रहता था। अपने परिवार के बाक़ी सदस्यों के साथ वह पाटिल द्वारा दिए गए सारे काम निपटाता था।' (Shantabai Kamble and Baby Kamble, *Parole de femme intouchable*, Paris: Cote-femmes editions, 1991, p. 213) इन दोनों महिलाओं, शान्ताबाई कांबले और बेबी कांबले के जीवन की कहानियों का एक संकलन अंग्रेज़ी में G. Poitevin (ed.), *The Voice and the Will*

Subaltern Agency: Forms and Motives, New Delhi: Manohar/CSH, 2002 के अध्याय 4 में प्रकाशित हुआ है।

6. टी. पिल्लई-वेट्शरा के अनुसार : 'हम 12 *बलूतदारों* की बात करते हैं क्योंकि प्रत्येक गाँव में सैद्धान्तिक रूप से कारीगरों और गाँव के सेवकों की बारह जातियाँ होती थीं। मगर, छोटे गाँवों में अकसर इससे कम जातियाँ होती थी और बड़ी आबादियों में 12 से ज़्यादा जातियाँ होती थीं।' (T. Pillai-Vetschera, *The Mahars: A Study of their Culture, Religion and Socio-economic Life*, New Delhi: Intercultural Publications, 1994, p. 287)।
7. महारों के जीवन में '*बलूता*' का विचार कितना केन्द्रीय है इसका पता इस बात से चल जाता है कि दया पवार ने मराठी में अपनी मूल आत्मकथा को 'बलूता' नाम ही दिया था।
8. 1930 और '40 के दशकों में बॉम्बे प्रेज़िडेंसी के सबसे विख्यात कायस्थ प्रभुओं में एम.आर. जयकर का नाम गिनाया जाता है। अपनी आत्मकथा में वह बताते हैं कि किस तरह उन्हें प्रतिष्ठित एल्फ़िन्स्टन हाई स्कूल में संस्कृत बढ़ाने वाले प्रोफ़ेसर ने संस्कृत की शिक्षा लेने से रोक दिया था। यह प्रोफ़ेसर एक ब्राह्मण था जो केवल 'द्विजों' को ही संस्कृत का ज्ञान देता था। (M. R. Jayakar, *The story of my life*, Bombay: Asian Publishing House, 1958, vol. 1, p. 13)।
9. उदाहरण के लिए R. V. Russell and Hira Lal, *The Tribes and Castes of the Provinces of India*, vol. 4, New Delhi/Madras: Asian Educational Services, 1993 (1916), p. 142 में बताई गई मध्य प्रान्त के महारों की स्थिति को देखें।
10. J. Gokhale, *From Concessions to Confrontation, The Politics of an Indian Untouchable Community*, Bombay: Popular Prakashan, 1993, p. 52.
11. चालीस के दशक में वसन्त मून नागपुर के नॉर्मल स्कूल में एकमात्र ग़ैर-ब्राह्मण विद्यार्थी थे (V. Moon, *Growing up Untouchable in India*, op. cit., p. 14)।
12. 'कोवेनांटेड सर्विस' (अनुबन्धित सेवा) सरकारी कर्मचारियों का एक आभिजात्य समूह होता था। इसका मतलब था ब्रिटिश राज्य और सरकारी कर्मचारियों के बीच एक अनुबंध होना। लिहाज़ा, इस श्रेणी की नौकरियाँ मुख्य रूप से अंग्रेज़ों के लिए ही आरक्षित थीं।
13. A. Seal, *The Emergence of Indian Nationalism: Competition and collaboration in the Later Nineteenth Century*, Cambridge University Press, 1968, p. 118.
14. G. Johnson, 'Chitpavan Brahmins and Politics in Western India in the Late nineteenth and Early twentieth centuries' in E. Leach and S. N. Mukherjee (eds), *Elites in South Asia*, Cambridge University Press, 1970, p. 105.
15. R. Tucker, 'The Early Setting of the non-Brahmin movement in Maharashtra', *The Indian Historical Review*, July. 1980-Jan. 1981, vol. 2, nos 1-2, p. 137.
16. R. O'Hanlon, *Caste, Conflict and Ideology Mahatma Jotirao Phule and Law Caste Protest in Nineteenth-Century Western India*, Cambridge University Press, 1985, pp. 65-6.
17. आंबेडकर जानते थे कि सेना में महारों की भर्ती ख़त्म करने के ख़िलाफ़ 1892 में जो याचिका जमा कराई गई थी उसका पाठ रानाडे ने ही लिखा था। इस तथ्य के प्रति संवेदनशीलता का परिचय देते हुए आंबेडकर ने कहा कि रानाडे में 'समाज सुधारों का

एक उत्साह' तो था मगर यह सुधारवाद ठोस सामाजिक रवैये में रूपान्तरित नहीं हुआ (Dr B. R. Ambedkar, 'Ranade, Gandhi and Jinnah' in Dr Babasaheb Ambedkar, *Writings and Speeches*, vol. 1, Bombay: Govt. of Maharashtra, 1979, p. 217)

18. R. Tucker, *Ranade and the Roots of Indian Nationalism*, Bombay: Popular Prakashan, 1972.
19. R. Kumar 'The New Brahmans of Maharashtra' in D. A. Low (ed.), *Soundings in Modern South Asian History*, Berkeley, CA: University of California Press, 1968, p. 115.
20. See, for example, S. R. Mehrotra, 'The Poona Sarvajanik Sabha: The early phase (1870-1880),' *The Indian Economic and Social History Review* 6 (3), Sept. 1969, p. 293-324.
21. Dayananda Saraswati, *The Light of Truth [Satyarth Prakash]*, transl. G. P. Upadhyaya, Allahabad, 1981, p. 113.
22. R. Thapar, 'Imagined Religious Communities? Ancient History and the Modern Search for a Hindu identity', *Modern Asian Studies*, 23 (2), 1989, p. 229.
23. The biographical details which follow are taken from D. Keer, *Mahatma Jotirao Phooley: Father of Indian Social Revolution*, Bombay: Popular Prakashan, 1974.
24. J. Phule, *Slavery: Collected Works of Mahatma Jotirao Phule*, vol. 1, Bombay: Govt. of Maharashtra, 1991, p. xxvii.
25. J. Phule, Slavery, op. cit., pp. 36-8.
26. अहमदनगर स्थित अमेरिकन मराठी मिशन ने 1881 में पाया कि 'हमारे ईसाई धर्मांतरितों में से ज़्यादातर महार हैं' (E. Zelliot, *Dr Ambedkar*, op. cit., p. 29 में उद्धृत)। 1910 में महारों ने याचिका देकर आग्रह किया कि उनकी जाति के लोगों को सेना में भर्ती किया जाए जिससे पता चलता है कि 'ईसाई धर्म के साथ लाभदायक सम्बन्ध ने महारों की स्थिति फ़ौरन ऊपर उठा दी थी।'

    उन्होंने इस बात का उल्लेख करने में भी कोई हिचक नहीं दिखाई कि 'हममें से जो लोग ईसाई धर्मांतरित हैं और स्कूल-कॉलेजों में जा चुके हैं, जिनके पास इंडियन यूनिवर्सिटी एग्ज़ामिनेशन में डिस्टिंक्शन है, वे प्लीडर, डॉक्टर, प्रोफ़ेसर, मजिस्ट्रेट और जजों के रूप में इस तथा अन्य प्रेज़िडेंसियों में काम कर रहे हैं।' इस ज्ञापन के अनुसार बहुत सारे महार तो पुजारी की भूमिका भी निभा रहे थे। ('The Conference of the Deccan Mahar, to the Right Honorable the Earl of Crewe', Bombay, Dec., 14, 1910, pp. 4-5. Private Papers of Ambedkar, Nehru Memorial Museum and Library [hereafter NMML, New Delhi], Microfilm Section)
27. *Collected works of Mahatma Jotirao Phule*, vol. 2, Bombay: Govt. of Maharashtra, 1991, p. 8.
28. M. S. Gore, *Non-Brahman Movement in Maharashtra*, New Delhi: Segment Books, 1989, p. 24.

29. उदाहरण के लिए देखें 'Priestcraft exposed' in J. Phule, *Collected Works of Mahatma Jotirao Phule*, vol. 2, op. cit., pp. 67-8; 'A poem about the Crafty, Cunning Spurious (religious) books of the Brahmins (A Contrast between the Comfortable lives of the Brahmins and the Miserable Lives of the Shudras)' in *Slavery–Collected Works of Mahatma Jotirao Phule*, vol. 1, op. cit., p. 81.
30. R. O' Hanlon, *Caste, Conflict and Ideology*, op. cit., p. 223.
31. वर्ष 1885 में फुले ने रानाडे की आलोचना करते हुए एक पर्चा प्रकाशित किया जिसमें उन्होंने रानाडे का नाम लिये बिना उनकी आभिजात्यता और ख़ासतौर से किसानों के प्रति उनके उपेक्षा के भाव की निन्दा की थी। (J. Phule, 'A warning' in *Collected Works of Mahatma Jotirao Phule*, vol. 2, op. cit., pp. 48-9).
32. J. Phule, *Slavery*, op. cit., pp. 58-9.
33. J. Phule, *Collected works*, vol. 2, op. cit., p. 25.
34. पूर्वोक्त, पृ. 99.
35. पूर्वोक्त, पृ. 29.
36. 'राष्ट्र से हमारा आशय एक ऐसे समाज से है जो भौतिक और नैतिक धरातल पर परस्पर सम्बद्ध है, वह एक स्थिर स्थायी केन्द्रीय सत्ता से सम्बद्ध है, उसकी परिभाषित सीमाएँ हैं, उसके निवासियों में एक नैतिक, मानसिक एवं सांस्कृतिक समरूपता है जो सचेत रूप से राज्य और उसके क़ानूनों के प्रति अपनी अधीनता का पालन करते हैं।' ('La nation', *Oeuvres*, vol. 3, Paris: Minuit 1969, p. 584).
37. 'Jotirao Govindrao Phule (1827-90)' in *Collected Works of Mahatma Jotirao Phule*, vol. 1, op. cit., p. xix.
38. उदाहरण के लिए, उन्होंने बताया कि मिथकीय अतीत में 'महारों ने अपने शूद्र बिरादरों को मुक्त कराने के लिए भाटों (ब्राह्मणों) पर किस तरह हमला किया होता।' (*Slavery*, op. cit., p. 25)
39. पूर्वोक्त, पृ. 49.
40. पूर्वोक्त, पृ. 161.
41. G. Omvedt, *Cultural Revolt in a Colonial Society: The Non-Brahmin Movement in Western India*, Poona: Scientific Socialist Education Trust, 1976.)

अध्याय 2 : आंबेडकर : एक महार सिपाही का बेटा

1. M. S. A. Rao, 'Some conceptual issues in the study of Caste, Class, Ethnicity and Dominance' in F. Frankel and M. S. A. Rao (eds), *Dominance and State power in Modern India*, vol. 1, Delhi: Oxford University Press, 1989, p. 257.
2. E. Zelliot, *Dr Ambedkar and the Mahar Movement*, University of Pennsylvania, PhD., 1969, p. 28.
3. J. Gokhale, *From Concessions to Confrontation*, op. cit., pp. 41-2.
4. T. Pillai-Vetschera, *Mahars*, op. cit., p. 296.

5. पूर्वोक्त, पृष्ठ 288–90, महारों द्वारा मृत पशुओं का मांस खाने का सबसे नाटकीय विवरण *Intouchable. Une famille de parias dans l'Inde contemporaine*, Paris: Fayard, 2002, pp. 85-6. में मिलता है।
6. मगर महार कभी भी 'निम्नतम स्तर तक नहीं गिरे' : वे पाखाना साफ़ नहीं करते थे जोकि उत्तर भारत के भंगियों को करना पड़ता था बल्कि महाराष्ट्र में इन कामों को करने के लिए उत्तर भारत से कुछ भंगियों को 'आयात' किया गया था।
7. महारों के उद्गम का मिथक उनके पतन के कारणों को दर्शाने, उनकी अस्पृश्यता को गाय का मांस खाने के परिणाम के रूप में दर्शाता है। इस मिथक के अनुसार महार असल में महामुनि के वंशज हैं जो कि एक यतीम थे। एक दिन देवताओं ने महामुनि को उस पतीली पर नज़र रखने का ज़िम्मा सौंपा जिसमें गाय का मांस पकाया जा रहा था—उस समय गाय का मांस खाना निषिद्ध नहीं था। महामुनि की लापरवाही से मांस का एक टुकड़ा ज़मीन पर जा गिरा और क्योंकि वह इस टुकड़े को वापस पतीली में डाल कर पूरे भोजन को दूषित नहीं करना चाहते थे इसलिए उन्होंने इस टुकड़े को ख़ुद खा लिया। उनकी इसी लापरवाही के कारण उन्हें और उनके वंशजों को मृत गाय खाने की सज़ा दी गई—और यहीं से महार जाति का जन्म हुआ (R. V. Russell and Hira Lal, *The Tribes and Castes of the Central Provinces of India*, vol. 4, op. cit., p. 132) । महारों के उद्गम से सम्बन्धित दूसरे मिथकों के लिए देखें T. Pillai-Vetschera, *Mahars*, op. cit., pp. 6-7.
8. R. V. Russell and Hira Lal, *The Tribes and Castes of the Central Provinces of India*. vol. 4, op. cit., p. 143.
9. T. Pillai-Vetschura, *Mahars*, op. cit., p. 40.
10. S. Kamble and Baby Kamble, *Parole de femme intouchable*, op. cit., pp. 213-14. कुछ इसी तरह के संस्मरण N. Jadhav, *Intouchable*. op. cit. p. 35 में भी मिलते हैं। बीस के दशक से ही आंबेडकर का अनुसरण कर रहे दो महारों की इस जीवन कथा में महारों की इस 'ड्यूटी' को येसकर कहा गया है।
11. A. Robertson, *The Mahar Folk*, Calcutta: YMCA Publishing House, 1938, pp. 20-1.
12. T. Pillai-Vetschera, *Mahars*, op. cit., p. 3.
13. J. Gokhale, *From Concessions to Confrontation*, op. cit., p. 32. 'डाकिए की भूमिका से भी महारों को एक साझा संगठन बनाने के लिए अनुकूल सम्बन्धों का नेटवर्क गढ़ने में मदद मिली।' (R. J. Miller, "They will not die Hindus": the Buddhist conversion of Mahar ex-Untouchables', *Asian Survey*, 2 (9), Sept. 1967, pp. 637-44)
14. D. Pawar, *Ma vie d'Intouchable*, op.dt., p. 62.
15. 'The Conference of The Deccan Mahars to the Right Honourable The Earl of Crewe', op. cit., p. 3.
16. S. Cohen, 'The Untouchable Soldier: Caste, Politics and The Indian Army', *Journal of Asian Studies*, 28 (3), 1969, p. 455.
17. E. Zelliot 'Learning the Use of Political Means: Mahars of Maharashtra' in R. Kothari (ed.), *Caste in Indian Politics*, New Delhi: Orient Longman, 1970, p. 30.
18. E. Zelliot, *Dr Ambedkar*, op. cit., p. 39.

19. See G. R. Pradhan, *Untouchable Workers of Bombay City*, Bombay: Karnataka Publishing House, 1938.
20. G. Omvedt, *Dalits and the Democratic Revolution: Dr Ambedkar and the Dalit movement in colonial India*, New Delhi: Sage, 1994, p. 141. वी. मून के अनुसार, चालीस के दशक में नागपुर के 40–45% मिल मज़दूर महार ही थे (V. Moon, Growing up untouchable in India, op. cit., p. 71).
21. Morris David Morris, *The Emergence of an Industrial Labor Force in India: A study of the Bombay Cotton Mills*, 1854-1947, Berkeley/Los Angeles: University of California Press, 1965, p. 74.
22. दया पवार के गाँव का महारवाड़ा मोहल्ला असल में पचास के दशक से पहले से ही ख़ाली हो चुका था। जब दया पवार युद्ध के बाद वहाँ वापस आए तो महारवाड़ा में सिर्फ़ दो बूढ़ी विधवाएँ रह रही थीं (D. Pawar, *Ma vie d'intouchable*, op. cit., p. 154).
23. E. Zelliot, 'Learning the Use of Political Means', op. cit., p. 63. नरेन्द्र जाधव के पिता 1924 में रेलवे में मुलाज़िम हुए थे। उनकी जीवन कहानी रेलवे के कारण आई सामाजिक गतिशीलता का एक बढ़िया उदाहरण है (N. Jadhav, *Intouchable*, op. cit., p. 41.)
24. E. Zelliot, 'Learning the Use of Political Means', op. cit., p. 64. 1929 में बॉम्बे प्रेज़िडेंसी में अस्पृश्यों के बीच साक्षरता की दर सबसे ऊँची थी : पंजाब में 1.1 प्रतिशत और मद्रास प्रेज़िडेंसी में 3.5 प्रतिशत के मुक़ाबले बॉम्बे प्रेज़िडेंसी में अस्पृश्यों की साक्षरता दर 4.1 प्रतिशत थी। (E. Zelliot, *Dr Ambedkar*, op. cit., p. 162).
25. पूर्वोक्त, पृ. 7.
26. M. G. Bhagat, 'The Untouchable classes of Maharashtra', *The journal of the University of Bombay*, 4 (1), July, 1935, p. 19 यहाँ मैं नेहरू मैमोरियल म्यूज़ियम ऐण्ड लाइब्रेरी (एनएमएमएल) में मिले आंबेडकर के निजी कागजों में शामिल एक ऑफप्रिंट का प्रयोग कर रहा हूँ।
27. पूर्वोक्त, पृ. 27.
28. पूर्वोक्त, पृ. 14.
29. पूर्वोक्त, पृ. 15.
30. पूर्वोक्त, पृ. 16.
31. पूर्वोक्त, पृ. 10–14.
32. पूर्वोक्त, पृ. 38.
33. पूर्वोक्त, पृ. 40.
34. पूर्वोक्त, पृ. 41.
35. पूर्वोक्त, पृ. 21.
36. पूर्वोक्त, पृ. 44.
37. K. N. Kadam, *Dr. Babasaheb Ambedkar and the Significance of his Movement*, Bombay: Popular Prakashan, 1991, p. 9.
38. सन् 1894 में रामजी सकपाल ने 'महारों के लिए सैन्य सेवा के दरवाज़े फिर से खोलने' की माँग करते हुए सरकार के नाम एक ज्ञापन लिखा था (उपरोक्त पृष्ठ 18 में उद्धृत)।

39. सन् 1910 में पूना में डेक्कन के महारों का सम्मेलन बुलाया गया। यह सम्मेलन गोपालक विट्ठलनक वालंगकर नामक एक सेवानिवृत्त सरकारी कर्मचारी की देखरेख में आयोजित किया गया था। इस सम्मेलन में ये निवेदन किया गया कि सेना और पुलिस में अभी तक महारों के लिए जो पद उपलब्ध थे उन पदों के लिए महारों की भर्ती फिर से शुरू की जाए और इसके लिए एक महार रेज़िमेंट का भी गठन किया जाए ('The Conference of the Deccan Mahars to the Right Honourable The Earl of Crewe', op. cit., p. 1). पहले विश्व युद्ध के दौरान इसी मॉडल पर 71वीं और 111वीं, ये दो कम्पनियाँ बनाई गई थीं मगर युद्ध ख़त्म होते ही इन कम्पनियों को भी ख़त्म कर दिया गया था। उन्होंने मुख्य रूप से कोंकण के तटीय क्षेत्र के महारों और पंजाबी ईसाइयों को मिलाकर फिर से कम्पनी बनाई थी (A. Robertson, *The Mahar Folk*, op. cit., p. 63)। बाद में आंबेडकर दूसरे विश्व युद्ध के दौरान महार रेज़िमेंट के गठन के लिए सफल अभियान चलाने में कामयाब रहे। 1941 में बेलगाम में महार मशीनगन रेज़िमेंट का गठन किया गया जिससे भारतीय सेना को दो जनरल मिले हैं और नब्बे के दशक में उसमें 20 बटालियन हुआ करती थीं (*National Mail*, Oct. 1, 1991).
40. C. Vaudeville. *Au cabaret de l'amour, Kabir*, Paris: Unesco/Gallimard, 1959.।
41. बम्बई लौटने पर आंबेडकर के पिता फिर से सेना में भर्ती हुए (इन्फेंट्री की 25वीं रेजिमेंट)। (letter from Lieutenant-Colonel Sheikh Moiuddin to C. B. Khairmonday, 23 March 1950, Ambedkar's private papers, NMML, New Delhi, section of microfilms Reel no. 2, File no. 4)।
42. रियासत के राजा के सामने अध्यापकों की भर्ती की कठिनाई पैदा हो गई थी : ऐसे स्कूलों में पढ़ाने के लिए सिर्फ़ मुसलमान या आर्यसमाजी ही तैयार होते थे। (*Presidential speech of His Highness the Maharajah Gaekwar at the All-India Conference on the Abolition of untouchability, Bombay, 23 March 1918*, Bombay: British India Press, 1918, p. 101, Private Papers of Ambedkar NMML, Section of microfilms)
43. विट्ठल रामजी शिन्दे एक मराठा थे जो बाद में महाराष्ट्र के एक महत्त्वपूर्ण समाज सुधारक बने और उन्हें बड़ौदा महाराजा के संरक्षण में ऑक्सफ़ोर्ड यूनिवर्सिटी में उनके पूरे अध्ययन काल के दौरान वजीफा दिया गया (G.M. Pawar, *Vitthal Ramji Shinde*, New Delhi: National Book Trust, 1990, p. 13)।
44. अधिक विवरण तथा महाराजा व आंबेडकर के बीच इस पहली मीटिंग का ब्योरा जानने के लिए देखें F. Gaekwad, *Sayajirao of Baroda*, Bombay: Popular Prakashan, 1989, p. 307
45. M. Malgonkar, 'Maharajah's Help to Ambedkar', *Statesman* (Delhi), July 13, 1992.
46. E. Zelliot, *From Untouchable to Dalit. Essays on the Ambedkar Movement*, Delhi: Manohar, 1992, p. 80.
47. पूर्वोक्त, पृ. 83.
48. E. Zelliot, *Dr Ambedkar*, op. cit., p. 87.
49. यह काम 4 जून 1913 को किए गए छात्रवृत्ति समझौते के अनुसार तय किया गया था। जनवरी 1913 में आंबेडकर ने छात्रवृत्ति हासिल करने से पहले एक लेफ़्टिनेंट के तौर पर

बड़ौदा स्टेट फ़ोर्स में नौकरी की थी। छात्रवृत्ति पाने के बाद उन्हें अमेरिका जाने का मौक़ा मिला।

50. Bhagawan Das (ed.), *Thus spoke Ambedkar*, vol. 4, op. cit., p. 69.
51. कोल्हापुर के महाराजा ने पहले अस्पृश्यों की एक मीटिंग में हिस्सा लिया था जहाँ आंबेडकर भी उपस्थित थे। वहाँ महाराजा ने ऐलान किया था : 'आंबेडकर में आपको अपना रक्षक मिल गया है।' इसके बाद उन्होंने सहभागियों के साथ भोजन किया था जो कि एक बहुत अद्‌भुत उदारता का कृत्य था क्योंकि इस तरह का आचरण सहभोज के स्थापित नियमों के विपरीत था (D. Keer, *Dr Ambedkar*, op. cit., pp. 42-3).
52. M. S. Gore, *Non-Brahman Movement in Maharashtra*, op. cit., p. 54.
53. Chandra Mudaliar, *The Kolhapur Movement*, Kolhapur: Shivaji Vidhyapith [s.d.].
54. Shahu Chhatrapati's letter to Alfred Pease, of June 23, 1920 (Private Papers of Ambedkar, NMML, Section of microfilms Reel no. 1, File no. 1).
55. ये सूचनाएँ दो स्रोतों से मिली हैं : The letter of E. B. Fox (Registrar of Columbia University) to C. B. Khairmoday, dated Nov. 17, 1950 and the letter of the Registrar of the LSE to C. B. Khairmoday dated Dec. 7, 1950 (Private Papers of Ambedkar, NMML Microfilm section, Reel 2, File no. 5).

अध्याय 3 : जाति के प्रभावी उन्मूलन के लिए उसका विश्लेषण और नृजातीयकरण

1. O. Herrenschmidt, "'L'inegalite graduee" OU la pire des inegalites. L'analyse de la societe hindoue par Ambedkar', *Archives europeennes de sociologie*, 37 (1997), p. 7.
2. ओ. मेंडलसॉन एवं एम. विज़ियानी ने 'ड्यूमों के कृतित्व और आंबेडकर के कृतित्व के बीच' ज़बर्दस्त समानताएँ ढूँढ़ी हैं हालाँकि उनका विश्लेषण नहीं किया है (Mendelsohn and Vicziany, *The Untouchables*, op. cit., p. 20)। दोनों का ही ये कहना है कि जाति असल में एक *व्यवस्था* का नाम है जो सगोत्रीय विवाह और अनुष्ठानिक शुद्धता की धारणा पर आधारित सोपानिक संगठन के दो स्तंभों पर खड़ी है।
3. उदाहरण के लिए, Dr Babasaheb Ambedkar, *Writings and Speeches*, vol. 5, Bombay: Govt. of Maharashtra, 1989. में संकलित 'Untouchables or the Children of India's Ghetto', के साथ यही हुआ था।
4. B. R. Ambedkar, 'Castes in India. Their Mechanism, Genesis and Development', *Indian Antiquary*, May 1917, vol. 61, reprinted in Dr Babasaheb Ambedkar, *Writings and Speeches*, vol. 1, Bombay: Govt. of Maharashtra, 1979, p. 22.
5. पूर्वोक्त, पृ. 21.
6. पूर्वोक्त, पृ. 15.
7. श्रीनिवास ने इसे निचली जातियों द्वारा ऊँची जातियों की नक़ल की संज्ञा दी है जो, उदाहरण के तौर पर, समाज में ऊँची हैसियत पाने के लिए अकसर शाकाहारी भोजन

अपनाने लगते हैं (M. N. Srinivas, *Religion and Society among the Coorgs of South India*, Oxford University Press, 1965)

8. मैं रामचन्द्र गुहा का आभारी हूँ जिन्होंने संस्कृतिकरण के प्राक्कइतिहास की ओर मेरा ध्यान आकृष्ट कराया।
9. B. R. Ambedkar, 'Castes in India', op. cit., p. 8. उन्होंने इसी स्वर में ये भी लिखा है : 'एक जाति का होना सम्भव नहीं है। जातियाँ सिर्फ़ बहुवचन में ही विद्यमान होती हैं। 'जाति' जैसी कोई चीज़ नहीं होती : केवल 'जातियाँ' होती हैं। (पूर्वोक्त, पृष्ठ 20)
10. B. R. Ambedkar, 'Castes in India', op. cit., p. 6.
11. पूर्वोक्त, पृ. 16.
12. पूर्वोक्त, पृ. 17 and 19.
13. Louis Dumont, *Homo Hierarchicus. Le systeme des castes et ses implications*, Paris: Gallimard, 1966.
14. पूर्वोक्त, पृ. 61.
15. *Hymnes speculatifs du veda*, (translated by Louis Renou), Paris: Gallimard-Unesco, 1956, p. 99 (Rig Veda, chant X, strophe 90).
16. B. R. Ambedkar, 'Who were the Shudras? How They came to be the Fourth Varna in the Indo-Aryan Society?', in Dr Babasaheb Ambedkar, *Writings and Speeches*, vol. 7, Bombay: Govt. of Maharashtra, 1990, p. 25
17. पूर्वोक्त, पृ. 26.
18. पूर्वोक्त, पृ. 32–3. जैसा कि J. Schlanger, *Les metaphores du corps*, Paris: Vrin, 1971 में दिखाया गया है, शरीर की जो उपमाएँ दी जाती हैं वे यों ही किसी अज्ञानता का परिणाम नहीं होतीं। इस किताब की ओर मेरा ध्यान आकृष्ट करने के लिए मैं ऑलिव्ये हैरेनष्मिड्ट का आभारी हूँ।
19. B. R. Ambedkar, 'Who were the Shudras?', op. cit., p. 26.
20. B. R. Ambedkar, 'The Buddha and his Dhamma' in Dr Babasaheb Ambedkar, *Writings and Speeches*, vol. 11, Bombay: Govt. of Maharashtra, 1992, p. 91.
21. इस श्रेणी की अप्रतिम सूक्ष्म चर्चा के लिए देखें, O. Herrenschmidt, 'L'inegalite graduee', art. cit., pp. 16-17.
22. K. R. Narayanan, 'En souvenir d'Ambedkar', *Les Temps modernes*, in July, 1993, p. 133.
23. B. R. Ambedkar, 'Philosophy of Hinduism', in Dr Babasaheb Ambedkar, *Writings and Speeches*, vol. 3, Bombay: Govt. of Maharashtra, 1987, p. 66.
24. B. R. Ambedkar, 'Revolution', in ibid., p. 320.
25. B. R. Ambedkar, 'Untouchables or The Children of India's Ghetto' in Dr Babasaheb Ambedkar, *Writings and Speeches*, vol. 5, Bombay: Govt. of Maharashtra, 1989, pp. 101-2.
26. इस बिन्दु पर देखें, J. L. Chambard, 'Les castes clans L'Inde moderne, leur place dans la vie politique et economique', *Revue economique et sociale* (Lausanne), September, 1967.

27. O. Herrenschmidt, 'L'inegalite graduee', op. cit., p. 14.
28. B. R. Ambedkar, 'Held at Bay', in Dr Babasaheb Ambedkar, *Writings and Speeches*, vol. 5, op. cit., p. 266.
29. Dr Babasaheb Ambedkar, *Writings and Speeches*, vol. 2, Bombay: Govt. of Maharashtra, 1982, p. 489. उसी समय उन्होंने ब्राह्मणों का उदाहरण देते हुए उस सिद्धान्त की व्याख्या की, जिसके अनुसार 'अगर जाति यथार्थ है तो वह एक समूह को विखंडित करके ही अस्तित्व में रह सकती है। जाति की सबसे अद्‌भुत विशेषता है विभाजित करना और खंडित करना' (B. R. Ambedkar, 'The Curse of Caste', in Dr Babasaheb Ambedkar, *Writings and Speeches*, vol. 5, op. cit., p. 211).
30. O. Herrenschmidt, 'L'inegalite graduee', op. cit., p. 20.
31. B. R. Ambedkar, 'Who were the Shudras?', op. cit., pp. 65-85.
32. पूर्वोक्त, पृ. 110.
33. पूर्वोक्त, पृ. 111.
34. पूर्वोक्त, पृ. 112.
35. पूर्वोक्त, p. 114.
36. पूर्वोक्त, पृ. 156.
37. पूर्वोक्त, pp. 174–5.
38. B. R. Ambedkar, 'The Untouchables. Who were they and why they became Untouchables?' in Dr Babasaheb Ambedkar, *Writings and Speeches*, vol. 7, op. cit., pp. 290-303.
39. पूर्वोक्त, पृ. 305.
40. पूर्वोक्त, पृ. 275.
41. रसेल एवं लाल के मुताबिक़, 'शेष मत यही दिखाई देता है कि बम्बई, महाराष्ट्र का पुराना नाम (महार) जाति के नाम से ही लिया गया है।' (R.V. Russel, Hira Lal, *The Tribes and Castes of the Central Provinces of India*, vol. 4, op. cit., p. 129).
42. इस तरह हम उनके इस सम्बन्ध को समझ सकते हैं हालाँकि वह इसका प्रभाव सिर्फ़ महारों तक सीमित नहीं रखना चाहते थे। 'अनार्य दोष परिहारक समाज' का मतलब होता है 'अस्पृश्यता के कलंक के उन्मूलन हेतु गठित सभा' मगर व्यवहार के धरातल पर इसके मुख्य समर्थक महार ही थे (देखें, R.E. Enthoven, *The Tribes and Castes of Bombay*, Bombay: 1922, and R. V. Russel and Hira Lal, *The Tribes and Castes of the Central Provinces of India*, vol. 4, op. cit., p. 129).
43. B. R. Ambedkar, 'The Untouchables', art. cit., p. 317.
44. पूर्वोक्त, पृ. 350.
45. G. Omvedt, 'Undoing the Bondage: Dr Ambedkar's Theory of Dalit Liberation', in K. C. Yadav (ed.), *From Periphery to Centre Stage*, op. cit., p. 132.
46. पूर्वोक्त, पृ. 134.
47. वालंगकर 'रविवार के दिन पूना मिलिट्री कैम्पों में सिपाहियों के सामने दिए जाने वाले फुले के बयानों को सुना करते थे।' यह महारों की बढ़ती सामाजिक चेतना में सेना की भूमिका का एक और संकेत है। (Philip Constable, 'Early Dalit Literature and

Culture in late nineteenth- and early twentieth-century Western India', *Modern Asian Studies*, 31 (2), 1997, p. 318).

48. पूर्वोक्त, पृ. 322.
49. पूर्वोक्त।
50. J. Gokhale, From *Concessions to Confrontation*, op. cit., pp. 68-9.
51. G. Omvedt, *Dalits and the Democratic Revolution*, op. cit., p. 109.
52. E. Zelliot, *From Untouchable to Dalit*, op. cit., p. 65.
53. *The Indian and Pakistan Year Book and Who's Who 1948*, Bombay: The Times of India, 1948, p. 1182.
54. E. Zelliot, *Dr Ambedkar*, op. cit., p. 77. में उद्धृत।
55. J. Gokhale, *From Concessions to Confrontation*, op. cit., p. 73.
56. जब आंबेडकर ख़ुद को हिन्दू धर्म की सामाजिक व्यवस्था से मुक्त करने के लिए किसी और धर्म में जाने की सोचने लगे थे तो 1935 में बंसोडे ने आंबेडकर से अपने सम्बन्ध ख़त्म कर लिये थे (उपरोक्त पृष्ठ 79)।
57. अपनी मृत्यु से दो साल पहले, 1918 में तिलक ने अस्पृश्यता के विरुद्ध बुलाई गई एक सभा में ऐलान किया था कि अगर ईश्वर इस सामाजिक कुरीति को बर्दाश्त करते हैं तो वह ऐसे ईश्वर को स्वीकार नहीं करेंगे। परंतु बाद में उन्होंने अस्पृश्यता के उन्मूलन के लिए लिखे गए एक ज्ञापन पर दस्तख़त करने से भी इनकार कर दिया था। (G. P. Bradhan and A. K. Bhagwat, *Lokamanya Tilak. A biography*, Bombay: Jaico, 1959, p. 306).
58. हालाँकि उन्होंने इस बात पर भी ज़ोर दिया कि अस्पृश्य ही असली मूल निवासी हैं और एक श्रेष्ठतर संस्कृति के उत्तराधिकारी हैं मगर शिन्दे ने ख़ुद को ग़ैर-ब्राह्मण आन्दोलन से अलग कर लिया क्योंकि उनका मानना था कि यह आन्दोलन समाज की 'एकता के लिए हानिकारक' था (G. M. Pawar, *Vitthal Ramji Shinde*, op. cit., p. 47).
59. G. Omvedt, *Dalits and the Democratic Revolution*, op. cit., p. 142.
60. J. Gokhale, *From Concessions to Confrontation*, op. cit., p. 75.
61. M. S. Gore, *The Social Context of an Ideology: Ambedkar's Political and Social Thought*, New Delhi: Sage, 1993, p. 77. 1919 में आंबेडकर ने शिन्दे का विरोध किया जिन्होंने साउथबरो कमेटी के सामने ये बयान दिया था कि 'अस्पृश्यों के हितों की रक्षा के लिए उनके बीच से ही प्रतिनिधि चुनने की बजाय सवर्ण हिन्दू प्रतिनिधियों का चुनाव ज़्यादा बेहतर होगा।' (K.N. Kadam, *Dr Babasaheb Ambedkar and the significance of his movement*, Bombay: Popular Prakashan, 1991, p. 21).
62. E. Zelliot, *Dr Ambedkar*, op. cit., p. 77.
63. G. Omvedt, *Dalits and the Democratic Revolution*, op. cit., p. 111. आंबेडकर पहले ही 1917 में शिन्दे से दूरी बना चुके थे जब शिन्दे और चन्दावरकर ने भारत लौटने पर आंबेडकर के अभिनन्दन का सुझाव रखा था। आंबेडकर ने इस प्रस्ताव को नामंज़ूर कर दिया था (पूर्वोक्त, पृष्ठ 144)।
64. पूर्वोक्त, पृ. 112-13.
65. आंबेडकर 1917 से 1920 के बीच भारत में अपने निवास के दौरान सार्वजनिक जीवन में क़दम बढ़ाने लगे थे। उदाहरण के लिए, मई 1920 में उन्होंने ऑल इंडिया डिप्रेस्ड

क्लासेज़ कॉन्फ्रेंस में हिस्सा लिया था जिसकी अध्यक्षता कोल्हापुर के महाराज कर रहे थे। इस मौक़े पर उन्होंने शिन्दे की कड़ी आलोचना की थी (पूर्वोक्त, पृष्ठ 147)। मगर उनके सार्वजनिक जीवन की शुरुआत उल्लेखनीय रूप से 1924 में हुई जब वह भारत लौटे और यहीं बस गए।

66. डी. रामराव (माहुली के सब-इंस्पेक्टर) पुलिस कमिश्नर, बॉम्बे (दिसम्बर 1925) का पत्र, *Source Material on Dr Babasaheb Ambedkar and the Movement of Untouchables*, vol. 1, op. cit., p. 4.
67. *The Bombay Chronicle*, April 26, 1926, ibid., p. 8.
68. J. Gokhale, *From Concessions to Confrontation*, op. cit., p. 84.
69. D. Keer, *Dr Ambedkar*, op. cit., p. 62.
70. *Source Material*, op. cit., pp. 6-7. आंबेडकर ने तीस के दशक के मध्य में महार सभा और महार पंचायत जैसे जातीय संगठनों की भी स्थापना की। हालाँकि इनका सन्दर्भ बहुत सीमित और स्पष्ट था। इसी दौरान वह हिन्दू धर्म के स्थान पर किसी और धर्म में जाने की ज़मीन भी तैयार कर रहे थे। उनके मुताबिक़, इस तरह का क़दम जाति की रूपरेखा के भीतर ही सम्पन्न होना चाहिए क्योंकि जातियों को सामूहिक रूप से धर्मांतरण करना होगा। 1938 में आंबेडकर के बड़े भाई ने महार समाज सेवा संघ का गठन किया और 1941 में इसका नेतृत्व भी सँभाला। (A. Jurane, *Ethnic Identity and Social Mobility*, Jaipur/Delhi: Rawat, 1999, p. 39).
71. J. Gokhale, *From Concessions to Confrontation*, op. cit., p. 52.
72. D. Keer, *Dr Ambedkar*, op. cit., p. 55. में उद्धृत।
73. पूर्वोक्त, पृ. 62.
74. E. Zelliot, *Dr Ambedkar*, op. cit., p. 122. में उद्धृत।
75. *Appeal on behalf of the Depressed Classes Institute* (1931) in Private Papers of Ambedkar, NMML, Section of microfilms, Reel no. 1.
76. एस. के. बोले को उनकी भंडारी जाति के लोगों ने आर्य समाज द्वारा आयोजित एक 'अन्तर्जातीय भोज' में हिस्सा लेने की वजह से पहले ही जाति-बदर कर दिया था। भंडारी जाति के लोग परम्परागत रूप से शराब बनाने के व्यवसाय में रहे हैं (D. Keer, Dr Ambedkar, op. cit., p. 52).
77. उपरोक्त पृ. 53 में उद्धृत।
78. उपरोक्त पृ. 71 में उद्धृत।
79. महार सत्याग्रह पर देखें, दामोदर रूंजाजी जाधव (N. Jadhav, *Intouchable*, op. cit., p. 43) की गवाही। लेखक याद करते हैं कि सहभागियों में महार जाति के बहुत सारे पुराने सिपाही भी थे (पूर्वोक्त, पृष्ठ 46)।
80. D. Keer, *Dr Ambedkar*, op. cit., p. 99 में उद्धृत।
81. दिलचस्प बात ये है कि उस समय आंबेडकर ने शान्तिपूर्ण विरोध के लिए गांधी की *सत्याग्रह* की अवधारणा को अपनाया था।
82. G. Poitevin, 'Preface' in S. Ramble and B. Kamble, *Parole de femme intouchable*, op. cit., p. 17. में उद्धृत।
83. B. Kamble, 'Notre existence', ibid., p. 242. में उद्धृत।

84. D. Keer, *Dr Ambedkar*, op. cit., p. 109. में उद्धृत।
85. E. Zelliot, *Dr Ambedkar*, op. cit., p. 196.
86. उपरोक्त पृ. 99.
87. नासिक *सत्याग्रह* के प्रसंग में देखें बी. आर. जाधव के संस्मरण, जिन्होंने आन्दोलन के व्यक्तिकरण पर ज़ोर दिया है। वह बताते हैं कि पूरे क़स्बे में आंबेडकर और एक मन्दिर को दर्शाने वाले पोस्टर छाए हुए थे। (N. Jhadav, *Intouchable*, op. cit., pp. 179-80).
88. E. Zelliot, *Dr Ambedkar*, p. 114. में उद्धृत।
89. पूर्वोक्त, पृ. 116.17 में उद्धृत।
90. पूर्वोक्त, पृ. 125 and 128 में उद्धृत।

अध्याय 4 : राजनीतिक पटल पर, गांधी से सामना

1. M. S. Gore, *The Social Context of an Ideology*, op. cit., p. 85.
2. E. Zelliot, 'Congress and the Untouchables-1917-1950' in R. Sisson and S. Wolpert (eds), *Congress and Indian Nationalism–The Pre-Independence Phase*, Delhi: Oxford University Press, 1988, pp. 183-4.
3. 'Evidence before the Southborough Committee on franchise. Examined on 27th January 1919' in: Dr Babasaheb Ambedkar, *Writings and Speeches*, vol. 1, Bombay: Govt. of Maharashtra, 1979, pp. 251-3.
4. पूर्वोक्त, पृ. 252.
5. कीर के मुताबिक़, इस उभयनिष्ठता से पता चलता है कि वह दोनों विकल्पों पर विचार कर रहे थे (*Dr Ambedkar*, op. cit., p. 40) जबकि ज़ीलियट के मुताबिक़ वह 'आरक्षित सीटों के साथ एक साझा निर्वाचक मंडल' को प्राथमिकता दे रहे थे ('Learning the Use of Political means', art. cit., p. 41)).
6. 'Supplementary written statement of Mr. Bhimrao R. Ambedkar' in Dr Babasaheb *Ambedkar, Writings and Speeches*, vol. 1, op. cit., p. 271.
7. 'Evidence before the Southborough Committee', art. cit., p. 265.
8. यह रवैया इस वजह से और भी ज़्यादा आश्चर्यजनक लगने लगता है कि साइमन कमीशन ने बॉम्बे प्रेज़िडेंसी में जिन 18 दलित संगठनों से बात की थी उनमें से 16 पृथक निर्वाचक मंडल के पक्ष में थे। उदाहरण के लिए, डिप्रेस इंडिया एसोसिएशन एवं सर्वेंट्स ऑफ़ सोमवंशी सोसायटी द्वारा साइमन कमीशन के सामने दिए गए संयुक्त वक्तव्य में यह कहा गया था कि, 'पिछले दो वर्षों का अनुभव बताता है कि (एक पृथक निर्वाचक मंडल) ने हमारे मुस्लिम भाइयों की स्थिति को ऊपर उठाने में एक ज़बर्दस्त भूमिका अदा की है और फलस्वरूप अब वे तेज़ी से आगे बढ़ रहे हैं तथा ज़्यादा उन्नत तबक़ों के बराबर पहुँचने लगे हैं।' (*The Servants of Somavamshiya Society, Bombay*. July 9, 1928, p. 2, in Private Papers of Ambedkar, NMML, Microfilm Section, Reel no. 2)
9. B. Ambedkar, 'Report on the Constitution of the Govt. of Bombay Presidency' in *Dr Babasaheb Ambedkar, Writings and Speeches*, vol. 2, Bombay: Govt. of Maharashtra, 1982, pp. 338, 400.

10. Evidence of Dr Ambedkar before the Indian Statutory Commission on 23rd October 1928', पूर्वोक्त, p. 465. आंबेडकर ने निचले तबक़ों के लिए सार्वभौमिक मताधिकार की इस माँग (जिनके लिए मताधिकार हेतु टैक्स कोटा हासिल करना सम्भव नहीं था) को ये कहते हुए सही ठहराया कि सबसे बढ़कर उन्हीं को प्रभुत्वशाली जातियों से अपनी रक्षा की आवश्यकता है ('Report on the Constitution', op. cit., p. 338)। उन्होंने ये भी कहा कि चाहे वे जितने भी निरक्षर हों, वे बुद्धिमान लोग हैं ('Evidence of Dr Ambedkar', op. cit., p. 473).
11. पूर्वोक्त, पृ. 351.
12. पूर्वोक्त, पृ. 479.
13. पूर्वोक्त, पृ. 483.
14. जिस अंश में ये शब्द मिलते हैं उसको पूरी तरह उद्‌धृत करना आवश्यक है : 'इस तथ्य को ध्यान में रखते हुए कि अस्पृश्यता का कैंसर उनके जीवन के हर क्षण में उनके मस्तिष्क में रहता है और यह देखते हुए कि वे इस बात को जानते हैं कि राजनीतिक सत्ता ही इस कठिनाई का एकमात्र समाधान है। मैं ज़ोर देकर ये कहना चाहता हूँ कि डिप्रेस्ड क्लास का मतदाता एक इंटैलिजेंट मतदाता होगा।' (पूर्वोक्त, पृ. 477)।
15. Vidhu Verma, 'Colonialism and Liberation: Ambedkar's Quest for Distributive Justice', *EPW*, Sept. 25, 1999, pp. 2804-10.
16. *The Bombay Chronicle*, August 18, 1930 in *Source Material on Dr Ambedkar*, op. cit., p. 40. *Indian Round Table Conference – 12th Nov., 1930-19th Jan. 1931-Proceedings*, Calcutta: Govt. of India, 1931, p. 440.
17. यह वार्ता—जिसकी विषयवस्तु और तारीख़ की पूरी तरह पुष्टि नहीं हुई है—को D. Keer, *Dr Ambedkar, op. cit.*, pp. 166-7 में आंशिक रूप में पुनर्प्रकाशित किया गया है।
18. पूर्वोक्त, पृ. 173.
19. पूर्वोक्त, पृ. 189 में उद्‌धृत।
20. D. E. U. Baker, *Changing Political leadership in an Indian province–The Central Provinces and Berar*, 1919-1939, Delhi: Oxford University Press, 1979, p. 116.
21. एक सिपाही के इस पोते (आंबेडकर की भाँति) को 1922 में राव बहादुर की उपाधि दी गई थी जब उन्हें पहले अस्पृश्य प्रतिनिधि के रूप में मद्रास लेजिस्लेटिव काउंसिल में प्रवेश मिला था।
22. *Indian Annual Register*, 1932, vol. 1, Calcutta, 1932, p. 333.
23. R. Kumar, 'Gandhi, Ambedkar and The Poona Pact, 1932' in J. Masselos (ed.), *Struggling and ruling-The Indian National Congress, 1885-1985*, London: Oriental University Press, 1987, p. 95 में उद्‌धृत।
24. राजा इस बात से सहमत हो चुके थे कि आर्य समाज धर्म में उचित सुधार कर रहा है (Nanak Chand papers, NMML (section on manuscripts), 'Autobiography', p. 139).
25. Moonje papers, NMML, Section of microfilms File no. 63 reel no. 9. Letter of Moonje to Raja Sahib [Narendra Nath?] of June 30, 1932.

26. *Indian Annual Register, 1932,* vol. 1, Calcutta, 1932, p. 16.
27. E. Zelliot, 'Congress and the Untouchables', art. cit., p. 186.
28. *Young India* (5 Jan. 1921, p. 2), cited in N. K. Bose (ed.), *Selections from Gandhi*, Ahmedabad: Navajivan Publishing House, 1948, p. 233.
29. उदाहरण के लिए देखें, 'Le systeme des castes' in M. K. Gandhi, *La Jeune Inde,* Paris: Stock, 1948 (translated by Helene Hart, with an intro. by Romain Rolland), pp. 152-3; 'L'intouchabilite disparait' (April 27, 1921), ibid., pp. 222-4; 'Les Panchamas' (29 Sept. 1921), ibid., pp. 222-3.
30. 'Les classes "supprimees"', *ibid.,* p. 219.
31. E. Zelliot, 'Gandhi and Ambedkar–A study in leadership' in J.M. Mahar (ed.), *The Untouchables in Contemporary India,* Tucson, AZ: The University of Arizona Press, 1972, p. 80.
32. B. Parekh, *Colonialism, Tradition and Reform–An Analysis of Gandhi's Political Discourse*, New Delhi: Sage, 1989, p. 223.
33. स्वामी श्रद्धानन्द एक बेहद सक्रिय आर्य समाजी थे जिन्होंने अस्पृश्यों के हित में अभियान चलाया और इस सम्बन्ध में बनाई गई उप-समिति के गठन के कुछ समय बाद ही उन्होंने इस उपसमिति से इस्तीफ़ा दे दिया था (J.T. F. Jordens, *Swami Shraddhananda–His life and Causes*, Delhi: Oxford University Press, 1981, p. 24)
34. 'The caste system', *Young India,* 8 Dec. 1920, *The Collected Works of Mahatma Gandhi,* vol. XIX, Ahmedabad: Navajivan Trust, 1966, pp. 83-5.
35. J. Brown, *Gandhi, Prisonere of Hope,* Delhi: Oxford University Press, 1990, p. 207.
36. D. Dalton, 'The Gandhian View of caste, and Caste after Gandhi' in P. Mason (ed.), *India and Ceylon: Unity and Diversity,* London: Oxford University Press, 1967, p. 171 में उद्धृत।
37. R. Guha, *An Anthropologist Among the Marxists and Other Essays*, Delhi: Permanent Black, 2002, p. 94.
38. उस समय गांधी आंबेडकर की पारिवारिक पृष्ठभूमि से इतने अपरिचित थे कि वह उन्हें ब्राह्मण माना करते थे।
39. E. Zelliot, 'Gandhi and Ambedkar'. art. cit. में उद्धृत।
40. M. S. Gore, *The Social Context of an Ideology*, op. cit., p. 103 में उद्धृत। यह भी देखें, G. Omvedt, 'Gandhi and Ambedkar-Why the confrontation?' in M. L. Ranga (ed.), *B. R. Ambedkar,* op. cit., p. 84.
41. E. Zelliot, 'Gandhi and Ambedkar', art. cit., p. 83. में दिया गया हवाला। इस उप-समिति में मदन मोहन मालवीय जैसे बड़े रूढ़िवादी नाम भी शामिल थे। मालवीय ने हाल ही में हिन्दू महासभा को पुनर्जीवित किया था।
42. Pyarelal, *The Epic Fast*, Ahmedabad: Mohanlal Maganlal Bhatt, 1932, pp. 114-15. में उद्धृत।
43. E. Zelliot, 'Gandhi and Ambedkar', art. cit., p. 85. में उद्धृत।

44. U. Baxi, 'Emancipation as Justice', op. cit., p. 61. बख्शी बहुत विचारशील ढंग से इस पर चर्चा करते हैं : गांधी जानते थे कि चाहे जो हो जाए, आंबेडकर कुल मिलाकर एक उदार राजनीतिक धारा के व्यक्ति थे। और गांधी बहुत अच्छी तरह जानते थे कि उदारवादियों के साथ कैसे निपटना चाहिए। अपने अनुभव के बूते पर गांधी ने यह बात बहुत अच्छी तरह समझ ली थी कि मुख्यधारा के उदारवादी राजनेता आमतौर पर विलम्ब और समझौते के अलावा हालात को सँभालने या अहिंसक ढंग से पैदा किए गए संकट से जूझने का तरीक़ा नहीं जानते थे। क्रान्तिकारियों के विपरीत उदारवादी ऐसे विरोधियों का सामना आसानी से नहीं कर सकते थे जो किसी घोषित लक्ष्य के लिए जान देने के लिए तैयार हो जाते थे (उपरोक्त)।

45. R. Kumar, 'Gandhi, Ambedkar and the Poona Pact, 1932', op. cit., p. 96.

46. अगर जनता के बड़े हिस्से—अस्पृश्य संगठनों सहित—के लिए गांधी के जीवन की रक्षा ही प्राथमिकता थी तो बहुत सारे दूसरे लोग आंबेडकर का भी समर्थन कर रहे थे। उदाहरण के लिए, बिल्कुल दूर पंजाब में वाल्मीकि आद-धर्म मंडल आंबेडकर की पोज़ीशन के ज़्यादा नज़दीक था (V. Prashad, *Untouchable freedom: A Social History of a Dalit Community,* Delhi: Oxford University Press, 2000, p. 87)

47. कांग्रेस की तरफ़ से सहभागियों की जो सूची आई वह बेहद उल्लेखनीय थी। इसमें एम.एम. मालवीय के अलावा एम.आर. जयकर, बी.एस. मूंजे, एम.सी. केलकर, जी.डी. बिरला और राजेन्द्र प्रसाद जैसे लोगों के भी नाम थे जो पहले हिन्दू महासभा की मीटिंगों में हिस्सा ले चुके थे। दूसरी तरफ़ कांग्रेस की तरफ़ से कई दूसरे सहभागी भी थे जो सभी ऊँची जातियों से थे (सिवाय ए.वी. ठक्कर के)। ये थे : तेजबहादुर सप्रू, एम.एस.एनी, सी. राजगोपालाचारी, हृदयनाथ कुंजरू एवं पुरुषोत्तम ठाकुर दास। अस्पृश्यों की तरफ़ से आंबेडकर के अलावा एम.सी. राजा और क्रिकेट खिलाड़ी पी. बालू को न्योता दिया गया था। यह सूची निम्नलिखित स्रोतों से लिये गए नामों पर आधारित है। G. Omvedt, *Dalits and the Democratic Revolution, op. cit.,* p. 173, R. Kumar, *'Gandhi, Ambedkar and the Poona Pact, 1932'*, art. cit., p. 97) British archives (P /Conf/81 Proceedings of the Home Department (Political) for the year 1932. India Office Library and Records (London), File no. 41-4/32).

48. छह साल बाद, 1938 में राजा तब आंबेडकर के साथ आये जब मद्रास प्रान्त में कांग्रेस द्वारा गठित सरकार के साथ अपनी वार्ताओं से उनका मोहभंग हो गया था। राजा ने इस पर गांधी से शिकायत भी की थी मगर गांधी ने उन्हें धैर्य रखने का सुझाव दिया और मद्रास सरकार के मुखिया राजगोपालाचारी, जो कि ख़ुद एक ब्राह्मण थे, में अपना विश्वास व्यक्त किया। इस प्रकार, हताश होकर राजा भी पूना पैक्ट की निन्दा करने लगे और आंबेडकर की तरह उन्होंने भी 1942 के भारत छोड़ो आन्दोलन का विरोध किया (O. Mendelsohn and M. Vicziany, *The Untouchables*, op. cit., p. 110)

49. B. R. Nanda, *In Gandhi's footsteps–The Life and Times of Jamnalal Bajaj,* Delhi: Oxford University Press, 1990, p. 198. में उद्धृत।

50. 'इस तरह गांधी ने वह हासिल कर लिया था जो एक सच्चे सत्याग्रही के रूप में वह हमेशा पाना चाहते थे : उन्होंने अपने विरोधियों का दिल जीत लिया था!' (R. Kumar, 'Gandhi, Ambedkar and the Poona Pact,on 1932', op.cit., p. 98)

51. समझौते का पूरा पाठ यहाँ देखें, R. Kumar, 'Gandhi, Ambedkar and the Poona Pact, 1932', op. cit., pp. 153-5.
52. Appendix 1 to M. L. Ranga (ed.), *Dr. B. R. Ambedkar,* op.cit.,p. 131. में उद्धृत।
53. *Indian Annual Register, 1932,* vol. 2, Calcutta, 1932, pp. 257-9.
54. गांधी ने *'हरिजन'* शब्द सत्रहवीं शताब्दी के गुजराती संत नरसिंह मेहता से लिया था। यह शब्द अस्पृश्यों को एक संवेदनशील और सम्मानजानक ढंग से सम्बोधित करने के लिए अपनाया गया था। मगर आंबेडकर ने इस शब्द में निहित दया भाव को देखते हुए इसे ख़ारिज कर दिया था। इसके स्थान पर वह 'दलित' (टूटा हुआ, दबा हुआ समाज) शब्द को ज़्यादा पसन्द करते थे। आंबेडकर तथा उनकी पार्टी के अन्य निर्वाचित सदस्यों ने उस समय बॉम्बे लेजिस्लेटिव असेंबली छोड़ दी थी जिस समय कांग्रेस ने लोकल बोर्ड्स ऐक्ट में 'हरिजन' नाम का पंजीकरण कराया था (J.Gokhale, *From Concessions to confrontation,* op. cit., p. 139)। 'हरिजन' शब्द से अस्पृश्यों के पूर्वजों/वंशावली के बारे में सन्देह पैदा हो जाता था। इसे सुनकर ऐसा लगता था मानो उनके बीच ऐसी स्वच्छन्द यौन परम्पराएँ रही हों कि किसी को मालूम ही न रहा हो कि कौन किसका बच्चा है? असल में यह शब्द आमतौर पर ऐसी महिलाओं के बच्चों के लिए इस्तेमाल किया जाता था जो मन्दिरों में भगवान को समर्पित कर दी जाती थीं (देवदासी) और इस प्रकार पुजारियों के यौन शोषण की शिकार होती थीं। इसी कारण उनकी सन्तानों को समाज से बहिष्कृत और हेय दृष्टि से देखा जाता था।
55. B. Ray (ed.), *Gandhi' campaign against untouchability, 1933-34–An account from the Raj's secret official reports,* New Delhi: Gandhi Peace Foundation, 1996, pp. 49-50.
56. पूर्वोक्त, पृ. 74.
57. पूर्वोक्त, पृ. 117.
58. पूर्वोक्त, पृ. 157–8.
59. पूर्वोक्त, पृ. 191.
60. पूर्वोक्त, पृ. 234.
61. D. Keer, *Dr Ambedkar*, p. 221. में उद्धृत।
62. पूर्वोक्त, पृ. 222 में उद्धृत।
63. पूर्वोक्त, पृ. 227 में उद्धृत।
64. पूर्वोक्त, पृ. 230 में उद्धृत।
65. पूर्वोक्त, पृ. 217.
66. O. Mendelsohn and M. Vicziany, *The Untouchables*, op. cit., p. 106.
67. D. Keer, *Dr Ambedkar*, op. cit., p. 232.
68. 'Appendix 1, Face to face: Ambedkar and Gandhi on Temple-Entry Legislation put Forward by Ranga Iyer (Two Bills, February 1933)', in M. L. Ranga (ed.), *B. R. Ambedkar*, op.cit.,p. 131. में उद्धृत।
69. D. Keer, *Dr Ambedkar*, op. cit., pp. 218-19. में उद्धृत।
70. O. Mendelsohn and M. Vicziany, *The Untouchables*, op. cit., p. 107. में उद्धृत।

71. B. Parekh, *Colonialism, Tradition and Reform,* op. cit., p. 238-9.
72. B. Ray (ed.), *Gandhi's Campaign against Untouchability,* op. cit., p. 243. में उद्धृत।
73. राजाजी के रुढ़िवाद के बारे में देखें, J.P. Waghorne, 'Rajaji, the Brahmin', in B.L. Smith (ed.), *Religion and the legitimation of power in South Asia,* Leiden: E. J. Brill, 1978, pp. 53-72.
74. S. Bandhyopadhyay, 'Transfer of Power and the Crisis of Dalit Politics', op. cit., p. 899 में उद्धृत।
75. प्रान्त दर प्रान्त वितरण के लिए देखें, B. A. V. Sharma, 'Development of Reservation Policy' in B. A. V. Sharma and K. M. Reddy (eds), *Reservation Policy in India,* New Delhi: Light and Light Publishers, 1982, p. 15-16.
76. R. Guha, *An Anthropologist among the Marxists,* op. cit., p. 98 में उद्धृत।
77. B. R. Ambedkar, *Annihilation of Caste,* New Delhi: Arnold Publishers, 1990, p. 16. में उद्धृत।
78. पूर्वोक्त, पृ. 21. आर्य समाज की नज़र में वेद ही हिन्दू धर्म के *सर्वोपरि ग्रन्थ* थे।
79. पूर्वोक्त, पृ. 67.
80. यहाँ वे तीसरे गोलमेज़ सम्मेलन की तरफ़ इशारा कर रहे हैं।
81. Letter of Ambedkar to Dattoba of August 3, 1933. Private papers of Ambedkar, NMML, Microfilm section, reel no. 2, file no. 3.
82. *The Times of India*, November 21, 1934 in *Source material on Dr Ambedkar and the Movement of Untouchables*, vol. 1, Bombay: Govt. of Maharashtra, 1982, p. 124.

अध्याय 5 : एक सफल चुनावी रणनीति की तलाश

1. 'Independent Labour Party. Its Formation and its Aims', *The Times of India*, 15 August 1936. (इसकी पुनर्मुद्रित प्रति Ambedkar Private Papers, NMML, Microfilm section, Reel no. 2, file no. 9. में भी मिलती है)।
2. J. Gokhale, *From Concessions to Confrontation*, op. cit., pp. 132-3.
3. 'Independent Labour Party-Its Formation and Its Aims', op. cit., pp. 4-5.
4. पूर्वोक्त, पृ. 5.
5. पूर्वोक्त, पृ. 8.
6. J. Gokhale, *From Concessions to Confrontation*, op. cit., p. 140.
7. B. R. Ambedkar, *Annihilation of Caste*, op. cit., p. 47.
8. पूर्वोक्त, पृ. 42.
9. पूर्वोक्त, पृ. 46.
10. E. Zelliot, *Dr Ambedkar*, op. cit., p. 249. आंबेडकर द्वारा 1929 में शुरू किए गए अख़बार *जनता* ने सवर्ण जातियों के भी तक़रीबन 10 दूसरे उम्मीदवारों का समर्थन किया था।

11. R. I. Duncan, *Levels, the Communication of Programmes and Sectional Strategies in Indian Politics, with reference to the Bharatiya Kranti Dal and the Republican Party of India in Uttar Pradesh State and Aligarh district (UP),* Ph.D., University of Sussex, 1979, p. 214.
12. E. Zelliot, 'Learning the Use of Political means', op. cit., p. 50.
13. मध्य प्रान्त और बेरार में ये वंशानुगत व्यवसाय और उनके साथ मिलने वाले लाभ पहले ही ख़त्म कर दिए गए थे और उनके स्थान पर मासिक वेतन की व्यवस्था आ गई थी। रॉबर्टसन ने इस आशय के साक्ष्य दिए हैं कि बॉम्बे प्रेज़िडेंसी के ताक़तवर महार समुदाय में भी मध्य प्रान्त और बेरार के इन समुदायों की स्थिति में पहुँचने की चाह बढ़ती जा रही थी : 'महारों में जो ज़्यादा प्रबुद्ध हैं, वे ख़ुद इस बात को समझते हैं कि वतनदार के रूप में उन्हें मिलने वाले लाभ भावनाओं की दृष्टि से तो निश्चय ही मूल्यवान हैं मगर कुल मिलाकर यह बंधुआगीरी का ही एक रूप है और आर्थिक रूप से उनके लिए यही बेहतर होगा कि मध्य प्रान्त और बेरार में अपनाई गई व्यवस्था की तरह सभी जगह, सभी सरकारी मुलाज़िमों को वही व्यवस्था दी जाए।' (A. Robertson, *The Mahar Folk*, op. cit., pp. 28-9)
14. Dr Babasaheb Ambedkar, *Writings and Speeches*, vol. 2, op. cit., p. 90.
15. पूर्वोक्त, पृ. 96.
16. *Indian Annual Register, 1937,* vol. 2, Calcutta, 1937, p. 188.
17. G. Omvedt, *Dalits and the Democratic Revolution,* op. cit., pp. 197-8. में उद्धृत।
18. पूर्वोक्त, पृ. 198.
19. D. Keer, *Dr Ambedkar, op. cit.,* p. 300.
20. आंबेडकर सोशलिस्टों से भी निराश थे जिन्होंने उनके निजी विधेयक को उतना समर्थन नहीं दिया जितनी आंबेडकर को अपेक्षा थी (पूर्वोक्त, पृ. 310)।
21. J. Gokhale, *From Concessions to Confrontation,* op. cit., p. 136.
22. Dr Babasaheb Ambedkar, *Writings and Speeches,* vol. 2, op. cit., pp. 201-32.
23. D. Keer, *Dr Ambedkar,* op. cit., pp. 313-16 and G. Omvedt, *Dalits and the Democratic Revolution,* op. cit., pp. 199-200.
24. E. Zelliot, *Dr Ambedkar,* op. cit., p. 25.
25. D. Keer, *Dr Ambedkar,* op. cit., p. 480.
26. V. Moon, *Growing up Untouchable in India,* op. cit., p. 66.
27. G. Omvedt, *Dalit and the Democratic Revolution,* op. cit., p. 207.
28. B. R. Ambedkar, 'Objections to Cripps proposals, App. IX to What Congress and Gandhi have done to Untouchables', Dr Babasaheb Ambedkar, *Writings and Speeches,* Bombay, Govt. of Maharashtra, vol. 9, p. 339.
29. D. Keer, *Dr Ambedkar,* op. cit., 350.
30. E. Zelliot, 'Learning the Use of Political Means', *art. cit.,* pp. 52-3.
31. दलित नेताओं पर क्रिप्स मिशन के प्रस्तावों का बहुत गहरा असर पड़ा। इस फ़ॉर्मूले ने एम. सी. राजा को भी आंबेडकर के और नज़दीक ला दिया था। आंबेडकर की तरह उन्हें

भी इन प्रस्तावों में अस्पृश्यों के लिए एक पृथक निर्वाचक मंडल के प्रावधान के अभाव पर क्षोभ था (उपरोक्त)। दक्षिण भारत के अपने दौरे के दौरान, 1944 में आंबेडकर को एम. सी. राजा ने मद्रास में निमंत्रित किया था (*The Indian Express,* 26 Sept. 1944, Private Papers of Ambedkar, NMML, Microfilm Section, Reel no. 1)

32. D. Keer, *Dr Ambedkar,* op. cit., p. 63 and p. 128.
33. जिस तरह वह क्रिप्स मिशन द्वारा अस्पृश्यों की उपेक्षा से गुस्से में थे, उसी प्रकार आंबेडकर सितम्बर 1944 में गांधी और जिन्ना के बीच हुई वार्ताओं के दौरान दूर रखे जाने से भी क्रुद्ध थे। *The Times of India,* 5 Sept. 1944.
34. 'The political demands of the Scheduled Castes–Resolutions passed by the Working Committee of the All-India Scheduled Caste Federation', App. XI to B. R. Ambedkar, *What Congress and Gandhi have done to Untouchables,* op. cit., pp. 346-7.
35. प्रस्ताव 8 में ये दलील दी गई थी कि 'किसी वैकल्पिक व्यवस्था के अभाव में शासन की संसदीय व्यवस्था को स्वीकार किया जा सकता है' मगर एससीएफ की माँग थी कि अल्पसंख्यकों का प्रतिनिधित्व करने वाले मंत्रियों को अल्पसंख्यक समुदायों द्वारा नामित किए जाने पर ही सरकार में शामिल किया जाना चाहिए। प्रस्ताव 11 में माँग की गई थी कि संविधान एक ऐसी रूपरेखा स्थापित करे जिसमें 'अनुसूचित जातियों को उनके वर्तमान निवासों से स्थानान्तरित करके पृथक अनुसूचित जाति गाँवों में बसाया जाए जो हिन्दू गाँवों से स्वतंत्र हों।' आंबेडकर 1942 में भी यह फ़ार्मूला इस्तेमाल कर चुके थे। (पूर्वोक्त, पृ. 353)
36. B. Nicholas, '"Below the Bottom Rung": a British Estimate of Dr Ambedkar, 1944' in K. C. Yadav, *From Periphery to Centre Stage,* op. cit.,p. 47 में उद्धृत।
37. *The Times of India,* 24 Sept. 1944.
38. *The Hindu* (Madras), 26 Sept. 1944 में उद्धृत।
39. *The Liberator,* 26 Sept. 1944 में उद्धृत।
40. पूर्वोक्त, 24 Sept. 1944.
41. P. D. Reeves, B. D. Graham and J. M. Goodman, *Elections in UP, 1920-51,* New Delhi: Manohar, 1975, pp. 315-19.
42. *Jai Bheem* (Madras) Dec. 25, 1946. जुलाई 1947 के एक नोट में उन्होंने इस बात पर विचार किया है कि जिन निर्वाचन क्षेत्रों में ऊँची जाति के मतदाता बहुमत में थे वहाँ कांग्रेस द्वारा कोऑप्ट किए गए और चुनवाये गए अस्पृश्य उम्मीदवार 'हिन्दुओं के एक औजार' के अलावा कुछ नहीं थे। (*Jai Bheem,* 16 July 1947)
43. E. Zelliot, 'Learning the Use of political means', op. cit., p. 53.
44. S. Bandyopadhyay, 'Transfer of power and the crisis of Dalit politics in India, 1945-47', *Modern Indian Studies,* 34 (4), 2000, p. 913.
45. E. Zelliot, Dr Ambedkar, op. cit., p. 265.
46. V. Moon, *Growing up Untouchable in India,* op. cit., p. 102. मून ने ये भी कहा है कि 'अख़बार सुनियोजित ढंग से ये भावनात्मक प्रोपेगेंडा भी फैला रहे थे कि आंबेडकर की पार्टी आजादी के ख़िलाफ़ है।' (पूर्वोक्त, पृ. 96)

47. “The Scheduled Castes' Federation Manifesto', in S. P. Singh Sud and Ajit Singh Sud (eds), *Indian Elections and Legislators,* Ludhiana: All India Publications, 1953, pp. 39-40.
48. पूर्वोक्त, पृ. 39.
49. सम्भवतः यही कारण है कि एससीएफ के चुनाव घोषणापत्र में न केवल अस्पृश्य बल्कि अन्य पिछड़े वर्गों का भी ज़िक्र किया गया है और आदिवासियों का भी उल्लेख किया गया है। यह सम्भवतः पहला अवसर था जब आदिवासियों पर इस तरह स्पष्ट रूप से ज़ोर दिया गया था। आंबेडकर को ये लगने लगा था कि उनके राजनीतिक अनिर्णय का समाधान हैसियत समूहों पर केन्द्रित एक ऐसी राजनीतिक रणनीति में ढूँढ़ा जा सकता है जो जन्म के आधार पर भेदभाव के शिकार सभी पीड़ितों के हित में आवाज़ उठा सके।
50. पूर्वोक्त, पृष्ठ 39। इस प्रश्न पर घोषणा-पत्र में कहा गया है कि एससीएफ 'देश की जनसंख्या वृद्धि की बढ़ती दर को एक ऐसी भीषण विकृति मानता है जिसके नियंत्रण के लिए (संगठन) बेहद सख़्त पद्धतियों की हिमायत करने से भी नहीं हिचकिचाएगा।' (पूर्वोक्त, पृष्ठ 40)।
51. पूर्वोक्त, पृ. 40.
52. J. Duncan, *Levels, the Communication of Programmes and Sectional Strategies in Indian politics,* op. cit., p. 236.
53. पूर्वोक्त, पृ. 226.7.
54. J. Gokhale, *From Concessions to Confrontation,* op. cit., p. 216. कम्युनिज़्म के प्रति यह दुराव सोवियत ब्लॉक में पैदा हो रहे हालात के बारे में उनकी जानकारी से भी पुख़्ता हुआ था। आंबेडकर का कहना था कि वहाँ कम्युनिस्टों ने 'हिंसा के माध्यम से कथित सर्वहारा की तानाशाही स्थापित की है। वे तमाम सम्पत्तिधारी लोगों के राजनीतिक अधिकार छीन लेते हैं। ऐसे लोगों को विधायिका में प्रतिनिधित्व नहीं मिलता। उन्हें मतदान का अधिकार नहीं मिलता। उन्हें राज्य की दोयम दर्जे की प्रजा की हैसियत मिलती है और बिना किसी अधिकार या सत्ता के उन पर केवल शासन किया जाता है।' ('Appendix 5; Essentials of Dr Ambedkar's Thinking: Buddhism and Communism', in M. L. Ranga (ed.), *B. R. Ambedkar* op. cit., p. 146 में उद्धृत)
55. J. Gokhale, *From Concessions to Confrontation,* op. cit., p. 217.
56. *Election Manifesto of the Scheduled Castes Federation,* SCF, 1957, p. 14 (Ambedkar papers, NMML, Section of microfilms, Reel no. 2.)
57. J. Duncan, *Levels* op. cit., p. 236.
58. जैसा कि गेल ओमवेट कहती हैं, 'आंबेडकर का राजनीतिक कॅरियर ऐसे तरीक़े ढूँढ़ने पर आश्रित था जिनके माध्यम से दलित स्वायत्त ढंग से दावेदारी पेश कर सकें और साथ ही गैर-ब्राह्मणों, शूद्रों, मजदूरों और किसानों के साथ टिकाऊ साझेदारी भी विकसित कर सकें।' (G. Omvedt, 'Undoing the bondage', op. cit., pp. 139-40).
59. J. Gokhale, *From Concessions to Confrontation,* op. cit., p. 115.
60. S. Bandyopadhyay, 'Transfer of Power and the Crisis of Dalit Politics in India, 1945-47', op. cit., p. 898.

61. उस समय आंबेडकर को नई एग्ज़िक्यूटिव काउंसिल में अन्तरिम तौर पर श्रम मंत्रालय का ज़िम्मा भी सौंप दिया गया था। मगर इस नियुक्ति को कभी अमल में नहीं लाया गया क्योंकि अन्तत: जिन्ना ने सहयोग करने से इनकार कर दिया था।
62. पूर्वोक्त, पृ. 920 एवं 924.

अध्याय 6 : प्रतिरोध या सहयोग ? आंबेडकर की व्यवहार कुशलता और लचीलापन

1. The Conference of the Deccan Mahars to the Right Honourable The Earl of Crewe', op. cit., p. 5.
2. पूर्वोक्त, पृ. 2.
3. *The Servants of Somavamshiya Society,* op. cit.
4. B. R. Ambedkar, *Appeal on behalf of the Depressed Classes Institute.* This document is found in the Ambedkar Private Papers (NMML, Microfilm section Reel no. 2).
5. V. Verma, 'Colonialism and Liberation', art. cit., p. 2807.
6. *Proceedings, Indian Round Table Conference–12th November, 1930-19th January, 1931,* Calcutta: Government oflndia, 1931, p. 123.
7. *The Bombay Chronicle,* August 18, 1930, in *Source material on Dr Babasaheb Ambedkar,* vol. 1, op. cit., p. 38.
8. *Indian Round Table Conference–12th November,* op. cit., p. 124.
9. पूर्वोक्त, पृ. 125.
10. के एम मुंशी एक परम्परावादी हिन्दू थे। वह उस समय बॉम्बे गवर्नमेंट के गृहमंत्री थे। मुंशी भारतीय संविधान की ड्राफ्टिंग कमेटी के एक मुख्य सदस्य भी रहे। उनके बारे में और जानकारी के लिए देखें C. Jaffrelot, *The Hindu Nationalist Movement,* London: Hurst, 1996, pp. 84-5.
11. G. Omvedt, *Dalits and the Democratic Revolution,* op. cit., p. 199.
12. *The Times of India,* 27 Dec. 1939. *Source Material,* vol. 1, op. cit., p. 206 में उद्धृत। आंबेडकर ने पहले इस बात का विरोध किया था कि कांग्रेस सरकार वादा करने के बावजूद स्थानीय चुनावों में सार्वभौमिक मताधिकार को लागू करने के लिए तैयार नहीं हुई थी (*Bombay Sentinel,* 31 Jan. पूर्वोक्त, पृ. 164)।
13. उन्होंने गांधी को, जिनकी आपत्ति थी कि चाहे वह जो भी कहें, आंबेडकर एक देशभक्त ही हैं, पर उनका उत्तर था : 'तुम कहते हो कि मेरे पास एक होमलैंड है मगर मैं फिर दोहरा रहा हूँ कि मेरे पास होमलैंड नहीं है। मैं इस धरती को अपना होमलैंड और इस क्षेत्र को अपना क्षेत्र कैसे कह सकता हूँ जहाँ हमारे साथ कुत्ते और बिल्लियों से भी बदतर बर्ताव किया जाता है, जहाँ हमें पीने को पानी तक नहीं मिल सकता? मुझे गद्दार कहलाने में कोई शर्म नहीं है; क्योंकि हमारी सारी कार्रवाइयों की ज़िम्मेदारी उस देश पर है जो मुझे गद्दार कहता है।' (D. Keer, *Dr Ambedkar,* op. cit., p. 166 में उद्धृत)।
14. Dr Babasaheb Ambedkar, *Writings and Speeches,* vol. 2, op. cit., p. 258.
15. M. S. Gore, *The Social Context of an Ideology,* op. cit., p. 187 में उद्धृत।

16. Dr Babasaheb Ambedkar, *Writings and Speeches,* vol. 10, Bombay Govt. of Maharashtra, 1991, pp. 110-11.
17. पूर्वोक्त, vol. 2, op. cit., pp. 256-7.
18. जब अक्तूबर 1939 में बॉम्बे प्रेज़िडेंसी के मुख्यमंत्री बी.जी. खेर ने कांग्रेस के नेतृत्व में राष्ट्रीय आन्दोलन के नाम पर आंबेडकर के दलित पृथक्कतावाद की निन्दा की तो आंबेडकर के साथ उनके संवाद में कई महत्त्वपूर्ण समाजशास्त्रीय धारणाएँ भी दिखाई पड़ती थीं। बी.जी. खेर ने कहा था : 'अंश कभी भी समग्र से अधिक नहीं हो सकता। समग्र में अंश का समावेश अनिवार्य है।' इस पर बी आर आंबेडकर ने उत्तर दिया था : 'मैं समग्र का अंश बिल्कुल नहीं हूँ; मैं एक अंश हूँ जो पृथक है।' (पूर्वोक्त, पृष्ठ 261)।
19. *The Bombay Chronicle,* 24 Oct. 1939, in *Source Material,* vol. 1, op. cit., p. 201.
20. *The Bombay Chronicle,* 23 July 1942, ibid., pp. 255-6.
21. *The Times of India,* 6 Feb. 1940 and Ambedkar's letter to The Times of India, in June 18, 1941, quoted in the *Source material,* vol. 1, op. cit.,p. 210 and pp. 227-8.
22. Lelah Dushkin, 'Special Treatment Policy' in *The Economic Weekly,* vol. XIII, nos 43-6 and E. Zelliot, *Dr Ambedkar,* op. cit., p. 265. वर्ष 1946 में 8.33 प्रतिशत के कोटा को बढ़ाकर 12.5 प्रतिशत कर दिया गया था ताकि उसे अस्पृश्यों की आबादी के निकट अनुपात में रखा जा सके।
23. *The Liberator* (Madras), 24 Sept. 1944.
24. 'Dr Ambedkar as a Member of the Governor-General Executive Council, 1942-46', in Dr Babasaheb Ambedkar, Writings and Speeches, vol. 10, Bombay, Govt. of Maharashtra, 1991.
25. पूर्वोक्त, पृ. 257 and 320.
26. पूर्वोक्त, पृ. 323.
27. B. R. Ambedkar, 'Grievances of the Scheduled Castes' in Dr Babasaheb Ambedkar, *Writings and Speeches,* op. cit., pp. 416-17.
28. *The Hindu,* September 26, 1944, and *Jai Bheem,* March 12, 1946.
29. 'Dr Ambedkar and Mr Rajah to Sir S. Cripps' in Dr Babasaheb Ambedkar, *Writings and Speeches,* vol. 10, op. cit., p. 447.
30. S. Bandyopadhyay, 'Transfer of Power and the Crisis of Dalit Politics', op. cit., p. 925.
31. V. Moon, *Growing up Untouchable in India,* op. cit., p. 102.
32. S. Bandyopadhyay, 'Transfer of Power and the Crisis of Dalit Politics', op. cit., p. 928.
33. *The Bombay Chronicle,* April 27, 1942, in *Source material,* vol. 1, op. cit., p. 247.
34. *Constituent Assembly Debates* [hereafter *CAD*], New Delhi: Lok Sabha, 1989, vol. 1, pp. 100-1. आंबेडकर की इस बात का भी तालियाँ बजाकर स्वागत किया गया

था जब उन्होंने भावी राज्य के स्वरूप का उल्लेख करते हुए कहा था कि 'मैं एक शक्तिशाली, एकबद्ध केन्द्र का पक्षधर हूँ।' (ibid., p. 102)

35. D. Keer, *Dr Ambedkar,* op. cit., p. 382.
36. G. Austin, *The Indian Constitution-Cornerstone of a Nation,* Bombay: Oxford University Press, 1972, p. 13 (fn) and H. S. Verma and N. Verma, 'Dr Ambedkar and the framing of the Indian Constitution', paper presented to the colloquium 'Contribution of Dr B. R. Ambedkar to Law and Constitution of India', Lucknow, April 15, 1997.
37. संविधान सभा के वयोवृद्ध सदस्य आर एम नलवाड़े ने कहा कि नेहरू और पटेल, दोनों ही आंबेडकर को मंत्री पद देने में हिचकिचा रहे थे मगर गांधी ने इस बात पर ज़ोर दिया कि उन्हें राष्ट्र निर्माण की परियोजना में अवश्य शामिल किया जाना चाहिए (S. M. Gaikwad, 'Ambedkar and Indian nationalism', EPW, March 7, 1998, p. 518)। इस परिकल्पना को महात्मा और दो विदेशी मेहमानों—म्यूरियल लेस्टर, एक अंग्रेज़ हकीम और मिस डेशर, एक अमेरिकी मिशनरी—के बीच हुई बातचीत से भी बल मिलता है जिसके दौरान गांधी ने ये इच्छा व्यक्त की थी कि आंबेडकर भी स्वतंत्र भारत की पहली सरकार का हिस्सा बनें। (M. S. Gore, *The Social Context of an Ideology,* op. cit., p. 180)
38. G. Austin, *The Indian Constitution,* op. cit., p. 19-20 में उद्धृत।
39. आर्थिक नीतियों और नियोजन के बारे में आंबेडकर के विचारों के लिए देखें S. K. Thorat, 'Ambedkar's Thoughts on Economic Development and Planning', in Shyam Lal and K. S. Saxena (eds), *Ambedkar and Nation-Building,* Jaipur: Rawat, 1998, pp. 76-98.
40. U. Baxi, 'Emancipation and Justice: Legacy and Vision of Dr Ambedkar' in K. C. Yadav (ed.), *From Periphery to Centre Stage,* op. cit., p. 55. में उद्धृत।
41. आंबेडकर के कुछ अनुयायी यह देखकर बेहद हैरान थे कि उन्होंने कांग्रेस के साथ जाने का फ़ैसला लिया। एससीएफ के नेताओं ने उनका साथ छोड़कर सोशलिस्टों से तालमेल कर लिया और यूपीएससीएफ टूट कर बिखर गई।' (S. Pai, *Dalit Assertion and the Unfinished Democratic Revolution,* New Delhi: Sage, 2002, p. 63).
42. 'Ambedkar's Memorandum and Draft Articles on the Rights of States and Minorities' in B. Shiva Rao (ed.), *The Framing of India's Constitution,* vol. 2, New Delhi: Indian Institute of Public Administration, 1967, pp. 93-4.
43. पूर्वोक्त, पृ. 95.
44. पूर्वोक्त, पृ. 109.
45. यह किताब बहस के दायरे को विस्तार देने के लिये उठाए गए प्रश्नों की एक श्रृंखला के रूप में सामने आई मगर आंबेडकर ने इसे स्पष्ट ढंग से ख़त्म किया : 'जब एक बार ये स्पष्ट हो जाता है कि मुसलमान पाकिस्तान चाहते हैं तो इसमें कोई सन्देह नहीं कि इसके सिद्धान्त को स्वीकार कर लेना ही बुद्धिमानी होगा।' ('Reprint of Pakistan or the Partition of India', in Dr Babasaheb Ambedkar, *Writings and Speeches,* vol. 8, Bombay: Govt. of Maharashtra, 1990, p. 368)

46. 'Ambedkar Memorandum', op. cit., p. 112.
47. 'Scheduled Castes' Federation Manifesto', art. cit., p. 40.
48. R. K. Kshirsagar, *Dalit Movement in India and its leaders,* New Delhi: MD Publications, 1994, pp. 247-8.
49. B. Shiva Rao (ed.), *The Framing of India's Constitution,* vol. 2, op. cit., p. 327.
50. पूर्वोक्त, पृ. 331.
51. 'Reports on minority rights-August on 1947', पूर्वोक्त, पृ. 412 में।
52. पूर्वोक्त, पृ. 415.
53. *CAD,* vol. 5, p. 259.
54. पूर्वोक्त, पृ. 260.
55. पूर्वोक्त, पृ. 265.
56. पूर्वोक्त, पृ. 272.
57. पूर्वोक्त, पृ. 270.
58. पूर्वोक्त, vol. 7, p. 39.
59. S. Bandyopadhyay, 'Transfer of Power and the Crisis of Dalit Politics', op. cit., p. 893.
60. उपरोक्त में उल्लिखित।

अध्याय 7 : भारतीय संविधान की रचना

1. G. M. Tartakov, 'Ambedkar Statues', *Dalit International Newsletter,* vol. 3, no. 2, June, 1998, p. 1. यह पश्चिमी किस्म का पहनावा आंबेडकर के दलित समर्थकों के लिए गौरव का सबब था। इस बात की पुष्टि हम बेबी कांबले के संस्मरणों में भी देख सकते हैं : 'लम्बा-चौड़ा, मजबूत कद, यौवन की दमक, गोरी चमड़ी, चौड़ा माथा, अमृत जैसी मधुर आवाज़, *गोरे साहिबों जैसा सूट-बूट*।' B. Kamble, 'Notre existence', op. cit., p. 242, ज़ोर अतिरिक्त)
2. A. Shourie, *Worshipping False Gods, Ambedkar and the Facts which have been Erased,* New Delhi: ASA, 1997, p. 586.
3. नेहरू के जीवनीकार, ब्रेकर के साक्षात्कार से यही नतीजा निकलता है (Michael Brecher, *Nehru: A Political Biography,* London: Oxford University Press, 1959, p. 423)
4. H. S. Verma and N. Verma, 'Dr Ambedkar and Framing of the Indian Constitution: a Contemporary re-assessment', op. cit.
5. आंबेडकर एडवाइज़री कमेटी की दो उप-समितियों के सदस्य थे (इनमें से एक समिति मौलिक अधिकारों पर थी और दूसरी अल्पसंख्यकों के अधिकारों पर केन्द्रित थी)। इसके अलावा वे यूनियन ऑफ दि पॉवर्स कमेटी के सदस्य थे।
6. *CAD,* vol. 7, p. 231. संविधान सभा के अध्यक्ष राजेन्द्र प्रसाद ने भी इसी तरह का वक्तव्य दिया था : 'अध्यक्ष की कुर्सी पर बैठ कर और दिन-प्रतिदिन सारी कार्रवाइयों को देखते हुए मैंने समझ लिया है कि ड्राफ़्टिंग कमेटी के सदस्य, ख़ास तौर से इसके अध्यक्ष

डॉ. आंबेडकर अपने गिरते स्वास्थ्य के बावजूद कैसे उत्साह और सर्मपण से कठोर परिश्रम कर रहे हैं। हमारा कोई भी फ़ैसला उन्हें ड्राफ़्टिंग कमेटी का अध्यक्ष बनाने के फ़ैसले से ज़्यादा सटीक नहीं हो सकता था। उन्होंने न केवल अपने चयन को जायज़ ठहराया है बल्कि उन्होंने जो काम किया है उसमें एक अद्‌भुत चमक पैदा कर दी है।' (K. N. Kadam, *Dr Babasaheb Ambedkar,* op. cit., p. 51 में दिया गया सन्दर्भ)।

7. *CAD,* vol. 7, op. cit., p. 402.
8. पूर्वोक्त, पृ. 494.
9. पूर्वोक्त, पृ. 518.
10. पूर्वोक्त, पृ. 582.
11. पूर्वोक्त, पृ. 589.
12. पूर्वोक्त, पृ. 952.
13. पूर्वोक्त, पृ. 1139.
14. पूर्वोक्त, पृ. 31.
15. पूर्वोक्त, पृ. 38.9.
16. हिन्दू धर्म में मंत्र एक अनुष्ठानिक फार्मूला होता है। यहाँ इसका आशय उस संवैधानिक परियोजना से है जिसे गांधी ने अपनी मृत्यु से ठीक पहले अपना आर्शीवाद दिया था।
17. *CAD,* vol. 7, op. cit., pp. 218-19.
18. पूर्वोक्त, पृ. 256.
19. पूर्वोक्त, पृ. 316.
20. पूर्वोक्त, पृ. 426.
21. पूर्वोक्त, पृ. 426.
22. पूर्वोक्त, पृ. 520.
23. पूर्वोक्त, पृ. 523.
24. पूर्वोक्त, पृ. 524.
25. पूर्वोक्त, पृ. 525.
26. पूर्वोक्त, पृ. 41.
27. पूर्वोक्त, पृ. 532. आंबेडकर ने भी उदारतापूर्वक उत्तर दिया '... महोदय, क्योंकि इस आशय की भावना बहुत व्यापक है कि नीति निर्देशक सिद्धान्तों में कुटीर उद्योगों का उल्लेख तो जरूर ही आना चाहिए इसलिए मैं इस सदन के सदस्यों की इच्छाओं को सम्मान देते हुए अनुच्छेद 34 में इस मद में कुछ शब्द शामिल करने के लिए सिद्धान्ततः सहमत हूँ। (पूर्वोक्त, पृ. 535)।
28. पूर्वोक्त, पृ. 499.
29. पूर्वोक्त, पृ. 566.
30. पूर्वोक्त, पृ. 223.
31. पूर्वोक्त, पृ. 568.
32. पूर्वोक्त।
33. D. Keer, *Dr Ambedkar,* op. cit., p. 415 में उद्‌धृत।
34. *CAD,* vol. 7, op. cit., p. 781, speech of December 2, 1948.
35. vol. 5, speech of April 9, 1948.

36. M. Yasin, 'Hindu Code Bill and Dr Ambedkar', *Towards Secular India,* 2 (1), Jan.-March 1996, p. 24.
37. Reba Som, 'Jawaharlal Nehru and the Hindu Code: A victory of Symbol over Substance?' *Modern Asian Studies,* 28 (1), 1994, p. 171.
38. D. Das (ed.), *Sardar Patel Correspondence, 1945-1950,* Ahmedabad: Navajiyan, 194 7, vol. vi, p. 40a में उद्धृत।
39. D. Keer, *Dr Ambedkar,* op. cit., p. 426.
40. R. Som, 'Jawaharlal Nehru and the Hindu Code', art. cit., p. 185-7.
41. D. Keer, *Dr Ambedkar,* op. cit., pp. 435-6.
42. R. Som, 'Jawaharlal Nehru and the Hindu Code', art. cit., p. 184 में उद्धृत।
43. अन्ततः 1955 से 1961 के बीच हिन्दू कोड बिल के विभिन्न तत्त्वों को मंजूर कर ही लिया गया :
    - मई 1955 में हिन्दू मैरिज ऐक्ट पारित हुआ। इसमें बहुविवाह पर पाबन्दी लगाई गई और अन्तर्जातीय विवाहों व तलाक़ की क़ानूनी मान्यता पर और ज़ोर दिया गया।
    - हिन्दू उत्तराधिकार अधिनियम पर मई 1956 में मतदान हुआ। इसके माध्यम से लड़कियों को भी विधवाओं या बेटों की तरह क़ानूनी उत्तराधिकारी की हैसियत दी गई।
    - दिसम्बर 1956 में हिन्दू दत्तकता और भरण-पोषण अधिनियम पारित हुआ। इसमें लड़कियों को गोद लेने पर क़ानूनी मोहर लगी। इससे पहले यह परिघटना ज़्यादा दिखाई नहीं देती थी क्योंकि दत्तक माता-पिता हमेशा बेटा गोद लेने की ही कोशिश करते थे।
    - जुलाई 1961 में दहेज निषेध अधिनियम पारित किया गया। इसके माध्यम से दहेज लेने-देने पर पाबन्दी लगाई गई मगर यह क़ानून कभी भी कोई ख़ास गम्भीरता से लागू नहीं हुआ।

अध्याय 8 : धर्मांतरण का 'समाधान'

1. J. Gokhale, *From Concessions to Confrontation,* op. cit., pp. 159-60.
2. M. S. Gore, *The Social Context of an Ideology,* op. cit., p. 91. में उद्धृत।
3. D. Keer, *Dr Ambedkar,* op. cit., pp. 130-2. कुछ समय बाद नासिक के पास स्थित एक गाँव के अस्पृश्यों ने आंबेडकर को बताया कि वे इस्लाम अपनाने को तैयार नहीं हैं मगर आंबेडकर ने उन्हें धीरज रखने को कहा (पूर्वोक्त, पृ. 252)। मई 1932 में बुद्ध महासभा के महासचिव ने अस्पृश्यों से बौद्ध धर्म अपनाने का आह्वान किया मगर इसका कोई ख़ास असर नहीं हुआ था (पूर्वोक्त, पृ. 200)।
4. पूर्वोक्त, पृ. 240.
5. पूर्वोक्त, पृ. 252. 9 नवम्बर, 1935 को *'हिन्दू धर्म त्याग'* नामक समिति ने ऐसे अस्पृश्यों की सूची तैयार की जो हिन्दू धर्म छोड़ने को तैयार हैं (E. Zelliot, *Dr Ambedkar,* op. cit., p. 206)।
6. यह फ़ैसला 1935 में गुजरात के कविता गाँव में दलितों के भीषण जनसंहार की प्रतिक्रिया में भी लिया गया था।

7. Bhagawan Das, *Thus spoke Ambedkar,* vol. 4, op. cit., p. 108. में उद्धृत।
8. पूर्वोक्त, पृ. 47.
9. पूर्वोक्त, पृ. 51.
10. देखें, *Indian Annual Register,* 1936, vol. 1, Calcutta, 1936, p. 277.
11. पूर्वोक्त, पृ. 278.
12. J. Gokhale, *From Concessions to Confrontation,* op. cit., p. 189. इस्लाम या ईसाई धर्म अपनाने को आंबेडकर 'अभारतीयकरण' (डीनैशनलाइज़ेशन) मानते हैं। यह साधारण बात नहीं है क्योंकि हिन्दू राष्ट्रवादियों ने इस शब्द का भी हवाला दिया था। (देखें C. Jaffrelot, 'Militant Hindus and the Conversion Issue (1885-1990): From Shuddhi to Dharm Parivartan. The Politisation and the Diffusion of an 'Invention of Tradition', in J. Assayag (ed.), *The Resources of History: Tradition, Narration and Nation in South Asia,* Paris/Pondichery: EFEO/IFP, 1999, pp. 127-52).
13. *Indian Annual Register,* 1936, vol. 1, Calcutta, 1936, p. 278.
14. *Indian Annual Register,* 1935, vol. 2, Calcutta, 1935, p. 32.
15. पूर्वोक्त, पृ. 232–3.
16. पूर्वोक्त, पृ. 132, D. Keer, *Dr Ambedkar,* op. cit., p. 254.
17. E. Zelliot, *Dr Ambedkar,* op. cit., p. 218.
18. D. Keer, *Dr Ambedkar,* op. cit., p. 254. में उद्धृत।
19. E. Zelliot, *Dr Ambedkar,* op. cit., p. 221.
20. पूर्वोक्त, पृ. 220.
21. Bhagwan Das, *Thus spoke Ambedkar,* vol. 4, op. cit., p. 140.
22. पूर्वोक्त, पृ. 117.
23. D. Keer, *Dr Ambedkar,* op. cit., p. 255.
24. पूर्वोक्त, पृ. 265.
25. K. Meadowcroft, 'Trading in Religio-Political Identities? The 1936 Moonje-Ambedkar Pact', in H. Johnston, R. Chowdhari-Tremblay and John R. Wood (eds), *South Asia between turmoil and hope,* South Asia Council of Canadian Asia Studies Association and Shastri Inda-Canadian Institute, 2000, p. 115.
26. *India Annual Register* 1935, vol. 2,p. 30.
27. पूर्वोक्त, पृ. 305.
28. बालू की जीवनी के लिए देखें, Ramchandra Guha, *A Corner of a Foreign Field: The Indian History of a British Sport,* London: Picador, 2002, pp. 81-186.
29. K. Meadowcroft, 'Trading in Religio-Political Identities', p. 104.
30. *The Times of India,* April 14, 1936.
31. C. Jaffrelot, *The Hindu Nationalist Movement,* op. cit., chapter 1.
32. *The Times of India,* April 14, 1936.
33. V. Moon, *Growing up Untouchable in India,* op. cit., p. 40. में उद्धृत।

34. पूर्वोक्त।
35. Private Papers of Moonje, Nehru Memorial Museum and Library (New Delhi) (Section of microfilms) reel ho. 11 (Letter of Moonje to Kelkar of June 18, 1936).
36 मुंजे निश्चय ही दलितों को हिन्दी समाज में और ज़्यादा समेकित करने के लिए तैयार नहीं थे। मीडोक्राफ़्ट का कहना है कि वह उनकी तुलना साँपों तक से करते थे। (K. Meadowcroft, 'Trading in Religio-Political identities', op. cit., p. 105)
37. *The Times of India,* April 14, 1936.
38. J. Lutt, 'The Shankaracharya of Puri' in A. Eschmann (ed.), *The Cult of Jagannath and the Regional Tradition of Orissa,* New Delhi: Manohar, 1978, p. 416; I. Prakash, *A Review of the History and Work of the Hindu Mahasabha and the Hindu Sangathan Movement,* New Delhi: Akhil Charatiya Hindu Mahasabha, 1938, p. 344.
39. Bhagwan Das (ed.), *Thus spoke Ambedkar,* vol. 4, op. cit., p. 208. में उद्धृत।
40. Private Papers of Moonje, NMML (Section of Microfilms), Reel no. 11 (Moonje's letter to the Maharajah of Patiala, June 20, 1936).
41. *Indian Annual Register,* 1936, vol. 1, Calcutta, 1936, p. 278.
42. Private Papers of Moonje, NMML (Section of microfilms), Reel no. 11 (Moonje's letters to the Maharajah of Patiala, June 28 and July 8, 1936).
43. पूर्वोक्त। Letter of Moonje to Malaviya, August 23, 1936.
44. K. Meadowcroft, 'Trading in Religio-Political Identities?', op. cit., p. 95.
45. Bhagwan Das (ed.), Thus Spoke Ambedkar, vol. 4, op. cit.; p. 110.
46. पूर्वोक्त, पृ. 310.
47. पूर्वोक्त, पृ. 148–9. में उद्धृत।
48. *Indian Annual Register,* 1936, vol. 1, op. cit., p. 279.
49. पूर्वोक्त। आश्चर्य की बात नहीं है कि गांधी ने राजा के स्टैंड को मंजूरी दी। 26 जुलाई को राजा के नाम लिखे अपने पत्र में उन्होंने कहा था : मुझे डॉ. मुंजे या डॉ. आंबेडकर की राय समझ में नहीं आती। मेरी नज़र में अस्पृश्यता अपने ही आधार पर टिकी है। मेरी नज़र में यह एक गहरा धार्मिक प्रश्न है।' (उपरोक्त)
50. Bhagawan Das (ed.), *Thus spoke Ambedkar,* op. cit., p. 155. जैसा कि ऊपर उल्लेख किया गया है, राजभोज पूना के चांभार समुदाय से थे। वह हिन्दू महासभा में शामिल हुए और वहाँ उन्हें एक प्रतिष्ठित मंच मिला। लिहाज़ा वह मंत्रदीक्षा से सम्बन्धित मालवीय के अभियान के समर्थक थे मगर 1942 में वह आंबेडकर की शेड्यूल्ड कास्ट्स फ़ेडरेशन में शामिल हुए और 1956 में उन्होंने बौद्ध धर्म भी अपनाया। आंबेडकर की मृत्यु के बाद 1956 में उन्होंने निर्णायक रूप से कांग्रेस को छोड़ दिया। (M. Gautam, *Bapusaheb Rajbhoj,* Aligarh: Siddhartha Gautam Sikshan and Sanskriti Samiti, 1995)
51. Bhagawan Das, *Thus spoke Ambedkar,* vol. 4, op. cit., p. 161.
52. पूर्वोक्त, पृ. 230.
53. E. Zelliot, *Dr Ambedkar,* op. cit., p. 214-15. आयोजकों ने 10 अप्रैल 1937 को पूना में एक और मीटिंग बुलाई। जगजीवन राम ने इस सभा के मुख्य आयोजक

बलदेव प्रसाद जैसवार की आलोचना करते हुए कहा कि वह क्रिश्चियन मिशनों के पिट्ठू बन गए हैं। जगजीवन राम के समर्थकों ने सत्र शुरू होने से एक दिन पहले ही मीटिंग का नियंत्रण अपने हाथों में ले लिया और फलस्वरूप मीटिंग धर्मांतरण के ख़िलाफ़ प्रस्ताव पारित करके समाप्त हुई।

54. Quoted in Bhagwan Das (ed.), *Thus spoke Ambedkar,* op. cit., p. 307.
55. उन्हें जो ज़िम्मेदारी दी गई थी, उससे आगे जाते हुए उन्होंने बम्बई लौटने से पहले ही धर्म परिवर्तन कर दिया था और बम्बई पहुँचने पर आंबेडकर ने उनका स्वागत करते हुए ज़्यादा गर्मजोशी नहीं दिखाई। (D. Keer, *Dr Ambedkar,* op. cit., p. 284).
56. E. Zelliot, *Dr Ambedkar,* op. cit., p. 225.
57. D. C. Ahir, *Dr Ambedkar and Punjab,* Delhi: B. R. Publishing, 1992, p. 12.
58. H. K. Puri, 'Scheduled Castes in Sikh Community', *EPW,* 28 June 2003, p. 2698.
59. Private Papers of Moonje, NMML (Section of microfilms), Reel no. 11. Letter of Moonje to Malaviya, June 10, 1936.
60. V. Moon, *Growing up Untouchable in India,* op. cit., p. 44.
61. पूर्वोक्त, पृ. 131.
62. पूर्वोक्त, पृ. 133.
63. 24 मई 1956 को बुद्ध जयंती के अवसर पर बुलाई गई एक सभा में उन्होंने कहा था : '14 साल की बहुत कम उम्र में ही श्री दादा साहेब केलुस्कर ने मुझे भगवान बुद्ध की जीवनी दी थी। तभी से मेरा मस्तिष्क हमेशा बौद्ध धर्म के प्रभाव में रहा है।' (Dr Babasaheb Ambedkar, 'Buddhism and Hinduism are not the same thing', a talk given on May 24, 1956 (Marathi), Private Papers of Ambedkar, NMML (Section of microfilms), Reel no. 2).
64. साल 1951 में उन्होंने अपने दूसरे कॉलेज का नाम 'मिलिन्द कॉलेज' रखा जो बौद्ध धर्म अपनाने वाले यूनान के राजा का नाम था।
65. *CAD,* vol. 3, p. 501.
66. D. Keer, *Dr Ambedkar,* op. cit., p. 481 इन प्रतीकों को नेहरू जैसे धर्मनिरपेक्षतावादियों की भी मंजूरी थी क्योंकि उन्होंने भी नए गणतंत्र को एक ऐसे राष्ट्रवादी अतीत में स्थापित करने का प्रयास किया जो धार्मिक धरातल पर तटस्थ हो और संख्या व राजनीतिक चेतना की दृष्टि से मुखर हिन्दू, मुसलमान, सिख और ईसाई आदि समुदायों से बिलकुल भिन्न हो।
67. Interviews of May 5, 1950 and of May 25, 1950 cited in D. Keer, *Dr Ambedkar,* op. cit., p. 421.
68. पूर्वोक्त, पृ. 423.4.
69. V. Rodrigues, 'Making a Tradition Critical: Ambedkar's Reading of Buddhism' in P. Robb (ed.), *Dalit Movements and the Meanings of Labour in India,* Delhi: OUP, 1993, p. 307.
70. पूर्वोक्त, पृ. 311.
71. पूर्वोक्त, पृ. 326.

72. पूर्वोक्त, पृ. 327.
73. पूर्वोक्त, पृ. 327. में उद्धृत।
74. उदाहरण के लिए, बुद्ध को भी विष्णु के कई अवतारों में से घोषित करके हिन्दू धर्म के देवी-देवताओं की क़तार में शामिल कर लिया गया है।
75. K. N. Kadam (ed.), *Dr B. R. Ambedkar: The Emancipator of the Oppressed,* Bombay: Popular Prakashan, 1993, p. 1. में उद्धृत।
76. इस प्रसंग में देखें, R. Kothari, 'Tradition and Modernity Revisited', *Government and Opposition,* summer 1968, p. 273-93.
77. O. Lynch, 'Dr B. R. Ambedkar-Myth and Charisma' in J. M. Mahar (ed.), *Untouchables in Contemporary India,* op. cit., p. 97.
78. Dr Babasaheb Ambedkar, 'Buddhism and Hinduism are not the same', *art. cit.*
79. D. Keer, *Dr Ambedkar,* op. cit., p. 500. में उद्धृत।
80. G. S. Lokhande, *Bhimrao Ramji Ambedkar,* New Delhi: Intellectual Publishing House, 1977 (1982), pp. 255-6.
81. आंबेडकर के मुताबिक इस अभूतपूर्व सामूहिक धर्मांतरण कार्यक्रम में 3,80,000 लोगों ने हिस्सा लिया (V. Rodrigues, 'Making a Tradition Critical', op. cit., p. 299).
82. E. Zelliot, Dr Ambedkar, op. cit., p. 236. इस कार्यक्रम में हिस्सा लेने वाले डी आर जाधव की पत्नी ने N. Jadhav, *Intouchable*, op. cit. p. 260. में इसका बड़ा दिलचस्प ब्योरा दिया है।
83. E. Zelliot, *Dr Ambedkar,* op. cit., p. 239.
84. E. Zelliot, *From Untouchable to Dalit,* op. cit., pp. 138-9.
85. D. Keer, *Dr Ambedkar,* op. cit., p. 521.
86. पूर्वोक्त, पृ. 503. में उद्धृत।
87. पूर्वोक्त, पृ. 498. में उद्धृत।
88. एक धर्मांतरित महार जिनकी आत्मकथा को हम पीछे भी उद्धृत कर चुके हैं। इस सन्दर्भ में बेबी कांबले अपनी लिखी हुई दो कविताओं का हवाला देती हैं जहाँ हमें *भक्ति* का काव्य दिखाई पड़ता है। इनमें से एक कविता आंबेडकर तथा महाराष्ट्र के एक सन्त ('चोखोबा, हमने इन्द्र के स्वर्गिक दरबार के लिए अमृत तैयार कर लिया है। मगर मेरा भीम उसे हमारे लिए पृथ्वी पर लेकर आया है और हमारी झोंपड़ियों और बस्तियों में बाँट रहा है') के बीच सम्बन्ध स्थापित करते हुए शुरू होती है। दूसरी कविता को पूरा उद्धृत करना जरूरी है :

ओ भीम, मेरा जो है, मैं तुम्हें अर्पित करती हूँ
तुम्हारे चरणों में मेरे फूल हैं
मैं अपने दुर्भाग्य की चुप्पी को तोड़ती हूँ,
मैं एक-एक करके दुर्भाग्य की सारी चमक,
फूलों को अर्पित करके
मैं अपने आंसुओं से
तुम्हारे चरणों को धोती हूँ, भीम
मेरे हृदय की अतल गहराई में एक ज्वाला धधकती है,

उसका प्रकाश चमकता है,
इस सर्वसमावेशी प्रकाश में मेरा भीम चमक रहा है।
(Baby Kamble, 'Notre existence', art. cit., p. 159)

89. O. Lynch, *'Dr B. R. Ambedkar',* op. cit., p. 106.
90. B. Kamble, 'Notre Existence', art. cit., p. 257.
91. N. Jadhav, *Untouchable,* op. cit., p. 263. में उद्धृत।
92. J. Gokhale, *From Concessions to Confrontation,* op. cit., p. 182. में उद्धृत।
93. A. C. Pranjpi, 'The "Becoming" of Dr Ambedkar: A Socio-psychological Study', in M. L. Ranga (ed.), *B. R. Ambedkar: Life, work and relevance,* Delhi: Manohar, 2000, p. 38.
94. A. Kurane, *Ethnic Identity and Social Mobility.* Jaipur: Rawat, 1999, p. 107.
95. पूर्वोक्त, पृ. 148.
96. पूर्वोक्त, पृ. 165.71. मगर अन्तर्जातीय विवाह बहुत कम हैं और सुपरिभाषित आबादियों में भौगोलिक पृथकता अभी भी एक स्थापित नियम जैसी है।
97. S. Pai, *Dalit Assertion,* op. cit., p. 55.
98. O. Lynch, 'Dr B. R. Ambedkar-Myth and Charisma', op. cit., p. 105.
99. और विवरण के लिए देखें, C. Jaffrelot, *India's Silent Revolution: The Rise of the Lower Castes in North India,* London: Hurst, 2003, p. 208.
100. G. Omvedt, 'Undoing the bondage', op. cit., p. 136.
101. N. Jadhav, *Intouchable,* op. cit., p. 247. में उद्धृत।
102. Cited in G. Poitevin, *The Voice and the Will,* op. cit., p. 179.
103. E. Zelliot, *From Untouchable to Dalit,* op. cit., p. 219.
104. पूर्वोक्त, पृ. 220.
105. पूर्वोक्त।
106. पूर्वोक्त, पृ. 195.
107. पूर्वोक्त, पृ. 209.
108. पूर्वोक्त, पृ. 139.
109. B. Kamble, 'Notre existence', op. cit., p. 245.
110. D. Pawar, *Ma vie d'intouchable,* op. cit., p. 94.

निष्कर्ष

1. Cf. Arjun Dangle (ed.), *Poisoned Bread–Translations from Marathi Dalit Literature,* Hyderabad: Orient Longman, 1992; ऐसे ही एक दलित कवि की जीवनी फ्रांसीसी भाषा में भी पढ़ी जा सकती है। *Ma vie d'intouchable,* op. cit., and Guy Poitevin's chapter, 'La Litterature Dalit' in C. Jaffrelot (ed.), *L' Inde Contemporaine de 1950 a nos jours,* Paris: Fayard, 1 997.
2. Prahlad Gangaram Jogodand, *Dalit Movement in Maharashtra,* New Delhi: Kanak, 1991, pp. 70-86.

3. *The Hindustan Times,* Aug. 21, 1999.
4. *The Hindu,* Aug. 2, 1997.
5. देखें, G. M. Tartakov, 'Ambedkar's statues', *Dalit International Newsletter,* 3 (2), June 1998, p. 1.
6. P. Kumar, 'Dalit and the BSP in Uttar Pradesh', op. cit., p. 824.
7. दिल्ली में एस. सी. बोस और भगत सिंह, स्वतंत्रता आन्दोलन के दो व्यक्ति जो गांधीवादी अहिंसा की पद्धति के विरुद्ध थे, की प्रतिमाओं को रातोरात आंबेडकर और किसान नेता छोटू राम की प्रतिमाओं के लिए बनाए गए स्तंभ पर लगा दिया गया था।
8. इस हिंसा के विस्तृत विश्लेषण के लिए देखें, *Broken People. Caste violence against India's Untouchables,* New York: Human Rights Watches, 1999, p. 127-38.

⭘⭘⭘